中華君子文化

（第三辑）

何善蒙　主编

九州出版社
JIUZHOUPRESS
全国百佳图书出版单位

图书在版编目（CIP）数据

中华君子文化. 第三辑 / 何善蒙主编. -- 北京 : 九州出版社, 2020.11
ISBN 978-7-5108-9744-3

Ⅰ. ①中… Ⅱ. ①何… Ⅲ. ①中华文化－文集 Ⅳ. ①K203-53

中国版本图书馆CIP数据核字(2020)第217024号

中华君子文化（第三辑）

作　　者	何善蒙　主编
出版发行	九州出版社
地　　址	北京市西城区阜外大街甲 35 号 (100037)
发行电话	(010)68992190/3/5/6
网　　址	www.jiuzhoupress.com
电子信箱	jiuzhou@jiuzhoupress.com
印　　刷	廊坊市海翔印刷有限公司
开　　本	710 毫米 ×1000 毫米　16 开
印　　张	19.75
字　　数	342 千字
版　　次	2020 年 11 月第 1 版
印　　次	2020 年 11 月第 1 次印刷
书　　号	ISBN 978-7-5108-9744-3
定　　价	98.00 元

编辑委员会

序言：新时代呼唤新君子

一

君子是中国传统文化中的一个重要形象，也是中国传统文化精神的依托。如果说，在西方文化的传统中，绅士（或者说贵族、牛仔等）是其文化的典型形象，那么，在中国传统文化中，这个典型形象非君子莫属。当然，相较于绅士或者贵族、牛仔等来说，中国传统文化中的君子形象有着一个根本的差异，那就是在中国传统文化中，君子不仅是一个身份地位的象征，更是一种道德人格的形象，而绅士等文化形象大都是作为身份地位的象征而存在的。这就使得绅士等文化形象只能属于某一个阶段或者某一个阶层，而无法像君子一样，成为中国传统文化中的普遍共识，并成为中华文化中的基本精神价值，其影响一直绵延至今。

当然，中华君子并非一开始就是道德人格的观念，正如很多其他文化传统中的典型形象一样，它开始出现时，也是一个表达身份地位的观念。“君子”一词起源甚早，在西周时期就已非常流行，如在《诗经》中，“君子”就出现了 182 次，而当时所谓的“君子”，主要是指称贵族和执政者，如《尚书·泰誓下》载武王曰“我西土君子，天有显道，厥类惟彰”，《尚书·无逸》载周公曰“君子所，其无逸”。《尚书》中的“君子”，大体是自天子以至于诸侯卿大夫之有位者、有德者的通称，有位是君子的基本特点。也就是说，这种身份地位的限制，是成为一个君子的前提，至少我们在先秦典籍中所看到的君子都是如此。对于士大夫、贵族，古典的传统对于他们的行为有着严格的规范，要求“君子恭敬撙节，退让以明礼”。（《礼记·曲礼上》）从这个角度来看，君子是通过对礼的坚持和遵从来表达自己的身份意识的，进而明确提出了独特的阶层形象，即《晏子春秋·景公问君子常行曷若晏子对以三者》所指出的："衣冠不中，不敢以入朝；所言不义，不敢以要君；行己不顺，治事不公，不敢以莅众。"当然，在中国古典传统中，尤其是周王朝建立之后，随着德行和身份之间的关联更加密切，古典传统非常注重对贵族君子的德行培养，不仅勉励他们提升以直、宽、刚、简、宽、柔、愿等为具体内容的个人德行品格，还教导他们要遵守父子、兄弟、夫妇、君臣、长幼、朋友、宾客等基本的人伦关系规范。

贵族君子是中国传统中君子的第一形象，或者说是第一阶段的表达形态。这个阶段从君子这个观念的产生到春秋时代，这也表明作为一种身份的意识，早期的君子对于自我德行的要求和规范是建立在其社会地位的基础上的，所谓有德者有位，位与德两者缺一不可。这样的君子形象，在先秦典籍中是非常普遍的。而这种"君子"形象的转变，跟中华文化的转型有着密切的关系。德国哲学家雅思贝尔斯所称的"轴心时期"，是这个变革的关键时期。如果从历史脉络来说，这个"轴心时期"大概相当于中国传统中的春秋战国时期，这是中国古典传统变革和转型的重要阶段。在这个时期的诸子百家论说中，"君子"仍是一个受到普遍关注的观念，以孔子为代表的儒家，无疑对这个观念的传承和发展起到了关键性的作用。

在《论语》中，"君子"一词出现了 107 次，足见孔子对于这个观念的重视。孔子对于君子文化的重要意义可概括为：转折性的、根本性的和特殊性的。将贵族身份的君子转变为道德形象的君子，这是孔子对于君子文化的转折性意义所在。当然，在孔子这里，作为身份意识的君子还是存在的，但最为重要的是，君子的道德意义得到了更多的彰显。对孔子来说，君子重要的不是其社会身份，而是能否自觉承担道义、道德责任。儒家思想是以仁义为根本的精神价值，道德成为儒家的重要符号，而这恰恰是由孔子所确立的，由此拉开了"君子儒"与"小人儒"的差异。由君子来承担道德责任，是孔子对于君子形象最为根本性的改造，由此奠定了传统中国社会的基调。为什么是君子必须承担道德责任？换言之，孔子为什么要将道德的责任放在君子身上？在孔子之前，君子就是有身份和有社会地位的人。既然有社会地位，就应当承担社会责任。从今天的社会伦理角度来看，这可理解为权利和义务是对等的。其实，儒家的伦理原则也非常强调对等，儒家是从人与人之间的关系这一角度来讨论道德的，既然是关系，那自然是双向的、对等的。对孔子来说，君子的社会责任被具体化为道德（仁）和礼仪法度（礼）。对于礼的坚守，是作为社会身份的君子本身就具备的；而对于德的坚持，则是君子新获得的使命与责任。由此，我们在《论语》中所看到的君子，既有身份的君子，也有道德的君子。但道德的君子，才是孔子所重视的，也是儒学的意义所在。当孔子把道德的责任置于君子之上时，就清楚表达出了儒家道德理想的特殊性。这种特殊性表现在两个层面：在道德实现方式上，以孔子为代表的儒家并不是没有任何区别地要求所有人都以道德作为自己行为的基本要求，而是强调君子必须承担道义。孔子就很清楚地指出，“君子喻于义，小人喻于利”。(《论语·里仁》）这样一来，君子的主导、教化的意义就非常明显了。“君子之德风，小人之德草，草上之风必偃”。(《论语·颜渊》）小人是需要被教化的，而君子是教化的主体和关键。关于道德的实现，儒家设计了一个框架：君子担当，小人效法，从而实现道德的良性发展。从道德境界上来说，儒家追求的最高理想是圣人，那孔子为什么要更加强调君子呢？究其原因，君子虽然不是最高的道德形象，却是一个以道德为己任的现实中人。对于儒家道德理想来说，这种现实中人具有关键的、特殊的意义。那就是儒家道德理想是现实可行的，可在君子身上体现出来。因此，在儒家看来，圣人是完满的道德形象，君子是现实的道德形象。儒家道德理想在君子身上的实现，充分表明儒家思想并不是空中楼阁，而是可为可成的。从这个角度来说，孔子对于君子的道德内涵的确立，具有极为明显的现实指向意义。

孔子对于君子形象的改造，使君子人格成为儒家最基本的精神价值之一。经过“轴心时代”百家争鸣的激荡和融合，中华君子的人格形象得到了充分的诠释，在此后的两千多年间，君子人格不仅成为华夏儿女的理想人格，甚至成为一种信仰。中华民族正是在君子人格的感召下，才成就了自强不息、厚德载物的精神脊梁。从轴心时期的文化转型来看，古希腊、古印度、古巴比伦跟中国一样，都实现了各自的思想突破，确立了各自的文明形态。其中，古印度佛教文明以觉悟成佛为理想目标，古希腊文明关注的是培养公民的参政议政能力，中华文明则确立了一种人人可为可成的人格范式，将原本指称贵族阶层的君子，创造性地转换为一种以德为本的人格形象。中华文明的君子形象跨越了数千年的历史长河，其内涵之丰富，其生命力之悠久，其影响力之广博，其深入人心之程度，其感召力之强大，远非其他民族所创造的人格形象所可比拟。这既是中华君子的独特意义，也是中华君子文化的深刻内涵所在。

二

就历史来说，君子形象经由贵族身份向道德内涵的转变，使得君子成为中华民族的最大公约数，在中国社会和中华文化的发展过程中，起到了根本性的作用，是中华民族核心价值观的承担者。2018 年 8 月在北京召开的第 24 届世界哲学大会以“学以成人”作为主题，既具有浓郁的中国哲学色彩，也是从人出发来展望未来发展。在中国传统的语境中，成人就是成为君子，因此，陈来先生在诠释“学以成人”这一主题时强调，不论是士还是君子，儒家的“学”就是学为一种高尚的人格、完整的人格、具有多方面优秀品质的人格。培养一种追求高尚人格的人，以德性教育为中心的整全人格的塑造，既是儒家的教育目标和理想，也是两千多年来儒家教育的历史实践。中国古代的教育理念是“做人”，学做君子，学至圣人，体现了“做什么样人格的人”是儒家人论的根本问题。孔子和孔子以后的儒家都把人的最高理想界定为，使学习者成为圣贤。古代的教育与学习，最重要的是设立道德榜样，而在人文主义文化中只能通过圣人的形象来实现。在中国，道德榜样虽然可以是具体的人格形象（如古代圣王的系谱），但更多是儒家文化对于“君子人格”“君子品质”的崇尚和表达，以此造成对人的一种道德感召，引导人们最终树立这样的人格。（陈来《儒家“学以成人”之“学”的意义》）成为什么样的人，实际上是一个具有普遍性意义的话题，中华君子文化的深厚内涵以及中华君子的历史意义，为我们重新思考这一问题提供了丰富的思想资源。2020 年 1 月 8 日，习近平在“不忘初心、牢记使命”主题教育总结大会上的重要讲话中指出：“不忘初心、牢记使命，必须坚持领导机关和领导干部带头。领导机关是国家治理体系中的重要机关，领导干部是党和国家事业发展的‘关键少数’，对全党全社会都具有风向标作用。‘君子之德风，小人之德草，草上之风必偃。’在上面要求人、在后面推动人，都不如在前面带动人管用。不忘初心、牢记使命，领导机关和领导干部必须做表率、打头阵。”中华君子文化虽然走过了两千多年的发展历程，但君子的人格形象永远也不会过时，新时代呼唤新君子。

我们可以进一步追问，君子是前轴心时代的中国传统观念，为什么新时代仍然需要君子？究其原因，在于君子的三个特殊性内涵。首先，从历史的影响力来看，君子是中华文化中的一个特殊观念，它在中华文化和中国社会中有着最为广泛的影响，是中华民族的最大共识。自轴心时代的变革以来，无论是在官方正统的学说中以及在经典的解释传承中，还是在民俗文化的接纳中，对于君子的强调和宣扬从未停止。君子作为一种观念，无处不在；君子作为一种形象，无人不知。君子作为一种理想人格，经过两千多年的发展，已成为海内外中华儿女的最大共识。关于君子文化在中华文化和中国社会中的普遍影响力，钱念孙研究员曾从器物、植物、动物、食物、家训家谱、俗语民谚等层面进行了详细梳理，由此提出君子文化已经完全浸润了中国人的日常生活："君子文化在社会民众中的普及流行程度，或者说君子文化深入人心的程度，远超原有预料和想象。君子人格和君子文化，作为中华民族千锤百炼的人格基因和文化精髓，既是精英文化的中心内容，又是大众文化的重要内涵，既在高雅文化中居于中心地位，又在通俗文化里占据焦点位置。它是构造主流价值观的标志性话语，也是中国人立身处世共识度较高的信仰原则，它是文人雅士欣赏的阳春白雪，也是群众百姓喜爱的下里巴人。君子文化不仅雅俗共赏，而且历久弥新。它从遥远的商周时期跋涉启程，跨越数千年的历史沧桑，至今仍以矫健身影在中华文化蓬勃发展的大道上阔步前行，以不言之教潜移默化地滋润和涵养每个中华儿女的心田。"（钱念孙《君子文化浸润中国人的日常生活》）因此，对于中华民族而言，君子作为接受度最高的一个传统观念，具有不可忽视的号召力。

其次，从君子的特殊作用来看，君子是中华文化价值理想的承担者。任何一种价值理想，不管其是被如何描述的，其得以实现的根本前提就是具有现实的承担者。如果没有现实的承担者，再美好的理想都只能是镜中花、水中月而已。中华文化之所以成为具有悠久传承和深远影响的文明形态，正是因为其拥有一个非常强大的承担者群体。2018 年 12 月 18 日，习近平在庆祝改革开放 40 周年大会上的讲话中指出："自古以来，中华民族就以'天下大同''协和万邦'的宽广胸怀，自信而又大度地开展同域外民族交往和文化交流，曾经谱写了万里驼铃万里波的浩浩丝路长歌，也曾经创造了万国衣冠会长安的盛唐气象。正是这种'天行健，君子以自强不息''地势坤，君子以厚德载物'的变革和开放精神，使中华文明成为人类历史上唯一一个绵延 5000 多年至今未曾中断的灿烂文明。"对于中华文化的发展来说，君子成为中华文化的承担者，成为中华民族精神价值的具体表达者，是至为重要的。甚至可以说，正是因为君子的存在，我们才能切实地感受到中华文化的历史厚度和现实温度。因此，轴心时期中华君子形象的变革，不仅仅是抽象观念层面的变化，更为重要的是，确立了中华文化的现实承载群体，形成了中华文化价值的具体表达。中华文化的发展过程，就是君子形象在现实中不断落实且日益深入民众骨髓的过程。我们甚至可以这样认为，如果没有君子，就没有中华文化的灿烂历史和中华民族的辉煌成就。

最后，君子是一个充满正能量的积极观念。作为社会身份的贵族君子和作为道德形象的君子，虽然在内涵上存在差异，有重位和重德的不同，但二者都代表着某种社会基本价值取向。社会的发展，离不开君子作用的发挥。《荀子·王制》曰："天地生君子，君子理天地。君子者，天地之参也，万物之总也，民之父母也。无君子，则天地不理，礼义无统，上无君师，下无父子，夫是之谓至乱。"全面阐释了君子对社会发展所具有的决定性意义。从历史上来看，中华民族的每一个进步，都离不开君子作用的发挥，每个时代的君子都在用生命和智慧不断扩充中华君子的时代特色和人格内涵。两汉时期，经学昌盛，"君子"形象庄重大气。魏晋时期，玄风兴盛，"君子"人格飘逸洒脱、襟怀坦荡。隋唐时期，国威强盛，"君子"人格气象奔放。宋元明清时期，由于"天理"与心性的贯通、"良知"与个体行为体用关系的建构，"君子"自觉地将所体认的"天理""良知"作为自身的德行尺度，措之于日用伦常。"天行健，君子以自强不息"。正是因为君子作用的发挥，中华民族才取得了一个又一个的进步，创造了一个又一个的辉煌。

历史经验一再表明，社会的发展离不开君子作用的发挥，新时代更是如此。当我们面对社会发展问题的时候，当我们设想美好生活的时候，当我们遭遇不如意的时候，都急需一个积极正面的形象来激励我们披荆斩棘，砥砺前行。而君子正是从历史长河中走出来的一个坚定而又深刻的形象，必将在新时代引领我们继续前行，迈向更大的进步。

三

新时代需要新君子。既然是新君子，自然是跟传统君子有所不同的。从君子形象的历史演变来看，从贵族君子到道德君子的变化，正是顺应时代要求的表现。那么，新时代的君子应该具备什么样的形象呢？回应这一问题，既需要理论的不断探索、实践的不断深化，又需要充分发挥群策群力的作用。就像在轴心时期，诸子百家对于君子形象变革的共同提炼一样。

2014 年 6 月 13 日，《光明日报》头版头条刊发了钱念孙先生的《君子文化与社会主义核心价值观》一文，在社会上引发强烈反响，标志着探索新时代新君子问题的开始。此后，君子文化逐渐进入大众的视线，并成为一个受到普遍关注的问题。智善公益基金会对于君子文化的相关研究，则起到了关键性的作用，在时任智善公益基金会会长何泽华先生和钱念孙研究员的共同推动下，君子文化研究的相关机构在全国各地逐渐建立。2014 年先后成立了浙江大学君子文化研究中心、安徽省社科院君子文化研究中心，2015 年先后成立了安徽省君子文化研究会、江苏省社科院君子文化研究中心，2016 年成立了湖南省君子文化研究会，2018 年成立了上海交通大学中华君子文化研究中心。与此同时，各类君子文化实践也在全国各地如火如荼地开展。如安徽、山东、湖南等地的君子文化研究机构都对于君子文化进入现代社会、现代教育等进行了积极有益的探索，传统君子文化的深厚内涵在新时代也得到了进一步彰显。此外，《光明日报》对于君子文化也给予了极大的重视和支持。2015 年 12 月 19 日至 20 日，以“君子文化与当代社会”为主题的首届君子文化论坛由浙江大学和光明日报社联合主办在杭州召开；2016 年 11 月 5 日至 6 日，以“君子文化的当代价值”为主题的第二届君子文化论坛由光明日报社、中共安徽省委宣传部、安徽省社科院联合主办在合肥召开；2017 年 12 月 2 日至 3 日，以“君子文化的当代实践”为主题的第三届君子文化论坛由光明日报社和江苏省社科院联合主办在无锡华西村举办；2018 年 11 月 24 日至 25 日，以“君子文化与师德师风”为主题的第四届君子文化论坛由光明日报社、湖南大学、湖南省社科联主办在长沙召开；2019 年 8 月 24 日至 25 日，以“家国情怀与君子文化”为主题的第五届君子文化论坛由光明日报社和上海交通大学联合主办在上海召开。这五届君子文化论坛在全国引起巨大反响，极大促进了新时期君子文化研究的发展。

为进一步推进中华君子文化的研究和实践，智善公益基金会在第三届君子文化论坛上宣布成立专项公益基金——中华君子文化基金，由何泽华先生捐赠 500 万元人民币作为初始基金，旨在资助研究、传播、推广君子文化，弘扬中华优秀传统文化。中华君子文化基金设立有理事会，分别由浙江大学黄华新教授担任理事长、安徽省社科院钱念孙研究员担任副理事长兼秘书长。为确保基金会的学术事务更具公信力、符合学术规范，理事会还成立了学术委员会，并特聘复旦大学谢遐龄教授担任学术委员会主任。在理事会和学术委员会的总体规划下，自 2018 年起，中华君子文化基金开始对相关项目进行专项资助（资助范围包括学术成果出版、课题研究、人才培养等）。笔者相信，中华君子文化基金对于新时代新君子的探索，一定会发挥越来越重要的作用。

自首届君子文化论坛开始，我们便将每一届君子文化论坛的会议论文结集出版，前三届的论文集已完成出版。随着君子文化研究的不断深入以及君子文化影响的不断扩大，尤其是自2017年中华君子文化基金成立以来，我们便将目光聚焦到中华君子文化研究影响力的持续提升上来，《中华君子文化》辑刊便是经过中华君子文化基金理事会的多次讨论，才最终确定的。浙江大学君子文化中心主任楼含松为《中华君子文化》辑刊题写书名。《中华君子文化》辑刊的编撰团队主要来自中华君子文化基金下面的君子文化研究机构，文章主要来自往届君子文化论坛的会议论文，拟每年出版两辑。中华君子文化是一个公共的思想宝藏，我们由衷希望《中华君子文化》辑刊能够成为所有中华君子文化研究者交流思想、发表见解的平台，真正成为新时代呼唤新君子的学术阵地。

本书是第五届君子文化论坛的论文集。第五届君子文化论坛的主题是“家国情怀与君子文化”，而对于《中华君子文化》辑刊来说，这一主题是十分贴切的。自古以来，中华君子就具有强烈的家国情怀，孟子曰：“人有恒言，皆曰天下国家。天下之本在国，国之本在家，家之本在身。”（《孟子·离娄上》）家国同构、家国一体既是中华君子的立身之本，也是他们的精神依托。“徇国家之急，赴公家之难”的司马迁，“匈奴未灭，无以家为”的霍去病，“爱国如饥渴”的班固，“先天下之忧而忧，后天下之乐而乐”的范仲淹，“精忠报国”的岳飞，“人生自古谁无死，留取丹心照汗青”的文天祥等，无不具有至真至深的家国情怀。尤为值得一提的是，本书的编撰适逢中国遭受新冠肺炎疫情，举国上下同心抗疫，那些毅然决然奔赴武汉的“逆行者”们，何尝不是家国情怀的当代诠释呢？何尝不是新时代的新君子呢？新时代呼唤新君子，新君子成就新时代！

何善蒙

2020年1月31日于杭州

目 录

特稿

家国情怀与君子文化

家风家训与君子文化

君子文化的历史内涵

君子文化的当代诠释

特稿

君子人格：历史内涵与现代意义 *

杨国荣 **

内容摘要： 作为传统的人格形态，君子的具体规定，首先通过与小人的比较而得到展示，这种对比主要突出了君子这类人格所具有的道德内涵。具体而言，君子是在道德上应当加以肯定的、具有正面意义的人格形态，与之相对的小人则表现为在道德上应该加以否定的、带有消极意义的人格形态。在此意义上，君子与小人的分别侧重于道德上的划界。从道德人格的角度看，君子本身又与圣人有所不同：两者都属道德人格，但具体内涵又有所不同。圣人主要表现为范导性的目标，君子则更多地肯定了人格的现实化品格。圣人与君子主要有两个方面的不同：其一，过程性与既成性。圣人的设定主要突出了人格的过程性，君子则确认了人格的既成性。其二，理想性和现实性。以上两个方面的统一，使道德人格既不同于静态的人格模式，也有别于抽象的、思辨的构造。君子与小人、君子与圣人之间的比较和区分，从不同方面突出了传统视野中君子人格的具体内涵及其特点。当今时代，社会结构已不同于传统社会，其人格形态则常常涉及公民；考察君子这一传统人格在现代的意义，需要联系公民等现代社会的人格形态。现代社会的人格追求，应趋向于具有现代形态的君子与广义公民的统一，其具体内涵则体现为合格的现代社会成员与理想的道德人格之间的交融。

关键词： 君子；圣人；公民

---

* 本文为国家社科基金重大项目“冯契哲学文献整理及思想研究”（项目编号：15ZDB012）、江苏省“公民道德与社会风尚协同创新中心”研究项目的阶段性成果。

** 杨国荣，浙江诸暨人，华东师范大学哲学博士。现为华东师范大学中国现代思想文化研究所暨哲学系教授、博士生导师，教育部长江学者，中国哲学史学会副会长，上海交通大学中华君子文化研究中心主任。

君子概念可以追溯到先秦。从广义看，它既关乎“德”，也涉及“位”，具有道德、政治等不同涵义。孔子及其学生曾子已将“君子”与“位”联系起来，主张“君子思不出其位”。（《论语·宪问》）荀子从另一角度考察了两者的关系，“庶人骇政，则君子不安位”。（《荀子·王制》）以上视域中的“君子”，均与政治领域的“位”相涉。孔子在评价子产时进一步提出：“子产有君子之道四焉：其行己也恭，其事上也敬，其养民也惠，其使民也义。”（《论语·公冶长》）其中的“行己也恭”主要呈现道德的意味，“事上也敬”“养民也惠”“使民也义”则更多地表现为政治领域的行为方式，君子之道则兼涉以上几个方面。在狭义上，君子主要以“德”为内涵，并表现为传统的人格形象。从中国思想史看，对君子人格比较系统的讨论，大致始于孔子，君子的原始内涵也通过孔子的界说得到了比较具体的展现。

一

作为传统的人格形态，君子的具体规定，首先通过与小人的比较而得到展示。事实上，在孔子那里，已可以一再看到君子与小人的比较和对照，通过这种比照，孔子着重突出了君子这类人格所具有的道德内涵。对孔子而言，君子是在道德上应当加以肯定的、具有正面意义的人格形态，与之相对的小人则表现为在道德上应该加以否定的、带有消极意义的人格形态。这样一来，君子与小人的分别，主要便侧重于道德上的划界：道德和非道德、道德上的正面人格与反面人格的对峙。

作为道德人格，君子的特点体现于形式和实质两个方面。从形式层面看，君子的特点在于合乎礼仪规范，其行为已经达到“由野而文”。“野”表明言行举止尚没有合乎文明规范，与之相关的人格属前文明的存在形态。“文”则已达到了文明的行为方式，并体现在人与人之间的交往过程中。在谈及君子时，孔子及其学生便十分关注其形式的规定：“君子所贵乎道者三：动容貌，斯远暴慢矣；正颜色，斯近信矣；出辞气，斯远鄙倍矣。”（《论语·泰伯》）“容貌”“颜色”主要涉及外在的形象，它们虽呈现于外，却是君子整体品格中不可或缺的一个方面。与之相联系的是“色思温”“貌思恭”。（《论语·季氏》）君子的社会影响，常常通过庄重的外在形态得到展现，“君子不重则不威”（《论语·学而》），便是明证。

儒家比较注重礼之“节文”。在儒家看来，“礼”对人的行为以及人格的引导，具体体现在“节”和“文”方面。“节”主要是调节、规范，它规定人应当做什么，不应当做什么；"文"则表现为文饰，包括文明的举止、文明的交往方式等。从形式层面来看，君子已经达到文明化的人格形态，其行为往往既得体又合宜。"得体"即合乎一定社会规范的要求，"合宜"是在不同场合、不同情景之中，其整个行为没有任何违和或不协调之感。

从实质层面来说，君子的特点通过与小人的比较得到具体的体现。首先，按照孔子的理解，"君子喻于义，小人喻于利"。"义"者，"宜"也，引申为"当然"，这一意义上的"义"往往表现为"当然之则"。从其内涵来看，"当然"规定了人的责任和义务。应当做或不应当做，总是基于一个人应当承担的责任或义务而作出的规定。在这一意义上，君子的内在品格在于自觉把握和履行"应当"承担的责任、义务。小人恰恰相反，只关注个人私利，且无视自身应当承担的社会责任。

君子"喻于义"，也从侧面体现了君子之"务本"。《论语·学而》曰："君子务本，本立而道生。"宽泛而言，"本"可以从不同角度加以理解，但从"何为人"这一角度来看，它主要与"人之为人""君子之为君子"的根本规定有关。因此，君子作为道德意义上的人格，对"义"所突显的道德责任的自觉承担就是其最根本的品格。

君子作为具有道德意识和责任意识的个体，同时又表现为道德行为的主体。正是基于这一看法，孔子提出："君子求诸已，小人求诸人。"（《论语·卫灵公》）"求诸已"主要是指依据自身力量来做决定，不受外在力量所左右。从君子与具体行为的关系来看，其主要表现在两个方面：当君子获得成功时，明白成功是自身努力的结果；当君子失败时，主要从自身寻找根源，而不是怨天尤人。这是君子作为具有主体品格的人，所独有的特点。用佛教的话来说，就是"依自而不依他"。"小人求诸人"则意味着，"小人"处处依赖自我之外的其他力量，将成功视为自我之外的其他力量作用的结果，将失败的原因归于自身之外的其他因素。由此可知，君子作为具有道德品格的人，具有道德意义上的自主性和更广义上的主体意识或主体担当。小人则否。

与之相关的是如何对待自我的问题。孔子在《论语·为政》中区分了为已之学与为人之学，"为已"与"为人"体现了君子与小人不同的价值取向，为已指向的是个体自身的完善，为人则是对他人的外在迎合。"君子病无能焉，不病人之不已知也"。（《论语·卫灵公》）"人不知而不愠，不亦君子乎"？（《论语·学而》）表明君子关注的是自我的提升、充实、完善，并不在意是否为他人所知。反之，小人追求的是人格形象的炫之于外，并不关心自身的完善。

就个体生存而言，君子的一个显著特点是，即使处于不如意的境况时，仍能以“道”为指向，“君子谋道不谋食”“君子忧道不忧贫”。（《论语·卫灵公》）这里的“谋道”主要是指对于社会文化理想及政治道德理想的追求，“忧道”则是指对于社会文化理想及政治道德理想能否实现的关切。“谋食”与“忧贫”更多地表现为对物质需要及物质境遇的关切。在孔子看来，君子志于道，故可始终保持人格尊严，在任何情况下都不会自暴自弃。小人则是另一种形态，“小人穷，斯滥矣”。（《论语·卫灵公》）这里的“滥”可理解为丧失人格尊严，自甘堕落。由于小人仅关注个体生存的顺逆，故得志时或道貌岸然，或专横跋扈；失意时则常常流于卑污。

君子具有全面性的品格。“君子不器”（《论语·为政》）便从“君子”和“器”的比较中凸显了君子所具有的全面性品格。相对于人而言,“器”首先表现为“物”，在这一意义上，“君子不器”表明人不是“物”，而是具有内在价值的主体。其次，“器”总是偏于一端，每一具体器物都有特定的功能或特定的规定，“君子不器”是指君子作为人格形态，具有多方面的、全面性的人格特点，这也是君子之为君子的重要特点。而小人在某一方面或许出类拔萃，但是缺乏全面性的人格特点。

作为道德主体，君子具有自身内在的精神世界。从内在精神世界的角度来看，君子的一个显著特点就在于具有光明磊落、乐观向上的品格。所谓“君子坦荡荡”“量小非君子”，表明君子具有宽宏的气度，真诚性的品格，从不汲汲于一己私利，更不弄虚作假。小人的品格特点是“长戚戚”（《论语·述而》），其突出表现为内心世界的消沉、阴暗，与“君子坦荡荡”所展现出来的光明磊落形成了鲜明对照。

君子作为社会的一员，总是与他人共存的，“共在”就构成了人的基本存在处境。从“共在”或人与人之间相互交往的角度来看，君子的一个显著特点在于注重交往的开放性，“君子和而不同”便是明证。“和”与“同”的区别在于，“和”包含差异性，表现为不同规定之间的统一；“同”则是绝对的或单纯的同一。“君子”可以容纳与自己意见相左者，并与之和谐相处，故能团结大多数人。小人则完全相反，“小人同而不和”（《论语·为政》）。此外，“君子周而不比，小人比而不周”（《论语·颜渊》），则体现了君子在人际交往方面的一个特点。“不比”意味着君子不结党营私，小人却热衷于搞帮派，以此谋取私利。

与交往的开放性相应的是与人为善。孔子云：“君子成人之美，不成人之恶。

小人则反是。"(《论语·雍也》)"成人之美"就是成就、成全他人。儒家素有成己成人之传统，一方面，儒家注重成己，即以自我成就为目标；另一方面，儒家又要求"己欲立而立人，己欲达而达人"(《论语·为政、学而》)，亦即成己而成物，成己而成人，后者构成了儒家君子文化的一个重要内容。小人不仅不会成人之美，反而常常成人之恶。

君子作为正面人格，还具有信守诺言、讲究信用的特点。"人而无信，不知其可也"(《论语· 为政》)、"与朋友交，言而有信"(《论语· 学而》)，便证明了这一点。君子在注重信用的同时，又注重适时变通，坚决反对拘泥或执着于某种僵化的教条和原则。孔子曰："言必信、行必果，硁硁然小人哉。"(《论语·子路》)这里的"言必信，行必果"，就是不知适时变通。而"君子之于天下也，无适也，无莫也，义之与比也"。(《论语·里仁》)"无适"就是不绝对地肯定某种行为方式，"无莫"就是不绝对地排斥某种行为方式。"义之与比"所侧重的就是灵活变通。在儒家看来，注重变通就是君子的重要品格之一。孟子指出："男女授受不亲，礼也；嫂溺援之以手者，权也。"(《孟子·离娄上》)周礼规定，男女之间不能直接接触、交谈，但嫂嫂不慎落水，及时伸手去救，就是一种权宜变通之计。在这里，对所处情景的具体分析便构成了灵活运用（权）的前提条件。若是固守"男女授受不亲"的教条，"嫂溺不援，是豺狼也"。(《孟子·离娄上》)

从日常行为来看，"君子泰而不骄，小人骄而不泰"。(《论语·子路》)作为君子的处事方式，"泰而不骄"既是指安详平和的心态，也表现为与人相处时的谦逊有礼。君子从不愤世嫉俗，始终保持心灵的宁静，故形成了平和而宁静的处事风格。"骄而不泰"则表现为目空一切，盛气凌人。君子和小人的这一差异，体现了不同的人格境界。此外，"君子笃于亲"(《论语·子路》)，指的是君子在日常生活中能自觉践行基本的伦理规范。

要而言之，君子作为正面的道德人格，既具有形式层面的尊重礼仪规范、"由野而文"等特点，又包含着和而不同、成人之美、言而有信、骄而不泰等品格特征，后者在与小人的对比中得到了充分的彰显。

二

君子与小人的比较，突显了君子人格所特有的道德内涵。从道德人格的角度来看，君子与圣人虽然都属于道德人格，但具体内涵有所不同。质言之，君子与小人之分体现的是道德与非道德之间的差异，圣人与君子之分体现的是不同道德人格之间的分野。对孔子来说，在道德之域，人格呈现为两重典范，其一是君子，其二是圣人。因此，他曾感叹道："圣人，吾不得而见之矣，得见君子者，斯可矣。"（《论语·述而》）

作为道德人格，圣人和君子的具体内涵既有相互交错的一面，又有不同的侧重。从道德人格的角度来看，圣人突显了人格的完满性，圣人既是道德人格的完美化身，又是道德人格的最高境界。从逻辑上来说，儒家肯定"人皆可以成圣"，即每个人都可以达到圣人境界，但在现实中，圣人是很难达到的境界。因此，孔子从不以圣人自许："若圣与仁，则吾岂敢。"（《论语·述而》）即使对于尧、舜这样的明君，孔子也不轻易以"圣"相称。子贡曾问孔子："如有博施于民而能济众，何如？可谓仁乎？"孔子的回答是："何事于仁，必也圣乎！尧舜其犹病诸！"（《论语·雍也》）圣人的难以企及性，由此可见一斑。

在孔子看来，道德层面上的人格养成和人格追求是一个永无止境的过程，所以在君子之外另设定一个圣人的境界。众所周知，"至矣尽矣，不可以加矣"的人格境界，在现实生活中很难达到。在这里，圣人就成为一个范导性的目标，引导着人们不断地向其趋近。由此可知，圣人作为虚悬一格的人格境界，主要彰显了人格养成和人格追求的过程性、无止境性。

相较于圣人而言，君子是人格理想的现实体现，它既不如圣人那样尽善尽美，也不像圣人那样难以企及。在孔子看来，君子是人们在日常生活中可以达到的人格形态，故他对君子人格的描述总是和日用伦常联系在一起。如"君子笃于亲""君子不忧不惧""君子泰而不骄""君子和而不同"，等等。由此，孔子突出了君子作为道德人格所具有的现实性品格。在这一意义上，君子和圣人之分突出的是道德人格层面上的理想形态和现实形态之间的区分。

要而言之，圣人这一人格形态强调的是，人不能在有限的生命中仅仅停留或限定在某一人格形态。而君子人格所具有的现实性品格，可有效避免因圣人的难以企及性而造成的人格追求趋于思辨化、虚悬化。圣人与君子的区别主要有两点：其一，过程性与既成性。圣人人格主要突出了人格的过程性，君子人格确定了人格的既成性或已然形态。其二，理想性和现实性。圣人作为一个范导性的目标，引导着人们不断地趋向于理想的道德之境，君子则呈现为现实生活中可以达到的人格形态。二者的统一，使道德人格既不同于静态的人格模式，也有别于抽象的、思辨的人格构造，隐含着某种理论上的深意。

三

君子与小人、君子与圣人之间的区分，分别从不同角度凸显了传统视野中君子人格的具体内涵及主要特征。从时代背景来看，当代社会的结构不同于传统社会，其人格形态常常涉及公民。因此，我们在考察君子这一传统人格在现代的意义时，就需要联系公民等现代社会的人格形态。

严格来说，“公民”是一个法律概念。在法律上，“公民”是指具有一国国籍、享有该国宪法和法律所赋予的权利并需要履行该国宪法和法律所规定的义务的国民。宽泛而言，“公民”是指遵纪守法、行为合乎一般社会规范或文明规范的社会成员。就遵纪守法而言，不乱闯红灯、拒绝酒驾等，便是合格的公民应该做到的；就行为合乎一般社会规范或文明规范来看，不随地吐痰、不乱丢垃圾等，就是文明的现代公民应该具备的品格和习惯。前者体现的是公民作为法律意义上的人格所具有的规定，后者体现的是公民作为社会成员所应遵循的社会规范或文明规范。

从公民和君子的区别来看，公民更多地表现为法律上的主体，君子则更多地呈现为道德上的主体。尽管从法律意义上看，公民既享受一定的权利，又需履行相应的义务，但较之君子，其更加关注和执着于自身的权利。如一谈到公民，人们首先想到的就是公民的财产权神圣不可侵犯，公民拥有选举与被选举的政治权利等。而作为道德主体的君子，并不注重自身应享受的权利，而是力求承担更多的社会责任和义务。

作为遵守基本法律和一般文明规范的主体，公民就是指合格的社会成员。公民的行为以合乎最基本的底线规范为原则，只要其行为合乎这些底线规范，便可视为达到了公民的基本要求；一旦偏离了这些底线规范，就会丧失成为合格社会成员的资格。与遵循道德原则相联系，君子呈现为道德上的典范，是唯有通过不断努力才能达到的人格目标。概要而言，公民的人格因具有可接受性，才会被社会成员所接纳；君子的人格因具有崇高性，才会成为社会成员所追求的目标。

从内涵的角度来看，“君子”和“圣人”从不同层面体现了“值得赞赏”的道德境界。从人格追求的角度来看，君子和圣人的统一是传统社会的人格目标，而现代社会关注的是君子与公民之间的统一。时代在变化，社会所追求的人格形态也应与时俱进。作为现代人格的重要组成部分，现代形态下的君子人格应从不同角度加以理解。从人格的实质层面来说，现代形态下的君子人格接近于英雄或模范。当今社会，之所以大力倡导学习英雄、模范，争做英雄。模范，就是因为英雄、模范体现了高尚的道德情操。从人格的形式层面来看，君子本就有注重“文”（由野而文）的传统，这种形式规定与现代礼仪规范是内在统一的。所谓“绅士风度”，主要与近代西方的绅士人格（gentleman）相涉。绅士的起源可追溯至古代的贵族，但作为人格的形式象征，则与近代的社会变迁相联系。近代以来，西方人的行为举止越来越注重合乎礼仪规范，由此形成了人格在形式层面上的某些特点。绅士风度具体表现为服饰得体雅致，举止彬彬有礼，为人谦和有节，在一定意义上被视为现代文明化行为方式的某种符号。宽泛来说，君子人格的现代形态也体现在今天所讲的“讲文明、树新风”之中，后者包括现代意义上的文明行为方式，并兼及人格形式。如果说英雄、模范等道德楷模所体现的人格特点，主要从实质层面赋予君子人格以新的内涵，那么，合乎现代意义上的礼仪规范则从形式层面赋予君子人格以现代的形态。基于上述两个方面的原因，传统意义上的君子必将实现由传统向现代的转化。

进一步来说，现代形态的君子和广义层面的公民应走向内在的结合和统一。二者的统一就是具有现实品格的现代人格的具体形态。一方面，上述视域中的人格形态体现了社会的底线要求，表现为合格的社会成员；另一方面，它又具有崇高的道德追求，呈现为理想的道德人格。二者的统一体现了现代社会所追求的人格形态应是：既合乎社会的基本文明规范，又坚持理想的道德追求。由此可见，君子作为道德人格所具有的两重性：相对于传统意义上作为范导性目标的圣人，君子更多地展现出现实性的品格；较之公民，现代形态的君子又呈现出理想化的人格形态，是人们在现实生活中通过不懈努力便可达到的目标和境界。要而言之，现代社会的人格目标，应趋向于具有现代形态的君子与广义层面上的公民的统一，其内涵具体体现为合格的现代社会成员与理想的道德人格之间的交融。

家国情怀与君子文化

家国情怀的萌生与君子人格的确立

钱念孙*

内容摘要：家国情怀是个人对家庭和国家共同体的认同与热爱。“由家而国”的社会进程和历史渊源，从源头上为中国社会发展植入了伦理与政治交叉重叠的紧密关系。“家国同构”的理念，使先人将家与国的治理几乎看作是同一回事，这种社会结构、生活方式及心理认知，正是家国情怀萌生滋长的肥沃土壤和适宜气候。同时，家国情怀作为一种思想情感的价值取向，必然有其承载、实行和张扬的主体。早期家国情怀更多地体现和彰显在先秦时期的“君子”身上。家国情怀的孕育和生长依赖具有君子品格的主体，而君子人格的充盈和完善则以家国情怀为重要内涵。“君子”作为一种人格范式，孔子曾颇费匠心地从不同角度进行探测和定位，确立君子的内在情操和外在形貌。君子绝非只是提高自身修养，以严肃恭敬的态度做好自己的事便可大功告成，而是要通过自己的努力和作为，不仅使家族及周边的人安居乐业，还要给天下百姓带来安宁和快乐。家国情怀绝不是君子可有可无的点缀或附属物，而是不可或缺的必备素质。

关键词：家国情怀；先秦儒家；君子；孔子

在中国文化系统里，家国情怀是个人对家庭和国家共同体的认同与热爱，是爱国主义精神产生的伦理基础和情感状态，是历代中华儿女共同推崇的君子人格的重要素质和显著标识。本文拟从发生学角度，探讨家国情怀的历史渊源及萌生滋长的必然性，考察家国情怀对君子人格形成的内在价值和独特意义。

* 钱念孙，安徽省君子文化研究会会长、安徽省社会科学院研究员。

一

古老的中国迈入商周时代，已经形成比较稳固的氏族血缘宗法制度。这种以血亲关系为纽带确立嫡长子继承权和主事权的父系家长制，利用父系家族关系的亲疏来决定土地、财产和政治地位的分配与继承，把血缘纽带同政治权益结合起来，不仅构成中国社会组织形态的基本特征，也是组成社会政治结构的重要支架。殷周以至春秋，所谓邦、国“八百里诸侯”等，即由这种氏族—部落—部族国家构成。因此，父子、兄弟、夫妇等不止具有个体家庭成员的“私人”关系，而且要遵守一种公共的政治秩序和社会规范。以父子关系为心脏和骨骼的父系家长氏族首领，首先要在本家族、本部落及本部族中得到承认，赢得地位和权威后，进一步联络、团结其他氏族、部落、部族而逐步“一统天下”。这种“由家而国”的真实社会进程和历史渊源，从源头上为中国社会发展植入了伦理与政治交叉重叠的紧密关系。

由这种氏族血缘宗法制所决定，社会自然形成相应的思想观念和行为准则，或者说礼义道德，也就是孔子所竭力维护和推行的“周礼”。[①] 这套观念准则或谓礼义道德，在《礼记》里被简要归纳为“五止十义”。“五止”：为人君，止于仁；为人臣，止于敬；为人子，止于孝；为人父，止于慈；与国人交，止于信。（《礼记·大学》）“十义”：父慈、子孝，兄良、弟悌，夫义、妇听，长惠、幼顺，君仁、臣忠。（《礼记·礼运》）在这套人伦礼义的制约和笼罩下，处于任何社会地位、充当任何社会角色的人，不论是处理纵向社会关系还是处理横向社会关系，均有明确而严密的道德规范。“五止十义”以君臣、父子的关系为主干，又以臣、子的责任或义务为重点，敬是忠，也是孝的表现形式；忠是敬的重要内涵，也是孝的具体形态。就此而言，朝廷的为臣之道与家庭的为子之道，分为异途，实为一理。

与此同时，中国社会演进到夏商周时期，“家国同构”观念逐渐深入人心。以血缘亲情为本位的家庭或家族管理形式，与夏王朝开启的“家天下”[②] 政治模式及国家（邦国）组织架构，存在明显的共同性，不仅父权与君权互为表里，而且两者的传承方式也如出一辙。在中国人的思想观念里，国与家虽有大小之别、上下之

---

① 孔子多次声明自己“述而不作”（《论语·述而》），强调“吾从周”（《论语·八佾》）、“梦见周公”（《论语·述而》）等，都是其捍卫“周礼”的明证。

② 家天下：指君王把国家政权据为己有，当作一家的私产，世代相袭。公元前 2040 年左右，华夏部落联盟首领禹将王位传给儿子启，开始了“父传子，家天下”的王位继承制。

分，却仿佛一个有机体的微小局部与庞大整体的关系，既息息相关，不可分割，又命运相牵，休戚与共。一方面，家是国的最小社会单位，是国的细胞和缩影，没有家就没有国；另一方面，国是家的放大和延伸，是家庭细胞赖以生存的肌体，国盛才能家兴，国破则难免家亡。这种“家国同构”理念，使我们先人将家与国的治理几乎看作是同一回事。

《左传·桓公二年》，晋大夫师服说：

> 吾闻国家之立也，本大而末小，是以能固。故天子建国，诸侯立家，卿置侧室，大夫有贰宗，士有隶子弟，庶人工商各有分亲，皆有等衰，是以民服事其上，而下无觊觎。①

这虽然主要是描述春秋早期邦国社会的主从等级秩序，表明尊卑上下之异，但也透显出血缘亲情之和，传达了家与国紧密相连的信息。在这种“天子建国，诸侯立家”的等级分封、家国胶结的社会结构中，“家”里对父母之“孝”与“国”中对君主之“忠”自然结合在一起，使宗法领域里的“亲亲”与政治领域里的“尊尊”很大程度上相互重合，融为一体。孔子曰：“君子之事亲孝，故忠可移于君。事兄悌，故顺可移于长。居家理，故治可移于官。”（《孝经·广扬名》）孟子言：“天下之本在国，国之本在家，家之本在身。”（《孟子·离娄章句上》）“所谓治国必先齐其家者，其家不可教而能教人者，无之。故君子不出家而成教于国：孝者，所以事君也；弟者，所以事长也；慈者，所以使众也。”（《礼记·大学》）如此等等表明，先秦思想家几乎都把家与国的联系看作唇齿相依、荣辱与共的关系。一方面，家兴可以影响国运，“一家仁，一国兴仁，一家让，一国兴让”；②另一方面，国乱则不免家丧，“天下大乱，无有安国；一国尽乱，无有安家；一家皆乱，无有安身”。（《吕氏春秋·谕大》）这种“小之定也必恃大，大之安也必恃小”（《吕氏春秋·谕大》）的家国同构认识，长期延续、积淀下来，成为我们民族一种稳固的文化理念和心理结构。

家国同构的社会结构、生活方式及心理认知，正是家国情怀萌生滋长的肥沃土壤和适宜气候。换言之，在家国同构的社会现实母体上，自然且必然地要涌流出家

① 王伯祥选注：《春秋左传读本》，中华书局，1957，第26—27页。

② 曾子语，见《大学》第十章。

国情怀的乳汁，正如种瓜得瓜，种豆得豆一样。《尚书》是中国现存最早的一部散文体史书，也是一部汇编上古时代政事公务文书的文集，其中多处透露出华夏民族的“国”具有“家”的亲缘性。“曰若稽古，帝尧曰放勋。钦明文思安安，允恭克让，光被四表，格乎上下。克明俊德，以亲九族。九族既睦，平章百姓。百姓昭明，协和万邦，黎民于变时雍。”（《尚书·虞夏书·尧典》）这里描绘的“以亲九族”“协和万邦”的情景，是对尧帝的赞美之词，无疑有些夸张或者说具有理想色彩，但也反映出中华民族形成之初，所谓“天下”或者说“国邦”，实际上带有一定家族同盟的性质。这一点到了舜帝时期进一步明朗：“帝光天之下，至于海隅苍生，万邦黎献，共惟帝臣。”（《尚书·虞夏书·益稷》）而步入夏商时代，“明明我祖，万邦之君，有典有则，贻厥子孙”（《尚书·五子之歌》）的呼声不绝于耳，表明“家天下”的观念已经被普遍接受。作为家族同盟的家长，多半也是国邦的最高首长（君王），他爱民如子，既是尽家长的责任，也是尽国君的义务，而民尊君如父既是对君之忠，也是对父之孝。如此“光被四表，格乎上下”，自是九族和睦，国泰民安。

《尚书》立足家国同构社会现实而记载传播的家国意识和家国情怀，不仅成为后世帝王治国理政的基本模式，也是历代胸怀抱负者实现人生理想的实践途径。孔子曰：“君子笃于亲，则民兴于仁。”（《论语·泰伯》）有子说：“其为人也孝悌，而好犯上者，鲜矣。不好犯上，而好作乱者，未之有也。君子务本，本立而道生。孝悌也者，其为仁之本与！”（《论语·学而》）依此而论，要想“天下归仁焉”，则要从做人的最根本处——孝顺父母、敬爱兄弟等做起。可以说，为仁的基础在血缘亲情之中，而治国安民则是对血缘亲情的放大。《大学》“八条目”对此说得最清楚：

> 古之欲明明德于天下者，先治其国；欲治其国者，先齐其家；欲齐其家者，先修其身；欲修其身者，先正其心；欲正其心者，先诚其意；欲诚其意者，先致其知。致知在格物。物格而后知至，知至而后意诚，意诚而后心正，心正而后身修，身修而后家齐，家齐而后国治，国治而后天下平。（《礼记·大学》）

这里一方面强调一个人要想立德于天下，就要为国效劳，治理好自己的国家；另一方面又指出，要想报效和治理国家，必须管理好自己的家庭和家族；而要想整顿好家庭和家族，则应从修养自身做起，在格物致知、正心诚意上下功夫。如此，不仅将个人、家庭、国家纳入联动递进的演进链条和轨道，而且为千千万万明德有为之士指出了“修身齐家治国平天下”的进步阶梯和人生目标。家国情怀的产生和弘扬，正是在这条人生道路上开拓前行的必然结果，也是激励人们为国为家拼搏奋斗的情感基础和精神力量。

总之，萌生于商周时期的家国情怀，建立在人的自然情感基础之上，从父慈子孝、兄友弟恭等到心怀天下、报效国家，把以血缘关系为纽带的天然亲情推己及人并由家及国，拓展和上升为关心社会、积极济世的责任意识和伦理要求，有力促进了个人、家庭与社会、国家的良性互动。家国情怀的核心内涵是在家尽孝，为国尽忠；实践途径是修己安人，经世济邦；价值理想是以身报国，建功立业。作为中国优秀传统文化的重要精华部分，家国情怀高扬对家庭和国家共同体的认同关心、维护热爱、奉献担当精神，数千年来如春雨润物，浸润和滋养中华儿女的情感与心灵，激励无数仁人志士创造可歌可泣的丰功伟业，对中国人的文化心理和民族精神产生了巨大而深刻的影响。

二

家国情怀作为一种思想情感的价值取向，必然有其承载、实行和张扬的主体。尽管各类人群都可能或多或少、或这样那样地与家国情怀相联系，但总体看来，早期家国情怀更多地体现和彰显在先秦时期的“君子”身上。家国情怀的萌生与君子人格的确立，实际上可谓一个事物的两个方面：家国情怀的孕育和生长依赖具有君子品格的主体，而君子人格的充盈和完善则以家国情怀为重要内涵。家国情怀在古老中国的精神原野上破土而出及抽穗灌浆之时，正是先秦君子那遥远身影走出地平线而逐步迈向历史舞台中央之际。这一点，简略梳理君子概念内涵的衍变及君子人格确立的过程，即可清楚了然。

“君子”一词最初的意义泛指贵族，包括君王及臣僚，并不具有道德的意蕴。《尚书·周书·无逸》周公谓：“呜呼，君子所，其无逸。先知稼穑之艰难，乃逸，则知小人之依。”周公告诫成王说：君王居其位，就不该贪图安逸。如果他先知道了稼穑的艰辛，再去享受安逸的生活，则可以知晓底层百姓的疾苦。在这里，君子指君主、君王，是上层“无逸”之人，小人是下层“稼穑”之人，君子与小人这种社会阶层差异是当时社会较为普遍的认识。如襄公九年，晋国知武子曰："君子劳心，小人劳力，先王之制也。"[①]君子主要做"劳心"之事，小人主要干"劳力"之事，这被认为天经地义。昭公六年，楚公子弃疾如晋，经过郑国时下令："禁刍牧采樵，不入田、不樵树、不采蓺、不抽屋、不强匄，誓曰：'有犯命者，君子废，小人降'。"（《左传·昭公六年》）此处再将"君子""小人"对举，君子明显指贵族官员，也并不包含道德的意义。

伴随历史从西周向春秋演进，"君子"一词不仅使用频率陡然增加，而且意义变得丰赡复杂。如《诗经》就有183处提到"君子"，主要指四类不同人群：（一）天子、君主、君王；（二）贵族、官员、富人、主人；（三）情人、丈夫；（四）有才德的人。[②]导致这一含义扩展变化的原因，一方面是由于时代发展推动人们的认识不断深入细化，另一方面则在于《诗经》的歌吟对象众多，对社会生活的反映面更加广阔。"君子"一词在《诗经》里，虽然多数情况下还是指称具有贵族及上层身份的人，但也时常用来表达或寄寓崇敬与爱戴之情。由君王贵族而扩展为崇敬爱戴者，权位及政治身份的含义有所淡化模糊，情感和价值评价的成分有所增加抬升，这就为"君子"一词担负更多文化道德内涵，预示和勾勒了可开垦、扩展的路径与蓝图。

紧随《尚书》《诗经》之后，进一步丰富"君子"概念意蕴并对其外延做出较大拓展者，当属《左传》。作为一部编年体史书，《左传》载录东周前叶二百余年的历史，其中"君子"一词出现180多次，除一些表示贵族身份和借"君子曰"口吻发表对史事的评说外，多半用来传达某种社会人生理想，或用以称赞当时的贤德之人。[③]

用"君子"概念表达某种人生理想和行为规范，在《左传》中共出现了二十多次。桓公五年，郑庄公曰："君子不欲多上人，况敢陵天子乎？"（《左传·桓公五年》）这是说，君子不愿凌驾于别人之上，岂能冒犯冲撞天子？意在说明君子乃尊礼守法之人。襄公二十五年，大叔文子曰："君子之行，思其终也，思其复也。"（《左传·襄公二十五年》）强调君子做事不仅要考虑最终的结果，还要考虑以后重复做时毫无违碍。意在说明君子应循道而行，慎始而敬终。襄公三十一年，北宫文

① 《左传·襄公九年》。此语出自《国语·鲁语》："君子劳心，小人劳力，先王之训也。"

② 池水涌、赵宗来：《孔子之前的"君子"内涵》，《延边大学学报》1999年第1期。

③ 参见过常宝：《原史文化及文献研究（修订本）》，中国社会科学出版社，2016，第201页。

子曰："故君子在位可畏，施舍可爱，进退可度，周旋可则，容止可观，作事可法，德行可象，声气可乐，动作有文，言语有章，以临其下，谓之有威仪也。"（《左传·襄公三十一年》）也是用君子来阐发礼义道德和行为准则。至于昭公元年，子产曰："侨闻之，君子有四时，朝以听政，昼以访问，夕以修令，夜以安身。"（《左传·昭公元年》）显然是借君子来申说谋事行政应遵循四时节律和规矩。

用"君子"称赞和评价当时的贤明人物，在《左传》中共出现了三十余处。僖公十五年，晋惠公为秦国所俘，晋臣对秦穆公叙述国内情况时说："小人戚，谓之不免；君子恕，以为必归。"（《左传·僖公十五年》）此处的"君子"明显指晋国有见解、识大体的贵族，与贵族中目光短浅的"小人"相区别。昭公元年，晋侯听郑国子产一番话后，称他为"博物君子"。（《左传·昭公元年》）昭公八年，叔向称赞师旷曰："君子之言，信而有征，故怨远于其身。"（《左传·昭公八年》）襄公二十九年，季札到卫国，对卫国蘧伯玉、史鳍、公子荆、公叔发等臣僚的才干和修养颇为欣赏，便说："卫多君子，未有患也。"（《左传·襄公二十九年》）[①] 上述"君子"基本都是对有见识、有才干、讲礼仪之人的一种称呼。虽然这些称呼几乎都是针对特定人或特定人群的具体评价，却明显寓含一定的情感态度和道德倾向，带有对类似的人品和修养赞赏、宣扬、提倡的意味。

如果说，有关商周时期的文献（如《尚书》《诗经》《左传》《国语》等），对"君子"概念的使用及内涵界定，更多用以指代君王、贵族、臣僚之类的人物；[②] 那么，成书于春秋末期的《论语》则超越王侯贵族等"有位者"的意脉，赋予"君子"一词较多"有德者"的内蕴，淬炼和锻造出儒家君子人格的基本品格与大体形貌。这就是说，尽管"君子"一词从表示身份地位的概念逐渐获得道德品质的丰厚内涵并非始于孔子，其间有一个漫长的发酵酝酿的过程，但这个过程却完成或者说集成于孔子之手。在《论语》中，"君子"一词共出现了 107 次。虽然有些地方仍然相沿成习地保留着标示身份地位的涵义，比如："君子之德风，小人之德草，草上之风，必偃。"（《论语·颜渊》）此处的"君子"与"小人"主要突出了对于"位"的区分，并且其所言之"德"也与"道德"之意颇有差异，但就整体而言，孔子及其弟子所主要关注和探寻的，无疑更多是对"君子"概念的内涵加以改造和充实，

① 《左传·襄公三十年》载，季武子到晋国，也曾以"朝多君子"评价晋国的赵孟、师旷、伯瑕、叔向等人。

② "君子"有时也作为男子（包括情人、丈夫）的通称。参见余英时：《儒家"君子"的理想》，载氏著：《中国思想传统的现代诠释》，江苏人民出版社，1989，第 160—177 页。

对王公贵族所具有或应有的道德优点择善而从，推而广之，扩大为社会应普遍遵循的伦理规范和要求，以解决如何做人，即如何培育和塑造崇德守礼之人的根本问题。[①]

这种思考和探讨的结果，就是把“君子”作为一种人格范式，为其重新铸魂塑形、强身健体，使其成为既可敬可佩又可学可做的做人标杆，为锤炼和打造中国人的民族精神与民族性格注入优良基因，培育性格气质。君子作为历代中华儿女广泛认同和推崇的人格模式，受孕和化育于中华文化初露晨曦的商周时代，却在儒家学派开山之作——《论语》的胎盘中长成雏形并分娩于世，这是孔子对中华文化做出的杰出贡献。

三

孔子对自己精心设计和翻新的君子形象十分钟爱，对其与社会各色人等的距离和高度等，曾颇费匠心地从不同角度进行探测和定位。一方面，他反复说，“君子喻于义，小人喻于利”。（《论语·里仁》）“君子坦荡荡，小人长戚戚”。（《论语·述而》）“君子和而不同，小人同而不和”。（《论语·子路》）“君子求诸己，小人求诸人”。（《论语·卫灵公》）在多视角、多层次的对照比较中，确立君子的内在情操和外在形貌，划定君子与小人的楚河汉界。另一方面，他对弟子称自己为“圣人”颇为不满，表示“若圣与仁，则吾岂敢”，并强调“圣人，吾不得而见之矣；得见君子者，斯可矣”。（《论语·述而》）这无疑表明孔子心目中的君子，远非难以寻觅、难以企及、高不可攀的圣人，而是理想又现实、尊贵又亲切、高尚又平凡的人格形象，是可以引导大家力学笃行、行稳致远乃至行成功满的人生灯塔。

《论语》对“君子”内涵的透视和诠释，大到怎样治国安邦，小至如何待人接物，从不同方面作了简明扼要又周到详细的解说，涉及人生理想、生活态度、尊礼崇道、砺学修身、气节风骨、慎独操守、进退出处、怡情养性等众多领域。这是写一部乃至几部大书的内容，本文当然无法广涉博猎，只能围绕和紧扣主题，对君子的家国情怀略作梳理和叙述。

关于君子的家国情怀，《论语》里较为直接、明确的表述，就是孔子与子路的

① 冯友兰曾说，孔子一辈子思考的问题很广泛，其中最根本最突出的就是对如何“做人”的思考。参见冯友兰：《中国哲学史新编》第一册第四章论孔子部分，人民出版社，1981，第124—172页。

一段对话：

> 子路问君子。子曰："修己以敬。"曰："如斯而已乎？"曰："修己以安人。"曰："如斯而已乎？"曰："修己以安百姓。修己以安百姓，尧舜其犹病诸？"（《论语·宪问》）

子路一再追问如何成为君子，孔子给出的回答是"修己以敬""修己以安人""修己以安百姓"。这层层推进和扩展的答案告诉我们：要想成为君子，绝非只是提高自身修养，以严肃恭敬的态度做好自己的事即可大功告成，而是要通过自己的努力和作为，不仅使家族及周边的人安居乐业，还要给天下百姓带来安宁和快乐。由此可见，家国情怀绝不是君子可有可无的点缀或附属物，而是不可或缺的必备素质。孔子屡次申说"君子谋道不谋食""君子忧道不忧贫"（《论语·卫灵公》）、"君子学以致其道"（《论语·子张》）、"士不可以不弘毅，任重而道远"（《论语·泰伯》）等，都是强调君子要有超越小我、心怀天下的责任建构。这与《大学》所言"修身、齐家、治国、平天下"的人生追求一样，都是对君子家国情怀的精到阐释。孔子还说："君子之于天下也，无适也，无莫也，义之与比。"（《论语·里仁》）君子面对天下之事，应该做什么，不该做什么，关键是看"义之于比"。而判断一件事是否符合"道义"，家国情怀之浓淡有无，无疑是不可或缺的重要参照系。

孔子不仅坐而论道，而且躬行实践。他生逢礼崩乐坏的乱世，很想以自己的一套济世方略来匡救时弊，从 55 岁到 68 岁的 14 年间，席不暇暖，周游列国，陈说政见，却四处碰壁。他面对长沮、桀溺"滔滔者天下皆是也，而谁以易之"的讽刺，怅然回应道："鸟兽不可与同群，吾非斯人之徒与而谁与？天下有道，丘不与易也"。透过这融理于情的深沉喟叹声，一个饱含家国情怀、勇于担当、志在救世的君子形象跃然眼前。儒家为什么不赞成出世隐逸，鼓励入世作为？"君子之仕也，行其义也"（《论语·微子》），乃是重要原因。孔子屡遭挫折，一度想遁迹江湖："子欲居九夷。或曰：'陋，如之何？'子曰：'君子居之，何陋之有？'"（《论语·子罕》）孔子想到未开化的九夷居住，有人问道："那里太落后怎么办？"他回答得很干脆："君子去住，还会落后吗！"孟子曾解读说："君子所过者化，所存者神，上下与天地同流，岂曰小补之哉？"（《孟子·尽心上》）这是说君子无论居住何处，都能成风化人，发挥感染与教化作用，改变当地愚昧落后的风俗及面貌，其积极救世的精神和作用令人敬仰。

人非圣人，孰能无过？孔子对人的评价，注重细节，更看重大节，是否具有家国情怀，是否有益于国家民族的发展，是他臧否人物时首先考虑的问题。《论语》里有三段对管子的不同议论：

子曰："管仲之器小哉！"或曰："管仲俭乎？"曰："管氏有三归，官事不摄，焉得俭？""然则管仲知礼乎？"曰："邦君树塞门，管氏亦树塞门；邦君为两君之好，有反坫，管氏亦有反坫。管氏而知礼，孰不知礼？"（《论语·八佾》）

子路曰："桓公杀公子纠，召忽死之，管仲不死。曰：未仁乎？"子曰："桓公九合诸侯，不以兵车，管仲之力也。如其仁！如其仁！"

子贡曰："管仲非仁者与？桓公杀公子纠，不能死，又相之。"子曰："管仲相桓公，霸诸侯，一匡天下，民到于今受其赐。微管仲，吾其被发左衽矣。岂若匹夫匹妇之为谅也，自经于沟渎而莫之知也！"（《论语·宪问》）

孔子一方面批评管子器量小、不节俭、不知礼，另一方面又盛赞他"仁"。怎样看待这矛盾？孔子从不轻易以"仁"许人，除说过颜回"三月不违仁"之外，未尝肯定他的其他弟子真正做到了仁。可见在他眼里，"仁"是一个很高的做人标准。然而，尽管孔子认为管仲有很多毛病，也承认子路、子贡质疑管仲背叛公子纠是对君不忠，却为什么仍然接连称赞他"如其仁！如其仁"！究其原因，乃在于"管仲相桓公，霸诸侯，一匡天下，民到于今受其赐"。管子辅佐齐桓公成就霸业，并非凭借战争，也没有以牺牲人民的生命为代价，并且维护了国家统一，匡正了天下秩序，避免了礼乐文化的衰落，人民至今感念他的好处。这突出表明，孔子在评衡人物之高下时虽然注重小处、小节，但准星和标准却定在大义、大节上，其着眼点和落脚点常常更多是国家利益、民众福祉。

进而言之，孔子儒学的核心概念"仁"与"礼"，虽然必须依靠"克己""自省"的修养功夫来获得，即所谓"为仁由己""君子求诸己""吾日三省吾身""见贤思齐焉，见不贤而内自省也"等，但为仁和守礼的根本宗旨并非在于自身的完善，而是在于"修己以安百姓""博施于民而能济众"。因此，孔子强调："夫仁者，己欲立而立人，己欲达而达人。"（《论语·雍也》）就此而言，仁与礼既是做人、成人、立人的君子修身之道，也是齐家、治国、平天下的通达之途。孔子说：“《书》云：‘孝乎惟孝，友于兄弟，施于有政。’是亦为政，奚其为为政？”（《论语·为政》）依孝而推展到家、国、天下，这既是家国情怀的表现，也是为政之要津。孔子对治国安邦的看法，或者说他对政治的理解，就是“政者，正也。子帅以正，孰敢不正”？因为“子欲善而民善矣”！（《论语·颜渊》）在这里，我们看到的仍然是以氏族血缘关系为基础的家国同构社会历史现实，对意识形态及国家治理模式构想的影响。孔子之所以一再说“孝”是政治的根本，就是因为孝悌（或者说伦常）在很大程度上就是政治，起码是政治套路深层结构中不可忽视的关键环节。

如果说，由孔子悉心雕塑的君子人格以自强不息、厚德载物为核心内涵，在数千年历史发展中已成为中华民族千锤百炼的人格基因或曰集体人格，那么，家国情怀作为我们祖先探索家与国的关系、建立必要社会秩序的思想文化成果，则在中华文明跨越艰难险阻跋涉向前的漫长征途上，一直是催人奋进、担当的美好情愫和宝贵精神。当代中国社会，虽然家与国的形态及关系与悠远的古代相比，已有沧海桑田之变，但家是最小的国、国是千万个家的基本结构仍在；以家庭血缘关系为基点、以国家利益为中心的家国情怀，也在中华民族伟大复兴旗帜的感召下，焕发出勃勃生机和强大生命力。站在新的历史方位上，面对前所未有且广泛深刻的社会变革，让以君子人格为主干的君子文化（包括对家庭和国家认同与热爱的家国情怀），在新时代中国特色社会主义建设发展中发挥更大的作用、谱写新的历史华章，乃是时代赋予我们的使命与责任。

新时代君子家国情怀的传承和超越

何泽华 *

内容摘要：家国情怀是君子的人格标识，其核心是忧患意识、责任意识。传统君子家国情怀主要从家国一体的现实出发，以家国同构为理论基础，以国家认同为关键环节，以爱国主义为明显特征。中华君子家国情怀历史悠久，有一以贯之的共同本质内涵，各个历史时期也有不同的时代特色。新时代君子的家国情怀，是对传统修齐治平理念的传承，是对责任担当、爱国为民核心价值的坚守，是民族伟大复兴、人类命运共同体宏大格局的历史性超越，也是当代君子人生价值追求和时代精神的升华。

关键词：君子；家国情怀；新时代

君子是中华民族独特的人格形象，家国情怀是中国人特有的社会意识，这两个独特的文化现象又是紧密联系在一起的。君子必然具有深厚的家国情怀，家国情怀则是传统君子最显著的人格标识。当下，家国情怀既是新时代君子鲜明的价值取向和高扬的精神追求，也是弘扬君子文化的重要内容。全面分析传统君子家国情怀的历史嬗变和传承、超越，对认识新时代君子家国情怀的时代意蕴具有重要意义。

一、传统君子家国情怀的历史嬗变

中华君子家国情怀经历了一个由孕育、形成到延展、转变等不同阶段的漫长历程，贯穿其中且起基础性作用的是君子忧患意识。忧患意识是最早的人文精神，也

* 何泽华，安徽省君子文化研究会名誉会长、浙江大学君子文化中心主任。

是早期君子的核心精神，它把人从鬼神信仰中解脱出来，构建起具有人的主体意识的天人关系，提出在对天地自然保持敬畏之心的基础上努力把握自身命运。家国情怀则是君子个体对其所处的家庭、宗族以及邦国共同体的认同、情感和道义担当。忧患意识表现为进取、担当和责任，它是家国情怀的思想基础，家国情怀则是忧患意识的行为表现。数千年来，历代君子的忧患意识、责任意识犹如一条红线贯穿于家国情怀孕育、发展的全过程，并因时代的变迁使历代君子家国情怀形成鲜明的特征。

早期的“贵族君子”阶段（西周初至春秋时期），是君子家国情怀的孕育期，其主要标志是家国意识的产生。此时的君子是“尊贵”的象征。君子是统治阶级的成员，他们既有享受礼乐教育的权力，又有施行礼乐教化的义务，还必须带头遵守礼制、自觉维护礼乐，他们的人文标识是“礼乐君子”。君子有礼，就要根据统治的需要，承担起相应的责任。基于家族与邦国一体的现实，贵族君子逐步强化了自己的主体意识、忧患意识、责任意识、教化意识，初步形成了家国意识。“君子所其无逸”[①]“君子终日乾乾”“岂弟君子，民之父母”“夙夜在公，在公明明”就是早期君子家国意识中责任担当的描述。这种意识基于现实理性，情感性因素尚不突出，虽然不是完整意义上的家国情怀，但是具备了忧患、责任意识等核心要素，故仍可认为，贵族君子的家国意识孕育了家国情怀。

先秦的“士人君子”阶段（春秋战国时期），是君子家国情怀的形成期。春秋以降，社会剧烈震荡，王道衰微，礼崩乐坏，士阶层迅速扩张，成为强大的社会力量，并逐步冲垮了长期稳定的贵族政治阶层。孔子顺应时代潮流，提出了士君子概念，打破了君子必须是贵族成员的陈规，实现了君子理念的转型和君子形象的重新塑造。贵族君子是有位而有德有为，士君子则是有德而要有位有为。此时君子的首要标志是讲仁义，有道德，他们的人文标识是“仁义君子”。孔子提出“学而优则仕”，目的是通过培养士君子取代贵族君子，要求士君子“克己复礼”，使“天下归仁”，恢复王道统治。他从贵族没落“家国一体”受到冲击的实际出发，为帮助士君子担当治国重任，提出了家国同构的重要理念，把家与国紧密联系起来，认为治家之道与治国之道相通相似。无家则无国，有国则有家，治家如治国。由此从居家之道的父父子子引申为邦国之道的君君臣臣，即由孝及仁及忠，由家及国，仁行天

① 陈戎国点校：《四书五经》，岳麓书社，1991。本文所引文献，均出自该书。

下。故“君子务本，本立而道生”。客观地说，春秋时期的士阶层本身即具有参与邦国治理的主观愿望，加之孔子君子之道的重要指导，“家国一体”的思想通过家国同构的转换，初步形成了士君子的家国情怀。

孔子家国同构的思想通过孟子的发挥变得更加清晰。孟子从“爱有差等”的儒家原则出发，又以“推恩说”把孝、忠、仁的情感推移和人格升华相结成一个完整的体系，家国关系明确为：“人有恒言，皆曰‘天下国家’。天下之本在国，国之本在家，家之本在身”。孟子的家国思想在《大学》中通过“八条目”得以模式化：“古之欲明明德于天下者，先治其国；欲治其国者，先齐其家；欲齐其家者，先修其身……心正而后身修，身修而后家齐，家齐而后国治，国治而后天下平”。强调“身不修不可以齐家”，齐家方可治国、平天下。身、家、国的关系如此清晰，家国一体的思想有了新的内涵，家国同构的理论成为体系，得以证实，家国情怀的理念全面形成。自此，修、齐、治、平成为历代君子人生的价值追求，家国情怀则成为历代君子的精神内涵和人格标识。

先秦君子的家国情怀具有鲜明的道义精神特色。孔子的“天生德于予”“人能弘道”“朝闻道，夕可死矣”；曾子的“士不可以不弘毅，任重而道远”“临大节而不可夺也”等都体现了道义精神。孟子不仅从理论层面，更以自身实践为家国情怀思想做出了重大贡献。他的“如欲平治天下，当今之世，舍我其谁也”当仁不让的担当精神，“富贵不能淫，贫贱不能移，威武不能屈”的大丈夫气概，“穷则独善其身，达则兼济天下”的宽阔胸怀，“善养吾浩然之气”的精神气度，都为此后历代君子所效法，成为中华君子家国情怀的标识性精神。

“大一统”的“仕宦君子”阶段（从秦汉至明清），是君子家国情怀的延展期。秦汉以后，实现了“天下”一统，出于统治者的需要，士人陆续走上仕宦之途，“仕宦君子”成为君子主体。西汉中期，汉武帝独尊儒术，董仲舒提出了“三纲五常”，包括君子之道的儒家学说成了唯一的主流意识形态，纲常伦理使君子之道变成了为臣之道，此时君子的人文标识是“纲常君子”。特别是隋唐时期开始实行的科举制，不仅使“学而优则仕”有了制度性保障，也形成了以纲常礼教为标准的科举取仕制度。在这样的社会机制作用下，孔孟的家国一体、家国同构理念、思路发生了异化。大一统统治使帝王专制不断增强，公天下成了家天下，家国一体变成了君国一体，家国同构对帝王来说是以家代国，对仕君子来说是以国代家，由孝及忠变成移孝尽忠，爱国变成忠君，君王变成君父，君臣关系变成了变相的父子关系，国家认同变成了朝代认同。

严重错位的家国关系，必然导致畸形的君臣关系和异化的家国情怀。这种异化错位在政治比较清明的时期，曾得到一定程度的纠偏。如北宋初期，出现了一定程度的君王和仕君子共治天下的局面，也出现了一些执着追求“圣贤气象”、具有浓厚家国情怀的仕宦君子。但从近两千年的大一统历史来看，君主专制下家国一体的异解、家国关系的异构、君臣关系的异化，必然对仕君子国家认同及家国情怀的培育造成一定的消极影响。家国情怀作为一种治国思想时，难免会沾染上朝代政治的意识形态色彩。由于中华文明的连续性，长期的人文化成使得家国情怀所体现的人文精神得以世代流传，并成为中华君子的精神标识。特别是在社会危机四伏、国家生死存亡的重要关头，许多具有浩然之气、大丈夫气概的仕君子就会挺身而出，以自己的言行践行对于家国的使命担当。如“徇国家之急，赴公家之难”的司马迁；“匈奴未灭，无以家为”的霍去病；“爱国如饥渴”的班固；犯颜直谏的魏徵；“才优匡国，忠至灭身”的颜真卿；“道济天下”的韩愈；“先天下之忧而忧，后天下之乐而乐”的范仲淹；“为天地立心，为生民立命，为往圣继绝学，为万世开太平”的张载；“位卑未敢忘国忧”的陆游；“精忠报国”的岳飞；“人生自古谁无死，留取丹心照汗青”的文天祥；“以身任天下”的王夫之，等等，都是具有深厚家国情怀的君子典范。正是这样的君子情怀，孕育了自强不息的民族精神。

要之，传统君子家国情怀源于古代先贤的忧患意识和责任意识，由家国一体理念、家国同构治理模式发展为个人主体对家庭和国家的归属感、责任感。中华民族数千年来所形成的家国情怀，为中华君子铸就了积极入世、奋斗担当的人生态度，修身、齐家、治国、平天下的人生追求，以家国天下为己任的价值准则。尽管不同时代的家国情怀具有不同的内涵和特点，但一以贯之的是君子爱国担当、责任如天的道义精神。

二、近现代君子家国情怀的传承扬弃

以鸦片战争为起点的中国近代史，既是国家的屈辱史，也是民族的抗争史、奋斗史。这 180 年间，以家国天下一体为背景，以真正意义上的国家认同为核心，中华君子的家国情怀与国家命运紧密相连。在国家命运向何处去的重大抉择中，启蒙与救亡、忧患与觉醒、责任与使命、发展与复兴的多重变奏，凝聚出新的国家认同价值共识，铸就了爱国主义的时代内涵。

维新变法时期，以民族初步觉醒为主要特征。明清以来，帝道日渐式微，面对社会混乱、民不聊生的状况，精英君子对于何为国家提出质疑。如明末清初的顾炎武提出了亡国、亡天下和保国、保天下的命题，发出了“天下兴亡，匹夫有责”的呐喊。这是数千年来，君子家国情怀的最强音。鸦片战争后，民族危亡悬于一线，当世君子忧国忧民的意识更加浓烈，救亡图存的浪潮迅速席卷全国。《马关条约》签订后，以康有为、梁启超为代表的近代君子发起了“公车上书”运动，促使光绪皇帝维新变法。维新变法既是封建帝王的自我变革，也是思想启蒙和民族觉醒的开始。变法失败后，谭嗣同等六人慷慨就义，成为永垂青史的“戊戌六君子”。谭嗣同牺牲前，曾赋诗曰“我自横刀向天笑，去留肝胆两昆仑”，彰显了近代君子以爱国救国、勇于牺牲为特点的家国情怀。

民主革命时期，以君子与民众共识互动为主要特征。辛亥革命推翻了数千年的封建统治，建立了共和政体，使国家有了新的含义。1919 年的五四运动，是一场由知识界发起，广大青年参与的反帝反封建爱国运动，高举民主、科学的大旗，从思想、文化领域激发和影响了中国人尤其是青年人的爱国救国热情，既是一次思想大解放，也是家国情怀的群众性大迸发。中国共产党的成立，对中国人的家国情怀产生了重大影响。共产党人解放全人类的使命担当，与传统君子“天下大同”的世界观具有共同的价值取向。共产党人奋斗不息、勇于牺牲的革命精神，不仅与传统君子的家国情怀一脉相承，而且其解放全人类的奋斗目标也使现代君子的家国情怀得以升华。抗日战争期间，中华君子浴血奋斗、勇于牺牲的家国情怀给世人树立了榜样。这一时期，有以闻一多为代表的宁可贫病而死，也不愿使国格、人格受到玷污的士君子；有为团结御侮、抗日救国而发起“校园入狱运动”的七君子，更有许许多多战死在抗日战场上的有名无名的民族英雄。抗日君子的英勇奋战、壮烈牺牲，激发了数亿国人的家国情怀，成为抗战胜利的根本因素，也是中国历史上君子与民众共识互动的家国情怀的最高潮。这个热潮孕育了上千年，形成了凝聚人心、推动社会进步的巨大动力。不管是解放战争中，还是抗美援朝战争中，君子与民众互动的全民性家国情怀都是决定国家命运的根本性力量。

社会主义革命建设时期，以国家至上为主要特征。公有制的建立确立了人民的主体地位，人民的主人翁意识得以真正形成，这是弘扬家国情怀的根本性优势。由于新中国一穷二白，又受到西方国家的经济封锁，党和国家领导人确立了独立自主的发展战略，建立了完整的经济体系和国防体系。这一时期，国家至上成为全国人民的政治共识，舍小家为大家成为社会风尚，涌现出许许多多像钱学森那样的科学精英君子，像焦裕禄那样的政治精英君子，像王进喜那样的工人精英君子，像雷锋那样的普通民众君子……虽然这一时期的主流价值并不崇尚君子，但君子精神却得到了最广泛、最深刻的弘扬。究其原因，就在于家国情怀成为全体中国人的最大共识和道德自觉。

改革开放时期，以创业创新为主要特征。改革开放以来，创业创新既成为时代精神，也成为当代君子家国情怀的新特色。如闯出“大包干”新路的小岗村带头人；在改革中坚持集体道路的华西村老书记吴仁宝；以“振兴中华乃我辈之责”为终生信念的海归科学家黄大年；一生奉献，为子孙后代留下一种精神和一片绿荫的杨善洲；专注创业三十年，使华为成为世界信息业翘楚的企业家任正非。此外，还有中国女排、载人航天英雄群体等群英君子。正是这些具有创业创新精神的当代君子，使中华民族历史性地实现了从站起来、富起来到强起来的伟大飞跃，迎来了实现中华民族伟大复兴的光明前景。

纵观鸦片战争以来的历史可知，对于传统君子的家国情怀，近现代君子既有传承又有扬弃，表现出如下特点。第一，这既是一个以变革、革命为主题的时代，也是一个崇尚英雄的时代。因此，那些具有奋斗、牺牲、奉献精神的英雄，就是这个时代的君子，他们的家国情怀突出的是情感力、意志力。第二，国家认同是近现代君子家国情怀的核心价值。家与国的共同命运形成了新的家国一体意识和更深层次的国家认同，以爱国精神为核心的家国命运共同体成为凝聚人心、汇聚力量的精神旗帜。第三，民为国本得以真正实现，为国家强盛、为民众谋利、为人民服务成为家国情怀的时代内涵，实现了对传统君子家国情怀格局的根本性超越。第四，在新的格局中，个体、集体、国家的关系发生了重大变化，国家利益至高无上，集体利益为重为先，个体的家国情怀融入集体共识之中，“集中力量办大事”成为快速提高国家竞争力的秘诀，集体主义的家国情怀便成为鲜明的时代特色。第五，家国情怀的社会作用机制，由君子之风、民众之草的风吹草方动，变成了风吹草动、草动又生风的良性循环。精英与民众之间的这种互动，构成了对传统君子家国情怀的超越和扬弃。

三、新时代君子家国情怀的超越与升华

中国社会进入新时代后，一种体现社会进步、具有时代精神的君子家国情怀，对于实现中华民族伟大复兴的“中国梦”是十分重要的。

新时代君子的家国情怀，是对自我人格的认同与人生价值的追求，是对国家、人民的热爱与民族文化的自信，是对实现中华民族伟大复兴的自觉担当。它既传承了“天下兴亡，匹夫有责”的传统价值理念，又高扬了“自强不息、厚德载物”的精神追求，更是“常怀爱民之心、常思兴国之道、常念复兴之志”的责任书写。① 它传承且超越了历史上任何时代的家国情怀格局，实现了时代精神的升华。

新时代君子的家国情怀，既具有鲜明的时代性、强烈的现实性，又具有丰富的层次性。

（一）天下层面

新时代君子家国情怀在人类历史上第一次真正形成了家国天下的宏大格局。古代先贤对家国天下的理解，与当今的家国天下意识不可同日而语。“人类命运共同体”的提出既是对传统君子天地精神、天下大同思想的传承，是对中华文明传统价值体系的坚守和创新，更是对传统君子家国情怀的超越和升华。

当今时代，人类物质文明已达到高度发展的水平，太空科学、生物工程、人体科学、信息科学、人工智能的发展，为人类的文明开辟了更为广阔的空间。与此同时，环境污染、生态危机、资源争夺、贫富两极分化、核威胁、恐怖主义、公共卫生、金融风险等，已经成为人类面临的共同难题。经济全球化、信息网络化，不仅把全世界连成一个有机整体，也将全人类的命运紧紧地联系在一起。习近平指出：“这个世界，各国相互联系、相互依存的程度空前加深，人类生活在同一个地球村里，生活在历史和现实交汇的同一个时空里，越来越成为你中有我、我中有你的命运共同体。”②

人类命运共同体的提出，使新时代君子家国情怀建立在具有全新意义的家国天

---

① 程碧英：《论君子文化的时代内涵》，《成都大学学报（社会科学版）》2018 年第 5 期。

② 习近平：《顺应时代前进潮流 促进世界和平发展——在莫斯科国际关系学院的演讲》，《人民日报》2013 年 3 月 24 日。

下意识的基础上。从人类的根本利益、长远利益出发，认识和处理家、国关系和国家之间的关系，如此宏大的视野是历史上任何时期的君子都不具备的。这就要求新时代君子家国情怀摒弃封闭的家国意识，形成一种开放的心态、包容的胸怀。这是一种爱家、爱国也热爱全人类的心境和胸怀，是着眼于全人类的人文精神。当然，在广泛包容的同时，也要坚守中华文明的优良传统；在开放的格局中，更要维护好国家的根本利益，实现国家利益和人类利益的有机统一。

（二）国家层面

新时代君子家国情怀是中华民族伟大复兴的精神支柱和不竭动力，在国家层面体现出时代性的超越和精神性的升华。

其一，认知层面的超越，是树立了现代的家国天下意识。从天下意识的角度认识民族复兴对人类社会发展的影响和意义，以前瞻性的目光认识中国发展的历史方位和使命目标，认识当代中国在现代化进程中实现从追赶到超越的历史使命。这种超越应该是科技水平、物质文明、国家治理乃至社会文明的全方位超越。“我们中华民族……有在自力更生的基础上光复旧物的决心，有自立于世界民族之林的能力”，[①] 要“让中华民族以更加昂扬的姿态屹立于世界民族之林”。[②]

其二，新时代君子家国情怀建立在更为深刻的国家认同的基础之上。改革开放的硕果，不仅使人们对国家的归属感、依恋感、自豪感更加强烈，也使国家认同的内涵更加宽泛。对国家统一的向往是国家认同的基础；对民族复兴的期待是国家认同的广泛共识；对人民美好生活的向往，是以人民为中心的执政理念和发展思想的聚焦，也是新时代国家认同的核心；对国家富强的追求，既是对国家层面富强、民主、文明、和谐核心价值观的理念认同，也是对中华民族从站起来、富起来到强起来等不同阶段国家认同的目标表达。在如此宏大的家国叙事里，个人命运与国家命运紧密相连，国家认同展现出民族意识新的觉醒，实现了对传统君子家国情怀的传承和超越。

其三，基于国家认同的新时代君子家国情怀，把个人、家庭与国家紧密连接，把国家的过去、现实和未来紧密连接，具有丰富的思想内涵和精神意蕴，形成了具有鲜明时代特征的价值意识、主体意识，积极承担对民族、国家的责任和使命。这

① 毛泽东：《论反对日本帝国主义的策略》，载氏著：《毛泽东选集》第二卷，人民出版社，1970。

② 习近平：《在省部级主要领导干部专题研讨班上的讲话》，《人民日报》2017 年 8 月 6 日。

种理性与情感相统一的家国情怀还包含感恩意识、参与意识和创造意识。新时代君子感恩国家、感恩时代，这种感恩之情将为民族复兴、国家富强注入强大的精神力量。在实现民族复兴的伟大进程中，每个中国人都是当仁不让的参与者，都应勇于承担对国家的责任，对现实问题具有建设性的批判精神。因此，每个中国人都应在实现民族复兴的伟大进程中，实现自己的人生价值，为社会创造更大的价值。

（三）社会层面

传统君子家国意识，较为缺少社会层面的认知以及相应的情感精神。众所周知，社会治理是国家治理的重要内容，个人与国家的关系总是通过各种社会活动表现出来。因此，新时代君子家国情怀中包涵了许多社会层面的内容，这是一种时代性的超越。

当今社会是公民社会，公共秩序、公共利益与个人利益息息相关，这就要求每个公民具有公共意识和公共精神，以公共利益为重，自觉履行社会公共责任。这种公共意识所指向的公共利益与国家利益、个人根本利益是一致的，其中蕴含着和谐、包容、合作、秩序、互助、共享、责任、公益等价值思想。这种公共精神，“包括独立人格精神、社会公德意识和责任意识、自制自律的行为规范、善待生命社会的慈悲胸怀，它所折射出来的价值理念、生活方式具有持久深远的影响，本质是和谐的”。[①] 新时代君子作为社会精英，应具有更加深刻的公共意识，承担更多的社会责任，关注社会公益慈善，为构建和谐社会尽心出力。

新时代君子家国情怀既关注社会的现实，更关注社会的未来发展。在现代化进程中，许多现代性问题需要当代君子从时代精神的角度思考应对之策。如理与欲这一根本性的人格命题，就是一个新的现代性问题。西方社会的现代化催生出了两种异化人格，一种是“没有胸膛”的“末人”，另一种是“软世代”的“无欲人”。后者作为后现代社会的一朵奇葩，不仅在西方社会屡见不鲜，在我国个别地区也初现端倪。这两种异化人格都是极其危险的，与民族复兴都是格格不入的。这就引申出当代君子的一个时代命题，即重视青少年家国情怀的培育，把传统君子自强不息、积极入世、担当进取的家国情怀传承下去，把当代君子勇于奋斗、乐于奉献、创业创新的人格精神弘扬光大，让中华君子的家国情怀代代相传。

---

① 陈宗章：《城市社区"共同体意识"的现代性解构及其重建》，《中共四川省委党校学报》2010年第2期。

新时代君子家国情怀还表现为一种社会责任，即要在大力弘扬传统道德精神、汲取传统社会伦理精华的基础上，积极构建具有时代道德精神的社会伦理，积极倡导具有时代精神的社会新风尚，积极营造向上向善的风俗环境。

（四）家庭层面

在传统君子家国情怀的家国同构理论中，家庭是一个很重要的组成部分。近代以来，由于社会制度和社会结构的变革，人们对宗族、家族、家庭的认知发生了很大变化，家庭在培育家国情怀中的作用被忽视。因此，家庭就成为建构新时代君子家国情怀的重要内容。

强化国家认同是根本。当今时代，由于传统的国家认同观念和家庭内部的自律精神被忽视，以及缺乏新时代、大格局的国家认同思想，导致个人、家庭和国家的关系发生错位。“因此，要大力弘扬国家认同理念，使家庭成员在对国家的认同中产生强烈的爱国主义情感，增进爱国情操，把对家庭的眷恋、对家庭成员的关爱、对家族历史的追忆演变为疆土之爱、人民之爱、文化之爱，从而增强国家和社会的凝聚力”。①

优化家庭治理是基础。传统家庭以父母为中心，家庭、家族的治理权掌握在父辈、长辈手中，孝悌思想是家庭治理的灵魂。现代家庭多以子女为中心，在溺爱环境中成长起来的青少年，很容易缺失感恩意识和责任意识。因此，要想优化家庭治理方式，一是父母与子女要建立双向互动，并将感恩意识、责任意识作为子女教育的重点。二是学校和社会也要重视青少年的价值观教育和养成，使新时代君子真正成为在家孝敬父母、在社会奉献他人的优秀人才。

培养良好家风是关键。把家庭打造成新时代君子家国情怀的培育基地，意义十分重大。有效开展家教、家训，培育良好家风就成为新时代君子的重要命题。首先，父母作为子女家国情怀养成最重要的老师和最有影响力的榜样，一定要以身作则。其次，发挥家规、家训的作用，是培养良好家风的有效途径。在中华传统文化中，家训、家规集中体现了一个家庭甚至一个家族的行为规范和道德准则，可为新时代君子家国情怀的养成提供丰厚滋养。最后，建设“积善之家”，是培养良好家风的重要抓手。“积善之家，必有余庆”的观念早已深入人心，成为中国人的文化血脉。因此，赋予积善积德以时代内涵，将其升华为新时代的道德情怀，对于新时

① 刘紫春、汪红亮：《家国情怀的传承与重构》，《江西社会科学》2015 年第 7 期。

代君子家国情怀的养成具有积极的意义。

（五）个人层面

新时代君子家国情怀是生命个体对个人与家庭、与他人、与社会、与国家乃至与整个世界各种关系综合的体认感知、情感依归和价值取向，是个人与家、国、天下关系的主观表达。人类命运共同体理念成为新时代主流价值观念，使当代君子的家国情怀具有了时代性的超越和价值层面的提升。

时代精神是新时代君子家国情怀的鲜明特征。人类命运共同体语境下的新时代君子家国情怀，聚焦于“让世界更美好，让人民更幸福”[①]的宏大目标，使家国伦理观上升为全球伦理观，是一种大情怀、大格局。这样的大情怀、大格局，是对传统君子爱国情怀的超越和升华。既要爱祖国、爱世界、爱人类，也要坚持和而不同的价值理念，包容各种利益主体，兼顾各种价值诉求。因此，包容基础上的共同创造、共享发展成果，既是新的时代精神，也是新时代君子处理个人、家庭、社会、国家关系的重要原则。

道德修养是新时代君子家国情怀的核心要义。新时代君子家国情怀的道德修养，要根据新时代的要求修身正心。一是要修仁爱之心。既要继承传统君子的亲亲、仁民之爱，又要弘扬一种大爱之心，爱自己、爱亲友、爱家庭、爱祖国、爱人类。二是要正确处理小我与大我、小家与国家的关系。三是要修感恩之心，对国家感恩，对时代感恩。四是要修责任之心，为国家尽力，为社会奉献。在实现中华民族伟大复兴的历史进程中，每个中国人都是“追梦人”，都应具有强烈的责任感、参与感。五是要修积善之心。新时代君子应守慈善之心，兴慈善之风。

自觉践行是新时代君子家国情怀的关键环节。家国情怀既是一种道德认知和情感倾向，更是一种价值选择和道德实践。由于道德实践是培育君子家国情怀的必由之路，故道德实践的自觉程度就决定了家国情怀的水平和层次。新时代给当代君子家国情怀的道德实践提出了新问题、新要求。如“君子不争”，当今社会，竞争无处不在，如何“竞而不争”？再如“穷则独善其身，达则兼济天下”，当今社会，穷亦可兼济天下，达更要独善其身，穷达关系应如何处理？过去要求君子“慎独”，新时代君子既要慎独，更要“慎众”。解决上述问题的新理念、新观点，只能从新时代君子的道德实践中产生。

---

① 中共中央宣传部编：《习近平谈治国理论》第二卷，外文出版社，2017。

四、结语

新时代君子家国情怀是对修齐治平传统理念的传承，是对责任担当、爱国为民核心价值的坚守，是实现民族复兴、构建人类命运共同体宏大格局的重要支撑，更是人生价值和时代精神的升华。它与人类命运休戚与共，与国家富强息息相关，与人民美好生活紧密相连。它将家庭亲情、社会和谐、国家兴盛、民族复兴、人类进步的宏大目标与个人奋斗的价值追求融为一体，具有崭新时代特征的精神风貌，必将为实现中华民族伟大复兴的“中国梦”凝聚起更加强大的精神力量。

君子的忧患意识与家国情怀

何善蒙 *

内容摘要：徐复观最早用“忧患意识”来概括中国早期思想中凝练出来的一种非常重要的人文精神。忧患意识诞生于殷周变革之际，在《周易》等先秦典籍中被不断申述。本文主要从三个方面分析了忧患意识的产生：对于天命的敬畏、对于未知的恐惧、对于时变的重视。出于对现实的忧虑，君子忧患意识集中体现为对于道义与家国天下的责任意识与担当意识，责任与担当构成了君子忧患意识的内核。具体来看，君子之忧患体现为忧道、忧君与忧天下，三者构成了君子忧患意识不断提升的过程。君子对于家国与天下极为关注，家国与天下构成了君子忧患意识的价值指向。

关键词：君子；忧患意识；担当意识；家国；天下

一、什么是忧患意识?

忧患意识，是中国早期思想中凝练出来的一种非常重要的人文精神，是中国思想文化的活的源泉。可以说，正是在忧患意识的基础上，中华民族才实现了一次又一次的飞跃，从而屹立于世界民族之林；中华文化才成为具有代表性的文化形态，从而影响深远。

作为一种学理的概括，从目前的材料来看，最早使用“忧患意识”来概括中国早期思想传统的是徐复观先生。徐复观先生在研究西周文明的精神提出：“忧患意识乃人类精神开始直接对事物发生责任感的表现，也即是精神上开始有了人的自觉

* 何善蒙，复旦大学哲学系博士，浙江大学人文学院哲学系教授、博士生导师。

的表现。”[①] 从这个角度来说，忧患意识是人的精神自觉、成熟的直接表现，用以描述中国早期思想，就是殷周变革[②]。徐复观先生认为，与殷商相比，西周人的精神发生了重要转变：“在以信仰为中心的宗教氛围之下，人感到由信仰而得救，把一切问题的责任交给神，此时不会发生忧患意识；而此时的信心，乃是对于神的信心。只有自己担当起责任时，才有忧患意识”。“在忧患意识跃动之下，人的信心的根据，渐由神而转移向自己本身行为的谨慎与努力。这种谨慎与努力，在周初是表现在‘敬’‘敬德’‘明德’等观念里面”。[③] 也就是说，作为一种精神价值，自殷周变革以来，忧患意识在西周文化传统中得到了非常直接的表达，并成为西周人文精神的重要内容。如果说中国文化传统是继承周代而来的话，那么，忧患意识作为一种最为核心的精神价值，在中国文化中得到了普遍的延续。

虽然作为一个学术概念，“忧患意识”是由徐复观先生最早提出的，事实上，忧患意识早已广泛存在于中国传统经典之中。最早将“忧”“患”两字连用的是《周易》。《系辞下》云：“《易》之兴也，其于中古乎？作《易》者，其有忧患乎？”《系辞下》又云：“《易》之兴也，其当殷之末世、周之盛德邪？当文王与纣王之事邪？是故其辞危。危者使平，易者使倾，其道甚大，百物不废，惧以终始，其要无咎，此之谓易之道也。”《系辞传下》的叙述主要说明了两个方面的问题，首先，忧患意识是《周易》的一种核心精神，《周易》就是基于忧患意识而创作的；其次，忧患意识萌发于殷周变革之际，对殷商之际的变革产生了重要的、直接的作用。孔颖达在《周易正义》中指出：“‘作《易》者其有忧患乎’者，若无忧患，何思何虑，不须营作。今既作《易》，故知有忧患也。身既患忧，须垂法以示于后，以防忧患之事，故系之以文辞，明其失得与吉凶也。”在《周易》一书中，忧患意识是无处不在的。如果说《周易》是一种变化之书，其所讨论的核心议题是“变”的话，那么，万事万物都在变化之中，以忧患意识来应对现实生活中的种种变化，就是人类自然而然的选择了。正因为如此，《周易》对于人类的现实行为具有直接和永恒的指导意义，并被尊奉为“大道之源”“群经之首”。

如果说殷周变革是一个契机的话，那么，从《周易》开始，忧患意识就逐渐成为许多传统经典的核心内容之一。在《尚书》中，忧患就经常被周武王、周公、召

---

① 徐复观：《中国人性论史·先秦篇》，生活·读书·新知三联书店，2001，第 19 页。

② 关于殷周变革，可参见王国维：《殷周制度论》，载氏著：《王国维集》第 4 册，中国社会科学出版社，2008。

③ 徐复观：《中国人性论史·先秦篇》，生活·读书·新知三联书店，2001，第 20 页。

公等人提及。如《尚书·无逸》曰："呜呼！君子所其无逸。先知稼穑之艰难，乃逸，则知小人之依。"在这里，忧患意识被视为君子的重要德性，是君子人格和治理行为的依据所在。此外，《诗经》中也充满了忧患意识。如《王风·黍离》曰："彼黍离离，彼稷之苗。行迈靡靡，中心摇摇。知我者谓我心忧，不知我者谓我何求。悠悠苍天，此何人哉！"到了孔孟时代，忧患意识已经成为一种极为普遍的文化心理和精神价值。《论语·卫灵公》中的"君子忧道不忧贫""人无远虑，必有近忧"，直接把忧患意识确定为人（尤其是君子）的基本精神价值。《孟子·告子下》中的"生于忧患而死于安乐"，更是家喻户晓。

凡此种种表明，忧患意识是中国古人出于对现实的深刻反思而得出的经验总结，它早已融入中华民族的血脉之中，已经成为优秀传统精神的重要内容。

二、为什么需要忧患意识?

忧患意识为什么会成为中华早期思想传统中的一种重要人文精神？或者说，中国古人为什么对于忧患意识特别推崇呢？笔者认为，主要有三个方面的原因，对于天命的敬畏、对于未知的恐惧以及对于时变的重视。其中，对于天命的敬畏，是忧患意识的价值根源；对于未知的恐惧，是忧患意识的心理基础；对于时变的重视，是忧患意识的现实导向。

殷周制度变革，是忧患意识产生的重要基础，而小邦周取代大邦殷，则是一个天命转移的行为。周人对于天命转移进行深刻反思的结果，就是形成了强烈的忧患意识。忧患意识的基本内核是敬、谦与德。其中，敬是最为根本的，表达的是对于天命的敬畏。徐复观先生认为，敬是周人哲学的核心。"周初所强调的敬的观念，与宗教的虔敬，近似而实不同。宗教的虔敬，是人把自己的主体性消解掉，将自己投掷于神的面前而彻底皈依于神的心理状态"。周人在"周初所提出的敬的观念，则是主动的、反省的，因而是内发的心理状态。这正是自觉的心理状态，与被动的警戒心理有很大分别"。因此，"周人的哲学，可以用一个敬字作代表"。① 徐复观先生还进一步区分了周之前的敬和周初的敬，提出两者的根本区别在于，前者主要是一种宗教性的虔诚（在这种虔诚之下，个体的选择和判断是不存在的，即所谓"人把自己的主体性消解掉"），而后者是人的一种主动的、自觉的行为（人通过对

① 徐复观：《中国人性论史·先秦篇》，生活·读书·新知三联书店，2001，第20—21页。

于现实的反省而主动接受的一种状态，是一种人文精神的彰显，而非宗教的表达）。按照徐复观先生的说法，对于天命的敬，是周人忧患意识的重要来源。《尚书》《诗经》等先秦文献中，对于“敬”的表达俯拾皆是。由此可知，“敬”构成了周人哲学、思维的重要向度。而对于天命的敬，周人是对于天命转移的一种积极回应。这种对于天命的敬，后来直接转化为对于“谦”的强调，谦逊也成为中华民族的传统美德。如果把“谦”放在殷周制度变革的背景下进行考察，便可更容易理解其由来及意义了。《周易·谦卦》卦辞曰：“谦：亨。君子有终。”孔颖达《周易正义》疏曰：“谦者，屈躬下物，先人后己，以此待物，则所在皆通，故曰亨。而小人行谦则不能长久，惟君子有终也。然案《谦卦》之象，‘谦’为诸行之善，是善之最极，而不言元与利、贞及吉者，元是物首也，利、贞是幹正也。于人既为谦退，何可为之首也？以谦下人，何以幹正于物？故不云元与利、贞也。谦必获吉，其吉可知，故不言之。况《易经》之体有吉理可知而不言吉者，即此《谦卦》之爻及《乾》之九五‘利见大人’，是吉理分明，故不云‘吉’也。”谦是人类行为的基本要求，也是君子确保其行为善始善终的基本保证。在周人看来，谦直接来源于对天命的敬。天命对于现实生活具有决定性意义，人不能不敬天，故对于谦逊、谨慎的强调实际上是以德行来承接天命的一种行为方式。“天命靡常，惟德是辅”，既是周人对于天命转移的一种解释，也是对自身行为的一种基本要求。道德在中国传统中之所以具有根本重要的意义，跟周人的反省密不可分。周人在反省天命的基础上，围绕德行进行了以道德为中心的制度设计，“故知周之制度、典礼，实皆为道德而设，而制度、典礼之专及大夫、士以上者，亦未始不为民而设也”。[①] 由此可知，周人从对于天命的反省出发，强调对于天命的敬以及个体行为的谦逊，并在此基础上形成了一整套的道德要求。

对于未知的恐惧，是忧患意识产生的心理基础。人生活在现实世界中，对于安全感的追求是最为基础的。而人对未知的恐惧程度，和人对于现实的掌握程度是密切相关的。人类社会早期，由于生产力水平低下、生存环境恶劣，人类对种种未知充满了恐惧。“水逆行，泛滥于中国，虬龙居之，民无所定，下者为巢，上者为营窟”。（《孟子·滕文公下》）。我国先人是如何应对恐惧的呢？孟子曰：“使禹治之。禹掘地而注之海，驱虬龙而放之菹，水由地中行，江、淮、河、汉是也。险阻

① 王国维：《殷周制度论》，载氏著：《王国维集》第4册，中国社会科学出版社，2008，第135页。

既远，鸟兽之害人者消，然后人得平土而居之。”（《孟子·滕文公下》）尧舜派鲧禹治水，是人类在应对自然界种种未知（尤其是生存威胁）时，所采取的积极努力，孟子称之为“圣人之道”。可知我国先人面对未知的恐惧时，强调的是个人的努力(尤其是道德行为)，这就是后来反复强调的责任意识和担当意识。“思则有备，有备无患”(《左传·襄公十一年》)，逐渐成为中国人最为核心的思维方式和行为模式。

对于时变的重视，是忧患意识在现实维度的具体展开。中国人对于“时”的重视由来已久，这是由早期农耕生活的基本特点决定的。对“时”的强调，就意味着行为的具体性和针对性。中国传统重视的是人的实践，这种实践不是抽象的，而是具体的，是与时间有着紧密关联的行为方式。“时”是《周易》最为核心的、最为基础的理念。《周易》对于“时”的描述，可分为两种类型。一是对自然时间的描述，如“观天之神道，而四时不忒”（《观卦·彖传》）“变通莫大乎四时”（《系辞上》）等；二是对人事活动的概括，如“君子藏器于身，待时而动，何不利之有”（《系辞下》）“损刚益柔有时，损益盈虚，与时偕行”（《损卦·彖传》）等。不管是何种意义的“时”，都具有两个突出特征：一是具体性，即任何行为都是针对具体的时间、时势而展开的，是应对具体情境的需要；二是变化性，即时的不同，往往意味着变化的存在（普遍的变化）。那么，人类是以何种方式来应对现实的“时”“变”呢？忧患意识就是一个尤为重要的应对之策。故《周易·乾·文言》曰:“君子进德修业。忠信，所以进德也。修辞立其诚，所以居业也。知至至之，可与几也。知终终之，可与存义也。是故居上位而不骄，在下位而不忧。故乾乾因其时而惕，虽危无咎矣。”

三、责任与担当：君子忧患意识的内核

虽然，中国传统思想关于忧患意识的表述是多维度的、多层面的，但笔者认为，传统思想对于君子忧患意识的强调，最后的落脚点是君子的社会责任和道义担当。所谓“责任”，就是指君子作为一种重要的人格形象，对于社会所应具有的责任感；所谓“担当”，就是指君子在责任感的驱使下，对于道德行为的自觉履行。其中，责任感是基础，正是出于责任感，君子才对现实社会、个人前途充满了强烈的忧患意识；担当是现实表达，正是出于对现实的忧患，君子才会积极承担道义。这种道义既是对于学术（道与学）的承担，也是对于社会责任（对于家国天下的责

任）的承担。由此，忧患意识可表现为忧道、忧君、忧天下三种形式。无论是哪种形式，都是对于担当精神的现实表达。

《论语·尧曰》中有一段非常经典的论述：

尧曰："咨！尔舜！天之历数在尔躬，允执其中。四海困穷，天禄永终。"舜亦以命禹。曰："予小子履，敢用玄牡，敢昭告与皇皇后帝：有罪不敢赦。帝臣不蔽，简在帝心。朕躬有罪，无以万方：万方有罪，罪在朕躬。"

《尚书·商书·汤诰》中也有类似的说法：

嗟！尔万方有众，明听予一人诰。惟皇上帝，降衷于下民。若有恒性，克绥厥猷惟后。夏王灭德作威，以敷虐于尔万方百姓。尔万方百姓，罹其凶害，弗忍荼毒，并告无辜于上下神祇。天道福善祸淫，降灾于夏，以彰厥罪。肆台小子，将天命明威，不敢赦。敢用玄牡，敢昭告于上天神后，请罪有夏。聿求元圣，与之戮力，以与尔有众请命。上天孚佑下民，罪人黜伏，天命弗僭，贲若草木，兆民允殖。俾予一人辑宁尔邦家，兹朕未知获戾于上下，栗栗危惧，若将陨于深渊。凡我造邦，无从匪彝，无即慆淫，各守尔典，以承天休。尔有善，朕弗敢蔽；罪当朕躬，弗敢自赦，惟简在上帝之心。其尔万方有罪，在予一人；予一人有罪，无以尔万方。呜呼！尚克时忱，乃亦有终。

无论是在舜的话语中，还是在商汤的话语中，"天下有罪，罪在朕躬"都表达出君王对于天下的责任意识。中国传统对于王者德性的设定中，责任是非常重要的一种品性。[①] 如果说君王的责任意识主要源于天命和政权的话，那么，君子的责任意识就是基于君子的道德义务而来的。《论语·泰伯》中的一段话，可以直接说明这一点：

曾子曰："士不可以不弘毅，任重而道远。仁以为己任，不亦重乎？死而后已，不亦远乎？"

① 《道德经》第三十九章的"是以侯王自谓孤寡不谷"，第四十二章的"人之所恶，唯孤寡不谷，而王公以为称"，表达的是也君王对于天下的责任。

曾子所说的“士不可以不弘毅，任重而道远”，就是对君子责任的一种强调。对于道德的承担，就是君子的责任。这就意味着，君子之所以为君子，就是因为必须要承担道义，道义是君子发自内心的道德认同和道德意识。责任感和忧患意识的关系可概括为：君子的忧患意识强化了君子的责任感，而君子的责任感可以更好地维系君子的忧患意识。因此，责任感就成为君子的忧患意识的一个基本内核。

君子的责任意识直接表现为对于道义的担当。也就是说，君子具有承担天下道义的责任和道德义务，这也是孔子将道德视为君子人格的基本品德的意旨所在。为天下，行仁义，就是君子的担当。《论语·微子》中有一个著名故事：

> 长沮、桀溺耦而耕，孔子过之，使子路问津焉。长沮曰：“夫执舆者为谁？”子路曰：“为孔丘。”曰：“是鲁孔丘与？”曰：“是也。”曰：“是知津矣。”问于桀溺。桀溺曰：“子为谁？”曰：“为仲由。”曰：“是鲁孔丘之徒与？”对曰：“然。”曰：“滔滔者天下皆是也，而谁以易之？且而与其从辟人之士也，岂若从辟世之士哉？”耰而不辍。子路行以告。夫子怃然曰：“鸟兽不可与同群，吾非斯人之徒与而谁与？天下有道，丘不与易也。”

长沮、桀溺对孔子周游列国的嘲讽是：“滔滔者天下皆是也，而谁以易之？”在长沮、桀溺看来，孔子为了实现自己的理想而游说诸侯，是一种“知其不可而为之”的行为，除了彰显个体道德的崇高外，对于当时的社会是毫无意义的。面对长沮、桀溺的嘲讽，孔子回答道：“鸟兽不可与同群，吾非斯人之徒与而谁与？”孔子的自白，表达了一种义无反顾的担当精神。世界越是混乱，越需要君子挺身而出，承担起拯救、改变世界的责任。这种担当精神，给孔子提供了改变现实的强大武器，并成就了其崇高的道德人格形象。

> 将适陈，过匡，颜刻为仆，以其策指之曰：“昔吾入此，由彼缺也。”匡人闻之，以为鲁之阳虎，阳虎尝暴匡人，匡人于是遂止孔子。孔子状类阳虎，拘焉五日，颜渊后。子曰：“吾以汝为死矣。”颜渊曰：“子在，回何敢死！”匡人拘孔子益急，弟子惧。孔子曰：“文王既没，文不在兹乎？天之将丧斯文也，后死者不得与斯文也；天之未丧斯文也，匡人其如予何！”孔子使从者为甯武子臣于卫，然后得去。(《史记·孔子世家》)

困于匡、厄于陈蔡，都是孔子一生中至为狼狈的时刻，正是因为具有义无反馈的担当精神，他才会有“文王既没，文不在兹乎？天之将丧斯文也，后死者不得与斯文也；天之未丧斯文也，匡人其如予何”的自信。

由此可知，责任感和担当精神是君子忧患意识的重要内核。需要指出的是，君子的忧患意识指向的并不是个体的生存事实（富贵或贫穷），而是对于理想价值的实现，也就是“君子忧道不忧贫”。(《论语·卫灵公》）君子的责任感指向的乃是对于道义的担当精神，即以“知其不可为而为之”的态度积极承担社会责任。这种担当精神，后来成为中国传统中一种基于文化内核的精神价值。

四、家国与天下：君子忧患意识的价值指向

前文中，我们将君子的忧患意识大致区分为忧道、忧君、忧天下三个层次。这三个层次是忧患意识在君子日常生活经验中的现实展开，体现了忧患意识的丰富性和层次性。

忧道，就是对于道义（道德）的担忧。忧道更为关注的是精神价值，或者说是整个社会的价值系统。选择物质生活还是选择精神价值，是人类社会中普遍存在的两种价值选择。通常来说，对于物质生活的追求，是维系个体存在的基本保证和重要手段。从人类思想史的角度来说，人们对于以物质生活选择为先，普遍持负面评价；对于超越物质生活，指向精神价值的选择，则给予高度赞扬，认为其是人之为人的意义所在。在中国传统中，对于忧道还是忧贫、谋道还是谋食的选择，就是对于个体存在的精神价值的探讨：

> 子曰：“君子谋道不谋食。耕也，馁在其中矣；学也，禄在其中矣。君子忧道不忧贫。”(《论语·卫灵公》)

道和食，是人类追求的两种价值立场。孔子开宗明义地提出：“君子谋道不谋食。”孔子在这里，并不是反对君子对于衣食的追求，而是认为与衣食相比，道义具有更高的精神价值，道义才是君子之所以为君子的基本立场。关于君子和小人在行为方式上的根本差异，董仲舒提出：“遑遑求仁义，常恐不能化民者，君子之事。遑遑求财利，常恐匮乏者，小人之事。”(《汉书·董仲舒传》）在董仲舒看来，君子

关注的重点在于仁义，在于百姓；小人关注的重点在于钱财，在于自己。孔子紧接着说："耕也，馁在其中矣；学也，禄在其中矣。"若以衣食为重点，追求物质生活的满足，难免会遭受饥饿；若以学道为重点，天下为公、担当道义，最终会实现物质生活的富足。因此，君子必须以道义作为基本的行为准则。

对于道义（道德）的担忧，是君子人格的根本标志，是君子忧患意识的基本内涵。孔子曰："志士仁人，无求生以害仁，有杀身以成仁。"（《论语·卫灵公》）而对于道义（道德）的推崇，就成为中国传统思想中最为基本的价值向度。君子的忧患意识尽管具有诸多层面的丰富内涵，但忧道是最为根本的，它奠定了君子的基本色调，渲染了整个中国传统社会的基本精神向度。故叶水心曰："读书不知接统绪，虽多无益也；为文不能关教事，虽工无益也；笃行而不合于大义，虽高无益也；立志不存于忧世，虽仁无益也。"（《水心文集·赠薛子长》）以道义为己任，就是君子的基本立场。

从字面意义来看，"忧君"就是对于君主的担忧。在中国传统社会中，"三纲"以"君为臣纲"为主，[①] 君臣关系以"忠"[②] 为基本要求。君代表的是国，君臣关系呈现为对家国一体[③] 行为方式的基本描述。这样一来，忧君不仅仅是士人对君主本人的一种责任关系，也是对于家和国的责任关系的具体化表达。因此，"忧君"表达的是士人对于家和国的责任和义务。

> 愈来京师，于今十五年，所见公卿大臣，不可胜数，皆能守官奉职，无过失而已；未见有赤心事上，忧国如家如阁下者。今年以来，不雨者百有余日，种不入土，野无青草，而盗贼不敢起，谷价不敢贵。百坊、百二十司、六军二十四县之人，皆若阁下亲临其家；老奸宿贼，销缩摧沮，魂亡魄丧，影灭迹绝。非阁下条理镇服，宣布天子威德，其何能及此！愈也少从事于文学，见有

---

① 从社会层面来看，儒家思想作为一种面向社会生活的理论形态，其对于社会治理的意义最终落实在君臣关系之上。

② 作为一种伦理形式，"忠"的观念在中国传统社会是发展变化的，不同时代具有不同的具体内涵和要求，尤其是先秦和秦汉以后，作为一种伦理标准的要求发生了很大的变化，但作为一种基本伦理精神，是依旧存在的。

③ 家国一体是中国传统政治的基本逻辑。无论是在儒家的思想传统中，还是在道家的思想脉络中，都得到认可。这一基本逻辑与中国传统社会的血缘宗法特征密切相关，在儒家经典中得到详细阐述。考虑到《大学》《孝经》至迟成书于汉代，由此推测，家国一体的基本思想脉络已经在汉代确立起来。

忠于君、孝于亲者，虽在千百年之前，犹敬而慕之；况亲逢阁下，得不候于左右以求效其恳恳？（韩愈《上李尚书书》）

《上李尚书书》的核心观点是“赤心事上，忧国如家”，即对于君主忠心耿耿，忧虑国事如同忧虑家事。这也是传统时代知识分子（君子）的基本价值立场。对这一价值立场的著名表述，是范仲淹的“居庙堂之高则忧其民，处江湖之远则忧其君”。（《岳阳楼记》）由此可知，“忧君”并不是单纯地忠于君主，而是跟忧家、忧国、忧民联系在一起的。张载对这一精神价值作出了最直接、最重要的阐释：

乾称父，坤称母；予兹藐焉，乃混然中处。故天地之塞，吾其体；天地之帅，吾其性。民，吾同胞；物，吾与也。

大君者，吾父母宗子；其大臣，宗子之家相也。尊高年，所以长其长；慈孤弱，所以幼其幼；圣，其合德；贤，其秀也。凡天下疲癃、残疾、惸独、鳏寡，皆吾兄弟之颠连而无告者也。（《西铭》）

在张载看来，“天下一家”“中国一人”。天地的“孝”落实到现实社会中，就是要尽职尽责做好自己的事，尽心尽力关照他人和社会。在这里，张载借传统宗法关系描述了人在社会中的地位和职责：“大君者，吾父母宗子；其大臣，宗子之家相也。尊高年，所以长其长；慈孤弱，所以幼其幼。圣，其合德；贤，其秀也。凡天下疲癃、残疾、惸独、鳏寡，皆吾兄弟之颠连而无告者也。”在张载看来，自我和他人虽是同胞关系，但是因为存在境遇、社会地位的不同，所以在社会上的具体职责也不相同。对于君子来说，尤其应该尊重圣贤，自强不息，厚德载物，从而承担起对于家、君、国的责任。

由此，我们可以看到，从忧道到忧君的内在理路。忧道是君子行为方式的基础，忧君是忧道在现实生活中的具体化表达。换句话说，正是在忧君的基础上，君子忧道的精神价值才实现了具体化的表达。就其内涵来说，忧君包含着忧家、忧国、忧民等不同层面，是一个圆融无碍的整体，而贯穿其中的就是君子的道德立场。

最后是忧天下。以天下为忧，是君子忧患意识的最高境界。用范仲淹的话来说，就是“先天下之忧而忧，后天下之乐而乐”。（《岳阳楼记》）这句话在君子文化传统中有着广泛认同和深刻影响。立足天下，是传统时代知识分子（君子）非常崇高的价值立场。君子的这种天下观念，在商代就已奠基，在周代最终形成，儒家和道家对其都有非常深刻、精辟的表述。王阳明的一段论述，很好地阐明了君子的这一价值立场和理想境界：

> 大人者，以天地万物为一体者也，其视天下犹一家，中国犹一人焉。若夫间形骸而分尔我者，小人矣。大人之能以天地万物为一体也，非意之也，其心之仁本若是，其与天地万物而为一也。(《大学问》)

立足天下，而非一国一家一姓，在中国传统社会是非常普遍的观念，无论是从理论的高度来说，还是从思想的境界来说，它都具有非常重要的意义。黄宗羲对天下之忧曾做过非常重要的阐释：

> 故我之出而仕也，为天下，非为君也；为万民，非为一姓也。吾以天下万民起见，非其道，即君以形声强我，未之敢从也，况于无形无声乎！非其道，即立身于其朝，未之敢许也，况于杀其身乎！不然，而以君之一身一姓起见，君有无形无声之嗜欲，吾从而视之听之，此宦官宫妾之心也；君为己死而为己亡，吾从而死之亡之，此其私暱者之事也。是乃臣不臣之辨也。……天下之治乱，不在一姓之兴亡，而在万民之忧乐。(《明夷待访录·原臣》)

在黄宗羲看来，立足天下，心系万民，才是真正的君臣关系。只有天下，才是士人精神价值的最终皈依。黄宗羲的观点，虽然与他生活在明清易代之际的历史背景有关，但其所表达出来的天下观念，则是中国传统知识分子一贯的价值立场。因此，黄宗羲才会强调："天下之治乱，不在一姓之兴亡，而在万民之忧乐。"与黄宗羲同时代的顾炎武也认为："保国者，其君其臣肉食者谋之；保天下者，匹夫之贱与有责焉耳矣。"(《日知录·正始》）梁启超在《无聊消遣》中进一步将这一观念概括为："天下兴亡，匹夫有责。"

从忧道到忧君再到忧天下，反映了君子之忧患意识不断具体化和提升的过程。忧道是道德责任的基础，是君子对于自我责任的认同，是君子忧患意识的起点。忧患意识只有在现实层面得以具体展开，才能成为事实形态，对中国思想文化产生影响。因此，忧家、忧国、忧君、忧民，就构成了君子之忧患意识的现实展开路径。但君子之忧患并不是仅限于一家一姓、一国一君的狭隘观念，而是具有超越性的意义。忧天下，就是君子忧患意识精神境界的表达。

何处是家国：儒家治道探源

方朝晖 *

内容摘要： 中国传统思想具有“务为治”的共同特点，使得追求“治道”成为中国思想的内在诉求。中国学术的实用关怀，即经邦济世的治学目的，体现为士大夫兼济天下的出仕追求，以及现代中国学人的家国情怀。本文在中西比较的视域中，试图深入挖掘儒家的治道理想，探讨儒家治道的最高预设与最高原理。儒家治道以当下的存在为预设，追求此岸世界的解决之道，并不诉诸身后或超越的世界。而要追求解决当下的问题，儒家所提出的方案则是“学”。儒家思想传统中历来秉持的“天道”观念，又进一步强化了这一实用主义的传统。

关键词： 儒家；家；国；治道

司马谈综论诸子百家，落笔于阴阳、儒、墨、名、法、道六家，认为它们虽观点对立、立场纷争，却是“一致而百虑，同归而殊途”，因为其共同特点是皆“务为治者也”，“直所从言之异、路有省不省耳”。（《史记·太史公自序》）“务为治者也”，也许可以概括中国数千年思想之共同特征。如果与西方数千年学术思想稍加比较，特别是与古希腊哲学比较一下，即很容易发现，中国思想以实用的关怀为主要特征，而不像西方学术之被纯思辨兴趣主宰。今天，从根本上反思儒家治道、以至于整个中国思想传统的这一特征之所以必要，是因为直到今天为止，中国人的学术思想仍然常常沉浸于强烈的现实关怀，而不太盛行西学那种纯思辨的认知主义。中国学术的实用关怀，也即他们的经世、救世愿望，演变成历代士大夫的出仕追

---

* 方朝晖，清华大学人文学院历史系 / 思想文化研究所教授，博士生导师，兼国际儒学联合会理事，中华孔子学会理事，国家信息中心特聘教授，中国人民大学及安徽大学客座研究员等。专攻领域为中国思想史。

求，以及现代中国学人的家国情怀。下面我们从儒家治道思想出发，来分析造成这一思想传统的根源。

一、儒家治道的最高预设

我认为，中国思想之所以有高度实用的现实关怀，是因为它们建立在如下最高预设之上：

①此世界（this-world）是人类无可逃避的唯一归宿；

②人间问题的根本解决之道就在此岸，而不靠彼岸或超验世界。所谓彼岸或超验世界，主要指独立存在于此世界之外的其他世界，比如死后、上帝之城、“三千大千世界”等；

③人间问题的根本解决是可能的，存在一种完美的人间世界理想状态。

按照儒家等，近乎完美的理想人间世界只存在于三代或三代以上的圣王时期。尽管如此，后人若是掌握了其中的道理，亦可达致，为此需要“学”。中国文化以此世界——称之为天地、六合或宇宙——为真实且唯一的世界，这与希腊文化、印度文化以及一神教等预设此世界为虚幻、以超越此世界为终极目标迥然不同。正因为中国文化此一预设，逼使人们相信人间世界的出路——如果存在的话——不在于死后，不在上帝之城，不在“三千大千世界”，而只能在此世间。因此，儒家（以及先秦诸子）认为可以用“学”来实现人间世界的终极理想，是中国文化此岸取向（this-worldliness）使然。

儒家预设理想社会可以通过人为的努力即“学”来实现，这与西方人文—社会科学的努力方向是迥然不同的。后者视社会为一与自然类似的客观对象，社会科学的主要工作是尽可能研究其中的客观规律或法则，却不是为了提供整全意义上的拯救方案。19世纪下半叶以来，越来越多的学者强调对人类社会不能像自然界一样客观地研究，人文—社会科学遵循与自然科学不同的法则。尽管如此，今天整个社会科学领域所盛行的方法仍然体现了认知主义（intellectualism）特点，其主要意图在于探索世界的规则或规律，而不把寻求解决方案当作直接和首要的任务。相反，如果一项研究直接以现实解决方案或方针、路线为目标，就很容易被理解为不是学术研究，没有学术价值。

从希腊哲学及印度宗教的倾向看，希腊人、印度人似乎认为这个世界（指经验世界）不可靠，需要超越，因此学术的目的在于探索超越世界之路，而不是为了更好地进入这个世界、适应这个世界，或从整体上拯救这个世界。从一神教世界观出发，从整体上拯救这个世界是上帝的事业，不是人的事业；但也可能上帝会让这个世界毁灭，世界末日终将到来，如此则在整全意义上拯救这个世界就没有必要。另外，在一神教看来，世界是上帝的化身，人在上帝面前藐不足道。因此，人不要梦想从整体上驾驭这个世界，只能期盼通过研究其中的法则来不断接近上帝。

柏拉图的《理想国》、马克思的共产主义，表面看来对于人间世界提供了完整的理想图景，从而与西方学术主流精神有别。不过，柏拉图只是针对现实问题提出了一整套对策，并未预设现实世界是人类的终极归宿和立命基础，他所描绘的理想国家只是人类国家形态的理想形式而已。如果我们阅读柏拉图作品，则可发现其视一切感性世界为虚幻，惟有超越现实之理念和理念世界为真实，且为一切学问之最高目标。这种世界观主导了整个希腊哲学及其整个西方文化两千年。马克思的共产主义理想，是十八世纪历史进化论的杰作，基于对人类历史发展规律的认识和发现，但同时也是当时盛行的以社会为"严格的科学对象"这一思维的产物。共产主义与其说是马克思为人类全部问题提供的终极方案，不如说是马克思籍科学研究发现的人类历史终点，它代表了马克思心目中人类历史形态的"最高形式"。然而由于马克思是无神论者，不承认超验世界，加以进化论被国人所普遍接受，所以相比于其他西方学说极容易被中国人接受，以为它提供了从整全意义上拯救现实世界之现代方案。

这与儒家传统完全不同。儒家认为此世界为唯一真实之世界，所以它的主要任务是提供全面的、彻底的解决现实问题的方案（或指导原理），因此它虽然可能包含或吸收认知主义的成果，但根本精神绝对不是认知主义的；它虽然期望实现历史的进步，但绝未预设人类历史进化的所谓客观规律。它所崇尚的研究世界的方式，对于西方社会科学来说，是非常陌生甚至无法想象的。大概没有哪位西方社会科学家认为自己的任务是寻求人间世界之全面、彻底、根本的解决方案，他们一方面不敢想象学问有如此巨大的功能，另一方面认为那是莫名其妙、违反学理的，即使他们也有很多人会对诸多现实问题展开全面而根本的探索或研究，并在某些领域提出自己的方案或对策。

大体来说，西方人文—社会科学对现实世界以"诊断病因"为主，而中国传统学问对现实世界以"提供方案"为主。正因为以诊断为主，所以特别注重学理性、客观性；正因为以方案为主，所以特别注重实用性、操作性。虽然表面看来，任何方案都以要诊断为前提，任何诊断都要以方案为目标；但在实践中，诊断思路与方案思路滋生了两条完全不同的学问路线和两种迥然不同的学术门类。前者为真理而奋斗、为知识而求索，被认知主义主导，其精神世界的崇高与神圣源于求真的快感；后者为现实而奋斗、为方案而求索，被实用主义主导，其精神世界的崇高与神圣源于求善的幸福。因此，中国传统学术以求善为主，西方人文社会科学学术以求知为主。既然路径不同，类型也异，何必一定要用前者权衡后者，以在认知主义主导下所产生的学科分类来分割中国传统学术？

有趣的是，今天中国学术界最盛行的话语，依然典型地体现了方案思路，以寻求解决现实问题之方案或能落实为方案的指导原理为特点。比如，张岱年先生认为，“哲学”这门学科的主要任务就是提供最高指导原理，以为行动之指针。[①] 虽然他们表面上都已堂而皇之地打着来自西方的人文—社会科学旗号，但一方面，由于今日之世界已不同于古代之世界，今日中国学人已不敢梦想为全人类寻找方案，所以他们只能期望为一国寻找方案了。结果，他们的国家意识变成了民族主义。另一方面，古人寻找方案之研究，背后有一个伟大文明的理念作支撑，其内涵之博大、精神之崇高，足以让求道者感到不朽，得以立身。而今天的中国学人没有这一种伟大的文明理念，于是他们找不到灵魂不朽，做不到立命安身。正像我们讲天道原理时所指出的，当下中国学人的民族主义和实用主义，导致他们内心世界已缺乏古人那种神圣感，其精神世界的贫困和生命意义的失落已十分严重。这是当代中国学术最深刻的困境之一。而对这种问题的深层根源的无意识或不自觉，则是当代中国学术之最值得反省的问题之一。

大体来说，现代中国学人极少能真正理解并参与到西方文化的认知主义境界中去，因为他们对西方学术的所有兴趣，都来源于要从中寻找某种在他们自己看来对于治国平天下或人生修养有价值的启发。他们已经习惯于望文生义，习惯于以己度人。比如，他们看到康德对自我主体性的研究，就很容易得出康德是适应于时代要求，想要抬高人的主体性；他们看到伽达默尔对解释学的研究，很容易认为伽达默

---

① 例如，张岱年先生在写于 1936 年的《人与世界——宇宙观与人生观》中说：“哲学可以说是最高指导原理之学。哲学乃自觉的探求自然与当然之基本原理，以为行动之指针。……生活中发生问题，哲学乃想出解决问题之方法者；而实际解决问题者乃是行动，是实验，是革命，是作为。哲学是行动之指针。”参见张岱年：《人与世界——宇宙观与人生观》，载氏著：《张岱年全集》第一卷，河北人民出版社，1996，第 350 页。

尔想创造一门阐释文本的科学（其中一定蕴藏着指导我们阐释文本的系统理论）。也有不少人搞所谓中西学术比较，无论是哲学比较或其他学科思想比较，由于不能把握前提性的根本差异，比较研究的成效是十分可疑的。比如有人从所谓的中西比较中得出，中国思想一些地方比较高明，西方思想一些地方比较落后。（诸如中学重综合、西学重分析，中学重直觉、西方重推理，中学天人合一、西学天人分离之类似是而非的说法。）殊不知，由于世界观预设不同，对学术的性质理解不同，很难说谁高谁低。由于中国学者未能进入西方学术的轨道，不能体验西方人从事学术的精神趣味，所以即使对西方学者的观点了解再多，所以通常不能真正与西方学者展开深层对话。

二、儒家治道的最高原理——天道问题

上述中国思想的最高预设，导致中国思想、特别是儒家思想传统中的天道主义，由此进一步强化了中国学术的实用主义传统。

梁启超百年前曾说：

> 中国人则自有文化以来，始终未尝认国家为人类最高团体，其政治论常以全人类为其对象。故目的在平天下。而国家不过与家族同为组成“天下”之一阶段。政治之为物，绝不认为专为全人类中某一区域某一部分人之利益而存在。……此千年间滚倒沉沦之超国家主义——即平天下主义、世界主义、非向外妒恶对抗主义———在全人类文化中应占何等位置，正未易言。[①]

梁氏所谓的“世界主义”，常被今天的学者们称为“天下主义”。这里的要点是：儒家试图为一切可能意义上的人间世界寻找秩序。《礼记·孔子闲居》云：“天无私覆，地无私载，日月无私照。”王者代天行事，当然要为全天下立法，而不能偏于一国或一族。因此，它不能排斥任何一种人，不能把世界上任何地域、任何人种、任何信徒当作“非人”，而排斥出治理范围之外，此即所谓的“王者无外”。（《春秋公羊传·隐公元年、桓公八年、僖公二十四年、成公十二年》）据此，儒家

① 梁启超：《先秦政治思想史》，载氏著：《饮冰室合集》第十三册，中华书局，2015，第2—3页。标点、着重号为引者所加。

必须寻找“一切可能意义上的人的世界”的秩序。它从根本上不是为某个国家、某个民族或某个人群的荣耀或功利目标服务。按照赵汀阳先生的说法，天下主义是“以天下观天下”的立场，是没有对立面或异类的“无外”思维，将此世界作为一个整体或政治主体。[①]

为什么古人有这种为全天下建立秩序的雄心？其实是在古人独特世界观支配下，对于天道、天理的信仰的产物。正因为道属于天，是天之道，它一定是放之四海而皆准的，不可能说适用于中国的“道”不适用于外国。因此，天下主义属于天道原理的一部分。[②]这种信仰，使得古人在求道过程中有了无与伦比的崇高和神圣感，使得他们有了足够的信心与一切世俗的权威相对抗。因为既然天道/天理是最高权威、最高真理，自然也是人间一切事务（包括政治事务）的最高使命。然而天并没有保证权力越大，地位越尊，越有资格掌握真理；任何人只要认为自己掌握了真理，就都有信心蔑视当权者，故而形成了所谓“道尊于势”（陆象山语）或“道统高于政统”（韩愈、朱熹等三代道统论）的思维模式。按照天道/天理原理，学问不是、也绝不能为任何特定政权的政治目的服务，而是在全天下建立秩序。

千百年来，无数儒家学者在精神上的不朽和无上神圣感，正因为他们认为自己能“为万世立法”（董仲舒《繁露》），或“为万世开太平”（张载），因为他们自认找到了通向天道/天理的门径。也正因如此，他们认为自己所作所为是“与天地参”（《中庸》《荀子》等），或“为天地立心”（张载）。这是何等崇高的事业！

三、天道考源

郭沫若、陈梦家均指出，殷代卜辞不以天为至上神。[③]殷人祀帝与祖，祖、帝

① 比如赵氏说：“天下概念期望一个世界成为政治主体的世界体系，一个以整个世界为政治单位的共在秩序（order of coexistence）。从天下去理解世界，就是意味着以整个世界作为思考单位去分析问题，以便能够设想与全球化的现实相配的政治秩序。”“以整个世界为尺度去理解作为整体政治存在的世界，就是‘天下无外’原则，意味着天下是个最大限度的政治世界，一切政治存在都在天下之内。‘天下无外’原则依据的形而上学的理由是：既然天是整体存在，天下也必须是整体存在，才能与天相配，所谓‘天无私覆，地无私载’。‘天下无外’原则先验地（transcendentally）预设了世界是一个整体的政治概念……”赵的这一观点与其前期的《天下体系》一书思路完全一样。参见赵汀阳：《天下的当代性：世界秩序的实践与想象》，中信出版集团股份有限公司，2016，第2—4页。

② 梁启超先生对先秦天道思想的起源及内涵论述极精，并搜集了古书原始文献。参见梁启超：《先秦政治思想史》，载氏著：《饮冰室合集》第十三册，中华书局，2015，第18—29页。

③ 郭沫若：《先秦天道观之进展》，载氏著：《郭沫若全集·历史编·青铜时代》，人民出版社，1982，第321页。陈梦家：《殷墟卜辞综述》，中华书局，1988，第581页。

常难区分。殷人的至上神为帝，不为天，帝是风雨灾害和吉凶祸福的主宰，天可能只是一种自然现象。殷人的帝，就其指宇宙的最高主宰者而言，就是天之神，就像山神、河神、风伯、雨师一样。帝相对于山、河、风、雨之神来说，只是管理范围更大而已。所以陈梦家认为，帝是帝廷的最高统治者，各路神仙皆为帝廷成员。到了周初，天开始取代帝，而“帝”之义被吸纳于天之中，天、帝合一。天代替帝的重要意义在于：一方面，天代替帝拥有了主宰风雨灾害和吉凶祸福的能力；另一方面，天按照一定的规律或法则进行主宰，而不是主观随意地主宰。天被赋予法则、规律的含义，这是“天道”产生的重要背景。帝突出了神的主观意志，天体现了自然的客观法则。[①]

“天”兴起的另一特殊意义在于：中国人的此岸取向世界观得以进一步强化，天就是最高的真实。过去人们相信“天”及其所代表的整个大自然也是由一位最高神（帝）主宰的，现在人们倾向于相信“天”背后未必有什么神秘的帝，天——及其所代表的整个大自然——本身就是一切神性的来源，主宰着一切。因此，人们要想掌握自己的命运，或预知吉凶祸福，不需要直接去面对天背后的那位最高神，而是直接面对“天”本身。这就是孔子所谓的“天何言哉？四时行焉，百物生焉，天何言哉”（《论语·阳货》）及孟子所谓的“天不言，以行与事示之而已矣”（《孟子·万章上》）这类说法的来源。

“天”的兴起，使得它同时获得了如下几重含义：自然义、主宰义、法则义和道德义。所谓“自然义”，指天代表大自然或称整个宇宙；所谓“主宰义”，指天主宰自然现象及人事祸福；所谓“法则义”，指天的行为有内在的规律或法则；所谓道德义，指天的行为体现了哺育、生养、怜爱万有的美德。冯友兰称述天之五义[②]，其实他所谓“物质之天”与其“自然之天”可合而为一，他所谓“运命之天”与其“主宰之天”也可合而为一；而他所谓“义理之天”，实包括法则之天与道德之天这两个方面（英文即将其“义理之天”译作“moral sense of heaven”）。

人们也许会问：同一个“天”，为什么可以同时有这么多不同的含义？更重要

---

① 这一转化过程，郭沫若、陈梦家、顾立雅、胡厚宣、何炳棣、傅佩荣、李杜、余英时等均有所讨论。参见郭沫若：《先秦天道观之进展》（1935年），载氏著：《郭沫若全集·历史编·青铜时代》，人民出版社，1982，第317—376页；陈梦家：《殷墟卜辞综述》，中华书局，1988，第561—582页；李杜：《中西哲学思想中的天道与上帝》，台湾联经出版事业股份有限公司，1976；傅佩荣：《儒道天论发微》，中华书局，2010，第6—11页。其中，李杜书详细检索了《诗经》《左传》《论语》《孟子》《墨子》《老子》《庄子》《荀子》中“天”“帝”“道”的含义。

② 冯友兰：《中国哲学史》上册，中华书局，1947，第55页。

的是，为什么这些迥然不同的含义是同一个存在者同时具有的？为什么可以这样呢？秘密在于：如果只有一个世界、且这个世界可用天来概括或称呼，那么它应当包括含着一切的神秘、道理、法则，蕴含着全部的秘密、真理、权威、力量……研究它、探索它成了人间最大的事业。一个自然的结果是，人不应当脱离这个感官世界，来追求一种完全独立于它、超乎于它的神圣价值。一切价值、一切规范、一切规矩，都是为了更好地适应这个世界。这与西方文明古希腊时代就形成的力图超越这个世界、在 transcendence 中寻找终极实在的趋向是完全不同的。当然，在这些场合，天是作为包括地及万有在内的宇宙整体而言的。

为什么本来是与地相区分的天，又作为包含地乃至万物的宇宙整体代称呢？或许是因为，人们观察到宇宙整体上有结构、层次之分。比如，“天尊地卑”（《易·系辞》）。在不对称的天地结构中，“上天”无疑处于绝对能动性和主动性的一方，故它一定具有更高的权威性，可能是一切真理的真正来源。正因如此，人们时常把“天”当作世界总体的代称。总之，在“一个世界”假定下，人们相信权威和真理的终极来源在世界内部而非其外，所以才导致“天”成为这一来源的总称。

进一步发展下去，既然这个世界整体是一切生命的来源，只要对生命持肯定态度，必然对这个世界整体进而对天持肯定态度。如果此世界可以形成某种合理的秩序，它的秘密就存在于这个世界整体中。人们把世界的合理秩序称为“道”，于是一切对于真理的探索，也就变成了对天之道（天道）的探索。与此同时，衡量一个时代、一个社会的好坏，也全在于它是不是合道，此即《论语·泰伯、季氏、微子》中孔子所谓“天下有道 / 无道”之说的来源。鉴于历史上曾经存在过“有道”的时代（《荀子·王制》曰“道不过三代”），儒家（包括诸子）以让现实世界从整体上回归“道”为使命，即所谓“以道治”。此即《资治通鉴·周纪四》“人主不务得道而广有其势，是其所以危也”之说的来源。

“天”与“道”结合在一起，成为一个正式术语是比较晚的事。比如：《周易》中“天道 / 天之道”皆出现于《易传》。《尚书》中“天道”皆出现于伪《古文尚书》，今文未见“天道 / 天之道”（《今文尚书》在“道”共 12 见）。另外，《诗经》《仪礼》等早期文献中均未见“天道 / 天之道”。“道”之义较复杂，有指道路者，有指引导者，有极少指人名者（如《左传·桓公九年》“道朔”）。在《易经》《今文尚书》《诗经》《左传》《仪礼》等早期文献中，“道”指物理意义上的道路者尚在多数。似可推断，天道 / 天之道的出现当在春秋时期。这一点可从《左传》中看出。《左传》

（四库全书本）中“天道 / 天之道”共出现 14 例，其中，“天道”5 见，“天之道”9 见，最早的一例见于庄公四年（公元年前 690 年）。《国语》（四库全书本）中“天道 / 天之道”共出现 12 例，其中，“天道”10 例，“天之道”2 例。孔子一生罕言“天道”，故“天道 / 天之道”在《论语》中仅 1 见。《淮南子》中“天道 / 天之道”共 24 见，董仲舒《春秋繁露》中共 24 见。可见，到了汉代，“天道 / 天之道”已频繁使用。表 1 了罗列了先秦部分文献中道、天道（含“天之道”）出现的频率。

表 1 道 / 天道出现次数统计[①]

书名	周易	尚书	诗经	仪礼	左传	礼记	论语	老子	墨子	孟子	庄子	荀子	韩非子	吕氏春秋	淮南子	春秋繁露
道	106	36	32	21	174	301	90	76	154	150	360	392	236	305	625	223
天道	6	5	0	0	14	12	1	7	0	2	7	2	2	9	24	36

“天”按照“道”，而非神秘难知、变幻莫测的主观意志行动，于是天、人距离拉近了，人的主动性加强了。所以梁启超、徐复观、Robert Eno、余英时等学者都注意到，[②] 从商到周，“天”的含义经历了重要演变，宗教色彩褪化、人文色彩凸显。这一新型的“天”概念，到了春秋特别是战国时期已趋于成型，体现在孔子的论述中，阐发于诸子的著作中。天道概念暗示，天不像暴君一样反复无常，天是仁慈的、有德性的，于是有了“天德”概念（参见《中庸》）。另一方面，天道所反映的整个宇宙或世界的法则或道理，是可以落实到具体事物上的，就像月印万川一样呈现出具体事物的法则或道理；这些法则或道理落实到人间，就是人道，所以有了“人道”概念。人道乃天道的反映，也是治道的前提。从这个角度讲，下文所讲的治道的所有原理、纲领及措施，都是天道的展开。

然而，天不曾言语，无法直截了当地告诉人们“道”是什么，人们又如何能知道何为天之道呢？古人既然对世界整体（天）持肯定态度，自然相信它是有生命的

① 本表依据尹小林的《国学智能书库》（北京国学时代文化传播股份有限公司，2006）中的相关内容制成。

② 梁启超：《先秦政治思想史》，载氏著：《饮冰室合集》第十三册，中华书局，2015，第 18—22 页；徐复观：《中国人性论史 先秦篇》，上海三联书店，2001，第 13—49 页；Robert Eno, *The Confucian Creation of Heaven: Philosophy and the Defense of Ritual Mastery*, Albany: State University of New York Press, 1990, pp.23-28.

乃至有意志的，故相信天一定会以各种方式（包括各种迹象甚至天灾人祸）向人显示“道”（只要人用心去求）。故《孟子·万章上》载：“天不言，以行与事示之而已。”这也是汉代盛行天人感应说的原因所在。于是求道的过程也就变成了用心去理解、领悟天意（亦即天地宇宙及人间秩序秘密）的过程。“畏天之威，于时保之”（《诗·周颂·我将》），这是“天人合一”思想的一个来源。

那么，为什么在先秦各家学说中，人们都那么自信地把自己认为合乎秩序的道理说成属于天道呢？原因在于，对世界整体（“天”）的乐观肯定，意味着相信它有某种固有的秩序。于是，人们相信，凡是有利于世界秩序的道理都是合乎天意的，因而都是天道。对世界整体内含某种秩序原理的信念，导致儒家治道思想与百家一样致力于求得天之道。然而在人类其他文化中，比如希腊文化、印度文化、一神教文化中，这个世界本身是虚幻、不可靠、需要超越的，这种对世界整体乐观肯定的态度无缘存在，也就未必能理解中国人的求道思想。

大抵来说，中国文化中的信仰自周初以来变成了两线并行，既相互区分，又相得益彰：一是对于神灵的崇拜，包括对天神、地祇、人鬼等一切泛神信仰，二是对于天道 / 天理的信仰。

在中国人的多神信仰史上，有两次决定性的变化，对于华夏文化形成自己独特的世界观影响极大。一是发生于五帝时期的“绝地天通”。关于此事件的意义，过去学者们（张光直、余英时）多从宗教信仰被官方垄断来讲，忽略了另一重要意义：中国文化对于神及其与世界关系的理解从此走向确定。因为有了官方垄断，民间鬼神信仰多样化的可能性便不复存在，由此确定了中国文化“一个世界”的世界观。二是发生于周初的天、帝合一。这次事件使得中国文化世界观的此岸取向特征更加明显，“天”及其所代表的整个宇宙不由其他力量所主宰，而由自身所主宰。此即后来牟复礼所说的中国文化无创世者（the creator）之说。

在历史上，多神信仰后来主要发达于民间，而在士大夫阶层，这种信仰渐渐退居次要。多神崇拜与一神教相比最大的区别就在于，“一个世界”还是“两个世界”的假定。一神教相信神、灵代表的是与人间世界（此岸世界）截然区分的另一个世界；而多神崇拜恰相反，把神拟人化，神不仅在想象中与人共存于一个世界，而且神的存在大大强化了此岸世界的真实性。天神主宰天，地神主宰地，日月星辰山川河谷之神也都分别主宰着相应的自然物，因而使得这个世界的真实性得以强化，也更进一步证明了此岸世界即为真。

天道信仰的兴起，特别是它在很多地方代替了神灵崇拜，虽然是对神秘主义的神灵崇拜的超越，但是另一方面也由于多神信仰强化了此岸世界的真实性而兴起。从这个角度看，多神信仰或者泛灵论对于天道世界观来说也是一种基础。由此可以理解，天道 / 天理信仰并没有以放弃鬼神崇拜为前提。

天道亦被称为天理，据此则天道原理也可称天理原理。汉代以来，人们在具体事务中日益频繁地使用“天理”来代替“天道”。由于天理与天道含义区别不大，天道原则也就成了天理原则，循道也就是循理。后者在治道方面，似乎更有针对性。事实上，先秦学者已不时使用“天理”一词。① 魏晋以来学者（如嵇康、江淹、柳宗元、刘禹锡、王维、徐铉、王安石、欧阳修、苏轼、苏辙、张载、梅尧臣等）已常用“天理”一词。（见表 2）赵匡胤问赵普“天下何物最大”，赵普答曰“道理最大”，太祖屡称善。（《宋史全文·宋孝宗三·己丑乾道五年》）天理即天下最高的道理，宋明理学将天理之学发挥到了极致。

表 2 宋以前正史中“天理”一词之使用情况 ②

书名	史记	汉书③	后汉书④	三国志⑤	晋书⑥	宋书⑦	南齐书	梁书	魏书⑧	隋书	南史⑨	北史⑩	旧唐书⑪	新唐书	新五代史
次数	3	2	0	0	9	5	2	1	3	3	0	0	3	2	1

① 十三经中，“天理”仅见于《乐记》2 次；先秦子书中，《庄子》“天理”2 见（如《养生主》“依乎天理”）；《韩非子·大体》1 见（“不逆天理，不伤情性”）；《文子》2 见；《尹文子》1 见；《慎子》1 见。此外，《史记》2 见（如《卫将军骠骑列传》“匈奴逆天理，乱人伦”）；《汉书》2 见（如《傅常郑甘陈段传》“楼兰王安……甚逆天理”）。

② 本表统计所用古籍，皆为《四库全书》本。

③ 除“承天理物”“顺天理物”，共 2 条。

④ 除卷 5“承天理物”、卷 46“统天理物”，共 2 条。

⑤ 除卷 9“体天理物”、卷 14“承天理物”，共 2 条。

⑥ 除卷 23“继天理万方”1 条，卷 29、卷 99“承天理物”2 条，卷 37“体天理物”1 条，卷 52“继天理物”1 条，共 5 条。

⑦ 除卷 22“继天理万方”1 条。

⑧ 除卷 102“承天理物”1 条。

⑨ 除卷 32“自地升天理不得速”1 条。

⑩ 除卷 97“承天理物”1 条。

⑪ 除卷 11、卷 25、卷 88、卷 170、卷 171、卷 173、卷 199 上“代天理物”7 条，卷 22“承天理物”，卷 75“代天理”，卷 90“助天理物”1 条，共 10 条。

表 3 宋以前学者“天理”一词之使用情况[①]

人名	无名氏	庄周	文子	尹文	慎到	韩非	韩婴	董仲舒	嵇康[②]	江淹[③]	吴筠[④]	权德舆	柳宗元	刘禹锡	李贺	王维	释贯休
书名	乐记	庄子	文子	尹文子	慎子	韩非子	韩诗外传	春秋繁露	嵇中散集	江文通集	宗玄集	权文公集	柳河东集	刘宾客文集	李义山文集	王右丞集	禅月集[⑤]
次数	1	2	2	1	1	1	2	4	4	1	4	1	1	1	2	1	1

表 4 北宋时期“天理”一词之使用情况

人名	徐铉	王禹偁	杨亿	宋祁	韩琦	范仲淹	释契嵩	刘敞	刘攽	吕陶	梅尧臣	王安石	苏辙	黄裳	欧阳修
书名	骑省集	小畜集[⑥]	武夷新集	景文集	安阳集[⑦]	范文正集[⑧]	镡津集	公是集	彭城集	净德集	宛陵集	临川文集[⑨]	栾城集[⑩]	演山集	文忠集
次数	1	1	1	4	3	3	3	3	6	6	4	6	6	30	5

以上表格所列，只是从《四库全书》中查得的部分文献，很不全面。今查《四库全书·集部·别集类》“北宋建隆至靖康”时段，“天理”一词共出现 196 次（不含注释），除去“代天理物”“佐天理物”“承天理物”“天賫”等异义词条 21 例，实有 175 次。至“南宋建炎至德祐”时段，“天理”一词共出现 1737 次（不含注释），除去异义 38 条，实有 1699 条。可见至南宋，“天理”一词使用频率呈井喷式增长。北宋五子之中，《周元公集》（《四库全书》本）中，未见周敦颐本人使用“天理”一词。邵雍《击壤集》（《四库全书》本）中，“天理”3 见。《张子全书》（《四库全书》本）中，“天理”31 见。《二程遗书》（《四库全书》本）中，“天理”72 见。由此可见，张载、二程好用“天理”一词；程朱理学之使用“天理”，以天理代天道，与时代背景有关；朱熹之推崇“天理”，则实承二程而来。

---

① 本表统计所用古籍，皆为《四库全书》本。
② 除卷 5“承天理物”1 条。
③ 除卷 3“乐天理性”1 条。
④ 含他人序 1 条。
⑤ 除卷 6“代天理物”1 条。
⑥ 除卷 24“代天理物”1 条。
⑦ 除卷 40“代天理物”1 条。
⑧ 除卷 6“佐天理物”1 条。
⑨ 除卷 48“继天理物”1 条。
⑩ 除卷 48“代天理物”1 条。

家国秩序建构：忠孝先后的博弈与择决 *

——从“为父绝君，不为君绝父”到“杀母以全义”的观念流变

余治平 **

内容摘要： 儒家君子一向爱父母、尽孝心，但许多时候也遭遇尴尬，或尽孝则不能尽忠，或尽忠则不能尽孝。刘邦封自己的父亲为“太上皇”而成功地解决了身为天子的皇帝应该尽孝、身为天子之父却必须尽忠之间的矛盾。君王与父母同丧，早先时代，原始亲情浓郁，往往孝大于忠，先孝而后忠，而一旦皇权至尊，君臣关系凌驾于血缘关系之上，则忠大于孝，先忠而后孝。历代善为政者都是鼓呼牺牲个体自我、服从整体大局的高手。危难时刻，孝必须无条件服从于忠。赵苞先报君，再殉母，是孝融入忠的典型案例。实际上，忠也是一种具有类特性和族群性的高尚价值需求，忠的对象可以是亲情之外的天下所有人。义高于亲、高于生命，于是，忠又具有超越于孝、不被孝所统摄的内涵。仁者亲亲，义者泛爱众。义出于仁，但也推扩了仁。仁、孝一致，忠、义通融是儒家道德与伦理的最高境界。

关键词： 家国秩序；忠；孝；刘邦；赵苞

忠孝之道几近于仁道，乃君子之为君子之必须。儒家爱人，首先强调的是爱父母，一个连自己的父母都不爱的人，是不可能再去爱别人的。不忠不孝之徒，永远称不上仁人，因为他（她）永远都理解不了，更通达不了仁之为仁的本质规定。按

---

* 本文为国家社科基金重大项目“董仲舒传世文献考辨与历代注疏研究”（项目编号：19ZDA027）的阶段性成果。

** 余治平，复旦大学哲学博士，中国社会科学院哲学博士后。上海交通大学长聘教授、博士生导师，中华君子文化研究中心执行主任。研究方向为儒家思想与文化、中国哲学。

照君子之道和儒家纲常的秩序要求，人应该尽忠于别人，尽忠于君上。尽忠于别人，所要求的往往只是一种真诚无妄、信实不欺的待人态度，所以正常情况下都不太会与事亲、尽孝发生冲突。而尽忠于君上，因为出仕为官已经成为一种公务活动、一种职业安排乃至一种必要的生存方式，加之古代社会交通条件的限制，所以经常容易导致尽忠则不能尽孝、尽孝则不能尽忠的尴尬与矛盾。漫长的中国历史里，这一类的事情屡见不鲜。人世生活中，一些人无奈、辛酸而痛苦的选择，往往被另一些人所津津乐道，指指点点，或正面赞许，或负面批评，而在道学家的著作里则又经常被上升为一个复杂而难解的理论问题。而忠、孝一旦与仁、义纠结在一起，则使问题更加复杂化，因为儒家一向倡导仁者亲亲，义者泛爱众。儒家的忠仍具有超越于孝的内涵。义虽出于仁，但显然也已推扩了仁。仁与孝相一致，忠与义相通融，则使得原本只顾及自家的小孝，一跃而上升到能够泽被万姓、恩及同类、同族、同胞的大忠。

一、皇帝刘邦的解决办法

不只是君子，但凡是人，都应该爱父母，因此都应该尽孝。而身为天子的皇帝肯定也有父母，否则他自己便无从出矣，那么，他是否也应该尽孝呢？如果回答是肯定的，那么，天子之父却是皇帝的臣子，他又如何可能对自己的儿子尽忠呢？天子之尽孝与天子之父尽忠之间究竟应该如何达成统一呢？

司马迁的《史记·高祖本记》载：

> 六年，高祖五日一朝太公，如家人父子礼。
>
> 太公家令说太公曰："天无二日，土无二王。今高祖虽子，人主也；太公虽父，人臣也。奈何令人主拜人臣！如此，则威重不行。"
>
> 后，高祖朝，太公拥篲，迎门却行。
>
> 高祖大惊，下扶太公。
>
> 太公曰："帝，人主也。奈何以我乱天下法。"
>
> 于是，高祖乃尊太公为太上皇。①

---

① [汉]司马迁：《史记·高祖本记》，岳麓书社，1988，第106页。

亲重还是法重，君大还是父大，孝道先还是忠义先，爱亲、顾家还是护国、保天下，在中国历史上，一个十分严肃乃至性命攸关的问题。作为人子，皇帝应该爱亲行孝，尽心侍候自己的父亲；而作为人臣，太公也应该行忠，尽心侍奉自己的君上。那么，到底哪一个更具有优先权，或者，二者之间的秩序究竟谁先谁后、谁大谁小、谁重谁轻呢？作为天子的刘邦于是便把自己的父亲封为“太上皇”，成功地解决了他们父子在忠孝先后问题上的矛盾和家国秩序确立上的对立。

这里，一方面，既然做上了太上皇，则不必要再对自己的儿子或在位的皇帝行臣子之礼了；另一方面，既然是皇帝，就应该尊重、爱戴、崇敬和孝顺作为父亲的太上皇。于是，便能够糅合忠、孝于一体，家国互利双赢，两边的需要都能够兼顾，两边的目的都能够达到。然而，假如一般官僚以及生活在社会底层的普通百姓遇到忠与孝、亲与君的冲突，解决起来则一定不可能像皇帝刘邦这般轻松、容易。因为普通百姓在处理尽忠与尽孝矛盾的过程中所面临的困难、所受到的牵制会更多，所发挥的空间则更小，因而往往更显得身不由己。

二、“为父绝君，不为君绝父”

关于忠、孝的另一个非常典型的两难困境是：当自己所侍奉的君王与自己的亲生父亲或母亲同时需要服丧的时候，人们又应该做出怎样的选择呢？到底应该首先服谁的丧呢？这在漫长的中国历史上，始终没有一个固定正确的答案。社会在不断变化，时代在不断变化，人臣及其所侍奉的君上都在不断变化，尽忠、尽孝所面对的具体对象与历史背景各不相同，所以，其处理方法当然也在不断变化。尽忠还是尽孝，最终的选择往往取决于君王体制的权威性与皇帝或上级官僚个人的人格魅力。总体上看，在皇权还没有获得至尊的时代里，往往是孝大于忠，先孝而后忠；而一旦到了皇权至尊的时代，则往往是忠大于孝，先忠而后孝。家国秩序的确立，经历了一个复杂的演绎过程。

相传为孔子所作、子夏注解的《仪礼·丧服》中规定，子应该为父服丧，臣应该为君服丧，诸侯、大夫应该为天子服丧，妻应该为夫服丧，妾应该为君夫服丧，而且规格是一样的，都必须“斩衰三年”。《礼记·中庸》也说：“三年之丧，达乎天子。父母之丧，无贵贱，一也。”[①] 郑玄注曰：“三年之丧者，明子事父以孝，不用

① 陈成国点校：《礼记·中庸》，岳麓书社，1989，第 496 页。

其尊卑变。”孔颖达《正义》说：“唯父母之丧，无问天子及士、庶人，其服并同，故云‘无贵贱一也’。”[①] 大凡在秦汉之前，三年之丧似乎已成社会风俗之通制，曾经获得过人们的广泛认同，官方和民间也都能够普遍遵从。《白虎通·丧服》说：“三年之丧，何？二十五月，以为古民质，痛于死者，不封不树，丧期无数，亡之则徐。后代圣人，因天地万物有终始，而为之制，以期断之，父至尊，母至亲。故为加隆，以尽孝子恩。恩、爱至深，加之则倍，故再期二十五月也。”[②] 守制三年，是为了感激父母双亲的生养之恩情，也是为了体贴父母双亲养育子女之艰辛，最先被圣人规定为天下孝子都应该无条件遵从的丧服通则。“斩衰三年”风俗的盛行，为儒家祖先崇拜、血亲伦理的全面推行奠定了坚实的社会根基。

秦汉之前，亲丧始终是重于君丧的。新近出土的郭店楚简《六德》篇指出：

> 为父绝君，不为君绝父。
>
> 为昆弟绝妻，不为妻绝昆弟。
>
> 为宗族疾朋友，不为朋友疾宗族。
>
> 人有六德，三亲不断。[③]

为早期儒家所提倡的丧服之礼中，如果君丧与父丧同时发生，则应该服丧于父，而不是服丧于君。父子关系应该高于君臣关系，亲情大于皇恩。而在家庭内部，兄弟关系又重于夫妻关系。一旦走出家庭，宗族关系也应该重于朋友关系。所以不难看出，在家庭之外，无论是在政治活动中，还是在社会交往中，血缘关系总具有绝对的优先性。这一精神传统即便在今日社会的公私生活里仍能找到影子，所以人们才会经常说“血浓于水”。在中国人心目中，血亲之爱是其他任何感情都不能取代的，其地位至尊、至重而无上。

然而，到了《礼记》的写作时代，情况发生了微妙的转变，君臣关系开始萌发了凌驾于血缘关系之上的苗头。为君服丧则为公，为父服丧则为私，当二者发生冲突的时候，私必须无条件服从公。家国秩序，开始转化为公与私的对冲。于是，“君服”似乎应该高于“私服”。按照《礼记·曾子问》的记述：

---

① [汉]郑玄，[唐]孔颖达：《礼记正义·中庸》，北京大学出版社，1999，第1437页。

② [汉]班固：《白虎通·丧服》，载《百子全书》第四册，岳麓书社，1993，第3575页。

③ 李零：《郭店楚简校读记·六德》，北京大学出版社，2002，第131页。

曾子［问］曰："大夫、士有私丧，可以除之矣；而有君服焉，其除之也如之何？"

孔子曰："有君丧，服于身，不敢私服，又何除焉？于是乎，有过时而弗除也，君之丧服除，而后殷祭，礼也。"

曾子问曰："君薨既殡，而臣有父母之丧，则如之何？"

孔子曰："归居于家，有殷事则之君所，朝夕否。"

曰："君既启，而臣有父母之丧，则如之何？"

孔子曰："归哭而反送君。"

曰："君未殡，而臣有父母之丧，则如之何？"

孔子曰："归殡，反于君所，有殷事则归，朝夕否。大夫，室老行事；士，则子孙行事。大夫内子有殷事，亦之君所，朝夕否。"①

这里所谓的"孔子曰"，实际上只是孔门后学的假托，其思想、观念明显属于儒者之流，所以也不必计较其是否真正原出于孔子。孔颖达疏曰："臣有君、亲之丧，当隆于君之事。"在总体倾向上，被《礼记·曾子问》所提倡与主张的行为选择是，如果君丧在前、亲丧在后，或君丧、亲丧同时发生，则一律不能私服。只有在除去君服之后，才能够回家为自己的父母亲服丧。而且服丧期间，一旦国事有所需要，还应该迅速抵达君王身边，以便垂询咨政。于是，一个潜在的家国秩序重构便在悄悄地酝酿着：君重于父，忠大于孝，小家应该服从大家，亲情必须让位于王政。而落实到具体，则应该区别对待，不可作简单化的处理。

按照孔颖达的理解，第一种情况是："若身有君服，后遭亲丧，则不敢为亲制服也。"君服高于亲服，虽没有明文规定，但谁都"不敢"将之颠倒过来。"成丧服为重始，除服为轻末。在亲始重之日，尚不获伸，况轻末之时而可行乎"？！这一潜在的家国秩序应该贯穿于双亲丧服、除服的整个过程。"身有君服，不敢为亲私除。若君服除后，乃可为亲行私丧二祥之祭，以伸孝心也"。君服优先，而亲服只能安排在君服之后。第二种情况是："君殡既讫，君所无事，父母新丧，故归于家，以治父母之丧。若君丧有朔月、月半荐新大事，则臣之适君，所以哭君。若凡常朝

① 陈成国点校：《礼记·曾子问》，岳麓书社，1989，第358页。

夕则不往哭君，唯在家为父母治丧。”即使君服完毕再回家为父母服丧，也还应该根据君丧的祭祀需要而听从召唤。“君薨既殡，是君丧在前；殡后亲死，是父母丧在后。亲丧痛甚，恒居于家，是隆于父母也”。尽管君丧优先，但回家为双亲服丧也是应该的，属于人之常情，这一句至少说明君丧优先的规则还完全没有丧失儒家亲亲的本质要求。而第三种情况则是：“若臣有父母之丧，既殡而后有君丧，则归君所。若父母之丧有殷事之时，则来归家，平常朝夕则不来，恒在君处。”[①] 葬完父母之后，还没守孝三年，就发生了君丧，则应该毫无疑问地归朝料理君王的后事。但是，即便君丧完毕也还要留在朝廷，只有等到双亲祭日才能够获准回家一趟。无论如何，从《曾子问》的原始意图到孔颖达的《正义》延伸，都还包含诸多人情、人性、人道的因子，王权至尊的影响还并不十分明显和突出，只是在君丧与亲丧同时发生的情况下，亲丧才退居次要、服从的角色。所以，在君丧、王权面前，亲丧、亲情还能够保留住自己的位置，还没有完全陷入边缘化、被挤压、被忽略的地步。曾子与“孔子”的这段问答，真实地反映了后孔子时代的儒家学派对家国秩序、忠孝关系问题的处理态度。

后世朝政中，人们在处理家国矛盾、忠孝冲突的过程中，发明出一种所谓“夺情”或“夺服”的解决办法。按照儒家礼制和民间风气习俗，直接服务于皇帝的朝廷官员一旦遇到父母之丧，则必须立即去职回家服丧，并且在家守孝三年，此称“丁忧”。但是，皇帝往往会以政务繁忙、朝政大事离不开为理由而命令大臣、要员不必去职，代之以素服办公行政，只是不能参加喜庆吉礼；或者，已经回家服丧守制，但还没有满三年之期，即应朝廷之召，出而任职。《后汉书·桓焉传》记，身为太子太傅的桓焉，守母丧，仅“逾年，诏使者赐牛酒、夺服，即拜光禄大夫，迁太常”。[②] 宋、明两朝都不乏以“夺情”“夺服”的名义而不治父母丧的官员。一向为儒家所强调的血亲之爱、亲情伦理，在绝对威严的皇权体制面前也不得不屈从、让步。

三、荀子：“从义不从父”

家与国的利益难以调和，忠与孝截然对立，以至于二者根本无法获得统一。或

① ［汉］郑玄，［唐］孔颖达：《礼记正义·曾子问》，北京大学出版社，1999，第598、600页。

② ［南朝宋］范晔：《后汉书·桓荣丁鸿列传》，浙江古籍出版社，2000，第354页。

者，顾家不能顾国，尽孝则不能尽忠，不得不违背君命、放弃功名官禄而回家侍候父母。

《后汉书·徐穉传》记，徐穉“屡辟公府”，“皆不就”。徐胤“笃行孝悌，亦隐居不仕”。李昙“养亲行道，终身不仕”。[①] 或者，尽忠则无法尽孝，以死父母而忠君。

《后汉书·李忠传》载：“王郎遣将攻信都，信都大姓马宠等开城内之，收太守宗广及忠母、妻，而令亲属招呼忠。时宠弟从忠为校尉，忠即时召见，责数以背恩反城，因格杀之。诸将皆惊曰：‘家属在人手中，杀其弟，何猛也！’……忠曰：‘蒙明公大恩，思得效命，诚不敢内顾宗亲。’”[②] 李忠之所为，完全出于感激皇恩，效忠王命，而一点都没有顾及宗亲之私情。

《后汉书·邳彤传》载：“信都王捕系彤父、弟及妻、子，使为手书，呼彤曰：‘降者封爵，不降者族灭。’彤涕泣报曰：‘事君者不得顾家。彤亲属所以至今得安于信都者，刘公之恩也。公方争国事，彤不得复念私也。’”[③] 在邳彤看来，事君、顾家之间不可兼得，既然出仕为官、统领士众、受恩于当朝，就应该义无反顾地为之拼杀，即便奉献出由父母给予自己的整个生命，也不能反悔。

而当忠、孝不能两全，或者在服从君命与孝敬父母之间难以做出恰当选择的时候，荀子主张干脆放弃前者。《荀子·子道》说：“孝子所以不从命，有三：从命则亲危，不从命则亲安，孝子不从命乃衷；从命则亲辱，不从命则亲荣，孝子不从命乃义；从命则禽兽，不从命则修饰，孝子不从命乃敬。故可以从而不从，是不子也；未可以从而从，是不衷也；明于从、不从之义，而能致恭敬、忠信、端悫以慎行之，则可谓大孝矣！传曰：‘从道不从君，从义不从父’，此之谓也。”[④] 为了让自己的父母亲能够安身、安心，并赢得别人的尊敬和称誉，或者使自己更能够亲亲仁爱，孝子完全可以置国命、君命于不顾。而这一举动本身实际上也完全符合诚、义、敬的规定与要求。遇到这三种情况，为人子者都应该尽孝于父母，而不是尽忠于君王。抗君命而孝亲，于情可谅，于理可容。

荀子以为，应该服从国命、君命的时候却不服从，并不是一个好儿子；不应该

① ［南朝宋］范晔：《后汉书·周黄徐姜申屠列传》，浙江古籍出版社，2000，第493—494页。

② ［南朝宋］范晔：《后汉书·任李万邳刘耿列传》，浙江古籍出版社，2000，第210页。

③ ［南朝宋］范晔：《后汉书·任李万邳刘耿列传》，浙江古籍出版社，2000，第211、212页。

④ 所谓“不从命”，似乎包含了两个含义，既可以解作“不从君命”，又可以解作“不从父命”。这里暂从前解。［战国］荀子：《荀子·子道》，载《百子全书》第一册，岳麓书社，1993，第231页。

服从国命、君命的时候却服从了，肯定不是出于真心，违背了自己的意愿。能够辨清服从与不服从国命、君命的道理，而又能够在实际行动中严格做到恭敬、忠信、诚实的人，则可以称为对父母尽到了最大的孝。

四、“杀母以全义，非孝也”

有汉一代，表面上大肆“举孝廉”、提倡“以孝治天下”，但骨子里面却无非想引导人们对刘氏皇室保持绝对的忠心。随着王朝政权的稳定，需要进一步巩固和提升帝国的震慑力和影响力，于是努力把长期处于分散状态的个体、小我主动往国家、族群、大我的整体利益方向引导，便成为意识形态管理的一种当务之急。人类在从原始个体阶段走向部落、民族、阶级、国家、市民社会、世界公民共同体阶段的过程中，每一次的进步都伴随着大我自觉、普遍意识的提升。实际上，提升之后，九九归一，全都集中到最高统治者手心里，谁的利益最大，谁就是人群最合法的代表。历来的善为政者，一个个都是鼓呼牺牲个体自我、服从整体大局的高手。或说成书于汉代的《忠经》，忠于君上始终是它的主题旋律。按照《忠经》的要求：“夫忠者，岂惟奉君忘身，殉国忘家，正色直辞，临难死节已矣。”[①] 为了帝王的天下社稷，作为臣子不应该计较个人的利益得失。危难时刻，只要国家有所需要，即便放弃自己的生命，也是应该并值得的。孝必须无条件服从于忠，父绝对不可以与君相等齐。在帝王利益与家庭利益之间，帝王利益显然应该始终放在第一位，这是臣之为臣毫不犹豫的执事原则。

关于家与国的矛盾、忠与孝的冲突，《韩诗外传》记，楚地有一个人杀了人，君王命令为人“公正而好直”的士子石奢去追赶。石奢追上之后却发现，被追的人竟然是自己的父亲。石奢于是便放了他，返回于朝廷，对君王说道：“杀人者，臣之父也。以父成政，非孝也；不行君法，非忠也。弛罪废法，而伏其辜，臣之所守也。”[②]

---

① 《忠经·冢臣第三》，载《百子全书》第一册，岳麓书社，1993，第 308 页。

② ［汉］韩婴：《韩诗外传·第十四章》，载许维遹校释：《韩诗外传集释》，中华书局，1980，第 48 页。

石奢在“私其父”与“行君法”之间备受煎熬，最后不得不选择自杀。[①]《后汉书·独行列传·赵苞》记载了一个发人深省的典型案例，值得作政治道德学与社会伦理学层面的分析。

赵苞，字威豪，甘陵东武城人。……初仕州郡，举孝廉，再迁广陵令。视事三年，政教清明，郡表其状，迁辽西太守。抗厉威严，名振边俗。以到官明年遣使迎母及妻子。垂当到郡，道经柳城，值鲜卑万余人入塞寇钞，苞母及妻子遂为所劫质，载以击郡。苞率骑二万，与贼对阵。贼出母以示苞，苞悲号谓母曰：“为子无状，欲以微禄奉养朝夕，不图为母作祸。昔为母子，今为王臣，义不得顾私恩、毁忠节。唯当万死，无以塞罪！”母遥谓曰：“威豪，人各有命，何得相顾，以亏忠义？！昔王陵母对汉使伏剑，以固其志，尔其勉之！”苞即时进战，贼悉被摧破，其母、妻皆为所害。苞殡敛母毕，自上归葬，灵帝遣使吊慰，封鄃侯。苞葬讫，谓乡人曰：“食禄而避难，非忠也；杀母以全义，非孝也。如是，有何面目立于天下？”遂呕血而死。[②]

赵母所说的王陵，是在楚汉战争中被刘邦收编的一员武将，据《汉书·王陵传》载：“项羽取陵母置军中。陵使至，则东乡坐陵母，欲以招陵。陵母既私送使者，泣曰：‘愿为老妾语陵，善事汉王。汉王长者，毋以老妾故持二心。妾以死送使者。’遂伏剑而死。项王怒，亨陵母。”[③] 王陵的母亲之所以伏剑而死，为的只是让自己的儿子一心归汉，不要因为母亲身陷楚营而动摇自己的政治立场。汉兴之后，王母赤胆忠诚的牺牲壮举和奉献气节当然要被朝廷大肆表彰与渲染，其意图无非在于教育和感召天下人绝对无私地效忠于汉室，不可滋生贰心。国的利益至高无上，家的利益可以忽略不计。忠大于孝、高于孝，忠的价值、功用与影响完全可以覆盖孝、淹没孝。

在赵苞这边，身为人子，理当善事父母，以全尽孝心，但同时又身为王臣，行

① 关于楚人石奢，《史记》载：“石奢者，楚昭王相也，坚直廉正，无所阿避。行县，道有杀人者，相追之，乃其父也。纵其父而还，自系焉。使人言之王曰：‘杀人者，臣之父也。夫以父立政，不孝也；废法纵罪，非忠也。臣罪当死。’王曰：‘追而不及，不当伏罪，子其治事矣！’石奢曰：‘不私其父，非孝子也；不奉主法，非忠臣也。王赦其罪，上惠也；伏诛而死，臣职也。’遂不受令，自刎而死。”参见［汉］司马迁：《史记·循吏列传》，岳麓书社，1988，第864页。

② ［南朝宋］范晔：《后汉书·独行列传·赵苞传》，浙江古籍出版社，2000，第774页。

③ ［汉］班固：《汉书·张陈王周传第十》，岳麓书社，1994，第903页。

义、尽忠而不得只心念亲恩，毁掉自己的忠节。而在赵母这边，深明大义，以王陵之母为楷模、榜样，勉励儿子不能只顾及一家之孝，而亏对国之忠义。于是，赵苞在“食禄而避难”与“杀母以全义”之间，不得不做出痛苦万分的选择。双重的身份在极端的机缘里往往只能导致双重的人格，呈现出分裂的性情态度。最终，大义灭亲，自觉、无奈而又于心不忍地置亲情、母命于不顾，而以忠覆盖孝、取代孝。事君职责、国家利益高于个人亲情，虽然痛苦无比，但却能与大义相符合。

然而到此，问题远还没有完全解决。赵苞毕竟也是一个有血有肉、有情有义的人，是一个真君子，于是也一定具有爱惜父母、孝敬亲长的心怀，怎么能够视母死而不救呢？！可以想象的是，事件的过程中，赵苞的选择肯定是无比痛苦的，但事件过后，发生于赵苞内心的思想斗争可能更为激烈，理性反思下的道德悖论往往更让人备受折磨，必然爆发出深刻的情感危机甚至严重的心理崩溃。吃食朝廷俸禄而逃避臣子所应尽义务，则不忠；而为了行义，致使自己的母亲惨死于敌人的屠刀之下，则不孝。同时尽忠尽孝，实在勉为其难，于是还不如一死了之。赵苞的死，于他本人而言，是一个悲剧，一个感性生命毕竟不寿而终，但他却因此而成就出族群道德的至善。“先破贼以为忠臣，后殉母以为孝子”，“他的行为，真可算是面面顾到，丝毫无可非议底了”。① 对于赵苞而言，千古忠臣是实名，但孝子却是虚名，因为他毕竟没有切实营救出自己的母亲，并且虚名越多，其心理压力就越沉重。然而先报君，再殉母，个体的孝在民族大节中获得升华，孝的悲剧因为忠之义举而呈现出一丝壮烈与豪迈。②

① 冯友兰：《新事论·原忠孝》，载氏著：《三松堂全集》第四卷，河南人民出版社，1986，第268页。然而，《后汉书》却将赵苞之事迹列入《独行传》，颇值得玩味，其《叙》曰：“此盖失于周全之道，而取诸偏至之端者也。中世偏行，一介之夫，能成名、立方者，盖亦众也。虽事非通圆，良其风规，有足怀者。”这至少说明在汉儒班固的眼里，赵苞之举还不是最为妥切的解决办法。因为无论出仕为官，还是率兵征战，实际上都是为君做事，为君做事实际上也就是为别人做事，于是乎，无论遇到什么样的突发事件，都绝对不能坐视父母于死地而不顾，绝不能放弃融有亲情的血肉生命。所以，赵苞应该急流勇退，辞官、解甲，返归于无职无位之身，全力予以营救。这样一来，赵苞所为并不符合早期儒门亲亲为大、孝先于忠的“中道”原则，而只属于不得已而为之的“偏至”“异行”。但事情虽然没有处理好，仍必须单独列传予以表彰与褒扬，这样可以进一步向全社会宣传与推崇一种爱君、报国之风尚，以便更多的人能够有所崇仰和缅怀。宋儒程颐认为，一种可能的办法在于：借鉴于《孟子·尽心上》“舜为天子，皋陶为士，瞽瞍杀人”，舜放弃王位，“窃父而逃”的做法，赵苞应该马上辞去辽西太守之职，把军队和城池交与别的汉将，然后，凭借自己的人格资质，想方设法闯入敌营把母亲赎回。但冯友兰以战事紧张、古代通讯技术不发达为理由，断然否定了程颐的观点。

② 参见余治平：《忠恕而仁——儒家尽己推己、将心比心的态度、观念与实践》，上海人民出版社，2012，第254页。

五、“行其孝，必先以忠”

人伦生活中，义是否应该高于亲、高于生命？人世间最珍贵的是什么？是抽象的道德价值与意义，还是感性的亲人个体生命？历来难以回答，也没有一个普遍适宜的标准答案，必须针对具体的时代背景与当下的情实状况。①但可以肯定的一点则是，在一般情况下，亲人的生命最重要；而在特殊情况下，道义节气似乎又比亲人的生命更宝贵。一切政治活动、道德伦理、法律规章，都不应该以牺牲最基本的人性关怀为代价。对于赵苞而言，名誉、光环的背后是一天天普普通通、寻寻常常的日子。圣贤道义毕竟无法遮蔽和取代柴、米、油、盐、酱、醋、茶的凡俗生活。思亲的痛苦总会油然而生，甚至迟早一天，他会认为那些名誉、光环，只不过是不值得留恋的过眼烟云而已。

人活世间，毕竟是常态多于变态。然而，早期还包含充分的亲情人道精神的儒家思想一旦被意识形态化之后，便始终设置并隐藏着一个家、国利益相一致的理论预设，不需要任何形式的博弈和较量，只要皇帝一号召、一倡导，大河有水小河满便成为天下所有人的一个普遍共识。没有国，哪有家？国之不存，家将焉何？不尽忠，则无以尽孝，有大忠方能有小孝。君是父的化身，忠是孝的放大。舍小家、保大家，是人人都应该树立和保持的正确观念，并应该随时都准备付诸举动。于是，皇权极盛的悠悠岁月里，国比家高，忠始终凌驾于孝之上。

《忠经》说：“夫惟孝者，必贵于忠，忠苟不行，所率犹非其道。是以忠不及之而失其守，匪惟危身，辱及亲也。”虽然孝贵于忠，但是如果在外不忠，没有一定的事功业绩支撑，在家也不能更好地尽孝。而且，行有不忠或行不尽忠，都容易使自己的亲长蒙受耻辱。进而，《忠经》要求人们：“行其孝，必先以忠。竭其忠，则福禄至矣。”郑玄注释说：“若思孝而忘忠，犹求福而弃天。”②原本出于纯粹感情的忠、孝，到了《忠经》文本这里也开始染上“福禄”的色彩，迫于各种利益所系以

---

① 实际上，即使对于父命，儒家也并不都主张予以绝对遵从，荀子早就注意到了遵从父命的条件性。《荀子·子道》说：“孝子所以不从命有三：从命则亲危，不从命则亲安，孝子不从命乃衷（忠）；从命则亲辱，不从命则亲荣，孝子不从命乃义。从命则禽兽，不从命则修饰，孝子不从命乃敬。故可以从而不从，是不子也；未可以从而从，是不衷（忠）也。明于从、不从之义，而能致恭敬、忠信、端悫，以慎行之，则可谓大孝也。”这里的“不从命”，似乎又可解作“不从父命”。参见《百子全书》第一册，岳麓书社，1993，第231页。

② 《忠经·保孝行第十》，载《百子全书》第一册，岳麓书社，1993，第310页。

及生存、名誉、地位方面的压力，你不得不先忠后孝。于是，忠便被演绎成为孝的前提和基础，尽孝则必须先落实忠。事君然后再事父，治国然后才能齐家。

那么，家与国之间、君与父之间、忠与孝之间在本质上能否统一起来呢？《晋书·庾纯传》说："若孝必专心于色养，则明君不得而臣；忠必不顾其亲，则父母不得而子也。是以为臣者必以义断其恩，为子者必以情割其义。"[①] 作为人臣，则不能尽孝；作为人子，则不能尽忠。顾君则顾不上父，养亲则事不了君，忠、孝之间的选择显然具有唯一性和排斥性，而不存在可协商与可斡旋的中间地带，于是，将家与国、忠与孝人为地对立起来，应该是古代帝王联手部分儒家知识分子试图从内心深处感化天下百姓、彻底驯服于朝廷的一大阴谋，是一种狡猾、险恶而极具隐蔽性的政治手腕，许多士子文人身陷其中而又不能自觉，更不能自拔。

然而，《忠经》却在理论上作出了肯定的回答："夫忠，兴于身，著于家，成于国，其行一焉。是故一于其身，忠之始也；一于其家，忠之中也；一于其国，忠之终也。"[②] 忠之为行，发端于个体的修身养性，呈现于亲情家族之内，而最终则落实在事君、报国的实际活动之中。尽忠的人，在家、在邦都是有德性的人，都是君子，其行为举止都能够自然而然地符合道德规范与伦理要求。行忠、尽忠过程的始、中、终三个环节与人生生活的修身、齐家、治国并不相对立。这样，家与国、忠与孝、君与亲就不应该被割裂开来对待，在实践主体的身上自然便可以克服忠、孝两难的道德悖论。但在皇权制度极为稳固的时代里，孝随时都有被忠所掩埋和吞没的危险。

六、结语

然而，问题的另一个层面则又必然是，忠也可能升华、转化为一种具有类特性和族群性的高尚价值需求，因为忠的对象也可以是亲情之外的任何一个他者，即天下所有的人。如果人人都只顾亲情，那么，那些暂时得不到亲情呵护，那些失去亲情的鳏寡孤独，则肯定遭到人们的忽略和遗弃。或者只有在别人照料自己亲人而精力有余的情况下，他们才能获得一点点关爱。忠不妨被理解为一种人类普遍意识的

---

① 房玄龄曰："敦叙风俗，以人伦为先；人伦之教，以忠孝为主。忠，故不忘其君；孝，故不忘其亲。"参见 [唐] 房玄龄等：《晋书·庾纯传》，中华书局，1983，第 1399 页。

② 《忠经·天地神明第一》，载《百子全书》第一册，岳麓书社，1993，第 307 页。

提升，是对个体小我利益的绝对超越。作为类集合的国家、民族一旦形成之后，人便开始靠整体活着，必须承认存在着一个通常所谓的集体利益，存在着一个谁都得服从的大局，这个时候如果再不提倡忠、推行忠，人群民众将复归于一盘散沙的状态，最终受损的仍是大家的利益。孝心往往很感性，很实在，但它的有效作用范围也实在非常有限。孝无法涉及亲情之外的任何一个他者，因而无法走向更广泛的阶级、团体、社会、族群。这是孝在被拓展的时候的最大障碍。对不具有血亲关系的更多的人行孝，显然属于另一种尽忠。所谓的忠，也无非是一种放大了的孝。所以，忠仍还具有超越于孝、不被孝所统摄的内涵。仁者亲亲，义者泛爱众。义出于仁，但也推扩了仁。仁、孝一致，忠、义通融。孝只顾及自家，而忠则能够泽被万姓，恩及无数同类、同族、同胞。只有孝，没有忠，等于仁而无义，而且还是小仁、私仁。有仁而无义，则适应不了社会，更不可能推动社会的发展和前进。奉献出一点点亲情，让渡出一点点自我，反倒能够成就出一种大仁大义、公仁公义，这是人类进化的必然过程。忠、义因为超越了仁、孝的脉脉温情，所以不但具有违亲、忘亲、逆亲、叛亲的可能，甚至还具有死亲、灭亲的性质，但这恰恰又是人类文明发展的一种必须。

“身家国天下”意象的内在结构

刘梁剑 *

内容摘要：自先秦以降，“身家国天下”乃是中国人理解世界和指导个体生命实践与社会生活实践的最基本意象之一。“身家国天下”意象是中国文化赖以生存的一个隐喻性概念或概念性隐喻。本文探讨了“身家国天下”意象的内在结构、利弊得失及现当代转型，同时通过“身家国天下”意象体察隐喻和意象思维的一般特点和中西之异。“身家国天下”意象隐含内—外图式、本—末图式、涟漪图式。内—外结构突显了中心对于外围的结构性优势，与之相应便在一定程度上忽视了外围对于中心的内在建构意义，忽视外围自身的独特性，及其有别于中心（家区别于身，国区别于家，天下区别于国）的独特性。本—末图式、涟漪图式分别将植物生长与活水的经验用隐喻的方式投射到由身、家、国、天下所构成的社会生活之域，构成了中国思想的一个特色。

关键词：“身家国天下”；隐喻；意象；意象图式

隐喻是语言哲学的重要内容，无论是欧陆传统还是英美传统都对隐喻有深入的研究。在20世纪的英语世界，莱考夫、约翰逊的著作《我们赖以生存的隐喻》（*Metaphors We Live By*）意义重大，而作者在序言里提到了法国哲学家保罗·利科隐喻研究的影响。[①②] 受当代隐喻理论的启发，一些汉学家开始从隐喻的角度理解中国思想。比如，汉学家艾兰（Sarah Allan）的《水之道与德之端》，揭示先秦哲

---

* 刘梁剑，华东师范大学哲学系教授，中国现代思想文化研究所研究员。研究方向为中国哲学、中西哲学比较。

① 参见 [美] 乔治·莱考夫、[美] 马克·约翰著:《我们赖以生存的隐喻》，何文忠译，浙江大学出版社，2015。

学家的许多基本概念根植于水与植物的意象，并且认为二者具有内在的相关性：水滋养植物。[1] 加拿大汉学家森舸澜（Edward Slingerland）对《老》《庄》《论》《孟》《荀》中的“无为”隐喻进行了精彩的研究，同时希望以此展示一种从隐喻研究中国思想的方法。本文即受此启发，探讨中国思想中另一个重要隐喻，即“身家国天下”隐喻。本文亦将此隐喻称为“意象”，取概念隐喻（conceptual metaphor）之意。

一、“身家国天下”，我们赖以生存的意象

我们说，中国是一个正在实现伟大民族复兴的国家。然则，何谓“国家”？

按照习见的做法，我们需要给“国家”下一个定义，找到比“国家”外延更大的属概念（如“政治团体”），同时刻画出“国家”在这个属概念之下有别于其他种概念的特性（如兼具领土、人民、主权和政府四要素），如此方能在抽象的层面深入国家的普遍本质，达到思想的超越性和纯粹性。

然而，中国人对“国家”似乎有一种更为素朴的、顾名思义的理解：国家国家，以国为家，国是“大”家。我们似乎很自然地将对于家的切近而具体的有感之知投射到国之上，因了这种投射，国不再是抽象遥远的概念。不妨说“国”是意（概念），“家”是象，“国家”则是意象，即有象之意，或曰栖居于象之上的概念。

“国家”意象也从一个方面例证了莱考夫、约翰逊等西方当代学者关于隐喻的若干说法。“不论是在语言上还是在思想和行动中，日常生活中隐喻无所不在，我们思想和行为所依据的概念系统本身是以隐喻为基础的”。[2] “国家”中的家之象，不妨说是一种隐喻（metaphor）。我们祝福朋友“事业如芝麻开花节节高”，或祝福他“事业蒸蒸日上”，或祝福他“事业发达”。从修辞学的角度看，“芝麻开花节节高”是明喻，“蒸蒸日上”是隐喻，而“发达”则是抽象概念。细究起来，“发”“达”原初何尝没有隐喻之象，“发”（發）字从“弓”，箭之发射，舒扬开展；“达”字从“辶”，通也，畅也。只是它们如今在“发达”这个概念中似乎已经是衰竭的死隐喻。相较而言，“国家”中的家之象，依然是活的隐喻，依然作为“国家”意象

① 参见［美］艾兰著：《水之道与德之端》，张海晏译，上海人民出版社，2002。

② ［美］乔治·莱考夫、［美］马克·约翰著：《我们赖以生存的隐喻》，何文忠译，浙江大学出版社，2015，第1页。

（conceptual metaphor）的有机部分，对当下中国人的国概念造成或积极或消极的影响。中国近现代发生的家庭革命、国民塑造等运动，曾试图以极其激进的方式消灭这一“国家”意象，但它经种种变异，至今还是顽强（抑或顽固）地存活着。福兮？祸兮？

“国家”意象源远流长，可以追溯到先秦的“身家国天下”意象。最有名的莫过于《大学》第一章（朱熹尊之为《大学》中“经”的部分，王船山《读四书大全说》直接标举为“圣经”[①]）所言：“古之欲明明德于天下者，先治其国；欲治其国者，先齐其家；欲齐其家者，先修其身。”《孟子·离娄上》也说：“天下之本在国，国之本在家，家之本在身。”类似的提法不限于儒家。如《老子》五十四章：“修之于身，其德乃真；修之于家，其德乃余；修之于乡，其德乃长；修之于邦，其德乃丰；修之于天下，其德乃普。故以身观身，以家观家，以乡观乡，以邦观邦，以天下观天下。吾何以知天下之然哉？以此。”自先秦以降，“身家国天下”乃是中国人理解世界和指导个体生命实践与社会生活实践的最基本意象之一。这里的“意象”（conceptual metaphor，概念性隐喻）相当于隐喻性概念（metaphorical concept），象（隐喻）与意（概念）一体两面故。

按照通常的理解，隐喻是一种修辞学策略，一种语言文字层面的诗意点缀。莱考夫、约翰逊则提醒我们注意，有一些隐喻是“我们赖以生存的隐喻”（metaphors we live by），我们的生存本身就依赖这些隐喻，我们就靠这些隐喻构建了理解世界并据之行动的概念系统。莱考夫、约翰逊把这些隐喻称为隐喻性概念（metaphorical concept）。[②] 语言并非外在于人或世界的工具，而是人与世界相与交际的一种样态。我们的概念是隐喻性的，与之相应的实情则是：“我们的许多活动（争辩、解决问题、预算时间，等等）在本质上是隐喻。刻画我们日常活动的隐喻概念建构了我们眼前的现实。新隐喻有创造一个新现实的力量。当我们按照隐喻开始理解我们的经验时，这种力量开始起作用；当我们按照它开始活动时，它就会变成一个更深刻的现实。如果新隐喻进入我们赖以活动的概念系统，它将改变由这个系统所产生的概念系统、知觉、活动。许多文化变革起因于新隐喻概念的引入和旧隐喻概念的消亡。例如，全世界的文化西化其实部分就是把‘时间就是金钱’隐喻引入这些文化

① ［清］王夫之：《读四书大全说》，载氏著：《船山全书》第六册，岳麓书社，1996，第 394 页。

② ［美］乔治·莱考夫、［美］马克·约翰著：《我们赖以生存的隐喻》，何文忠译，浙江大学出版社，2015，第 1—3 页。

的这么一回事。”[①]“身家国天下”意象在中国文化的变革中易而不易。我们可以说，“身家国天下”意象是中国文化赖以生存的一个隐喻性概念或概念性隐喻。

我们将探讨“身家国天下”意象的内在结构与利弊得失，同时通过“身家国天下”意象体察隐喻和意象思维的一般特点和中西之异。

二、内—外，本—末，涟漪：“身家国天下”意象的内在结构

（一）内—外图式

《我们赖以生存的隐喻》考察了“上—下”这一空间化隐喻如何将一些概念加以系统组织。快乐为上，悲伤为下；有意识为上，无意识为下；健康和生命为上，疾病和死亡为下；控制为上，被控制为下；多为上，少为下；尊为上，卑为下；优为上，劣为下；善为上，恶为下；理性化为上，情绪化为下。其中任何一个空间化隐喻（如“快乐为上”）内部具备系统性，而上述种种空间化隐喻分享了“上—下”结构，因而构成连贯的隐喻系统。基于此，莱考夫、约翰逊进而得出一些富有启发性的结论，其中包括：大多数基本概念依赖一个或多个空间化隐喻；空间化隐喻不是任意的，它们扎根于我们的身体经验，同时又不可避免地受到文化的影响。[②]

莱考夫在《女人、火与危险事物：范畴显示的心智》一书中深化了相关研究。尽管莱考夫的表述不无混乱之处，其大意似可概括如下：上述的“身体经验”被描述为人与外部环境相互作用的基本层次，它表现为格式塔感知、心理意象和肌动运动等前概念结构，而上述的“空间化隐喻”则被解释为：由身体经验而来的前概念“结构”激发了空间化的基本意象图式，人们通过隐喻方式将基本意象图式投射到抽象领域，形成抽象概念，但抽象概念仍保持意象图式的基本逻辑。[③]

莱考夫列举的基本意象图式包括：容器图式、源头—路径—目标图式、链环图式、部分—整体图式、中心—外围（内—外）图式、上—下图式、前—后图式

① [美]乔治·莱考夫、[美]马克·约翰著：《我们赖以生存的隐喻》，何文忠译，浙江大学出版社，2015，第134页。

② [美]乔治·莱考夫、[美]马克·约翰著：《我们赖以生存的隐喻》，何文忠译，浙江大学出版社，2015，第11—19页。

③ [美]乔治·莱考夫著：《女人、火与危险事物：范畴显示的心智》，李葆嘉、章婷、邱雪玫译，李炯英审订，世界图书出版公司，2017，第277—311页。

等。不难看到，“身家国天下”意象隐含着中心—边缘（内—外）图式。“身家国天下”意象首先呈现为多重中心—外围（内—外）结构：身是中心（内），家是外围（外）；家是中心，国是外围；国是中心，天下是外围。进一步看，在先秦思想中，中心—边缘（内—外）结构之为基本意象图式，还被用来组织其他一些基本概念：典籍的“内篇”“外篇”；夷夏之辨，华夏居中心，四夷居外围；内圣外王的政教理想。诚如陈赟所言：“以教为里，则治为表；以圣为内，则以王为外，这就是《天下》所谓的‘内圣外王’，它代表了中国思想对治教结构的终极回答。”[①] 人在天地间的位置：人者天地之心（《礼记·礼运》），天、人、地三才之道（《易传》），“乾称父，坤称母；予兹藐焉，乃混然中处”（张载《西铭》）。如此等等。

莱考夫探讨了中心—外围（内—外）意象图式的身体经验基础、结构成分、基本逻辑与样本隐喻：

> 身体经验：我们的体验是人体具有中心（躯干和内部器官）和外围（手指、脚趾、头发）。同样，树木和其他植物也有中心的主干和外围的枝叶。中心在两方面比外围更加重要：①中心部分的毁坏，要比外围部分的毁坏更为严重（如无法恢复整体，并常有生命之虞）；②同样，中心以外围部分不具备的方式界定个体的身份，一棵树没有树叶同样是一棵树，一个剃光头发或失去手指的人还是一个人。因此，外围被认为依赖于中心，而不是相反。血液循环不良可以影响头发的健康，但失去头发并不影响血液循环系统。
>
> 结构成分：实体、中心和外围。
>
> 基本逻辑：外围依赖于中心，而不是相反。
>
> 样本隐喻：这些理论具有中心原则和外围原则，重要的东西就被理解为中心。[②]

首先可以注意到，莱考夫的观察与三才之道所体现的中国传统经验并不完全相契。“顶天立地”的身体基础不是被经验为唯我独尊，而是被经验为亲密的共在。人处天地之间，意味着人是万物之灵，需要自觉承担起以成己成物的方式参赞天地

---

① 陈赟：《庄子哲学的精神》，上海人民出版社，2016，第 25 页。

② ［美］乔治·莱考夫著：《女人、火与危险事物》，李葆嘉、章婷、邱雪玫译，李炯英审订，世界图书出版公司，2017，第 283 页。“外围”，李译本作“边缘”。

之化育的责任，但这并非人主宰、征服、利用万物意义上的人类中心主义。与之相应的基本逻辑，不是外围依赖于中心，而是外围与中心相互依赖，相互成就。在此我们看到，三才之道所体现的中国思想传统对于中心与外围的关系有着另一种不同的经验方式和理解方式。这也从一个方面印证了上文提及的莱考夫、约翰逊的一个观点：空间化隐喻不可避免地受到文化的影响。

同样不可否认的是，莱考夫对中心—外围（内—外）意象图式的论述在相当大程度上与“身家国天下”意象中的中心—外围（内—外）结构颇为相契，中心对于外围的结构性优势显而易见。从中国思想史上看，这一点构成了“身家国天下”意象的一个内在缺陷。意象乃名言之一种。诚如杨国荣所言：“名言具有敞开存在的作用……但从另一角度看，名言往往又有遮蔽对象的一面。”[①] 名言总是幽明并作，既开显又遮蔽。任何意象都不是尽善尽美的，它在突显某一面向的同时，总是遮蔽了另一些面向。莱考夫、约翰逊分析争论的战斗隐喻后指出，这一隐喻概念妨碍我们注意到争论还有合作的面向。[②]“身家国天下”意象中的中心—外围（内—外）结构突显了中心对于外围的结构性优势，与之相应便在一定程度上忽视了外围对于中心的内在建构意义，忽视了外围自身的独特性，及其有别于中心（家区别于身，国区别于家，天下区别于国）的独特性。这是“身家国天下”意象的一个不尽人意之处，也是“身家国天下”意象主导下的中国儒家文化的一个不尽人意之处。《论语》“修己以安人”“修己以安百姓”，固然通过“以”将“人”“百姓”作为目的收摄为己的内在意图，但这只是在价值目标上突显了社会价值（群体的安定）和群体价值，[③] 并没有把“安人”“安百姓”作为独立的领域加以关注和专题探讨。《大学》第一章的本末先后厚薄叙事强化了这一点：“物有本末，事有终始，知所先后，则近道矣。”“自天子以至于庶人，壹是皆以修身为本。其本乱而末治者否矣，其所厚者薄而其所薄者厚，未之有也！”

---

① 杨国荣：《史与思》，浙江大学出版社，1999，第164页。

② [美]乔治·莱考夫、[美]马克·约翰著：《我们赖以生存的隐喻》，何文忠译，浙江大学出版社，2015，第7页。

③ 杨国荣从价值层面细致论述了修己与安人、安百姓的关系：“修己即道德上的自我涵养，安人、安百姓则是指社会整体的稳定和发展，后者显然已超出了单纯的道德关系，而与广义的社会进步相联系。这样，我们便不难看到，道德关系上的自我完善（为己），最终乃是为了实现广义的社会价值（群体的安定与进步）。孔子的如上看法既不同于无视个体价值的极端的整体主义，也不同于排斥群体的极端的自我中心主义，表现了将个体价值与群体价值、自我实现与社会安定统一起来的致思趋向。”参见杨国荣：《善的历程：儒家价值体系研究》，上海人民出版社，2006，第21页。

（二）本—末图式

值得注意的是，"以修身为本"，《大学》同时用本—末图式说明身家国天下。易言之，"身家国天下"意象除了隐含中心—边缘（内—外）图式之外，还隐含本—末图式。本为木之根，末为木之梢；本相对于末，不仅逻辑在先、时间在先，而且还是源源不断提供生长活力的源头。本—末图式将植物生长的经验，用隐喻的方式投射到由身、家、国、天下所构成的社会生活之域，由此却很自然地对应于中国思想的一个基本观点：自然和人类社会分享共同的"道"，人道应合乎天道，而推天道可明人事。这也是"天人合一"的一层含义。我们之所以讲"本—末"图式，那是因为它是中国思想的基本意象图式之一。后世由"本"发展出"本体"，而本体之学颇不同于 ontology 意义上的本体论，恰恰因为本体之学栖居在"本"的植物生长隐喻之中。[①] 人性论讨论人之本性，同样受到"本"喻的牵引。在艾兰看来："植物生长的原则从植物自身扩展到对所有生命的理解，其中包括人类。因此，人不是所谓'理性的动物'，而是恰当培养后使可生长成熟的具有特定潜质的生物。"[②] 本—末图式是植物生长隐喻而非空间化隐喻，而莱考夫所讨论的基本意象图式都是空间性的。这里或许透露出中西思想的某种根本差异：植物生长隐喻存在于中国思想的基本意象图式之中，但并不存在于西方思想的基本意象图式之中。

如前已述，"身家国天下"意象中的中心—外围（内—外）结构在一定程度上忽略了外围自身有别于中心，如国区别于家的独特性。不过，这并不意味着儒家完全忽视了家国之别。实际上，儒家曾将"门"喻引入内—外结构，形成复合的"门内""门外"意象。由于"门"的间隔作用，门之内外不是中心与外围意义上的内外，而是不同领域的内外，与之相应的则是不同领域的治理原则："门内之治，恩掩义；门外之治，义断恩。"（《礼记·丧服四制》）陈乔见对此论之甚详。在他看来，门内、门外之分类似于西方公域和私域的区分，门内是家庭内部的人物事及其关系，门外是家庭以外的政治公共领域。儒家主张公域和私域的区分，主张治国以公义为主导原则，齐家以私恩、私情为主导原则。[③] 他进而强调："所谓'齐家'与'治国'不分的说法，只有在个人'修身'的意义上才是成立的，也就是《大

① 关于"本体论"与 ontology 的讨论，可参见杨国荣：《道论》，北京大学出版社，2011，第 1—8 页。

② [美] 艾兰著：《水之道与德之端》，张海晏译，上海人民出版社，2002，第 109 页。

③ 陈乔见：《公私辨：历史衍化与现代诠释》，三联书店，2012，第 247—309 页。

学》所谓‘一是皆以修身为本’。若是认为儒家‘齐家’与‘治国’的原则毫无分别，那是非常荒谬的。前文关于‘门内之治’与‘门外之治’的论述已有充分证明。”[①] 不过，依笔者之见，儒家思想中固然有重视家国之别的面向，但是，由于“门内”“门外”意象的影响力远不如“身家国天下”意象，重家国一体而忽家国之别仍然是儒家思想的主要面向。时至今日，孟德斯鸠在18世纪中叶所做的远距离观察，在相当大的程度上仍不失为洞见：“中华帝国构建在治家的理念之上。”[②]

（三）涟漪图式

我们曾说，“身家国天下”意象首先呈现为多重中心—外围（内—外）结构。上文分析了内—外结构，但尚未触及它的多重性。因其多重性，中心—外围（内—外）结构拓展为涟漪结构。[③] 这一结构除了中心—外围的静态空间性之外，更重要的还在于中心影响外围的动态意蕴。与本—末图式的植物生长性类似，涟漪图式可以说是一种基于活水的本喻。《孟子·离娄下》中的这段话巧妙地将植物与水、本与源绾合在一起：

> 徐子曰：“仲尼亟称于水，曰：‘水哉！水哉！’何取于水也？”
>
> 孟子曰：“源泉混混，不舍昼夜，盈科而后进，放乎四海，有本者如是，是之取尔……”

就水喻而言，这里虽为由源而流的线性意象，但也未尝不可说明由源头发动而向外围流溢的涟漪意象。道家乐水，儒家亦观水有术。“涟漪”亦未见于莱考夫所列举的诸种基本意象图式之中。如果说，本—末图式将植物生长的经验用隐喻的方式投射到由身、家、国、天下所构成的社会生活之域，那么，涟漪图式则将活水的经验投射到由身、家、国、天下所构成的社会生活之域。

人们常常把身家国天下同构称为几何学上的“同心圆”，但“同心圆”依然是静态的，未能表达出“涟漪”以中心点为源头，影响力逐渐向外传递的动态。影响力从中心向外传递的动态机制，儒道二家不约而同地归之为德化。当然，二家所理

---

① 陈乔见：《公私辨：历史衍化与现代诠释》，三联书店，2012，第376页。

② [法]孟德斯鸠著：《论法的精神》，许明龙译，商务印书馆，2012，第368页。

③ 费孝通先生曾用涟漪意象，说明中国的差序格局。即中国的社会格局“好像把一块石头丢在水面上所发生的一圈圈推出去的波纹”。参见费孝通：《乡土中国》，上海世纪出版集团，2007，第25页。

解的德化不尽相同。森舸澜在诠解《老子》五十四章时已指出，在老子那里，圣人之德影响天下的方式迥异乎儒家。《论语》讲“为政以德，譬如北辰居其所而众星拱之”，又讲“君子之德风，小人之德草，草上之风必偃”。相反，老子的圣人通过“处众人之所恶”“知其白，守其黑”而为“天下式”。老子的圣王放低身段，让自己的德性以微妙的方式发挥影响，从而让老百姓涤除不自然的欲望和不自然的行为，让天下回归理想的自然之境。[①] 简言之，老子的德化是处下守弱，无为而化；儒家的德化则是居上用强，有为而化。森舸澜的诠解不无道理。在儒家那里，德化的源头居上而可见，如泉涌之水；在老子那里，德化的源头处下而不可见，如漩涡之渊。进而言之，老子的德化是做减法，通过圣王德性的感化消除众人不自然的欲望与行为；儒家的德化是做加法，通过圣王德性的感化扩充众人本有的道德良知与道德行为。

另一方面，儒家的德化也主张无为而化，而不像森舸澜在此处所讲的有为而化。孟子曰：“君子所性，仁义礼智根于心。其生色也，睟然见于面，盎于背，施于四体，四体不言而喻。”（《孟子·尽心上》）这是讲德性由不可见之内心施于可见之四体，形成宋儒所讲的气象，或曰气场。进一步，则是德性气场在其场域中由己施于人。德性的主体，可为无位之君子，亦可为有位之君王。《论语·卫灵公》如此描述作为君王典范的舜：“无为而治者其舜也与！夫何为哉？恭己正南面而已矣。”艾兰解释说：“尽管此段文字未及水这个词，但其意义最适宜于依据水的隐喻来解读：舜（像水）没有任何精心策划的行动，但他的仁德从他那里自然扩展开来，像泉涌之水流溢延展。”[②]“扩展”“流溢延展”，正是德性气场在其场域中由己施于人。陈赟考察儒门庄子的政治哲学，试图以这种德化方式对治现代政治之弊：“‘化’的生命政治学被概括为‘无为而无不为’，与当代政治生活中将一个中心点贯彻落实到世界的一切角落与细节中的强力的有为性相比，‘化’的政治并不营造一个作为中心点的最高目的，而是在人民的性命之中以其自正性命为目的，这样的政治行为便不再是强硬的植入，因而也不需要全民动员与深广的宣传。”[③] 这里对现代政治的弊病极富洞见，但对儒家德治的论述似乎显得过于理想化了。儒家德治以圣王一人为政治生活的中枢，这样的圣王未曾有过，将来也不可能有。儒家德化的核心关注

---

① Edward Slingerland, *Effortless Action: Wu-wei as Conceptual Metaphor and Spiritual Ideal in Early China*, Oxford University Press, 2003, p.5.

② [美]艾兰著：《水之道与德之端》，张海晏译，上海人民出版社，2002，第 88 页。

③ 陈赟：《庄子哲学的精神》，上海人民出版社，2016，第 5—6 页。

点，在于君如何形成有效的影响力，而不在于民如何成为自正性命的主体，因为民只是消极被动的追随者。再者，面对家国结构的古今之变，德化的有效作用场域乃是一个值得深究的问题。

湖湘君子文化与家国情怀

李利君　魏忠胜*

内容摘要：君子文化积淀了中华民族最深层的精神追求，蕴涵着华夏儿女积极向上的道德风貌，而家国情怀正是体现这种精神与道德的重要标志，她是君子的一种人生使命，一种责任担当，一种精神支柱和力量源泉，也是中华传统文化中不容分割的精神命脉。湖湘君子文化彰显着湖南人以天下为己任、敢为天下先的担当精神，造就了湖湘君子忠信担当、九死无悔的家国传统。湖湘君子文化深谙家国情怀内核，以心忧天下、以民为本、经世致用、敢为人先和担当奋斗坚韧不拔的文化精神为其具体表征。湖湘君子文化是君子文化的重要内容之一，其家国情怀是君子文化的优秀代表之一。

关键词：君子文化；家国情怀；湖湘文化

君子文化是中国优秀传统文化中涉及哲学、政治和伦理思想等多个领域的重要组成部分，在中华上下几千年文化史上的不断发展演绎，形成了具有民族特性和地域特性的君子文化。湖湘君子文化是扎根湖湘大地，具有湖湘特色，代表湖湘文化精髓的一种兼容并蓄、历久弥新、与时俱进的文化。湖湘君子文化自古以来就与家国紧密联系在一起，具有高尚的家国情怀。湖湘君子文化与家国情怀二者生生不息、源远流长，形成了你中有我、我中有你的历史格局，对后世影响深远。

* 李利君，湖南省君子文化研究会会长；魏忠胜，湖南省君子文化研究会执行会长。

一、传统君子文化与家国情怀

“君子”一词具有丰富的文化内涵，是自古以来无数仁人志士政治实践、文化追求、道德践履的一种力量源泉，还或隐或显地成为现实人们追求理想人格的参衡坐标。[①] 可以说，“君子”文化积淀了中华民族最深层的精神追求，体现了华夏儿女积极向上的道德风貌。君子文化在中国传统思想中占有极其独特的重要地位，它展示了中华传统文化重视人文教化、强调“学以成人”的重要特点。它作为现实生活中积极向上的正面人格形象，是中华民族共同认同成己成人的价值取向，是中华文化做人标准的人格化体现，是将内在德性外化为具体表现的现实人物。[②]

自古以来，家国情怀便是君子的一种人生使命，一种责任担当，一种精神支柱和力量源泉，也是中华传统文化中不容分割的精神命脉。君子无论其人生境遇如何，都将会秉承这种思想追求，其所有的人生价值和生命意义都深深植根于家国天下之中。所谓“一片丹心图报国，两行清泪为忠家”，就是对君子家国情怀的最好诠释。

（一）传统君子文化与家国情怀的关系

家国情怀源于中国传统社会“伦理本位”的家国治理模式。家国情怀以“家国天下”的道德格局为突出表征，是个人、社会和国家三位一体的统一；是关乎个人生命秩序、家族生存秩序、社会生活秩序以及国家运行秩序的深层设计；是由点到面、由内向外的同心圆似的蔓延和扩散，是多向和多项的动态互动过程，其整体是无数多个同心圆的发散聚焦组合。[③] 家国情怀就是通过“伦理本位”的治理模式而联系起来的对国家、对历史、对家园、对亲族、对朋友的深厚感情。这种感情就是一种向心力、凝聚力、亲和力，是传统君子文化的出发点与归宿。

传统君子文化的家国情怀体现在君子对修身、齐家、治国、平天下的追寻，从而达到“内圣外王”的崇高境界。修身是核心，君子要不断加强自我道德修养，断恶修善，心怀敬畏之心，追求并恪守道义；齐家是关键，强调君子要孝敬父母长

---

① 程碧英：《〈论语〉“君子”文化新探》，《天府新论》2009 年第 4 期。

② 洪修平：《中国文化中的君子与理想人格》，《华夏文化》2018 年第 3 期。

③ 杨威、张金秋：《中国传统社会的家国情怀刍议》，《长白学刊》2019 年第 2 期。

者、友爱家庭并管理好自己的家庭、家族，家治则国安；治国是人生追求，作为君子要积极入世、学以致用，以主人翁的姿态参与国家管理，家事国事天下事事事关心，富有强烈的爱国情怀和社会责任感；平天下即天下太平，是终极去向，要有“天下兴亡，匹夫有责”的担当意识，更要有强烈的爱国情感、历史使命感和社会责任感。修身是齐家治国的基础与核心，齐家是治国平天下的关键，家是国的缩小，国是家的放大。这也使得传统君子文化的家国情怀与传统社会“伦理本位”家国治理模式下的家国情怀相得益彰、交相辉映，孕育出丰硕的中华文明。

（二）君子文化与家国关系的典型论述

君子讲道德讲文化，最终都落实到家国层面。君子文化凝聚着中国传统文化的精华，其自强不息、厚德载物的核心精神已深深植入每一个炎黄儿女的血脉之中，积淀在中华民族的思想意识和行为规范之内。[①] 自古以来，君子便始终与家国紧密相连，“太上有立德，其次有立功，其次有立言，虽久不废，此之谓不朽”。（《左传·襄公二十四年》）君子一直将立德、立功、立言之三不朽作为毕生的理想和追求。君子无论人生境遇如何，都秉承这种理想追求，其所有的人生价值和生命意义，都深深植根于家国天下之中。

从个体角度来说，君子是家国的构成部分，是家国的基石。“君子爱国”“家国一体”历来是中华民族的集体共识。常言道“家是最小的国，国是千万家”，君子自然而然地形成了强烈的“天下之本在国，国之本在家，家之本在身”（《孟子·离娄上》）的家国意识。一直以来，君子也秉承着“格物、致知、修身、齐家、治国、平天下”（《礼记·大学》）的价值追求。君子重视伦理道德，将自己的国家称作“祖国”，认为它不仅是人们的衣食之源，而且是道德意识的感情之源。“君子动而世为天下道，行而世为天下法，言而世为天下则”。（《礼记·中庸》）[②] 君子应将自己置身于家和国的历史发展进程中，自觉承担起建设家国的使命与责任。君子文化重视培养君子的家国情怀，形成了国家意识和捍卫民族尊严，维护国家利益的崇高品质。

从家国维度来看。传统君子文化认为家庭是国家基础，家庭秩序是国家秩序的前提和保障。家庭有序，国家才能稳固；家庭和睦，国家才能兴旺发达。治家是

① 王正明、柏瑞平：《君子文化：涵养社会主义核心价值观的重要源泉》，《淮南师范学院学报》2016 年第 6 期。

② [宋] 朱熹：《四书集注》，岳麓书社，1987。

治国的起点，如果家庭结构不完善，社会、国家的有序治理也很难实现。“一屋不扫，何以扫天下！一室之不治，何家国天下之为”。将家庭治理好，推而广之，就为治理好国家奠定了基础。具有家庭责任感，才能产生对天下苍生的责任感，才能以民心为心。只有具备这样的齐家治国情怀，才能把国家认同、社会共识、家庭自律和民众追求有机结合起来，在国家、社会、家庭和个人之间形成良好互动，达到墨子所谓的“视人之国若视其国，视人之家若视其家，视人之身若视其身”的崇高境界。

一方面，家庭是个体物质上的保证和精神上的寄托，朝代可更迭，君臣可易位，而血缘不能割断。“仁者，人也，亲亲为大”，从亲情角度说明了君子“仁”的价值内涵。家是国之本，治国必先齐家，“一家仁，一国兴仁；一家让，一国兴让；一人贪戾，一国作乱”。(《大学》）因此，齐家是治国、平天下的基本前提，君子必先立足于家而后治国、平天下。另一方面，国是放大了的家，是家庭社会关系的延伸。古今君子追求的道德完善，追求的立德、立功、立言、追求的修齐治平，最后都落实到国家层面。历史经验充分证明，“国在家在、国破家亡”。中国自古以来的“伦理本位”思想，使华夏儿女形成了对国家、对民族不可分割的命脉精神。“人生自古谁无死，留取丹心照汗青”“苟利国家生死以，岂因祸福避趋之”！无不透露出古今君子对“家国”的认同。

（三）历代君子人物的家国情怀传统

在中华文明的历史进程中，无数君子将人生价值和人生意义深深地植根于家国天下之中。如范仲淹在岳阳楼上唱出“先天下之忧而忧，后天下之乐而乐”的凌云之志；林则徐于虎门发出“苟利国家生死以，岂因祸福避趋之”的呐喊；陆游临终前“王师北定中原日，家祭无忘告乃翁”的遗言；于谦“粉骨碎身浑不怕，要留清白在人间”的高洁情操……中华君子的家国情怀传统，是历朝历代的君子历久积淀而成的民族基因，不仅是传统君子文化道德精神的集中体现，而且也展示了中国传统道德规范的具体内容，弘扬了中华君子文化的优秀思想。

中华君子的家国情怀集中体现在：一是对于国家、民族的认同与热爱。是司马迁“常思奋不顾身，而殉国家之急”般对国家的深爱，是诸葛亮“鞠躬尽瘁，死而后已”般对百姓的辛勤付出。正是出于这份热爱与认同，中华文明的历史巨轮才会在无数君子的推动下滚滚前行。二是在国家、民族危难之际的担当和奉献。居庙堂之高，须为国担当，为民请命，不计较个人的荣辱，魏徵、岳飞、林则徐就是这方面的杰出代表；处江湖之远时，“位卑未敢忘忧国”，时刻不忘社稷民生。三是杀身成仁、舍生取义的大无畏精神。为了维护国家和民族利益，不惜牺牲个人的利益甚至是生命。如文天祥在生死存亡之际喟然长叹：“人生自古谁无死，留取丹心照汗青！”

君子以追求道德完善和推动社会发展为本质特征。要实现自身的道德价值，就要承担起社会发展的重任。君子文化作为中华民族的文化基因，是兼容并蓄、历久积淀、不断发展的文化。君子文化作为中华文化的道德精神，在塑造民族形象、铸就民族魂魄、促进民族进步的过程中，发挥了极为重要的作用。君子文化展示着中华君子勇于承担时代重任、关心天下兴亡的担当精神和家国情怀。所以，君子文化就是培养君子对家国的一种认同、一种热爱、一种忠贞，以爱国主义为核心的价值理念。君子文化与家国情怀相互交融，共同推动着中华民族走向伟大复兴！

二、湖湘君子文化的家国传统

（一）湖湘君子文化的特点

湖南素有“炎舜故地、屈贾之乡”的盛名，享有“惟楚有材，于斯为盛”的美誉。湖湘文化作为独特的地域文化，底蕴深厚、绵绵不绝，是中华文化的重要组成部分。湖湘君子文化是湖湘文化的精髓，也是最具湖湘地方特色的文化。张正明深刻指出：“一个民族能否独辟蹊径，创造出风采卓异的文化来，取决于他们能否矢志不渝地追求文化的独创性，亦即历史的创造性。”[①] 湖湘君子文化的最大特色就是博采众长，富有开放、创新精神，在中国历史进程中发挥了重要的作用。

钱基博先生对湖湘君子文化进行了精辟阐述：“湖南之为省，北枕大江，南薄五岭，西接黔蜀，群苗所萃，盖四塞之国。其地水少而山多，重山叠岭，滩河峻激，而舟车不易为交通。顽石赭土，地质刚坚，而民性多流于倔强。以故风气锢塞，常不为中原人文所沾被。抑亦风气自创，能别于中原人物以独立。人杰地灵，大儒迭起，前不见古人，后不见来者，宏识孤怀，涵今茹古，罔不有独立自由之思想，有坚强不磨之志节。湛深古学而能自辟蹊径，不为古学所囿。义以淑群，行必

① 张正明：《楚文化志》，湖北人民出版社，1988。

厉己，以开一代之风气，盖地理使之然也。”特殊的地理环境和人文环境，造就了一批又一批兼容并蓄、开拓创新的湖湘君子。这些湖湘君子身上，集中体现了湖湘君子文化以人为本，胸怀天下的壮志；经世致用，敢于践履的自信；敢为人先，改革创新的坚毅等。

（二）湖湘君子文化中的家国传统

湖湘君子文化的灿烂辉煌，催生了湖湘君子以天下为己任、敢为天下先的担当精神，造就了他们忠信担当、九死无悔的家国传统。在数千年的历史长河中，湖湘大地上涌现出大量杰出的君子，上至楚国大夫屈原，下至新中国的开国功勋，以忧国忧民的爱国之心名垂青史者更是不可胜数。“先天下之忧而忧，后天下之乐而乐”，正是湖湘君子文化家国传统的真实写照。

湖湘君子文化博大精深、底蕴深厚，湖湘君子文化的家国传统更是源远流长。从“尝百草，一日遇七十二毒”的神农氏，到“勤民事，苦忧人，只为苍生不为身”的舜帝；从“哀民生之多艰”的屈原，到被放逐于湘的贾谊、范仲淹、柳宗元等；从“出淤泥而不染，濯清涟而不妖”的周敦颐，到奠定“道南正脉”根基的胡安国父子，开设“朱张会讲”“饮池水立涸”的张栻；从心忧天下，积极探索经世之术的王船山，到呼吁“师夷长技以制夷”的魏源；从“我自横刀向天笑，去留肝胆两昆仑”的谭嗣同，到引领辛亥风云的黄兴、宋教仁。上述诸君将湖湘君子经世致用、忧国忧民、不屈不挠、自强不息的家国情怀展示得淋漓尽致。湖湘君子文化将“天下兴亡，匹夫有责”的爱国意识与“当今天下，舍我其谁”的“敢为天下先”的豪迈气概紧密结合，开创了中华君子文化的家国传统，其影响一直延续至今。

（三）湖湘代表人物的家国情怀

湖湘君子文化在漫长的发展过程中，形成了极为强烈的对国家、对社会、对人民的担当意识，更有学者将其视为湖湘文化的灵魂。千百年来，湖湘大地人才济济，仁人志士辈出。历史上的湖湘君子务实重行，是将经世治国作为自己最为重要的价值取向，堪称中华君子的典范。

以屈原为代表的忧国忧民、经邦济世的家国情怀。屈原有着强烈的经世追求和卓越的治世才华，是战国时期著名的爱国政治家。[1]屈原在楚国国运衰微时推行

① 朱汉民：《湖湘文化精神的务实与浪漫》，《求索》2016 年第 4 期。

"美政"，对内选贤举能、修法度，对外则联齐抗秦，因惨遭排挤而被流放于江潭行吟泽畔，写下《离骚》《天问》《招魂》等不朽篇章，唱出了"长太息以掩涕兮，哀民生之多艰"的悲天悯人情怀，"路漫漫其修远兮，吾将上下而求索"的原道精神，"虽九死其犹未悔"的大无畏精神。可以说，屈原毕生都在为实现"美政"理想和救国救民的事业而奔走呼号。他是湖湘君子家国情怀的先行者。

以王船山为代表的忠贞不渝、经世致用的家国情怀。王船山生活于明清鼎革之际，具有强烈的历史责任感和深挚的民族情怀。明亡后，他继续从事反清活动。失败后，他隐居山间著书立说，从历史典籍中挖掘先圣先王治国平天下的经世智慧，提出了一系列学说。如在知行关系上，主张"知行相资以为用"，强调行是知行矛盾关系的主导方面，"行可兼知，而知不可兼行"；在生死抉择上，应选择"杀身成仁""舍生取义"的最高价值标准。这些主张不仅在中国思想史上产生了深远影响，并影响到中国近现代史的发展。他是湖湘君子家国情怀的求实者。

三、当代湖湘君子文化对家国情怀的弘扬与发展

（一）坚持心忧天下以民为本的湖湘君子文化精神，是家国命运共同体意识形成的基础

充分发挥湖湘君子文化心忧天下、以民为本的思想，是促进家国命运共同体意识形成的感情基础。中国传统文化中很早就产生了"民为贵，君为轻""水能载舟，亦能覆舟"的人本主义思想，湖湘君子文化取其精华。湖湘君子都富含"身无分文、心忧天下"的品格特质，毛泽东提出"为人民服务"的命题，升华了君子文化家国情怀的内核。家国共同体是以血缘关系为纽带，通过各种社会活动、社会联系将家庭与国家高度同构化。家是最小的共同体，国是家的扩展，而个人则是构成家、国的基本单位。家国命运共同体是湖湘君子文化道德诠释的中心，它使湖南人在不同的实践境遇中，不管是作为家人还是国人，都与其所在的世界结成齿唇相依的关联。家国命运共同体形成的关键在于人，最终也将落实到人民身上。唯物史观认为，人民是历史的主体，以人为本就是指一切历史创造活动都要以人为前提、以人为基础、以人为动力、以人为目的，重视人的价值和地位，促进人的全面发展。至此，个人就会反过来对其家庭、国家产生认同、维护，表现为情感和理智上热爱

共同体，自觉承担共同体责任，而人民是人的集合，人民是国家的根基，是“天下”的主人。所以说，弘扬湖湘君子文化心忧天下、以民为本的精神是家国命运共同体意识确立的根本目标和基础。

（二）发扬经世致用的湖湘君子文化精神，是家国同构的贯通途径

发扬经世致用的湖湘君子文化精神是家国同构的贯通途径，要求湖湘君子以务实的态度学、行、思，提倡学思并进、知行合一，最终达到经邦济世、传道济民的目的。[①] 经世致用即指理论与实践结合以经邦济世，这是儒家所倡导的主张，但在湖湘君子文化中表现得更加鲜明。湘学是湖湘君子文化的核心与精髓，由胡安国创建的湖湘学派研究义理，强调在建立内圣的基础和前提上注重外在事功，以达到国治民安的实效。这种经世致用的思想，要求君子以积极出世的情怀、求真务实的态度关注社会现实，直面社会矛盾并解决社会问题。通过构建以“家”为核心的生产制度，形成以“家”为本位的社会制度，将人与人之间的关系维系在家国关系中。这种家国同构的方式，强化了人们的集体归属感，催生了国家认同感，并在血缘关系的基础上实现了互帮互助。

（三）继承敢为人先的湖湘君子文化精神，是国家建设发展的进取之道

敢为人先，意味着开拓创新、革故鼎新、求新求变、趋时更新、与时俱进，是勇敢精神和创新精神的统一。湖湘君子文化敢为人先的创新精神是湖湘文化发展的历史产物，其中蕴含着湖湘儿女深沉的精神追求，代表湖湘人民独特的精神标识，是湖湘文化生生不息、发展壮大的力量源泉。“创新是一个民族进步的灵魂，是一个国家兴旺发达的不竭动力，也是一个政党永葆生机的源泉”。[②] 在民主革命时期，毛泽东同志审时度势，把马克思主义理论和中国革命具体实践相结合，找到了一条中国革命成功的道路。敢为人先的改革精神是促进社会进步、增强综合国力的制胜法宝。当前，中国改革已经进入攻坚期和深水区，中国特色社会主义事业面临新任务、新目标和新挑战，唯有坚持敢为人先、开拓创新的精神，才能推动国家建设不断向前发展！

---

① 朱汉民：《湖湘文化的诠释与构建》，《湖南大学学报（社会科学版）》2015 年第 6 期。

② 《中国共产党第十六次全国代表大会文件汇编》编写组编著：《中国共产党第十六次全国代表大会文件汇编》，人民出版社，2002，第 12 页。

（四）弘扬担当奉献、坚韧不拔的湖湘君子文化精神，是实现中国梦的不竭力量

湖湘君子文化的担当精神，与湘人坚韧不拔的意志密切相关。湘人自古“筚路蓝缕，以启山林”，养成了坚韧果敢、勇挑重担、自强不息的湖湘性格。正因为坚韧不拔，才有了湘人“虽九死其犹未悔”、认准的目标“一意干将去”的“霸蛮精神”与“担当品格”。为了挽救民族危亡，湖湘君子抛头颅洒热血，用鲜血和生命谱写了可歌可泣的爱国篇章。这种担当奉献、坚韧不拔的精神，也是实现中华民族伟大复兴的中国梦的强大精神动力和必备品格。

四、结语

总之，湖湘君子文化的家国情怀内核，以心忧天下、以民为本、经世致用、敢为人先、担当奉献、坚韧不拔为具体表征。当今时代的湖湘君子文化，强调民族精神、爱国主义、天下为公、社会担当、创新奋斗等，是对传统君子文化的超越。湖湘君子文化的家国情怀内核在培育和践行社会主义核心价值观、增强民族凝聚力、提高公民社会责任意识、实现中华民族伟大复兴的中国梦等方面都有重要的价值。

砥砺家国情怀，培养时代君子

黄建平 *

内容摘要： 进入新时代，写好教育奋进之笔，我们的教育是梦之帆，我们的孩子是梦之队，我们的老师是筑梦人。新时代需要君子启蒙。砥砺家国情怀，培养时代君子，要在新时代文明实践中弘扬伟大志气、塑造伟大灵魂。群众创造历史，实践创造真知，团结创造美好，劳动创造价值，为弘扬伟大志气提供了根本遵循。抬头向前看，回头向上看，我们心怀天地敬畏，追求普遍真理，深化爱的实践，在中华优秀传统文化中寻求伟大灵魂，在革命文化和社会主义先进文化中感悟伟大灵魂，在新时代文明实践中塑造伟大灵魂。寄语新时代，时光催得太紧，请鼓鼓忘怀的志气；教育走得太快，请等等落下的灵魂。

关键词： 新时代；伟大志气；伟大灵魂；君子养成

一、培养时代君子

习近平总书记指出，教育是民族振兴、社会进步的重要基石，是国之大计，党之大计。当代中国教育是实现中华民族伟大复兴中国梦的重要力量。进入新时代，促进教育优先发展，深化教育改革，加快教育现代化，办好人民满意的教育，写好教育奋进之笔，这奋进的教育，必定是孔夫子开篇、儒道侠共鸣的教育，必定是共产党发力、老百姓参赞的教育，必定是老师们担纲、孩子们耕读的教育。展望新时代，我们的教育是梦之帆，我们的学生是梦之队，我们的老师是筑梦人。筑梦扬帆，立德树人，有必要推进君子文化进校园，开展君子养成教育。在新时代文明实

---

* 黄建平，安徽省铜陵市铜官区教育局党工委书记、局长。

践中开展君子养成教育，基础在习惯养成，起点在君子启蒙，提升在君子修行，目标在时代新人，落点在师道尊严。推进君子文化进校园，习惯养成教育、君子启蒙教育、君子修行教育、时代新人教育、师道尊严教育是一个整体。开展君子养成教育，诗书济世，礼乐修身，忠信进德，廉洁齐家，有助于德智体美劳全面发展。君子启蒙，君子修行，君子养成，这个君子，就是向上向善、多才多艺的时代先锋，就是有天地观念、家国情怀、社会关爱、人格修养的时代君子，就是能够担当民族复兴大任的时代新人。

中华文化的传统是天地人世界。《周易》曰：“立天之道，曰阴与阳；立地之道，曰柔与刚；立人之道，曰仁与义。”天地人，你我他，是谓众生。沟通天地，心有乾坤，是谓君子。与天地同游，与时代同行，是谓时代君子。新时代需要君子启蒙。君子启蒙，推动中华优秀传统文化创造性转化、创新性发展，我们的教育首先应该是蒙以养正的教育、里仁为美的教育、道法自然的教育、天下为公的教育、至诚无息的教育。对基础教育来说，对中小学校来说，君子启蒙融入新时代，一方面，要突出人文启蒙，用中华优秀传统文化和现代教育文明来培育学生“爱学爱家爱劳动”的道德情怀；另一方面，要突出政治启蒙，用革命文化和社会主义先进文化来厚植学生“爱党爱国爱人民”的思想情怀。中华传统文化倡导“修身齐家治国平天下”。爱学爱家爱劳动的道德情怀，爱党爱国爱人民的思想情怀，其内容已经写进了教育部印发的《中小学德育工作指南》和《中小学生守则》；其要义说到底就是家国情怀、仁爱奉献。习近平总书记指出，要“深入挖掘和阐发中华优秀传统文化讲仁爱、重民本、守诚信、崇正义、尚和合、求大同的时代价值”。沟通天地，弘扬大学之道，家国情怀而致真诚，仁爱奉献而尚和合，这是君子启蒙之根基。君子修行，培养时代君子，就是要在新时代文明实践中弘扬伟大志气、塑造伟大灵魂。《周易》说“天行健，君子以自强不息”“地势坤，君子以厚德载物”，就是讲的志气和灵魂，可谓中华文化的总纲。志气和灵魂，是上天赐予的恩典，是天垂人间的诚意，是圣人拯救天下的信仰力量。基于天地敬畏、圣贤教化，家国天下的世界里有志气，天地人生的世界里有灵魂。心有乾坤，形神兼备交融，雍容大方而道不息，泰然自若而志不灭，这是君子修行之根本。志气强身，灵魂暖心，君子安雅。弘扬伟大志气，塑造伟大灵魂，是培养时代君子的伟大任务。

二、弘扬伟大志气

在新时代文明实践中弘扬伟大志气，这个志气，来源于中华优秀传统文化，贯穿于社会主义先进文化，衔接于西方现代文明，涵养于辩证唯物主义和历史唯物主义。古人云："三军可夺帅也，匹夫不可夺志也。"我们所处的时代，不仅要讲志气，还要讲伟大志气。群众创造历史，实践创造真知，团结创造美好，劳动创造价值，这"四个创造"为推动中华优秀传统文化创造性转化、创新性发展提供了强大支撑，也为弘扬伟大志气提供了根本遵循。弘扬什么样的伟大志气？如何与"家国天下"的崇高理想更加贴近？概括来说至少有四点：第一，弘扬依靠群众、服务群众的伟大民主；第二，弘扬实事求是、实践创新的伟大自由；第三，弘扬团结奋斗、理性批判的伟大平等；第四，弘扬尊重劳动、珍爱生命的伟大友善。

伟大志气源自美好需要，不是凭空而来的。开展君子养成教育，培养时代君子，践行社会主义核心价值观，有一条重要脉络，就是秉持唯物主义历史观，砥砺家国情怀，厚植社会关爱，加强人格修养，以志气弘扬伟大志气。党的十九大报告指出，中国特色社会主义进入新时代。新时代的志气，集中体现了当代中国精神，凝结着全体人民共同的价值追求。民主、自由、平等、友善，是社会主义核心价值观的志气所在。培养时代君子，既要在落细、落小、落实上下功夫，还要努力抢占价值体系的制高点。这就要求广大教育工作者始终秉持唯物主义历史观，自觉践行社会主义核心价值观，做到"四个弘扬"：一是坚持群众创造历史，突出依靠群众、服务群众，以民主弘扬伟大民主；二是坚持实践创造真知，突出实事求是、实践创新，丰富实践内涵，以自由弘扬伟大自由；三是坚持团结创造美好，突出团结奋斗、理性批判，汇聚团结力量，以平等弘扬伟大平等；四是坚持劳动创造价值，突出尊重劳动、珍爱生命，促进劳动解放，以友善弘扬伟大友善。人民有信仰，国家有力量，民族有希望。深耕普适乐土，建设公道人间，民主、自由、平等、友善，是融入新时代的美好需要；伟大民主、伟大自由、伟大平等、伟大友善，是引领新时代的伟大志气。在新时代文明实践中弘扬伟大志气，奋勇斗争，自我革命，相信"中国人民有志气，有能力，一定能够在不远的将来，赶上和超过世界先进水平"，也一定能够开辟新天地、创造新奇迹。

三、塑造伟大灵魂

在新时代文明实践中塑造伟大灵魂，这个灵魂，并非宗教和有神论概念里的“灵魂”，也不是唯心主义哲学范畴里的“灵魂”，而是体现中华民族伟大精神的灵魂，而是面向马克思主义哲学思维的灵魂，而是符合社会主义先进文化前进方向的灵魂。《习近平新时代中国特色社会主义思想学习纲要》指出，“把培育和弘扬社会主义核心价值观作为凝魂聚气、强基固本的基础工程”。“核心价值观建设，说到底是人的思想建设、灵魂建设”。一般来说，灵魂是一种精神，是一种境界，是一种感悟。就哲学而言，天道与唯物主义相适应，灵魂与唯物主义相适应，是应当高度重视的理论观点。应当指出的是，秉持唯物主义历史观，我们挖掘的是志气和伟大志气；遵循与唯物主义相适应的天道观，我们阐发的是灵魂和伟大灵魂。灵魂到底是什么？我们用排除法，灵魂既非客观存在，又非主观存在，更非神秘存在。从根本上说，灵魂是客观不尽的抽象存在。与唯物主义相适应，我们的世界有客观存在，还有客观不尽的存在。客观不尽，则以达观。信者信之，善者善之，贵者贵之，知者知之，则为灵魂。当然，从不相信灵魂到相信灵魂，从一般灵魂到伟大灵魂，还是需要学习、需要实践、需要修行的。客观不尽的抽象存在，是构成伟大灵魂的基础。在中华优秀传统文化中寻求伟大灵魂，在革命文化和社会主义先进文化中感悟伟大灵魂，在新时代文明实践中塑造伟大灵魂，这是一个整体，也是一个过程。

在新时代文明实践中塑造伟大灵魂，源头是中华优秀传统文化，涵养是现代教育文明，立场是革命文化和社会主义先进文化，指向是建设精神家园、实现中华民族伟大复兴的中国梦。塑造什么样的伟大灵魂？如何与“天地人生”的坚定信念更加融合？概括来说，至少有六个方面：第一，塑造天人合一、道法自然的自由意志；第二，塑造见贤思齐、和而不同的中庸智慧；第三，塑造仁者爱人、天下为公的大同理想；第四，塑造忠孝诚信、礼义廉耻的君子美德；第五，塑造养性事天、至诚无息的内心觉悟；第六，塑造和光同尘、物我两忘的生命境界。

塑造伟大灵魂，自由意志，中庸智慧，大同理想，君子美德，内心觉悟，生命境界，还有什么比这些更具有伟大灵魂的意义呢？灵魂是高度抽象的，也是相对具体的，但肯定不是虚无缥缈的。与其说灵魂具有神秘色彩，不如说灵魂具有抽象色彩。每个人的灵魂都是“抽象＋色彩”“天性＋个性”。抽象在天，色彩在地，个性在人。儒家说“天行健，君子以自强不息；地势坤，君子以厚德载物”；道家说“道生一，一生二，二生三，三生万物；人法地，地法天，天法道，道法自然”；知者说“天生我，地载我，君管我，亲养我，师教我”；仁者说“象天法地，敬业乐群，孝老爱亲，尊师重教”；都浸透着抽象色彩的灵魂意义。抽象存在、抽象色彩的伟大灵魂，就是自由意志、中庸智慧，就是大同理想、君子美德，就是内心觉悟、生命境界，本质上就是向上向善、求真求美。天降灵性，地载理性，人养德性。抬头向前看，来回左右看，回头向上看，我们心怀天地敬畏、圣贤教化，我们追求普遍真理、时代价值，我们深化新时代文明实践、爱的实践，就是在弘扬伟大志气、塑造伟大灵魂。大道缘起，良知灵动，诚意志远。儒道侠，玉琴剑，真善美，精气神，君子之品。寄语新时代，时光催得太紧，请望望历史的星空；生活赶得太急，请鼓鼓忘怀的志气；教育走得太快，请等等落下的灵魂。推进君子文化进校园，筑梦扬帆，培养时代君子，谦谦博雅，诚敬坦荡，忠直宽恕，仁爱奉献。要想真正做到这些，需要加强学习、加强实践、加强修行。

家风家训与君子文化

孝道、家风、君子文化的自我转型与重建

王兴国 *

内容摘要： 孝道作为儒家的优秀传统，是儒家“仁”道理想的具体呈现。正确理解孝道，对于理解以君子为理想人格的儒家思想具有重要的意义。而孝道在具体的实践中又体现为家教与家风。孝道作为家庭道德，是联系和沟通父母亲与子女的精神价值纽带，与家教家风互为表里。因此，儒家君子文化的现代转型，必须与孝道和家风的现代转型同时展开，齐头并进。

关键词： 孝道；家风；君子；君子文化

引　言

儒家的孝道既是中华传统文化中最优秀的文化之一，也是中国传统道德中最精华的部分之一。儒家的孝道为祖国源远流长的君子文化奠定了坚实和重要的根基。如果我们要在今天重新提倡与建立一种新的君子文化，就不可能离开儒家的孝道这一根基。换言之，我们要重建儒家的君子文化，就必须从继承与重建儒家的孝道或孝道文化入手。然而，无论是儒家的孝道还是君子文化，其形成与家教家风都有莫大的关系。因此，重建君子文化，必须植根于孝道与家风的关系之中。唯有处理好孝道与家风的关系，才能为重建现代意义上的君子文化奠定良好的基础。

如此一来，我们今天必须面对和处理孝道问题、家风问题、君子文化的问题以及三者之间的关系问题。只有厘清与解决了这些问题，才能具备重建现代意义上的君子文化的条件和基础。

---

* 王兴国，深圳大学国学研究所教授。

一、正确理解儒家的孝道

我们今天讲儒家孝道，必须正本清源，把握住源和流、本与末，返本开新。即我们必须从以《孝经》为本为中心的末流上，返回到儒家孝道的大本大源——这是一条分界线，去发掘和把握儒家孝道的真谛与鲜活精神，并将其像引流一样，引入当今对孝道的转型与重建工作之中，从而经由教育与实践，树立起为全民所乐意接受与实行的新孝道风尚与新孝道文化。

儒家的孝道，是以孔子为代表的儒家思想之核心的“仁”道最为直接而重要的表现，因此儒家的孝道也就成为落实与践履儒家“仁”道的根本保证。对儒家来说，“仁”道最容易也最直接落实和体现在家庭亲情关系之中。纳入儒家孝道中的亲情，是一种二维结构的关系：一方面是父母亲与子女之间的关系，这是一种上下关系或老幼关系，在这一关系中，儒家孝道原则表现为父慈子孝，即父母对于子女慈爱，子女对于父母孝敬；另一方面是兄弟姊妹之间的关系，这是平辈之间的大小关系或先后关系，在这一关系中，儒家孝道原则表现为兄爱弟敬或兄友弟恭，即兄姊对于弟妹关爱，弟妹对于兄姊恭敬或恭顺。[①] 儒家孝道的基本内容，就是由家庭亲情中的“孝”和“悌”也就是“孝悌”所构成的。实际上，家庭亲情中的这种二维结构关系，正是儒家孝道的诞生之所和存身之地。由于家庭亲情中的孝悌直通于儒家的“仁”道，并为“仁”道最真实的自然表现，因此孝悌成为儒家“仁”道的本根。尽管儒家的“仁”道并不限于孝悌，但是不能不根于孝悌，并由此而向外扩展，即由孝亲而爱人，由爱人而爱物。有子指出：“君子务本，本立而道生。孝弟也者，其为仁之本与！”（《论语·学而》）对儒家来说，孝悌之所以为仁之本，乃是因为孝悌自始至终不离“仁”道，且是“仁”道最具体生动的体现。如果有一天孝悌消亡了，那么“仁”道也就灭亡了。从社会伦理观上说，家庭亲情中的孝悌是人类社会道德的最后底线。因此，“孝为一切品德之中心。不孝即无道德之可言”。[②] 可见，孝悌是君子处身立世的根本。千百年以来，作为社会公德的尊老爱幼，就是源于儒家的孝道，并从这一孝道中引申和推衍出来的。即使在君臣、父子、夫妇、

---

① 需要指出的是，由于儒家孝道诞生于人类的父权社会且长期流行于父权社会之中，故其在语言表述上始终充满了父权的色彩和意味。这并不是儒家的问题，而是父权时代的问题。我们今天谈及儒家的孝道时，应有意识地淡化甚至清除其父权色彩和意味。

② 谢幼伟：《孝与中国文化》，青年军出版社，1946，第 1 页。

兄弟、朋友“五伦”关系中所奉行的基本道德仁、义、礼、智、信“五常”[1]之中，孝悌仍然是最根源的和最基础的。因为在孝悌中，本来就包含和贯穿了“五常”。由此可以看出，孝悌在儒家心目中具有无与伦比的崇高地位，构成了儒家君子文化的基石。人之为“君子儒”，必须从孝悌开始。

当然，儒家的孝道不是孤立存在的，而是与儒家的“五常”（仁、义、礼、智、信）之间具有交叉关系。儒家孝道从一开始，就充分地体现了“五常”。“仁”是孝悌与“五常”之间的共同根基。因为在父母亲与子女之间讲慈孝，在兄弟姊妹之间讲爱敬或友恭，本来就有仁、义、礼、智、信“五常”的存在。这是儒家孝道具有仁道主义、人文主义、理性主义和道德理想主义的根源和基础。

毋庸置疑，儒家孝道所包含和体现的“孝”“慈”之爱本来是父母亲和子女之间的自然情感的一种表现，当“孝”和“慈”升华为以孔子为代表的儒家“仁”的精神的真实而直接的道德象征和表象后，充满了人道主义、人文主义和理性主义的光辉，在人的生活情趣和社会道德秩序上，都具有不可否认的价值，尤其在道德教化上，儒家十分看重孝道，以孝道为社会道德的基础，对于人的道德人格的教育和培养，具有非常重要的价值和意义。谢幼伟先生曾经指出，儒家对于孝的态度，在道德上表现为三种精神和意义：第一，认孝为道德的本源；第二，认孝为道德的起点；第三，认孝为道德的训练。[2]这一看法非常深刻和中肯。孔子说：“弟子入则孝，出则悌，谨而信，泛爱众而亲仁，行有余力，则以学文。”（《论语·学而》）曾参说，“忠者，其孝之本与”！“君子立孝，其忠之用，礼之贵”；“君子之孝也，忠爱以敬”。（《大戴礼记·曾子立孝》）“为善必自内始”。（《大戴礼记·曾子立事》）由此可知，儒家把孝道视为发自人之本性中的真诚和敬爱之情，君子的忠孝就建立在这样一种敬爱之情的根基之上。

然而，必须引起我们重视的是，当代的孝道教育，尤其是在对中小学生的孝道教育中，一个很大的偏向是集中在孝养上，就是对于父母亲的“能养”或“口体之养”上，丢掉了儒家孝道的根本精神。孔子答子游问孝曰：“今之孝者是谓能养，至于犬马皆能有养，不敬，何以别乎？”（《论语·为政》）曾子指出：“孝有三：大孝尊亲，其次弗辱，其下能养。”（《大戴礼记·曾子大孝》《礼记·祭义》）可见，

---

① “五常”概念最早是董仲舒提出的。此前，孔子已有所论述，孟子论“四端”时，将“仁义礼智”并列。汉初贾谊提出，“人有仁义礼智信之行”（《新书·六术》）。董仲舒正式将“仁义礼智信”命名为“五常”，并加以界说。

② 谢幼伟：《孝与中国文化》，青年军出版社，1946，第2页。

“能养”只是儒家孝道的基础和前提。儒家孝道的根本精神，体现在对于父母亲的尊敬之情上。何谓对父母的尊敬？用曾子的话来说就是：“君子之孝也，忠爱以敬。”（《大戴礼记·曾子立孝》）这就是说，孝是发自内心的对于父母亲的敬爱之情。无论子女对父母亲做什么，都必须以“发自内心的对于父母亲的敬爱之情”为基础和出发点。这当然是符合孔子之“仁”道精神的。孔子论“三年之丧”礼，就充分说明了这一点。

> 宰我问：“三年之丧，期已久矣。君子三年不为礼，礼必坏；三年不为乐，乐必崩。旧谷既没，新谷既升，钻燧改火，期可已矣。”子曰：“食夫稻，衣夫锦，于女安乎？”曰：“安。”“女安则为之！夫君子之居丧，食旨不甘，闻乐不乐，居处不安，故不为也。今女安，则为之！”宰我出。子曰：“予之不仁也！子生三年，然后免于父母之怀。夫三年之丧，天下之通丧也。予也有三年之爱于其父母乎？”

无疑，孔子充分地肯定了“三年之丧”的合理性，并强调对这一传统礼制的坚持。在孔子看来，孩子出生以后，至少要经过三年的精心哺育，才能脱离父母的怀衽。孩子长大成人，父母亲又要付出多少心血和汗水呢！这是难以计算和想象的。因此，父母亲过世了，子女（古代主要是儿子）为父母亲守孝三年，以表达对于父母亲的敬爱感恩和不舍不离之情，不是完全应该的吗！尽管“三年之丧”是一种外在的社会礼制，但是孔子认为它合情合理，且充分体现和表达了“仁”道精神，在这个意义上，孔子称其为“天下之通丧”，也就是可以普遍通行于（古代）社会的一种丧葬礼制。不仅如此，孔子还提出了“三年无改于父之道”的观点。孔子说：“父在观其志，父没观其行，三年无改于父之道，可谓孝矣。”（《论语·学而》）①

近代以来，学界对于孔子这一命题颇多疑惑和争论。笔者认为，孔子这一命题为古老的“孝”范畴赋予了儒家之“仁”的精神与伦理哲学的含义，实现了仁孝的统一，在以行孝的方式保留和巩固祭祀的宗教体验中，从人心的感通与共鸣之中唤

---

① 孔子这段话的大意是说：父亲健在，（儿子）观察学习他的志向或抱负，并考察他实行的情况；父亲死后，则观察儿子继承其父未竟的志行，将它发扬光大而建立自己志行的情况。且在为父服丧的三年间，不改变或放弃对于丧葬父亲和适时祭祀父亲之（礼的）活动仪式，就称得上为父亲尽孝了。（这是真正的孝啊！）参见王兴国：《“三年无改于父之道”新诠》，载杨祖汉、李瑞全主编：《二十一世纪当代儒学论文集Ⅱ：儒学的全球在地化与当代文明》，台湾大学儒学研究中心，2018，第584—585页。

起强烈的“孝”的道德情感并培植出“孝”的道德意识，告诫人们在创业与前行时，不忘父祖的恩德，并借此与人类生活的经验全面地联系在一起，充实和丰富了生命的人性光辉，洋溢着儒家智慧特有的人文气息与仁道精神，贯通了道德、哲学、宗教和礼仪。[①]可见，“三年之丧”“三年无改于父之道”，都体现和传达了儒家的孝道旨趣，孔子为它们提供了人性论和情感论的本原论根据，赋予它们以人道主义、人文主义和理性主义的精神。当今社会，虽然不再倡导“三年之丧”“三年无改于父之道”，但儒家的孝道及其人道主义、人文主义和理性主义的精神仍然值得我们去传承和弘扬。

孔子的孝道观为曾子所继承。曾子说：“君子，生则敬养，死则敬享，思终身弗辱也。君子有终身之丧，忌日之谓也。忌日不用，非不祥也。言夫日，志有所至，而不敢尽其私也。”（《礼记·祭义第二十四》）曾子不仅继承了孔子的思想，而且进行了合情合理的发挥，指出儒家孝道的一种应有之义是“终身弗辱”。即一个人在社会上的所作所为，至少不能辱没自己与父母，更不能辱没社会文明。如何才能做到“弗辱”“不辱”呢？曾子提出，要拒绝和克服五种“非孝”的行为：

> 身者，父母之遗体也。行父母之遗体，敢不敬乎？居处不庄，非孝也；事君不忠，非孝也；莅官不敬，非孝也；朋友不信，非孝也；战陈（阵）无勇，非孝也；五者不遂，灾及于亲，敢不敬乎？亨孰膻芗（馨香），尝而荐之，非孝也，养也。君子之所谓孝也者，国人称愿然曰：“幸哉，有子！”如此，所谓孝也已。（《礼记·祭义》《大戴礼记·曾子大孝》）

这五种“非孝”行为分别是：“居处不庄”“事君不忠”“莅官不敬”“朋友不信”“战阵无勇”。曾子认为，这五种“非孝”行为不仅会给双亲和自己带来耻辱，还会给自身造成灾难，故必须去除。这就是曾子所谓的“不辱其身，不羞其亲，可谓孝矣”。（《礼记·祭义第二十四》）这样的孝子，不仅是家庭的荣耀，还会受到国人的一致称赞！这正是曾子对孔子“不耻其亲，君子之孝也”（《大戴礼记·曾子立孝》引孔子之语）观点的继承和发展。

顺便指出，在孔子和曾子的心目中，破坏生态也是一种不孝。这一观点将孝与

---

① 王兴国：《“三年无改于父之道”新诠》，载杨祖汉、李瑞全主编：《二十一世纪当代儒学论文集Ⅱ：儒学的全球在地化与当代文明》，台湾大学儒学研究中心，2018，第585页。

生态环境联系起来，提高到了一种生态孝道文化的高度。[①] 曾子指出：

树木以时伐焉，禽兽以时杀焉。夫子曰："断一树，杀一兽，不以其时，非孝也。"（《礼记·祭义第二十四》）

对儒家来说，不辱其身，不羞其亲，不坏生态（环境），都是孝道所要求的内容。在两千多年以前，以孔子和曾子为代表的儒家就有这样的道德意识，是十分难能可贵的。

我们今天讲孝道时，必须明白，儒家的孝道不仅内容丰富，而且具有很高的追求和关怀。其中一个很重要的观点，就是"事亲""尊亲"必须"养志"，"先意承志，谕父母以道"。在《大戴礼记·曾子大孝》和《礼记·祭义》中，均记述了公明仪与曾子的一段对话，兹引于下：

公明仪问于曾子曰："夫子可谓孝乎？"曾子曰："是何言与！是何言与！君子之所谓孝者，先意承志，谕父母以道。参直养者也，安能为孝乎！"

在这段对话中，曾子反对以"直养"为孝，提出了"君子之孝"是"先意承志，谕父母以道"的观点。那么，如何理解这一观点呢？我们可从孟子对曾子的一个评论中找到答案。孟子说：

事，孰为大？事亲为大。守，孰为大？守身为大。不失其身而能事其亲者，吾闻之矣。失其身而能事其亲者，吾未之闻也。孰不为事？事亲，事之本也。孰不为守？守身，守之本也。曾子养曾皙，必有酒肉；将彻，必请所与；问："有余？"必曰："有。"曾皙死，曾元养曾子，必有酒肉；将彻，不请所与。问："有余？"曰："亡矣。"将以复进也。此所谓养口体者也。若曾子，则可谓养志也。事亲若曾子者，可也。（《孟子·离娄上》）

---

① 参见王兴国：《究竟何谓孝"以天下养"——从"孝与腐败"的争论说起》，载景海峰主编：《儒家思想与当代中国文化建设》，人民出版社，2013，第 543 页。王兴国：《也论孝与腐败》，载郭齐勇主编：《正本清源论中西——对某种中国文化观的病理学剖析》，华东师范大学出版社，2014，第 41 页。

无疑，孟子与曾子都认为，以物质条件或生活资料供养父母（如以煮熟的肉食奉献父母），并不足以称作孝。如前已述，儒家认为这只是履行孝道的条件和前提。我们从孟子对曾子的赞美与肯定中不难看出，所谓“君子之孝”，是指子女对父母的最大之孝就在于为父母“养志”，并“谕父母以道”。即不仅要让父母生活得幸福美满，而且要提高父母的精神修养和觉悟境界。[①]孟子在这里并没有针对某一类父母而言，而是就孝道的教化之义来说的。不可否认的是，人的精神修养和觉悟境界是永无止境的，圣人也不例外，何况父母乎！因此，儒家的孝道不仅是孔子的人道主义、人文主义和理性主义的体现，而且是孔子所提倡的道德理想主义的体现，为人类的孝道实践指明了方向和目标。

二、孝道与家风

“家风”，也称作“门风”或“家道”，[②]一般是指家庭或家族世代相传的风习、风气、风尚、风范，也就是一个家庭或家族的精神道统。再说得确切和具体些，家风是维护一个家庭或家族繁衍传承与兴旺发达的精神传统的道统。一般而言，一个家庭或家族世代相传的、体现家族成员共同的价值准则、道德操守、审美情趣、爱好追求，并在其生活方式和文化氛围中呈现出来的共同精神风貌所构成的风习、风气、风尚、风范，就是家风或家道。

---

① 参见王兴国：《究竟何谓孝“以天下养”——从“孝与腐败”的争论说起》，载景海峰主编：《儒家思想与当代中国文化建设》，人民出版社，2013，第543—544页。王兴国：《也论孝与腐败》，载郭齐勇主编：《正本清源论中西——对某种中国文化观的病理学剖析》，华东师范大学出版社，2014，第41—42页。

② “家风”一词，最早见于西晋潘岳的《家风诗》中。西晋夏侯湛将《诗经》中有目无文的六篇“笙诗”，补缀以成《周诗》并拿给潘岳看。潘岳认为，这些诗篇不仅温文尔雅，而且可以看到孝悌的本性。为了与友人唱和，潘岳作了这首《家风诗》，自述家族风尚：“绾发绾发，发亦鬓止。日祗日祗，敬亦慎止。靡专靡有，受之父母。鸣鹤匪和，析薪弗荷。隐忧孔疚，我堂靡构。义方既训，家道颖颖。岂敢荒宁，一日三省。”据信，“家风”一词的出现，与“士族”“世族”“势族”“大族”“世家大族”的兴起，并成为社会上层的统治力量有关。无论是以宗族为根基、以武力为特征的地方豪族，还是以官宦为标志、以文化为表征的名家大姓，要么累世贵显，权倾朝野；要么广占良田，富可敌国；要么家学渊源深厚，学富五车。他们除了通过九品中正制和婚姻关系来维护门阀制度之外，更是自矜门户、标树家风，以显声威，博取名利。从一开始，家风就和门风互通互用。如：“门生故吏，遍于天下，而言色恂恂，出于诚至，恭德慎行，为世师范，汉之万石家风、陈纪门法所不过也，诸子秀立，青紫盈庭，其积善之庆与”（《魏书》卷五十八）“少而清虚寡欲，好学有家风。”（《北齐书》卷四十二）“昶年十数岁，为《明堂赋》。虽优洽未足，而才制可观，见者咸曰有家风矣。”（《周书》卷三十八）如此等等。两晋以后，“家风”一词渐次流传，盛行于北朝，一直沿用至今。

家风[①]表现为两种基本形式：成文的家风和不成文的家风。前者如明文规定的祖训、家训、家规等；后者如口耳相传的祖训、家训以及为家族成员共同恪守的嘉言、格言等。家风关乎每一个家庭或家族的兴衰，乃至生死。就家庭和社会的关系而言，家风也是一个社会风气或风尚的表现。家风不仅关乎社会的稳定，而且关乎社会的兴衰。因此，家风历来受到家庭、家族和社会的重视。我们今天所讲的家风，主要就是针对家庭而言的。

那么，孝道与家风之间有什么关系呢？

因为家风是与每个家庭成员密切联系在一起的，而孝道是家庭道德，是联系和沟通父母亲与子女的精神价值纽带。所以，孝道不仅与家风具有天然的联系，而且在相当大程度上对于家风的形成起着决定性的作用。我们只要考察儒家孝道在子女与父母关系中所具有的不寻常的作用、地位和意义，就能得出这一结论。

在人们的印象中，儒家的孝道似乎总是在强调子女对于父母亲的尊敬和顺从，实际上从孔子开始，儒家就反对对于父母的绝对服从或逆来顺受的愚孝。《韩诗外传》卷八第二十五章载：

曾子有过，曾皙引杖击之。仆地，有间乃苏，起曰："先生得无病乎？"鲁人贤曾子，以告夫子。夫子告门人："参来，勿内也。"曾子自以为无罪，使人谢夫子。夫子曰："汝不闻昔者舜为人子乎？小棰则待，大杖则逃。索而使之，未尝不在侧，索而杀之，未尝可得。今汝委身以待暴怒，拱立不去。汝非王者之民邪？杀王者之民，其罪何如？"《诗》曰："优哉柔哉，亦是戾矣。"[②]又曰："载色载笑，匪怒伊教。"

此外，《说苑·建本》亦载：

曾子芸瓜而误斩其根，曾皙怒，援大杖击之，曾子仆地；有顷苏，蹶然而起，进曰："曩者参得罪于大人，大人用力教参，得无疾乎！"退屏鼓琴而歌，欲令曾皙听其歌声，令知其平也。孔子闻之，告门人曰："参来，勿内也！"

① 今天主要流行的是"家风"一词，"家道"很少有人提及。在此顺俗，也使用"家风"一词。

② "优哉柔哉，亦是戾矣"，出自《诗经·小雅·采菽》。与今天所见的《采菽》"优哉游哉，亦是戾矣"，虽用字略有不同，但意义相同。

曾子自以无罪，使人谢孔子，孔子曰："汝不闻瞽叟有子名舜，舜之事父也，索而使之，未尝不在侧，求而杀之，未尝可得；小棰则待，大棰则走，以逃暴怒也。今子委身以待暴怒，立体而不去，杀身以陷父不义，不孝孰是大乎？汝非天子之民邪？杀天子之民，罪奚如？"以曾子之材，又居孔子之门，有罪而不自知，处义难乎！

以上两段引文讲的是同一个故事。孔子责备自己的弟子曾子愚孝，侍父"委身以待暴怒"而不逃跑，有"杀身以陷父不义"之嫌疑。同时，也对曾子之父曾皙进行了严厉的责备，批判他教子太过于粗暴和苛严，有可能因失手打死自己的儿子，而背负杀子之罪名。因此，孔子援引《诗经》说，"优哉柔哉，亦是戾矣"。（《诗经·小雅·采菽》）"载色载笑，匪怒伊教"。（《诗经·鲁颂·泮水》）"匪怒伊教"无疑是这个故事的主旨所在，闪耀着孔子孝道的仁道主义和理性主义的光辉。其中尤可玩味的，是曾子的尽孝之道。曾子从杖昏中苏醒过来之后，并没有怨恨自己的父亲，而是退到屏风后，为父亲鼓琴而歌，希望父亲能在琴歌中平复暴躁的情绪，进行自我反省。这不正是孟子所倡导的为父母"养志"，"谕父母以道"的典范吗？！此后，又出现了崔钧谕父的故事。[①] 这就证明，孔子反对愚孝的孝道精神，在后世得到了传承和发展。

《论语·子路》中记载了孔子与叶公的一段对话：

叶公语孔子曰："吾党有直躬者，其父攘羊，而子证之。"孔子曰："吾党之直者异于是。父为子隐，子为父隐，直在其中矣。"

从经学家郑玄开始，孔子"父为子隐，子为父隐，直在其中矣"这句话的真实义谛就被严重曲解了。直到今天，仍有学者将这句话解释为：

孔子说："父亲不称扬儿子的过失（譬如偷盗）之事，儿子不称扬父亲的过失（譬如偷盗）之事，直道就在这里面了。"

---

① 据《后汉书·崔骃列传》载，崔烈为买官一事询问儿子崔钧的意见，崔钧回答说："论者嫌其铜臭。"崔烈恼羞成怒，拿起棍子追打崔钧，边追边骂："死卒，父楇而走，孝乎？"崔钧援引孔子之言，巧妙地回答说："舜之事父，小杖则受，大杖则走，非不孝也。"崔烈闻听此言，自愧而止。崔钧不仅逃过了父亲的一顿棍棒，还令父亲惭愧自省。这是儿子为父母"养志"，"谕父母以道"的又一个范例。

笔者认为，这种解释是对孔子的极大误解。笔者经过仔细考察后，认为“父为子隐，子为父隐，直在其中矣”的本意是说：父母亲在子女萌发犯罪的（微小）念头的时候，就要（教育）而将其伏灭或去除掉，“绝其本根，勿使能植”（不要等到子女犯罪后，才去告发他）；子女在父母亲萌发犯罪的（微小）念头的时候，就要（几谏）而将其伏灭或去除掉，“绝其本根，勿使能植”（不要等到父母亲犯罪后，才去告发他）。这样做，直道（为人正直的道理）就在其中了。[①] 换句话说，孔子的直或直道，不是父母与子女之间互相隐庇、隐瞒，或不称扬对方的过失或罪恶，而是父母与子女之间互相规劝（教育）与帮助。只有“绝恶于未萌，起教于微眇”，“绝其本根，勿使能植”，才能彻底避免父母与子女互相告发与指证（如叶公的“吾党有直躬者”）这一人伦悲剧的发生。[②] 这一观点对于我们充分地、准确地、完整地理解和把握以孔子为代表的先秦儒家的孝道思想，是不无裨益的。

根据以上论述，我们可以看出，儒家孝道是植根于家庭亲情关系的一个道德伦理原则。只要有家庭存在，必然有父母亲与子女之间以及子女之间的亲情关系存在，必然有慈爱—孝敬关系以及关爱—恭顺关系的存在。因此，这种建立在亲情上的慈爱—孝敬关系以及关爱—恭顺关系是超越历史时空的，具有永久的价值。郭斌龢先生说：“如吾人不承认孝与中国文化有特殊之关系，孝为中国先哲历世相传之遗训，孝为中国民族特重之道德，有其超越之地位与永久之价值，而仅仅承认孝在中国，不过为家族本位的经济制度下之产物，则家族经济制度崩溃，孝亦随之而崩溃。”[③] 虽然孝道作为植根于家庭亲情关系的一个道德伦理原则，具有超越的地位和恒久的价值，乃是维系家庭和社会稳态结构的一大支柱，在现代社会公民的道德教育中，应该大力提倡和培养，但只有经过现代转型与重建，才能把儒家的孝道培植为现代社会中的家风。

在我国历史上，由于“三纲”的长期统治与灌输，父尊子卑、兄尊弟卑的思想早已根深蒂固，造成了家庭中的特权与不平等的关系，家长制和兄长制成为滋生愚忠愚孝的土壤条件，不仅削弱和破坏了儒家孝道的仁道主义、人文主义、理性主义

---

① 王兴国：《孔子“父为子隐，子为父隐”探本——兼评“亲亲互隐”之论战》，载李瑞全、杨祖汉主编：《二十一世纪当代儒学论文集Ⅰ：儒学之国际展望》，台湾大学儒学研究中心，2018，第337页；王兴国：《再论“亲亲之隐”——“直”与“隐”之辩》，《学术月刊》2014年第8期。

② 王兴国：《孔子“父为子隐，子为父隐”探本——兼评“亲亲互隐”之论战》，载李瑞全、杨祖汉主编：《二十一世纪当代儒学论文集Ⅰ：儒学之国际展望》，台湾大学儒学研究中心，2018，第356页；王兴国：《再论“亲亲之隐”——“直”与“隐”之辩》，《学术月刊》2014年第8期。

③ 郭斌龢：《序言》，载谢幼伟：《孝与中国文化》，青年军出版社，1946，第2页。

和道德理想主义的精神旨趣，也削弱了儒家的君子文化。因此，我们今天的孝道教育，必须激活和发扬孔子的精神，必须把孝道建立在父母亲与子女之间以及兄弟姊妹之间的平等关系上，提倡父母亲与子女之间以及兄弟姊妹之间的互相尊重、互相关爱、互相学习和互相帮助，尤其是要大力提倡子女自立自强，不辱父母，帮助父母"养志"，"谕父母以道"。父母亲必须自爱自立，为子女做表率，而不能倚老卖老。唯有如此，才能符合儒家君子文化的应有之义和内在要求。从这个意义来说，我们需要由儒家孝道的真实义谛出发，去营造和建立一种现代公民社会的家庭所需要的优良家风。

毋庸置疑的是，这种以孝道为基础的优良家风，正是儒家所倡导的君子文化的根基。在儒家看来，"君子儒"的人格并非仅仅对于子女而言，父母亲同样需要培养自己的"君子儒"人格，而且更需要为子女树立"君子儒"的人格风范。由此才能在家庭教育中形成一种君子文化的氛围和风气。

三、君子文化的自我转型和重建

顾名思义，君子文化的核心与关键在于"君子"。从词源上来说，"君子"一词出现于《尚书》①、《易经》②、《诗经》③《左传》《国语》④等经籍，大概在西周时期已经流行开来。"君子"一词由"君"和"子"组成。《说文》对"君"的解释为："尊也。从尹，发号，故从口。古文象君坐形。""君"字，从尹，从口，"尹"表示治事，"口"表示发布命令。因此，"君"的意思是国家的发号施令者，也就是指社会权力和地位至高无上的君主或国君。"子"则是对于男子的尊称。诚然，并非一

① 周公曰："呜呼！君子所，其无逸。先知稼穑之艰难，乃逸，则知小人之依。相小人，厥父母勤劳稼穑，厥子乃不知稼穑之艰难，乃逸乃谚。既诞，否则侮厥父母，曰：'昔之人无闻知。'"（《尚书·无逸》）"君子勤道，不作无益害有益。"（《尚书·金縢》）"君子在野，小人在位，民弃不保，天降之咎。"（《尚书·大禹谟》）

② 最典型的是《周易·谦卦》爻辞："初六，谦谦君子，用涉大川，吉。"《象》曰："谦谦君子，卑以自牧也。"《周易·乾》爻辞："九三，君子终日乾乾，夕惕若厉，无咎。"更有"君子以自强不息""君子以厚德载物"等名句。

③ 最著名的是《诗·周南·关雎》："窈窕淑女，君子好逑。"《诗经·谷风之什·大东》："君子所履，小人所视。"孔颖达《诗经正义》曰："此言君子、小人，在位与民庶相对。君子则引其道，小人则供其役。"

④ 《左传·襄公九年》：知武子曰："君子劳心，小人劳力，先王之制也。"《国语·鲁语下》："君子劳心，小人劳力，先王之训也。"王符《潜夫论·释难》：潜夫曰："善哉问！君子劳心，小人劳力。故孔子所称，谓君子尔。"

切男子皆可称“子”，只有具备德行或地位或受过良好教育的男子，才可被尊称为“子”。因此，“君子”一般是泛指有德行和在上位的男子，如国君、诸侯、公卿、大夫以及德才兼备者，有时也指妻子对丈夫的爱称（如《诗经·召南·草虫》：“未见君子，忧心忡忡。”《后汉书·列女传·曹世叔妻》：“进增父母之羞，退益君子之累。”李贤注：“君子，谓夫也。”）“君子”与“小人”相对，“小人”指没有地位或德行或道德素养不高的人。经过以孔子为代表的儒家之手，“君子”一词所含的血统、身份、性别意涵被逐渐汰除，品德居于核心地位，成为界定“君子”的主要标准。在《论语》一书中，有关“君子”的论述比比皆是，如“君子喻于义，小人喻于利”。(《里仁》)“君子坦荡荡，小人长戚戚”。(《述而》)“君子泰而不骄，小人骄而不泰”。“君子和而不同，小人同而不和”。(《子路》)“君子求诸己，小人求诸人”。“君子固穷，小人穷斯滥矣”。“君子不可小知而可大受也，小人不可大受而可小知也”。(《卫灵公》)“君子周而不比，小人比而不周”。(《为政》)“君子成人之美，不成人之恶；小人反是”。(《颜渊》)“人不知而不愠，不亦君子乎”？“不患人之不己知，患不知人也”。(《学而》)“君子有三畏：畏天命，畏大人，畏圣人之言。小人不知天命而不畏也，狎大人，侮圣人之言”。(《季氏》)“君子尊贤而容众，喜善而矜不能”。(《子张》)“君子不器”。(《为政》)，等等。孔子在“君子”和“小人”的对比中，肯定和褒扬君子，使“君子”成为一种道德理想人格的范型。继孔子之后，儒家对“君子”概念进行了更广的引申和扩充。如战国的孟子和荀子，西汉的董仲舒，唐代的孔颖达，两宋的程颢、程颐、朱熹和陆九渊，明代的王阳明，明末清初的王夫之，等等。因此，“君子”和“小人”逐渐演化为一对道德范畴，一直沿用至今。

无疑，“君子”与“小人”是可以相互转化的，“君子”可以堕落为“小人”，“小人”也可以经过教化而进升为“君子”。因此，对于儒家来说，人本于本性之善而向上成为君子的道路是永远开放的。人人可以为君子的理念和追求，不仅肯定了君子的普世价值，而且从根本上保证了君子来源的广泛性与不可穷竭性。从这一意义来说，君子文化是社会文明的基础，而中华文明之悠久灿烂，实得力于儒家君子文化的推行之功。

孔子主张和强调“仁且智”。如“君子道者三，我无能焉。仁者不忧，知者不惑、勇者不惧”。(《论语·宪问》)“知、仁、勇三者，天下之达德也”。(《中庸》)可知儒家所讲求的君子人格，虽然不排斥智慧、才能和勇敢，但总是将（以“仁”

为代表的）道德置于首位。因此，无论从传统的孝道或家风来看，还是从社会角色来看，“君子”基本上都是一个道德人格的概念。这既是儒家君子文化的最大优点，也是其最大缺点。说它是最大优点，是因为它始终牢牢地抓住了君子必须成为“道德的主体”且以“道德主体”优先这一核心；说它是最大缺点，是因为在儒家君子文化传统中，仅仅强调与重视“道德主体”，忽视了君子同时也是“政治的主体”“社会的主体”“知识的主体”。这可谓中国传统文化之弊病，对此，我们必须要有一个正确的认识。我们今天重新提倡与复活君子文化，绝不能重蹈儒家的覆辙，只是追求“君子儒”的道德人格。今天的中国正在进行现代化的伟大变革，固然需要“君子儒”的道德人格，但仅有“君子儒”的道德人格是绝对不够的，儒家传统君子文化在今天的“复活”，实际上是一次自我转型的重建。那么，如何实现儒家传统君子文化的自我自觉转型和重建呢?

从理论上和原则上来说，一方面必须继承儒家传统的“君子儒”的道德人格，另一方面必须拓展出知识型人格、政治型人格乃至艺术审美型人格（能品鉴美、欣赏美和创造美的人格），从而培养与塑造“综合—复合型”的现代“君子儒”人格。那么，我们应如何处理“道德主体”“知识主体”“政治主体”“审美主体”之间的关系呢？这就涉及儒家传统君子文化的自我自觉转型和重建的问题。从儒家传统君子文化来看，“君子儒”的“道德主体”性十分突出，“审美主体”性较为薄弱，“知识主体”性和“政治主体”性则十分匮乏。因此，现代“君子儒”人格的培养与塑造，必须要将“道德主体”“知识主体”“政治主体”“审美主体”在现代“君子儒”人格的身上统一起来。

由于儒家传统君子文化的固有不足，我们在培养与塑造现代“君子儒”人格时，必须要学习、借鉴西方文化，这无疑涉及中西文化的比较、融通问题。这是一种横向的视域。但就君子文化的重建而言，中西文化的比较与融通绝不是中西文化的机械拼合，而是要从文化主体的心灵开出，即“知识主体”“政治主体”“审美主体”必须由中国儒家文化主体的自身开出。也就是说，横向的视域必须收归于纵向的视域，回归到中国文化主体的自身之上。这样一来，儒家君子文化的重建问题，就变成一个哲学上的理论问题，即一种文化哲学主体的自我重建问题。那么，如何实现儒家君子文化哲学主体的自我重建呢?

依愚之见，牟宗三先生的“良知自我坎陷”说不失为一个值得借鉴的思路。“良知自我坎陷”说的“坎陷”，是一个具有普遍哲学意义的概念，尤其是对主体或心灵而言。我们要想重建儒家的君子文化，核心问题就是现代君子（或“君子儒”）人格的重建，即现代君子（或“君子儒”）综合—复合型人格的建立问题。从哲学层面来说，就是儒家君子文化主体的自我建立问题。如前已述，必须解决君子的“道德主体”“知识主体”“政治主体”“审美主体”的关系问题。因此，引鉴牟宗三先生的“坎陷”概念，就可圆满地解决这一问题。对于儒家传统君子人格来说，在保留其道德性人格的同时，需要开发其知识型人格和政治型人格、审美艺术型人格，这就需要经历一个主体自我的自觉坎陷过程，最后再回复到自身，把“道德主体”性、“知识主体”性、“政治主体”性、“审美主体”性在同一的君子文化主体上统一起来，成为一个主体的不同的主体性，通过完成君子人格的重建使其获得新生。

与此同时，儒家君子文化的自我转型和重建，还可配合牟宗三先生的“道统”“学统”和“政统”三统并建的学说。儒家传统“君子儒”的道德型人格本来就是中国文化之“道统”的表现，故可与中国文化的“道统”建设相配合；而需要学习、借鉴西方文化以充实和成就自身的知识型人格、政治型人格以及审美艺术型人格，正可与“学统”和“政统”的建设相对应、相配合。从这个意义上来说，儒家君子文化在现代的自我转型和重建，不仅要完成人的现代化，而且要完成社会的现代化。事实上，社会的现代化恰恰是以人的现代化（亦人格的现代化）为基础和前提的。因此，儒家君子文化的现代转型和重建，实可为中国现代化奠立人的现代化的根基。

结语：君子文化的转型和重建与孝道、家风

毋庸置疑，儒家君子文化的现代转型和重建工作，不仅是一项理论工作，也是一项势在必行的实践工作。从实践层面来说，儒家君子文化的现代转型和重建需要在全社会大力提倡和实施，从中小学教育到大学教育，都应该责无旁贷地践行现代君子文化的教育理念，更为重要的是，经过现代转型和重建的君子文化需要落实在经过现代转型和重建的孝道与家风之中和千万个家庭的实践中。

然而，由于孝道和家风同样需要进行自我转型和重建，所以儒家君子文化的自我转型和重建工作，必须与孝道和家风的自我转型和重建工作同时展开，并作为同一过程来对待。在这一过程中，三个方面的工作必须互相配合，一步一步地推进和

落实。唯有如此，儒家君子文化的现代转型和重建才能从理论上落实到实践上，现代社会乃至于未来社会所需要的综合—复合型君子人才，才能广泛地出现在华夏大地上。中国现代化的伟业与中华民族的伟大复兴，才是可以实现的！

鲁国的家风遗训与君子之教

宋冬梅 *

内容摘要： 两千五百年前，作为鲁国国都的曲阜就是先贤君子聚集的圣地。周公、孔子作为儒家的元圣、至圣，是古代中国社会政治文明、社会文明的象征人物。他们作为圣贤君子，言传身教，立身行教，树立了“三不朽”的光辉典范。而在“家国一体”文化大背景下的家庭教育方面，周公、孔子也是垂宪万世的典范。周公、孔子在鲁国开启的“圣人家风”，不仅影响了齐鲁民风，而且影响了儒家以“修身齐家治国平天下”为主要内容的“君子人格”的形成和发展。

关键词： 鲁国；周公；孔子；家风遗训；君子之教；君子国风

曲阜，古为鲁国国都，悠悠沂河，巍巍尼山，述说着这里厚重的人文和历史。曲阜，更因是孔子的故乡，而享誉中外；这里也因存在三皇肇启、五帝龙兴的活动遗迹而成为闻名遐迩的中国文化的历史重镇。作为文化重镇，孔子开创的儒家学说从曲阜出发，影响了中国，影响了世界；作为道德高地，儒家提倡的“修身齐家治国平天下”的道德理想从曲阜出发，影响了中国人的国格，塑造了中国人的人格，成为世界文明之“东方翘首”。

一、人文地理、圣贤遗风：鲁国君子之教产生的沃土

两千五百年前，作为鲁国国都的曲阜就是先贤君子聚集的圣地。周代，鲁国是名副其实的礼乐文化重镇。周公最早分封于鲁国，他“经天纬地”“制礼作乐”，辅

* 宋冬梅，中国孔子研究院副研究员，主要研究方向为儒学与传统文化。

佐文王、武王，奠定周朝基业；后又尽力辅佐成王，平定叛乱，巩固新生政权；周公辅政，“一沐三握发，一饭三吐哺”，其精神不仅被后世广为称颂，而且为历代政教树立了礼贤下士的谦谦君子形象，是中华文明史上的关键人物之一。

春秋战国时期，发端于邹鲁之乡的邹鲁文化独步领先，有孔子、颜子、曾子、有子、子思、孟子等一批“邹鲁之士”，明诗书礼乐，兴授徒讲学，喜著书立说，塑造了中华源头文化。司马迁在《史记·货殖列传》中指出：“邹鲁滨洙泗，犹有周公遗风，俗好儒，备于礼，故其民龊龊。”特别是在鲁国，其地其民有圣人教化遗风，“濒洙泗之水，其民涉度，幼者扶老而代其任。俗既益薄，长老不自安，与少者相让……是以其民好学，上礼义，重廉耻”。（《汉书·地理志下》）朱熹也认为，鲁国的人文风俗，“重礼教，崇信义，犹有先王之遗风焉”。（《论语集注·雍也》）邹鲁文化是儒家文化产生和发展的重要母体，是儒家文化从地域文化向主流文化得以升华的支柱，贾庆超先生认为：“邹鲁文化不是狭隘的区域文化，而是中华文明的源头文化、母体文化、主流文化、主导文化，是中华文明的重要发祥地，是产生思想家的摇篮。”[①]

孔子创立的儒家学派，在先秦诸子百家争鸣中逐步立为显学，子思、孟子又在儒家内部创立了影响深远的思孟学派，邹鲁之地一时成为贤士君子云集之地。孔子晚年归鲁，他整理的六经——《诗》《书》《礼》《乐》《易》《春秋》，成为五千年中华文明承上启下的“文化元典”，其弟子及后学陆续编纂的《大学》《中庸》《论语》《孟子》，被宋代大儒朱熹合编为“四书”，成为元代以后中国封建社会科举取士的教材，可见儒家学派对中国思想文化之发展演变所产生的历史影响和贡献。

《左传》云：“太上有立德，其次有立功，其次有立言，虽久不废，此之谓三不朽。若夫保姓受氏，以守宗祀，世不绝祀，无国无之，禄之大者，不可谓不朽。”（《左传·襄公二十四年》）周公、孔子，作为儒家的元圣、至圣，是中国古代社会政治文明、社会文明的象征符号，他们作为圣贤君子，言传身教，立身行教，树立了“三不朽”的光辉典范，此为贡献于中华文明的大功德；在“家国一体”文化大背景下的家庭教育方面，周公、孔子也是垂宪万世的典范。

① 李学勤：《序》，载贾庆超等：《邹鲁文化研究》，中华书局，2004，第2页。

二、周公的勤政精神与教子家训

（一）“明德勤施”高悬的勤政精神

在曲阜城东北处的高埠上，有一座古老的鲁国祖庙——周公庙，这里是祭祀周公的庙宇。周公，姓姬名旦，周文王姬昌的第四子，周武王姬发的弟弟；其采邑在周，爵为上公。

周公在世，于周王朝内是勤政廉洁的典范。他辅佐武王伐纣，建立周朝；又辅佐成王平定叛乱，修订制度，严明法制。按照周朝宗法制度，周公被分封于鲁；因当时需留在公室辅佐成王，故长子伯禽就封，建鲁国。周公对周王朝的功劳，可谓功高盖世，为褒奖其功绩，周成王特命鲁国祭祀周文王，所以鲁国享有天子礼乐，周公死后，成王命鲁设祖庙（也称太庙），以祀远祖；周公死后，得以并祀。

先秦时期，立国必立祖庙，“国之大事，在祀与戎”（《左传·成公十三年》），祭告祖先于太庙是不可或缺的头等大事，鲁国建立之初便立此庙，为鲁国故城之重要组成部分。“祀圣可以厉浮俗”[①]，彰显的是祭祀先圣所包涵的移风易俗、慎终追远、民德归厚的文教精神和政治意义。

周公是儒学先驱。孔子创立的儒家学说，追根溯源来自周公思想的启迪和影响，孔子提倡的“克己复礼”就是要恢复周公制订的典章制度，孔子崇拜周公：“如有周公之才之美，使骄且吝，其余不足观也已。”（《论语·泰伯》）“甚矣，吾衰也！久矣，吾不复梦见周公”。（《论语·述而》）孔子是儒家学派的创始人，春秋时期著名的思想家、教育家，被尊为“至圣”；周公，是西周杰出的政治家、军事家、思想家、教育家，被尊为“元圣”。在周公庙的第三进院落里，宏伟庄严的“元圣殿”内塑有周公像，塑像正中上方高悬“明德勤施”匾额一方，为乾隆皇帝手书，刻有乾隆玉玺。“明德勤施”，正是周公一生勤政为民、清廉为公的精神写照！“元圣殿”内周公塑像的两旁抱柱上，也悬挂着乾隆御书的楹联：“官礼功成宗国馨香传永世，图书象演尼山绕绪本先型。”赞誉了周公礼乐治国的历史功绩。

著名史家夏曾佑先生曾如此评价周公：“孔子之前，黄帝之后，于中国有大关

---

① ［唐］王起：《祠灵星赋》，载《全唐文》第七部卷六百四十二。

系者，周公一人而已。”[1] 东汉著名政治家、军事家、文学家曹操，在他的《短歌行》中也表达对周公的尊崇，并渴望自己像周公那样“一沐三握发、一饭三吐哺”而招揽天下贤士，他赞美周公“山不厌高，海不厌深；周公吐哺，天下归心”的公仆精神。周公“制礼作乐”，不仅为中国礼乐作先，为中国几千年文明的发展奠定了“原型”，而且在政治上辅佐成王，尽君臣之义，为后世君臣名分立下了典范。

“道化千年后，明禋一国中。礼犹先世守，制比百王崇。配食唯元子，烝尝遍列公。祠田还割鲁，氏系独传东。旧史书茅阙，新诗采閟宫。岿然遗殿在，不与汉侯同。”这是著名思想家、史学家顾炎武先生造访曲阜拜谒周公庙时留下的赞美诗，赞誉了周公“制礼作乐”对后世的贡献、影响以及其子孙后代受到的无上尊荣。

（二）“金人铭”里的诫子家训

在周公庙的第三进院落，十几块高低错落的石碑见证着周公庙的历史风云，其中最引人注目的首推“金人铭”碑。此碑立于清道光年间，由当时孔子七十二代孙、官任内阁中书的孔宪彝撰写。其中的碑文，除“金人铭”的铭文之外，还提到了孔子在太庙观看“金人铭”的典故。

“金人铭”的故事，发生在伯禽就封鲁国之际。周公被封，儿子伯禽替父就任，周公恐伯禽年少不能胜任，临行前便亲书铭文于老管家“金人”的背上，并叮嘱“金人”经常站在伯禽的身前，让他看到自己的训诫。“金人”背上的铭文就是著名的“金人铭”。铭文中，周公对即将赴任的伯禽再三教诲，反复叮咛，其言谆谆，其意切切。纵观通篇文字，主要是告诫伯禽：一要谨言慎行，毋多生事；二要防微杜渐，谨小慎微；三要礼贤下士，屈己尊人；四要淡泊名利，处下不争。

孔子做助祭期间，曾“入太庙，每事问”。“金人铭”给他留下了极为深刻的印象，他告诫弟子们说：“小子们，请记着！‘金人铭’虽然文字简略，但意义深刻。《诗经》说：‘战战兢兢，如临深渊，如履薄冰。’就是告诫我们，做事要时刻谨慎小心。如果按照这个训诫来立身处世，就可避免灾祸！”

孔子提倡的“敏于事而讷于言”、痛斥的“巧言令色”等，都源自“金人铭”。子张询问做官之道时，孔子回答说：“多闻阙疑，慎言其余，则寡尤；多见阙殆，慎行其余，则寡悔。言寡尤，行寡悔，禄在其中矣。”“金人铭”对孔子的影响之深，由此可见一斑。“金人铭”承载着圣人的智慧，闪耀着人性的光辉，可谓字字

---

① 夏曾佑：《中国古代史》，上海商务印书馆，1935，第 31 页。

珠玑，我们今天读来仍然受益匪浅。

“千古江山，英雄无觅孙仲谋处。舞榭歌台，风流总被雨打风吹去。”历史的长河大浪淘沙，而鲁国祖庙——周公庙，却穿越历史沧桑始终伫立在曲阜明故城东北角，远离嚣世，波澜不惊，一如周公生前“不求名利，矢志为国，终生操劳，死而后已”的勤政廉洁精神，流芳百世。

三、孔子教子：“诗礼传家”

（一）“诗礼堂”里的家风规矩

先秦时期，周公懿德之风，家风遗训之光，在邹鲁一带广为流传，形成了文化大背景下的优良家风小传统。孔子尊崇周公，在继承周公诫子家训的基础上，形成了以重视家教、诗礼陶情、润化心灵为主要特点的“诗礼家风”。

在曲阜孔庙东路承圣门后面，坐落着始建于宋代的“诗礼堂”。明弘治时，为纪念孔子教育儿子孔鲤学《诗》学《礼》，而命名为“诗礼堂”。乾隆帝曾在这里聆听孔子后裔讲经，并题写了“则古称先”“诗书礼乐”的匾额和对联。

“《诗》《礼》传家”，源自《论语·季氏》记载的一则“庭训”故事。陈亢问于伯鱼曰：“子亦有异闻乎？”对曰：“未也。尝独立，鲤趋而过庭。曰：‘学《诗》乎？’对曰：‘未也。’‘不学《诗》，无以言。’鲤退而学《诗》。他日又独立，鲤趋而过庭。曰：‘学《礼》乎？’对曰：‘未也。’‘不学《礼》，无以立。’鲤退而学《礼》。闻斯二者。”陈亢退而喜曰：“问一得三。闻《诗》，闻《礼》，又闻君子之远其子也。”从陈亢与孔鲤的对话中可知，孔鲤在家庭接受的是以《诗》《礼》为主的教育。陈亢听后，十分高兴，自谓“问一得三”，一是明白了学《诗》的道理，二是明白了学《礼》的道理，三是得知了孔子不偏爱自己儿子的事实。

孔子为什么要求孔鲤“学《诗》学《礼》”呢？在他看来，“《诗》三百，一言以蔽之，曰思无邪”。（《论语·为政》）《诗》“可以兴，可以观，可以群，可以怨，迩之事父，远之事君，多识于鸟兽草木之名。”（《论语·阳货》）即《诗》记载了西周初年至春秋时期的政治、军事、文化以及世态人情、民俗风习等多方面的内容，具有重要的社会作用。《礼》是西周时典章文物制度与社会礼仪规范的总和，不学《礼》，就无法立身处世。因此，孔子的“不学《诗》，无以言”“不学《礼》，无以立”，意在告诫孔鲤要将读书与做人、治学与修身有机结合起来。这是自孔子“诗礼传家”开始形成的中国传统家训的突出特色，也是一个人立足社会、充实人生、完善人格、成就事业必不可少的文化根基。

《史记·孔子世家》载：“伯鱼年五十，先孔子死。”孔子对儿子的早逝很悲痛，便悉心教导孙子孔伋（字子思）。《子思子·记问》中记载了孔子与孔伋的一段对话：“夫子闲居，喟然而叹。子思再拜，请曰：‘意子孙不修，将忝祖乎？羡尧舜之道，恨不及乎？’夫子曰：‘尔孺子，安知吾志？’子思对曰：‘伋于进膳，亟闻夫子之教。其父析薪，其子弗克负荷，是谓不肖。伋每思之，所以大恐而不懈也。’夫子忻然笑曰：‘然乎！吾无忧矣。世不废业，其克昌乎！’”

子思小小年纪便能理解祖父的志向，让孔子看到了世业克昌的希望，感到无比欣慰。子思经过祖父的悉心教导，树立了接续家学的志向，形成了正直刚毅、不偏不倚的性格。祖父去世后，他又在孔氏族人和孔门弟子的教诲下，体悟儒学之道，继承发展了孔子的中庸思想。子思一生致力于著述，晚年相鲁，受到鲁穆公的尊礼。通行本《礼记》中的《中庸》《表记》《坊记》《缁衣》等，相传均为他所作。孟子继承发展了子思的思想，形成了儒家学派中的思孟学派。“诗礼传家”的家风，首先在子思身上显示出郁郁生机。

子思将“诗礼传家”的“庭训”传给了儿子子上。《孔丛子·杂训》中记载了子思与子上的一段对话：“子上杂所习，请于子思。孔白，字子上，子思之子也，杂者，诸子百家。子思曰：‘先人有训焉：学必由圣，所以致其材也；厉必由砥，所以致其刃也。故夫子之教，必始于《诗》《书》而终于《礼》《乐》，杂说不与焉。又何请？’”

“诗礼泽长庭有训，粥饘风古鼎留铭”。孔门家族世代读书循礼，“诗礼传家”的“庭训”故事代代相传，“诗礼传家”成为信守不变的家训。孔氏后裔，作堂私第，名以诗礼，整齐门楣，勿忘家声，示不忘“过庭之教”。

（二）“庭训”流芳，世业克昌

从家训史来看，孔子的“诗礼传家”大多散见于先秦古籍文献中，并没有形成系统的理论，但仍为孔氏后人的教子齐家树立了可资遵循的家风。

孔氏家族世代秉承先祖“庭训”，崇儒重道，好礼尚德。《衍圣公颁布族规家训》载：“祖训宗规，朝夕教训子孙，务要读书明理，显亲扬名，勿得入于流俗，甘为人下。”①

水有源，木有本；源深者流长，本盛者木茂。历史上，孔氏后裔信守祖训，报本情殷，或自设家学，或收徒设教，或执经游学，或登科筮仕，不论是散处四方的，还是居住本土的，都能以读书为要，勤勉不懈，成为传承中国文化的重要力量。

继孔子之后，孔氏家族人才辈出。历史上，载入史册的有思想家子思，经学家孔安国、孔颖达、孔继涵、孔继汾、孔广森、孔广林，文学家孔融、孔稚圭、孔文仲、孔武仲、孔平仲、孔尚任，医学家孔伯华，名宦孔光、孔奋、孔巢父、孔纬、孔戣、孔道辅、孔毓珣等。据《孔子故里著述考》记载，从孔子到二十世纪初，孔氏家族有著述者约三百人，著述近千种，涉及文学、史学、经学、音韵、训诂、数学、医学、天文、地理、音乐、戏剧、美术等，尤以经学最为特出。其中，西汉孔安国著有《古文尚书》《古文孝经传》《论语训解》等；晋代孔衍著有《春秋时国语》《春秋后国语》《汉尚书》《汉春秋》《后汉尚书》《后汉春秋》《后魏尚书》《后魏春秋》《汉魏春秋》《公羊集解》等；唐代孔颖达主持编定有《五经正义》，融合南北，集魏晋南北朝以来经学之大成，是对中国经学具有整合之功的经学家。清代孔传铎好读书，通礼乐，工诗词，精研理学，博求律吕之书，著有《安怀堂文集》《申椒集》《盟鸥集》等；清代经学家孔广森一生博览群经，曾问学于著名经学家戴震、姚鼐，“经史训诂，沈览妙解，兼及六书九数，靡不贯通”。(《清代朴学大师列传·孔广森》) 孔氏家族的著述，是我国传统文化宝库中的珍贵遗产。

四、受鲁国家风影响的齐鲁民风

（一）圣人家风与书香齐鲁

周公、孔子的家风遗训不仅在本家族内部传承，而且影响到整个齐鲁大地的家风民风和文化底蕴的形成。

春秋时期，中国正处于由奴隶制社会向封建制社会转变的大变革时期。与之相对应的是，服务于旧体制的“学在官府”的教育机制逐渐衰落，而适应于当时政治、经济、社会要求的新教育组织形式——私学应运而生，出现了“天子失官，

① 曲阜师范学院历史系编：《曲阜孔府档案史料选编》□ 齐鲁书社，1980，第 18 页。

学在四夷”（《左传·昭公十七年》）的现象。春秋时期的私学，以孔子所办的规模最大，成就最高，影响最深远。他打破了“学在官府”的壁垒，倡导“有教无类”（《论语·卫灵公》），扩大了受教育者的对象和范围。孔子在招收学生方面，明确表示：“自行束脩以上，吾未尝无诲焉。”（《论语·述而》）孔子杏坛设教，弟子三千。孔门弟子来自齐、鲁、宋、卫、秦、晋、陈、蔡、吴、楚等诸侯国，出身也不相同，大多数出身平民，如穷居陋巷、箪食瓢饮的颜回，卞之野人子路，三日不举火、十年不制衣的曾参，居室蓬户不完、上漏下湿的原宪，父为贱人、家无置锥之地的仲弓；少数是商人出身，如曾经从事贩卖的子贡；还有少数是贵族出身，如鲁国的孟懿子和南宫敬叔、宋国的司马牛等。孔门弟子虽品类不齐，但孔子均本着“有教无类”的原则，悉心教育引导。“有教无类”的教育思想打破了受教育者的等级界限，使教育扩及广大平民，这在当时那个等级森严的社会无疑具有重大的进步意义。

孔子后人趋庭受业，开坛设学的例子不胜枚举。子思一生授徒，致力于著书立说。西汉孔安国曾孙孔立以诗书教于阙里，弟子数百人。十九代孙孔宙官至泰山都尉，墓碑刻有门生 42 人、弟子 10 人、门童 1 人的姓名和籍贯。

“周礼尽在鲁矣”之说，指出了春秋时期的鲁国保存周礼和受周礼熏陶的特殊性。苏东坡的“至今齐鲁遗风在，十万人家尽读书”，说明了孔子“诗礼传家”对齐鲁大地的文化影响力。文明之乡、礼仪之邦的齐鲁大地人杰地灵，受孔门家训影响的“曾子杀彘”“孟母断机”等教子故事，代代流传。

“曾子杀彘”的故事载于《韩非子·外储说》。其文曰：“曾子之妻之市，其子随之而泣。其母曰：‘女还，顾反为女杀彘。’妻适市来，曾子欲捕彘杀之。妻止之曰：‘特与婴儿戏耳。’曾子曰：‘婴儿非与戏也，婴儿非有知也，待父母而学者也，听父母之教。今子欺之，是教之欺也。母欺子，子不信其母，非所以成教也。’遂烹彘也。”曾参是孔门高足，有《孝经》《大学》流传于世。他品德高尚，自觉继承了孔门“诗礼传家”的家风。这则故事充分说明了家庭教育的重要性和严肃性。特别强调父母作为孩子的第一任老师，必须以身作则，言行一致，为孩子成长营造健康的家庭教育环境。

“孟母断机”的故事见于刘向的《列女传·母仪传·邹孟轲母》。其文曰：“孟子之少也，既学而归，孟母方绩，问曰：‘学何所至矣？’孟子曰：‘自若也。’孟母以刀断其织。孟子惧而问其故。孟母曰：‘子之废学，若吾断斯织也。夫君子学以立名，问则广知。是以居则安宁，动则远害。今而废之，是不免于斯役，而无以离于祸患也。何以异于织绩而食，中道废而不为，宁能衣其夫子，而长不乏粮食哉！女则废其所食，男则堕于修德，不为窃盗，则为虏役矣。’孟子惧，旦夕勤学不息，师事子思，遂成天下之名儒。”孟子与孔子齐名，历史上素有“孔孟之道”的说法。他极力推行“仁政”，多次游学稷下学宫，是“后车数十乘，从者数百人”的私学大师，极受齐王的尊崇。孟子这些成就的取得，与其母的家庭教育密不可分。孟母被推崇为贤母的典范，甚至有学者建议，将四月初二孟子的生日作为中国人的母亲节。

从周公“金人铭”的教子家训，到孔子“诗礼传家”的“庭训”，再到“曾子杀彘”“孟母断机”的故事，深受周公、孔子家风熏陶的齐鲁大地，形成了教子成才、整齐家风的敦厚风俗。

（二）儒家主张的君子之教与君子人格

在传统社会里，家风家训不仅是构成民风、社风的重要因素，而且是中华民族传统文化、伦理道德和精神价值的重要组成部分。

儒家思想经过两千多年的历史传承和发展，至今仍具有强大的影响力。从范围上讲，远播海内外，对人类文明进步做出了重大贡献；从时间上讲，贯穿于自春秋以来的中华民族的思想文化史，主导着民族文化的发展。而以“诗礼传家”的儒家追求的是“穷则独善其身，达则兼济天下”的“内圣外王”的君子人格，以及由内而外、由家及国的“修身齐家治国平天下”的精神境界。

> 古之欲明明德于天下者，先治其国；欲治其国者，先齐其家；欲齐其家者，先修其身；欲修其身者，先正其心；欲正其心者，先诚其意；欲诚其意者，先致其知，致知在格物。物格而后知至，知至而后意诚，意诚而后心正，心正而后身修，身修而后家齐，家齐而后国治，国治而后天下平。（《礼记·大学》）
>
> 修身及家，平均天下，此古乐之发也。（《礼记·乐记》）
>
> 天下之本在国，国之本在家，家之本在身。（《孟子·离娄上》）

儒家学说为美德彰显于天下的君子描绘了人生进阶的理想蓝图，而修身就是这幅蓝图的原点，由这一原点推开去，辐射到齐家，再绘出治国、平天下的大景观。此外，我们也可将这幅蓝图看作以修身、齐家、治国、平天下为不同进阶的登山图。若治国是一种境界，平天下则是巅峰。无限风光在险峰，若想到达险峰，必须以坚实的修身为基础。“不积跬步，无以至千里；不积小流，无以成江海。”（《荀子·劝学》）

《大学》绘制的这幅蓝图，用顾炎武的话来概括，就是“天下兴亡，匹夫有责”。数千年来，无数仁人志士为了实现民族振兴、天下太平，将“修身、齐家、治国、平天下”的人生目标与“格物、致知、诚意、正心”的践行路径以及“穷则独善其身，达则兼济天下”的人生态度完美结合，前仆后继，奋斗不已，从而使得中华五千年文明薪火从未熄灭。岂弟君子，是则是效。这些民族脊梁，集中体现了中华民族厚德载物、自强不息、勤劳勇敢、刚健有为、中庸和谐、和而不同等精神品格。

五、家风国风与君子之教

周公、孔子的家风遗训，是教子齐家的光辉典范，其所蕴含的知识教育、道德教育经验以及适时施教的方法，至今仍是我们民族传统家风家训的宝贵遗产。

除孔氏家族外，帝王之家、仕宦门第、豪门贵族等无不重视家风家训。即使是平常百姓，也十分重视家风家训的培养和传承。因此，家风家训的培养与传承不仅关乎每个家庭的利益，而且关系到国民文化根基的培养。汉高祖的《手敕太子文》、唐太宗的《帝范》、康熙帝的《庭训格言》以及《钱氏家训》《颜氏家训》《朱子家训》等，都是家风家训文化中的经典，在励志、劝学、诲戒、明德等方面，一直发挥着不可替代的积极作用。

现代以来，随着社会的发展，作为社会细胞的家庭的结构发生了变化，独生子女家庭的占比达到了 90% 以上。独生子女家庭为孩子成长提供的物质生活条件十分优越，但四二一的家庭结构导致家庭教育中出现了养而不教、过分溺爱、不守家风等问题。这些问题若不及时纠正、解决，势必会影响到子女自身的发展，家庭的发展，甚至会影响到国家人才的发展。因此，重提家风建设在今天有着重要的现实意义，这是传统“家文化”的历史回归，也是对我们祖先历史智慧的自觉重建。

当下的家风建设问题，一方面是关系后代培养与家庭道德建设的问题。2013 年 11 月 26 日，习近平总书记在视察孔子研究院与专家学者座谈时指出，建设社会主义核心价值体系，加强社会公德、职业道德、家庭美德、个人品德教育，弘扬传统美德，树立时代新风，振奋民族精神，提高文化软实力。传统文化研究要起到引领风尚、服务社会、推动发展的作用。2014 年春节期间，央视播出的关于家风的系列报道，引起社会广泛共鸣和好评。刘奇葆在 2014 年 2 月 18 日召开的全国未成年人思想道德建设工作电视电话会议上提出，要将家风教育作为未成年人思想道德建设的重要任务。家风是一种无言的教育，润物无声地影响孩子的心灵。家长们都希望孩子健康成长，但有的家长不知道怎么教育孩子，抓家风教育是一个很好的途径。他进一步强调说，这个题目要继续做下去，通过征文、访谈等多种形式，往深里走一走，让每个家庭都做起来。要引导广大家长树立良好家风，注重自身修养，注意行为举止，传承家庭美德，以身作则、言传身教，为孩子健康成长营造良好家庭环境。在这次会议上，刘利民也指出，要落实立德树人根本任务，培育和践行社会主义核心价值观。

另一方面，是关系社会政风和民族道德风尚的大问题。唐代张九龄在《千秋金鉴录》中说："治国之道，实由家治也。"家风连着党风，当前的党风廉政建设也呼唤着传统家风的回归。习近平总书记在中央党校 2011 年秋季学期开学典礼上的讲话中倡导，领导干部要读点历史："历史是一个民族、一个国家形成、发展及其盛衰兴亡的真实记录，是前人的'百科全书'，即前人各种知识、经验和智慧的总汇。"①

家风连着国风，当今的治国理政应当借鉴历史经验和家风家训思想文化遗产。家风家教的重要性，正如清代魏象枢所言："一家之教化，即朝廷之教化也。教化既行，在家则光前裕后，在国则端本澄源。十年之后，清官良吏，君子善人，皆从此中出，将见人才日盛，世世共襄太平矣。"②

《易经》云："童蒙养正，圣功也。"在每个家庭，如果孩子从童蒙时期就给予良好的家风教育，这是一种圣功伟业。放眼国运与未来，家命运连着国命运，家文化连着国文化。《国家》这首歌唱出了中国人骨子里就有的"家国一体"深情："家是最小国，国是千万家；在世界的国，在天地的家；有了强的国，才有富的家……"历史经验充分证明，重视家文化就是重视国文化。

---

① 魏礼群：《深化新中国 70 年历程研究 推动中国特色社会学创新发展》，《社会治理》2019 年第 2 期。

② [清]魏象枢：《寒松堂集·奏疏》，转引自张琳、陈延斌：《当前我国家风家教现状的实证调查与思考》，《中州学刊》2016 第 8 期。

总之，在践行社会主义核心价值观的今天，我们应清醒地回望传统，将古老家训中的知识教育、道德教育内容以及实施家训的途径与方法系统梳理，认真研究，借古鉴今，重树新时代的家训家风，重树新时代的君子国风。

伍氏家族的忠孝德行与春秋世族的家国情怀

梁晓颖 *

内容摘要： 本文从伍子胥的家世背景入手，系统梳理了《左传》《国语》《史记》等史料中伍氏家族四代人的命运浮沉，分析了伍氏家族的忠孝德行等文化品格。一方面从家族家风角度，一方面从春秋时代君子文化背景角度，解析伍子胥的文化品格，解析伍氏家族的文化品格，解析春秋时代的君子人格，解析春秋世族的家国情怀。伍氏家族四代人身上皆有的这种不畏强权、冒死进谏、舍生取义的文化品格，是对个人精神信仰与人生理念的坚守。这种用信仰来支撑、用鲜血来坚守、用生命来践行的文化品格，是对礼乐文化的真正坚守与承诺。这种文化品格由春秋时代君子文化土壤孕育而成，与春秋时代君子人格的精神内涵相一致，与春秋世族的家国情怀相一致。这种由群体主义、爱国主义以及忧国忧民的士大夫情怀构建的家国情怀，对后世中国产生了深远影响。

关键词： 伍氏家族；忠孝德行；君子文化；春秋世族；家国情怀

伍子胥作为一个著名历史人物，其复杂的人生经历不仅影响了吴楚关系和吴越关系，也影响了整个春秋后期的政治格局。伍子胥故事在发展演变过程中，不同的社会阶级、不同阶层采用不同的文体对其进行加工创作。历史家侧重记载真实事件，从《左传》到《史记》，再到《吴越春秋》，史学家视野中伍子胥形象和历史人物接近，其复仇故事结构上并未发生太大的变动。而后世文人笔下的伍子胥形象浸透着儒家人文理想的底蕴，平民大众根据自己的想象更倾向于敷衍伍子胥的传奇故事，将其英雄化、神化。伍子胥身上包含着忠与孝的对立和统一，从复仇者英雄向

* 梁晓颖，吉林师范大学文学院古代文学专业博士、教授，研究方向为先秦文学。

忠孝者、军事家、逃难者、智勇者的不同形象逐渐发展。

作为春秋后期重要的政治人物，伍子胥身上具有哪些突出的文化品格呢？这些文化品格与他的家世背景、家族命运、时代背景有哪些关系呢？本文从伍子胥的家世背景入手，系统梳理了《左传》《国语》《史记》等史料中伍氏家族四代人在楚国的宦海浮沉与政坛得失，分析伍氏家族的忠孝德行等文化品格。一方面从家族家风角度，一方面从春秋时代的君子文化背景角度，解析伍子胥的文化品格，解析伍氏家族的文化品格，解析春秋时代的君子人格，解析春秋世族的家国情怀。

一、伍氏家族的家世背景与命运浮沉

春秋是世族的时代，伍氏家族在楚国政坛几经抗争几经浮沉，从伍参到伍举，再到伍奢时为太傅，位至三公，显赫一时，却终被费无极所害。伍子胥逃至吴国，兴兵复仇，攻入郢都，鞭尸楚平王，成为历史上最著名也最有争议的复仇者，最终被迫自刎，成为后世文人常写常新的悲剧人物。

（一）伍参——伍子胥之曾祖父

伍参，春秋时人，为楚庄王近臣。《伍氏宗谱》载，“伍参，椒邑人”。经考证，伍参出生于公元前640年前后。在颍州城东南六十华里，安徽阜南县城东北三十五华里，有南北两条东下的润水，之间有地域古称椒地。明《正德颍州志》载“椒邑、椒（焦）陂城”，“椒陂早期城主首推椒陂伍氏”。《伍姓史志》注曰，伍参名楚子，古尊楚庄王嬖人。伍参最著名的故事，是劝谏楚庄王的“三年不飞”与晋楚邲之战中的“伍参劝战”。

> 庄王即位三年，不出号令，日夜为乐，令国中曰：“有敢谏者死无赦！”伍举[①]入谏。庄王左抱郑姬，右抱越女，坐钟鼓之间。伍举曰：“愿有进隐。”

① 此处伍举当为其父伍参，应为太史公误记。楚庄王三年为公元前611年，伍举“楚材晋用”之事发生在《左传·襄公二十六年》，即公元前547年，至此时间已流过了64年。倘若楚庄王三年时，劝谏楚庄王的伍举只是个16岁的大胆少年，到“楚材晋用”被迫欲流亡时已是80岁老者，实不可信。楚灵王三年，伍举陪灵王申地会盟诸侯时，即公元前537年，已90岁的伍举还做楚灵王相礼会盟诸侯，亦不可信。楚灵王七年，建章华台，《伍举论台美而楚殆》，此时为公元前533年，伍举94岁还能劝谏楚灵王，更不可信。

曰："有鸟在于阜，三年不蜚不鸣，是何鸟也？"庄王曰："三年不蜚，蜚将冲天；三年不鸣，鸣将惊人。举退矣，吾知之矣。"居数月，淫益甚。大夫苏从乃入谏。王曰："若不闻令乎？"对曰："杀身以明君，臣之愿也。"于是乃罢淫乐，听政，所诛者数百人，所进者数百人，任伍举，苏从以政，国人大说。是岁灭庸。六年，伐宋，获五百乘。（《史记·楚世家》[①]）

按：杨伯峻先生解释：以《左传》论之，爱妾、爱臣俱可统称嬖人。[②]伍参作为楚庄王的爱臣，在楚庄王"有敢谏者死无赦"的严令下，依然冒死进谏。像伍参这种忠心耿耿、有勇有谋的谏臣，为了匡救君主过失，或者阻止君王不合理的言行而进谏时，有的会蒙受打击，有的甚至会牺牲生命，是需要巨大能力与信念支撑的。幸运的是：他遇到的明君楚庄王纳谏了！楚庄王是春秋时代最大度的君主之一，以德服人，善于反思，极尽忍耐的同时独具慧眼，曾与申叔时感叹楚国无贤材可用。因此，伍氏一族在楚国受到重用。

楚子北师次于郔，沈尹将中军，子重将左，子反将右，将饮马于河而归。闻晋师既济，王欲还，嬖人伍参欲战。令尹孙叔敖弗欲，曰："昔岁入陈，今兹入郑，不无事矣。战而不捷，参之肉其足食乎？"参曰："若事之捷，孙叔为无谋矣。不捷，参之肉将在晋军，可得食乎？"令尹南辕反旆，伍参言于王曰："晋之从政者新，未能行令。其佐先縠刚愎不仁，未肯用命。其三帅者专行不获，听而无上，众谁适从？此行也，晋师必败。且君而逃臣，若社稷何？"王病之，告令尹，改乘辕而北之，次于管以待之。（《左传·宣公十二年》）[③]

楚庄王十七年（公元前597年），晋楚发生邲之战。战前令尹孙叔敖欲不战，楚庄王亦欲南返，伍参则极力主战："晋中军帅荀林父无威信，中军佐先縠刚愎不仁，诸将帅不和，正是楚国胜晋的大好时机。"面对令尹孙叔敖要食其肉的激烈反战，伍参依然坚信："如果楚国胜了，是你孙叔敖无谋。若不胜，我的肉已被晋军吃了，轮得到你吃吗？"楚庄王听了伍参的建议，北上与晋军大战而胜。邲之战是

① ［汉］司马迁：《史记·楚世家》，中华书局，2014，第2051页。
② 杨伯峻编著：《春秋左传注·宣公十二年》，中华书局，2012，第728页。
③ 杨伯峻编著：《春秋左传注·宣公十二年》，中华书局，2012，第728页。

晋楚长达百年的争霸战争中，楚国胜得最漂亮的一仗，楚庄王凭借此战成为春秋霸主，楚国得以称霸中原！伍参劝战，因楚庄王的最终称霸而被神化。他的理性判断、行为方式被戴上神奇的光环而被世人所羡，亦为伍氏家族子孙顶礼膜拜。

（二）伍举——伍子胥之祖父

伍举最早出现在《左传·襄公二十六年》，是通过楚国大夫伍举与蔡国大夫声子之间的一段对话出现的，蔡声子的“楚材晋用”就是针对伍举而言的。伍举与声子两家本是世交，伍举的父亲伍参与声子的父亲蔡国太师子朝是好朋友。伍举娶了王子牟的女儿为妻，王子牟当申邑长官后因罪逃亡，当时有人造谣说，申公的逃亡，是他女婿伍举通风报的信。伍举害怕，逃亡到郑国，准备再逃亡到晋国。蔡国的声子当时受楚国委托正欲出使晋国，与伍举相遇于郑国郊外，言及伍举逃亡事因，声子说自己有能力让他回到楚国。

蔡声子出使完晋国，回到楚国与楚令尹子木谈及“楚材晋用”的几个著名案例：析公、雍子、子灵、苗贲皇。因为种种原因，这四个人都含恨离楚投晋，受到晋国重用，关键时刻为晋国献策，打败楚国。伍举是楚国很有才能的大夫，因受到牵连，逃亡到郑，准备去晋。其实伍举不愿意离开楚国：“若得归骨于楚，死且不朽。”[①] 声子指出伍举投奔晋国对楚国的危害：“今在晋矣，晋人将与之县，以比叔向。彼若谋害楚国，岂不为患？”[②] 子木惧，向楚王报告，恢复了伍举的爵位和官职，后派伍举的儿子椒鸣去把“楚材伍举”接回楚国。

楚灵王做令尹时，伍举曾陪楚灵王去郑国迎亲。迎亲时，因楚国军队太多并且携带武器，到郑国城门口未得进入，与郑发生冲突，伍举出面解决了冲突。楚灵王时代，伍举还曾陪灵王申地会盟诸侯，是楚灵王重臣。楚灵王七年（公元前533年），楚建章华台。伍举给正兴高采烈的楚灵王泼了一盆凉水，讽谏灵王疲弊民力修筑章华台：“如果大王认为此台华美，还认为自己正确，那楚国就危险了。”

> 灵王为章华之台，与伍举升焉，曰：“台美夫！”对曰：“臣闻国君服宠以为美，安民以为乐，听德以为聪，致远以为明。不闻其以土木之崇高、彤镂为美，而以金石匏竹之昌大，嚣庶为乐；不闻其以观大、视侈、淫色以为明，而

---

① 杨伯峻编著：《春秋左传注·襄公二十六年》，中华书局，2012，第1123页。
② 杨伯峻编著：《春秋左传注·襄公二十六年》，中华书局，2012，第1123页。

以察清浊为聪。……君若谓此台美而为之正，楚其殆矣！[①]

从《国语·楚语》记载的《伍举论台美而楚殆》可以看出：伍举个性十足，与其父伍参如出一辙，是个谏臣。楚灵王修建了当时最豪华最壮观的章华台，其他人都在歌颂君德台美，唯有伍举以忧思深重之言留存于世。

伍举如其父伍参一样冒险劝谏君过，有其家族遗风因素，其成功也在于楚灵王如其祖父楚庄王一样能接受批评。楚灵王是一个强横的暴君，其缺点和优点一样突出。缺点是太贪，贪得无厌地驱使人民最终激起众怒；抢臣子的财产；与下属争功。但同时楚灵王也有优点，那就是大度能容忍贤人。穿封戌、申无宇等武将敢于当面斥责他，他容忍；子革总是劝谏他，他始终持欣赏的态度。《左传》中叔向如是评价楚灵王："王虐而不忌。"[②] 楚灵王虽然暴虐，但是有心胸有度量，这也正是伍举能得以如其父一样平安无事的原因之一。

（三）伍奢与伍尚——伍子胥之父兄

伍奢出场时是太子建的太傅，在楚国已位列三公，这与其祖父及其父在楚国多年的政治资本积淀是有关的。伍奢继承了其祖父及其父的处事风格与价值理念，也是一位忠心耿耿的谏臣，但是他的命运却不如祖上那样好了，因为他遇上的是楚平王。楚平王既没有其祖父楚庄王那样的勇武有智，亦没有其兄楚灵王那样的心胸，于是有了伍奢一族的悲剧人生。

费无极言于楚子曰："建与伍奢将以方城之外叛。自以为犹宋、郑也，齐、晋又交辅之，将以害楚。其事集矣。"王信之，问伍奢。伍奢对曰："君一过多矣，何信于谗？"王执伍奢。使城父司马奋扬杀大子，未至，而使遣之。

…………

无极曰："奢之子材，若在吴，必忧楚国，盍以免其父召之。彼仁，必来。不然，将为患。"王使召之，曰："来，吾免而父。"棠君尚谓其弟员曰："尔适吴，我将归死。吾知不逮，我能死，尔能报。闻免父之命，不可以莫之奔也；亲戚为戮，不可以莫之报也。奔死免父，孝也；度功而行，仁也；择任而往，

① 陈桐生译注：《国语·楚语》，中华书局，2013，第 600 页。

② 杨伯峻编著：《春秋左传注·昭公十三年》，中华书局，2012，第 1351 页。

知也；知死不辟，勇也。父不可弃，名不可废，尔其勉之，相从为愈。”伍尚归。奢闻员不来，曰：“楚君、大夫其旰食乎！”楚人皆杀之。①

楚平王派伍奢做太子建的太傅，费无极做少傅。平王派无极到秦国为太子建娶亲。秦嬴姣美，费无极就怂恿楚平王强夺子媳，后生子轸。费无极恐太子日后登基报复，总在平王面前说太子建的坏话，伍奢屡斥平王之过。

伍奢被囚后，王召其二子。伍尚为尽孝道，义无反顾地与父亲一起赴死。伍奢知伍子胥逃亡后说：“楚君、大夫其旰食乎？”意思就是楚国人恐怕今后吃饭的时间都要推迟了，因为伍子胥不会让他们安生的。

伍奢劝谏平王失败，给自己和伍氏家族带来了灭顶之灾，亦导致太子建亡命郑国。伍氏被灭，伍子胥逃亡至吴，兴兵复仇，攻入郢都，鞭尸楚平王。司马迁评价楚平王曰：“弃疾以乱立，嬖淫秦女，甚乎哉，几再亡国！”②

（四）伍子胥复仇破楚与被迫自刎

《左传》《史记》《吴越春秋》等史籍中记载的伍子胥复仇故事，结构上并未发生太大的变动，细节却随着时间不断被增添。伍子胥带着太子建之子公孙胜，历尽艰险逃亡到吴国，帮公子光夺得王位，兴兵攻进郢都，鞭尸楚平王，报父兄之仇。吴国倚重伍子胥、伯嚭等人之谋，西破强楚，北败徐、鲁、齐，成为诸侯一霸。伍子胥多次劝谏吴王夫差杀勾践，夫差不听。伍子胥劝谏夫差暂不攻齐而先灭越，遭拒。夫差听信太宰伯嚭之言，说伍子胥阴谋倚托齐国反吴，伍子胥被赐剑自杀。伍子胥自杀前对手下说：“请将我的眼睛挖出置于东门之上，我要看着吴国灭亡。”在伍子胥死后的第九年，吴国为越国所灭。是宿命？是家风？其父在楚国因直谏而亡，伍子胥在吴国也因直谏而亡。

伍子胥之所以能成功复仇，在于心生怨毒，刚戾隐忍。司马迁因受了宫刑，心有怨毒无处发泄，感同身受地去写伍子胥之苦涩，是以：其笔下的伍子胥更具感染力，比《左传》更为生动形象。伍子胥身上的复杂性，此处暂且不论。伍子胥已经看透吴王夫差为人，知道强谏于事无补，为什么还要执意劝谏呢？这与其家族先辈的言传身教有关，更与春秋世族的文化品格有关。

① 杨伯峻编著：《春秋左传注·昭公二十年》，中华书局，2012，第1407页。

② [汉]司马迁：《史记·楚世家》，中华书局，2014，第2092页。

二、忠孝德行与伍氏家族对礼乐文化的坚守

《左传》记事，《国语》记言，两书有大量关于君德与臣德的记录，可视为春秋时代的政治教科书。君德是君主在处理各种关系时应该具备的品德，包括君主要听政纳谏，与臣子之间沟通顺畅，施惠于民，以德服人，勤政爱民等等。臣德指臣子侍奉君主、对待同僚应该具备的道德，包括臣子要为君分忧，要懂得礼让，要以其智其勇其仁侍奉君主。伍氏家族是当时楚国世族之一，表现出来的臣德着重体现在以下三个方面：

（一）伍氏之忠

这个忠既有为君分忧、为国献身之意，又有勇于谏诤之意。勇于进谏是春秋时代君子的重要德行之一。“文死谏，武死战”。春秋时代的君子们在勇于谏诤方面为后人做出了杰出的榜样。君明则国治，君昏则国乱。对于臣子而言，勇于向君王进谏是看他们是否爱国爱民、尽职尽责。君王的贤与昏，在很大程度上看他是否能够听取群臣的意见。

也许是遗传，也许是家族家风，伍氏家族有个共同特点——四代均为忠谏之臣！所遇君王不同，结果也大不相同。春秋时代是礼崩乐坏的时代，同时也是礼乐文化被建设、被坚守的时代，当时的国家秩序还是主要靠“礼”来维系，“忠”是礼乐文化中的重要道德要素。在强权面前，伍氏四代全都没有选择明哲保身，没有选择阿谀奉承，没有选择虚与委蛇，他们听从内心的召唤，即使死去，也要挺直脊梁，堂堂正正地说出自己心中所想。或许有人会觉得伍奢太傻，伍子胥太刚，但其实，在礼崩乐坏的春秋末世，伍氏一族四代英才前仆后继，是在用勇气、用生命、用信仰来坚守传统礼乐文化之忠贞体国！直谏结果各不相同，或被采纳或遭杀戮，但它却维护了卿大夫人格的完整，是封建礼乐文化中闪现出来的一缕人性光辉。

伍子胥忠乎？这是一个见仁见智的问题。于吴王而言，伍子胥毫无疑问是忠心的！然而对于其祖国楚国，伍子胥还算忠臣吗？后世有学者认为，伍子胥倒行逆施，于楚国而言是个千年罪臣。如明代官员邵宝曾质疑说：“伍子胥孝知有亲而不知有国，仇一人而戕一国，卒之流毒宗社，不亦甚哉？”其实当时的楚国人是很同情伍子胥的，后世也少有指责伍子胥叛国的，多对其忠孝德行赞赏有加。比如，桓

谭说："忠臣高节，时有龙逢、比干、伍员、晁错之变。"范仲淹说："胥也应无憾，至哉忠孝门。"李贽说："伍子胥绝孝纯忠，惊天震地，楚之烈也。"

其实伍子胥对于楚国而言，亦可谓之"忠"，只不过这个"忠"是"私忠"，是对太子建之"忠"。伍奢为太子建之太傅，冒死去劝谏楚平王。伍奢父子被杀后，伍子胥逃亡到郑国跟从太子建，因太子建想勾结晋国颠覆郑国，所以被郑定公处死。伍子胥带着太子建的儿子公孙胜一路颠沛流离，最终逃至吴国。

臣下忠于社稷、忠于国家是忠，忠于国君是忠，奴仆忠于主人亦是忠。《左传·僖公二十三年》载："策名委质，贰乃辟也。"所谓"策名"，就是把奴仆之名写在简策上。所谓"委质"，就是奴仆永远属于主人。这是春秋时代主仆之间的一种契约关系，在春秋时代渐渐被凝化成一种传统的臣仆道德品格，是当时社会忠的伦理道德的又一要义。宗法制社会限制了人与人之间的隶属关系，对于自己主人的"私忠"也是春秋君子们重视的道德观念，如狐偃之于重耳之忠，辛俞之于栾盈之忠。不同于忠于国君、忠于国家的爱国爱民意识，伍子胥忠于"幼主"当属忠于个体之"私忠"。

伍奢与伍子胥先后事奉太子建，太子建死后，公孙胜当算伍子胥之"幼主"。当时公孙胜也就是个三五岁的幼童，逃亡路上诸多凶险，伍子胥都没有抛弃这个拖油瓶的"幼主"，可以见其"忠义"。在吴国，伍子胥一直将公孙胜抚养长大成人，几十年后公孙胜被楚惠王召回楚国封为白公。白公归楚三年后，伍子胥在吴被逼自杀。

（二）伍氏之孝

周人重孝，除了强调其在家族中的作用外，还把它推广到整个社会，让它成为维护整个社会的秩序。春秋君子重孝的一个重要原则，就是对父亲的绝对服从。尽管在今天看来，对父权的绝对服从是不民主的，是迂腐的，却是那个特定时代很多君子苦苦坚守的崇高道德追求，伍子胥之兄伍尚即此类型。

为斩草除根，楚平王在囚禁伍奢后下令说，只要伍尚兄弟回郢，就免除伍奢一死。伍尚听到这个消息，对弟弟伍子胥说："你逃走吧。我去和父亲一起死。我的才智不如你，我能陪着父亲死，你能为父报仇。明知是死也要去救父亲，这就是孝；量力而行取得成功就是仁；根据自己的能力选择不同的行动就是智；见死而不逃避就是勇。父亲不能弃，名节不能丢，请你自勉，多多珍重吧。"伍尚心甘情愿陪着父亲一起去死，就是他心中的孝！

伍子胥也是孝子，在如何尽孝上却采取了不同的行动：逃到吴国兴后破楚鞭尸楚平王，报了杀父兄之仇。兄弟尽孝方式不同，却同样被后世所赞扬。太史公如是赞叹伍子胥："怨毒之于人甚矣哉！王者尚不能行之于臣下，况同列乎！向令伍子胥从奢俱死，何异蝼蚁。弃小义，雪大耻，名垂于后世。悲夫！方子胥窘于江上，道乞食，志岂尝须臾忘郢邪？故隐忍就功名，非烈丈夫孰能致此哉！"①

（三）伍氏之义

伍子胥是一个比较复杂的历史人物，他身上的文化品格呈立体化，此处不论其负面形象，只论其仁义表现：如伍子胥逃亡路上，不畏万难依然携幼主公孙胜至吴，并将其养大。伍子胥举兵伐郑时，昔日救他的渔父之子出面阻拦，伍子胥为报答渔父救命之恩，立刻退兵。伍子胥领兵经过溧阳濑水时，想报答击绵女一饭之恩却不知其家在何方，便把百金投入水中，后被击绵女的母亲取走。

伍氏一族体现了春秋时代儒家提倡与肯定的诸多美好品格，如仁义、忠信、智慧、守礼等。为国尽忠、为父尽孝、杀身成仁、舍生取义依然是礼崩乐坏时代春秋君子群体道德追求的目标。春秋时代是礼乐文化被破坏最严重的时代，弑父弑君现象不胜枚举；同时春秋时代也是礼乐文化被建设被坚守的时代，勇于赴死是先秦君子最高道德品格的表现。如《赵氏孤儿》中的公孙杵臼与程婴，为了救赵孤宁可牺牲性命；晋灵公派的刺客鉏麑，不忍杀忠臣赵盾又无法回复君命，忠义两难间触槐而死；智伯的心腹豫让发誓舍生取义要杀赵襄子，把全身漆成癞子，吞下烧红的炭使声音变哑，因行刺失败而自杀。

伍氏家族四代人身上皆有的这种不畏强权、冒死进谏、舍生取义的文化品格，是对个人精神信仰与人生理念的坚守。这种用信仰来支撑、用鲜血来坚守、用生命来践行的文化品格，是对礼乐文化的真正坚守与承诺。

三、君子文化与春秋世族的家国情怀

产生于宗法制时代的礼乐文化，有很多要素已经不适合当今社会。有人会不明白：伍子胥为什么那么傻，明知劝谏吴王夫差有风险还执意劝谏？他的父亲、他的

---

① ［汉］司马迁：《史记·伍子胥列传》，中华书局，2014，第2654页。

祖父、他的曾祖父怎么都那么傻，明知有危险还要劝谏君王？他的哥哥伍尚怎么也那么傻，明知归楚可能送命还要陪父亲一起死？这里面有家族家风因素使然，也有春秋时代文化风尚因素使然。

对人生理念、精神信仰的坚守，是春秋时代君子人格的一大表现。只有在春秋时代君子文化这一大背景下，我们才能理解伍氏家族几代人的文化品格，才能理解他们的人生选择，才能理解他们的命运沉浮，才能理解他们为什么会有这么大的历史影响力。

（一）春秋时代的君子文化

先秦时期“君子”一词经历了从阶级层面到道德层面的转变，《尚书·无逸》载：“君子所其无逸，先知稼穑之艰难，乃逸，则知小人之依。相小人。厥父母勤劳稼穑，厥子乃不知稼穑之艰难。”“君子”一词最初是阶级层面的词汇，是指居住于城邑中心的统治者阶层，与之对称的“小人”是指居于乡野的被统治阶层，是从事劳作稼穑的体力劳动者。城乡不同的生活环境和生活方式，形成君子与小人在文化和精神教养方面的差别。后在周代礼乐文化的熏陶下，居住在城邑的“君子”在仪表、气度、思想、知识等方面自然与居住在乡野的“小人”有了明显区别。“君子”不仅在居住环境与政治领域方面占据着优势地位，同时在文化与道德领域也占据了优势地位，“君子”一词转化为道德层面的词汇。顾德荣和朱顺龙在《春秋史》中对贵族阶层成员作出如下界定：

> 西周至春秋时的社会等级是由天子、诸侯、卿大夫、士、庶人、工商、皂隶等各等级组成的，其中天子、诸侯、卿大夫、士都是有官职、有封邑或土地的统治者，应该属于贵族阶级，庶人、工商、皂隶基本上是劳动者，她们无官职、无土地，是被统治阶级。[①]

周代贵族很注重教育，设立“国学”与“乡学”，教贵族子弟以六艺，学习时间长达十几年，当时“学在官府”的庠序之教肩负着干部培训学校的职能。春秋时代的贵族通晓《诗》《书》、熟读《春秋》，接受“六艺”之教。教育内容由三个方面构成：一是知识方面，要熟知历史与现实；二是品德方面，德行操守要正直无

① 顾德荣、朱顺龙：《春秋史》，上海人民出版社，2003，第335页。

私，形成了仁义礼智信勇忠孝为核心的价值观；三是武艺方面，如御与射。其中的礼教与乐教既是政治教育，也是审美教育。正如钱穆在《国史大纲》中说：

《左传》对于当时各国的国内政治，虽记载较少，而各国贵族阶级之私生活之记载，则流传甚富。他们识解之渊博，人格之完备，嘉言懿行，可资后代敬慕者，到处可见。春秋时代，实可说是中国古代贵族文化已发展到一种极优美、极高尚、极细腻雅致的时代。①

春秋文化从内容层面讲是礼乐文化，从实践主体层面讲是贵族文化，从文化品格层面讲是君子文化，三者实同名不同。

春秋文化一经出世就达顶峰，似黄钟大吕，后世历朝历代都没有再达到如此高峰。当时居住在城邦中的被称为“君子”和“国人”的贵族阶层，享受着城邑文明中高度发达的礼乐文明，过着优雅的贵族生活，创造了中国历史上最早的贵族文化。这种贵族文化，不只表现在当时的贵族有多重要的文学作品和文学理论，也表现在其道德精神、文化品格、嘉言懿行。

（二）君子人格的具体表现

“贵族总有它所以为贵的地方，不能只看他有现实上的财富，高的阶级地位，还应由精神方面来看，贵族在道德、智慧各方面都有它所以为贵的地方。”②何谓春秋时代君子人格？春秋时代君子人格是由春秋贵族阶层表现出来的一种精神风采。贵族阶层讲究礼节谈吐，重视言行风度，其内在的智慧、高超的精神，外在的脱俗言行、优雅气质都是春秋君子人格的表现形式。生活中守礼重信，外交上辞令优美，政治上有责任有担当，这是历史积淀而成的文化遗产，是历史积淀下来的风度与道德情操。

春秋时代不仅出现了叔向、晏婴、叔孙豹、子产、季札等贤人群体，还出现了太多太多可歌可泣的君子故事。在春秋时代君子文化这种大背景下，舍生取义的故事层出不穷。我们能理解齐国太史兄弟几人宁可被杀也要秉笔直书“崔杼弑齐君”，能理解董狐面对强权时依然秉笔直书“赵盾弑其君”，同时也就理解了《左传》为

① 钱穆：《国史大纲》，商务印书馆，1996，第71页。

② 牟宗三：《中国哲学十九讲》，上海古籍出版社，1997，第152页。

什么那么精彩？因为那是信史用鲜血写成的史书。我们能理解晋太子申生宁愿自杀，也不反抗父亲晋献公之“愚孝”；能理解卫太子伋宁愿送死，也不违背父亲卫宣公之命，也就能理解伍尚为什么明知回郢都是送死也要陪着父亲共死来“尽孝”。叔孙豹的“三不朽”被后世景仰，是春秋时人追求永恒生命价值的光辉典范。伍氏家族世代不畏强权，苦言谏君，也是“立德、立功、立言”的一种行为方式。我们能理解把苦谏君王视作自身政治上的责任担当，就能理解伍氏一族的文化品格与命运悲剧。《左传》《国语》中像伍氏这种忠心耿耿的谏臣还有很多，如祭公谏穆王征犬戎、邵公谏厉王弭谤、里革断宣公罟而弃之、赵盾劝诫晋灵公、申叔时劝谏楚庄王勿占陈国土地、郈无正谏赵简子无杀尹铎，等等。

（三）春秋世族的家国情怀

说起春秋历史上的重要人物，后面都有一个家族在支撑。读《左传》、读《国语》，我们印象深刻的与其说是一个个人，不如说是一个个家族。春秋历史上一个个世家大族的历史与该国的历史发展息息相关，世族亡了，春秋也就结束了。抓住了春秋世族的精神世界，也就了解了春秋时代的精神世界。这种精神世界是宗法制下的家国情怀，体现为群体主义、爱国主义、士大夫情怀等几个方面。

首先看群体主义。君子人格产生的社会基础是以家族血缘关系为核心的宗法社会。在宗法社会中，人从出生就隶属于家庭、家族、国家。孝敬父母是家族血缘伦理关系，忠君爱国是封建君主政治伦理关系，仁义礼信是社会普通的人际关系。春秋世族在面对群体的文化环境中成长起来，这就使他们的文化品格中有积极入世、忧国忧民的一面。作为君子立身，他们所追求的道德规范从各个方面都要服从于这一群体的最高利益。所以春秋时代的君子们在以宗族血缘关系为基础的社会环境里，他们的行为规范理想处处体现出以群体利益为最高原则，这种群体利益思想也正是当代集体主义思想的文化根源所在。

其次看爱国主义。带着深沉的宗族情、国家情，积极地参与现实政治，时刻关心国家的前途命运，并由此升华而成的爱国主义精神成为春秋世族君子人格的必然归宿。宗法社会，家国一体，忠君与爱国相互依存。礼崩乐坏的春秋时代，这些社会精英具有强烈的批判意识，具有强烈的使命感，从不同角度提出自己的救世主张。热情地投身于国家事业，做一个优秀的辅弼大臣，几乎是春秋时代每个政治家的共同理想。叔向、晏婴、叔孙豹、子产、季札这些春秋贤人如此，伍氏家族亦代代以此为理想，并用生命来践行。

最后看士大夫情怀。由群体主义与爱国主义凝结而成的士大夫情怀，是中国历史上一种崇高的文化品格。像卫武公、蹇叔、申包胥、晏婴等一大批春秋贵族都把批判现实、匡正君过当成自己的神圣职责。正是他们这种忧思深广的爱国主义精神，才让他们对黑暗现实痛心疾首，敢于以死相谏，宁愿以鲜血洗清那些恶德恶行，使社会恢复到理想状态。这也正是受到贵族教育的伍氏一族，代代得以成为苦谏之臣的文化土壤所在。

春秋士大夫情怀在讲献身的同时，也珍惜生命，渴望在有限的人生中追求永恒的人生价值。叔孙豹追求的“三不朽”，是很多士人的人生理想，孔子仕途失意后积极整理古代经典，晏婴不死君难继为齐相，伍子胥逃至吴国，兴兵复仇，都是以自己特有的方式来追求永恒的人生价值。

士大夫情怀中的忧患意识、怨刺精神影响了一代又一代中华儿女前仆后继不畏艰险，在国家与民族危亡时刻挺身而出，舍生取义。屈原身上与伍子胥身上有一个共同点，那就是士大夫情怀中的忧国忧民情怀与怨刺精神。屈原的家国情怀意识强烈，有责任有担当的他自觉地把自己视为辅弼大臣，把全部身心献给楚国，信而见疑，忠而被谤，怀石自投汨罗江。

这种由群体主义、爱国主义以及忧国忧民的士大夫情怀构建的家国情怀，对后世千年中国产生了深远影响。从“匈奴未灭，无以家为”的霍去病到“烈士暮年，壮心不已”的曹操；从“安得广厦千万间，大庇天下寒士俱欢颜”的杜甫到“西北望长安，可怜无数山”的辛弃疾；从“苟利国家生死以，岂因祸福趋避之”的林则徐到“我自横刀向天笑，去留肝胆两昆仑”的谭嗣同……中国封建社会优秀的士大夫，都把自己作为社会群体的积极分子，参与理想社会的构建。因此，为构建理想社会而献身，是他们文化品格的集中体现。这种家国情怀激励着代代中华儿女，仁人志士，为保家国宁愿洒鲜血献生命，让今天的我们想起来依然会热血澎湃，感动不已，高山仰止……

中华优秀传统文化视野下的客家家规家训

吴中胜　罗　柠*

内容摘要： 客家家规家训是客家文化的重要组成部分，体现了客家人“崇文重教”的传统，它将客家精神融汇在每一条训言中，是传承客家精神的重要载体。客家人的家规家训形式多样，涵括的内容丰富，有爱国爱乡的家国情怀、勤俭持家的治家智慧，还有严以修身的为人处世之道等，无一不彰显着中华传统的美德和品质，从而使其成为中华优秀传统文化的重要组成部分。当然，由于时代局限，客家家规家训也有封建礼教的烙印，如推崇男尊女卑、宣扬封建迷信等。我们要传扬客家家规家训传统美德，为今天的社会生活和文化建设服务。

关键词： 中华优秀传统文化；客家；家规家训

客家人指从黄河流域逐渐迁徙到南方的汉人，现主要分布在赣南、闽西、粤东、粤北等地带。客家为汉族支系，是我们中华民族最为优秀的民系之一。自秦开始，客家人经历了千年的迁徙，他们在不断南迁的过程中演化发展，在苦难中成长繁衍。或许是因为曾饱尝艰辛，客家人更懂得幸福的来之不易；或许是作为“异乡来客”，怀着对故土的思念，客家人更懂得“家”的含义。客家人对“家”的重视，必然衍生出了他们“崇文重教”的价值选择。客家先辈们秉持着“遗儿千秋富贵，莫若良言一句”的观念，十分重视传承良好的家风和客家精神，而这种传承的载体就是家规家训。

客家人的家规家训形式多样，涵括的内容丰富，在千年的岁月嬗递中逐渐成为

---

* 吴中胜，赣南师范学院特聘教授，江西省百千万人才工程；罗柠，江西赣州人，赣南师范大学文学院 2016 级中国古代文学研究生。

客家文化的重要组成部分。同时因时代局限，个别家规家训难免带有封建色彩，但整体而言，它彰显了客家人积极向上的精神风貌，凝汇着客家人勇于开拓、吃苦耐劳、爱国爱乡的优秀美德。这些精神风貌以及优秀美德，都很值得我们去深入解读。客家人对家规家训的承袭，也是对中华优秀传统文化的继承和发扬。本文将从四个方面，阐述客家家规家训与中华优秀传统相切合的精神内涵。

一、家国情怀

家是最小的国，国是千万的家，每个人的生命体验都是与家国紧紧相连的。而客家人因为自身经历过颠沛漂泊，忍受国战争离乱所带给他们的痛苦，他们怀有更为深厚的“家国情怀”。“忧国忧民忧天下”的思想，也使客家人不论是对家还是对国，都有着更强烈的归属感、认同感和责任感。

在客家家规家训中，家国情怀主要体现在两个方面——“孝家”“忠国”。“孝”和“忠”自古以来就是中国人最为看重的品德，也是一个人立身的基本道德价值观，所以客家先辈们坚信“忠孝子弟必贤良”，并坚持“忠孝传家”。

（一）孝悌为本

孝为孝敬父母；悌为友爱兄弟。中国传统历来主张“诗书立业，孝悌做人”。它体现了汉民族在家庭伦理秩序上尊卑有别、长幼有序的传统。

《论语·学而》载：“孝悌也者，其为仁之本与！”[①]《孝经·感应章》载：“孝悌之至，通于神明，光于四海。”在客家人看来，“孝悌”不仅是日常行为的根本准则，也是维系家庭的重要感情纽带。在客家的家规家训中，“家庭之内先宜谐”具有重要作用，只有孝双亲、友兄弟，家庭和睦，才能为子孙成长提供良好的家庭环境。

在客家的家规家训中，“孝”不是一个空洞的字眼，而是一种实实在在的行为，在父母的生前要养敬知爱，身后则是要葬之以礼、祭之以礼。孝作为百善之先，在客家家规家训中都是以首要条目出现的：

兴国《谢氏家规》“孝敬父母”条目载：“人子立德，孝行是先。父母生我，罔极深恩。竭力尽敬，顺志承颜。夏清却暑，冬温御寒。扬名以显，采舞以罔。宽酒

---

① 张燕婴译注：《论语》，中华书局，2006，第 2 页。

食，虽要色，笑为难。”

《罗氏族谱十训》“孝顺二亲”条目载：“属毛离里，一德一心。立身行道，扬名显亲。生事葬祭，尽礼尽诚。夙夜无忝，务在守身。”

河源《李氏家训》“孝父母”条目载：“父母是吾身之本，少而鞠育，长而教训，其恩如天地，不孝父母，是得罪天地，天所祷也。凡我族人，切不可失养失敬，以乖天伦。”

“入则孝，出则悌”。“悌”作为“孝”的延伸，对于维系家庭的团结和睦同样有着重要的作用。客家人也向来看重“兄友弟恭”。如：

《范氏祖训》“睦兄弟”条目载：“孔怀兄弟，同气连枝。如手如足，痛痒关之。骨肉天性，安忽乖离？弟恭兄友，雁行依依。患难相顾，疾病扶持。毋生嫌隙，雅奏埙虎。旨哉圣训，兄弟怡怡。”

《胡氏世晟家规十则》载：“竭孝养以事父母，尽友爱以处兄弟。”

《赖氏家训十则》“和兄弟”条目载：“兄弟吾身之依，生则同胞，住则同巢，如手如足，不和兄弟是伤残手足，伤残手足难为人矣！凡我族人不可争财争产，以伤骨肉。”

《诗经·小雅·蓼莪》曰：“哀哀父母，生我劬劳；欲报之德，昊天罔极。”[①] 客家人的“敦孝悌”，既是对传统儒家伦理道德规范的遵循，也是对家庭关系的维护，被客家人视为立身之本。

（二）忠心爱国

忠心报国是一种理想、一种信念、一种精神，更是一种气节。“天下兴亡，匹夫有责”。好男儿当以一片忠心报国，大丈夫必心怀国家人民。如果说对父母的孝是一种之于家庭之内的小孝，那么忠心爱国就是一种之于国家之上大孝、大义。

忠心爱国也是客家精神的又一重要体现。从古至今，客家人忠心报国的家风就世代相传，延绵不绝。每一个民族危机的紧要关头，总会涌现出一大批可歌可泣的客家民族英雄，他们在危难时刻挺身而出，一寸丹心只为报国。作为客家摇篮的赣南，在中国近代史上素有红色赣南之称，在苏区红军时期，一大批赣南客家人“捐躯赴国难，视死忽如归”。被冠以“将军县”称号的兴国县，涌现了肖华、陈奇涵等 56 位共和国将军。

---

① 刘毓庆、李蹊译注：《诗经》，中华书局，2011，第 541 页。

从文天祥的“人生自古谁无死，留取丹心照汗青”，到黄遵宪的“近代中国走向世界第一人”，到孙中山的“驱除鞑虏，振兴中华”，再到兴国56位共和国将军，客家人用行动和生命诠释着客家人的“忠义”。在客家人的家规家训中，也写满了“忠义贤良”的训导。如：

清河《张氏千字家训》“忠效国家”条目载：“国家与民，关系互相，民忠国盛，国富民康，国泽黎民，民增国光，天经地义，效国理当。劝我族人，以此为尚。奉献国家，蹈火赴汤，为国稳安，戎马扛枪；为国振兴，农工学商；清正廉洁，不图恩偿；和衷共济，不怨不上，执行政令，遵纪守纲，踊跃赴公，早完税粮。”

安远《陈氏家训》载：“仕于朝也，为忠为良，神则佑汝，汝福绵长。”

《何氏家训八则》“训忠”条目载：“尽己为忠，中心为忠，忠之时，义大矣哉。故不忠为省身之首务，效忠乃匡国之要图。圣贤之明训，既详言于典籍矣。若晋之次道公，社稷为怀；明之相刘公，城颓尽节。吾族之光，于史册者实不乏人。果知忠之为道，凡于应事接物之际，尽其心而且竭其力，质诸己而可对诸人，庶俯仰无惭，影衾不怍矣。”

《孟子·离娄上》载：“天下之本在国，国之本在家。”[①]“家国情怀”就是个人对自己国家和人民表现出来的深情大爱，是对国家富强、人民幸福所展现出来的一种理想追求，是深入每个中国人骨髓的一种情怀。客家人“嘱后裔继志述事，毋忘忠孝初心”的家训，正是对这种情怀的最好诠释。

二、治家智慧

在中国古代的封建家庭里，每一个家庭成员都有着维系家族的责任，无论是家风的建立，还是对家庭经济的管理，都是从家庭的发展和兴旺发达着眼的。[②]在客家人的家庭观中亦是如此，他们重视从不同的方面教以子孙治家的智慧，望子孙以此光大家声。

而这些治家的智慧，大都是客家先民在他们的迁徙和发展中的切身之悟，是他们从苦难和艰辛中积累的智慧凝聚。

---

① 杨伯峻译注：《孟子译注》，中华书局，1960，第167。

② 王若：《中国古代家训》，辽海出版社，2012，第76页。

（一）和邻睦族

中国素称“礼仪之邦”，《礼记·大学》曰：“一家仁，一国兴仁；一家让，一国兴让。”[①] 家庭是社会的细胞，家庭的和睦团结，家族之间的亲睦友善，有助于社会的太平和繁荣。而邻里宗族间亲睦友善互帮互助，也是在中国被传承了数千年的优良传统。

客家人作为北来移民，只能在荒凉和贫瘠中挽草为业，刀耕火种。为了生存，他们必须团结在一起，不仅要和睦同姓宗族，还要联合外姓家族，齐心协力建设家园。随着客家人的成长和发展，这种团结互助精神逐步演化为“和邻睦族”的客家传统。因此，在客家人的家规家训中，到处写满了“和邻睦族”的告诫。如：

兴国《邱氏家训》“敦宗族”条目载：“同姓同德，同德同心，同心同志，姓利不迁。一本万殊，瓜延瓞笃。敦睦宗族，和善宗亲。不违天道，不悖人伦。利而勿害，与而勿夺。尊强扶弱，尚富恤贫。雍睦一堂，和蔼千秋。”

闽杭庐丰《蓝氏族谱家训》载：“亲宗族以厚一本，恤孤弱以广慈惠，和姻邻以息争讼。”

大余新城《李氏重修族谱家训》“睦宗族”条目载：“宗族吾身之亲，千支同本，万脉同源，始出一祖，不睦宗族是不敬宗祖，不敬宗祖则近于禽兽。凡我族人切不可相残相欺，以伤元气。”

厦门殿前《陈氏家训》载：“最可憎者，分类相戕，不念同气，偏论异乡。”

在客家人看来，亲族邻里之间只有相互帮助，纾难解困，才能营造一个祥和的生存空间。“和邻睦族”不仅是客家先辈们对自己的要求，也是灌输给子孙后代的生存智慧。谦让有礼是中国传统社会提倡的为人处世方式和美好品德。客家人把谦让有礼作为家规家训中的一个重要内容，是为了减少家族宗亲之间的摩擦和矛盾，实现和平相处。

（二）勤俭持家

“克勤于邦，克俭于家”。[②] 对于一个国家来说，只有勤俭治国才能国强邦兴；对于一个家族来说，只有勤俭持家才能够家业长久；对于一个人来说，只有“俭以

① 杨天宇译注：《礼记译注》，上海古籍出版社，2004，第 806 页。
② 陈戍国校注：《尚书校注》，岳麓书社，2004，第 15 页。

养德”才可成为大器。因此，无论是对于一个人、一个家庭还是一个国家来说，都要提倡“勤俭”。

勤俭是治生之道，也是治家之本。在中国传统的家规家训中，“崇俭反奢”一直都在被强调。如司马光《训俭示康》曰：“俭，德之共也。侈，恶之大也。”① 朱柏庐《朱子治家格言》曰：“一粥一饭，当思来处不易；半丝半缕，恒念物力维艰。”② “勤俭”不仅是一种生活方式，更是应该被培植的道德品质。

《周易》有“君子以俭德避难”。③ 客家人也很清楚，唯有勤俭，方能成家立业。客家人的勤俭体现在生活开销上量其所入，度其所出；也体现在婚嫁丧祭唯在诚敬，节约将事绝不铺张浪费。克勤克俭作为祖训也一直存留在客家的家规家训中，如：

河源《崔氏家训》载：“婚姻嫁娶、丧事祭祀切勿奢侈，遵循俭朴；大年小节不可废，而半俭当不失宜。丧祭循士庶之分，婚娶守当之制，食衣住行，尤宜量力而行，毋得过侈纵恣。”

万安《巫氏家训》载：“克俭于家，节俭并非吝啬之谓，惟量入以为出，不要大手大脚，也不要过于吝啬，治家之道，于此得矣。”

信丰《邓氏家训》载：“勤俭先贫后富；懒惰先富后贫；用物体惜检点；破烂另买费神；从有房屋田地；乱用不久必贫。”

永定《林氏族谱》载：“勤俭为立身之本，故人不但贵乎有业，且贵乎能勤其业，士农工商，凡勤且俭者，大多日进，懒且惰者，莫不致败。人生于世，应以勤俭自逸。”

“贵自辛勤得，富从俭节来”。对于勤劳勇敢的客家人来说，无论走到哪里他们都能落地生根，兴盛繁荣。客家人将先辈们“克勤克俭，无怠无荒”的精神代代相传，以此树立的俭吝观，也是十分有教益的。

家庭是社会生活的最小细胞，故家风的好坏，在一定程度上也会影响社会风气的好坏。客家人的治家智慧，则正是以和谐、勤俭为要，旨在树立良好的家风。

---

① 喻岳衡：《历代名人家训》，岳麓书社，1994，第 128 页。

② 瞿博：《中国人的教育智慧·经典家训版》，教育科学出版社，2007，第 50 页。

③ 金景芳、吕绍纲：《周易全解》，上海古籍出版社，2005，第 128 页。

三、处世哲学

在中国传统观念中，向来重视人的处世态度。《礼记·曲礼》说："毋不敬，俨若思，安定辞，安民哉。"[①]就是教人凡事要恭敬而有礼，态度要端庄严肃而若有所思，言辞要详审而确定。这也是中国传统的处世之道。

客家人曾经历过"时时为客处处为客"的窘迫，当然也就对处世之道的重要有着更切身的体会。客家先辈在成长和演化过程中，也积攒了丰厚的处世哲学，并在家规家训中以此对后代的处世交际加以指导。

（一）慎言谨行

如果说勤俭是治家之本，那么谨慎就是保家之本。张履祥说："子孙以忠信谨慎为先，切戒猖薄。不可顾目前之利而妄他日之害，不可用一时之势而贻数世之忧。"只有行事端正严谨，防微杜渐，才能避免祸起于行。行事要三思而后行，说话则更应三思而后言。《周易》曰："乱之所由生也，则言语以为阶。君不密则失臣，臣不密则失身。"[②]明确指出，祸乱之源就是不谨慎的言辞。

客家人向来以严谨治家，日常言行以"非礼勿视，非礼勿听，非礼勿言，非礼勿动"[③]为准则。客家人谦恭宽厚的本性，使他们从不妄加非议他人；他们对诚信的看重，使他们从不轻易许诺。但凡承诺，绝不失信。客家人的谨慎，也体现在处事、祭祀、婚嫁等方面。如：

永定《沈氏家训》载："在人言，一言出，不可忘，千金重，九鼎傅。"

定南老城村《廖氏家训》载："凡事三思，妥帖顺当，性急粗暴，好事弄僵。"

定南《叶氏家训》"敬慎祭扫"条目载："坟墓为掩祖骸，实后人发祥之始，祭扫为酬先德，亦子孙报本之心，不可不敬。如清明拜扫，必老幼亲临，不择远迩。祭则衣冠正肃，必敬必恭，黎明骏奔则神歆其祀。若岁时缺醮，等于荒丘，惰慢跛踦，同于儿戏，必且神人胥怨，幽明共罚，豺獭倘知报本，人岂不若兽哉？"

南康《郭氏家训》"慎择婚配"条目载："人之有配，敌体之谓也。配非其人，

① 杨天宇译注：《礼记译注》，上海古籍出版社，2004，第1页。
② 金景芳、吕绍纲：《周易全解》，上海古籍出版社，2005，第128页。
③ 张燕婴译注：《论语》，中华书局，2006，第171页。

则自卑自贱甚矣！人之择配，不可不慎也。况上以承宗礼之奉，下以开继续之传，岂可苟欤？然选择其人，非必富贵之家也！唯门第相当耳！清白之家，礼义之族，虽贫足以身荣；浊乱之家，下流之族，虽富反为身辱。”

慎言谨行是客家人从儒家“君子慎独”思想承袭而来的，是客家人自律、自觉、自重精神的重要体现。

（二）择良而交

子曰：“无友不如己者。”[①] 在儒家传统中，“慎交友”一直都受到大力推崇。“择交者不败”，也是传统家训中一个重要的择友取向。[②]《颜氏家训·慕贤》曰：“是以与善人居，如入芝兰之室，久而自芳也；与恶人居，如入鲍鱼之肆，久而自臭也。”[③] 物以类聚，人以群分。近朱者赤，近墨者黑。朋友作为“五伦”之一，其重要性可见一斑。

极为重视家教的客家人，极为重视环境和朋友对自己的影响。在客家人看来，人的一生成败与否和他所结交的朋友是否贤良有着很大的关系，故交友不能不慎重。客家人希望子孙能从优秀的朋友身上汲取品格的滋养，故教导他们择友时应慎选、慎察、慎从、慎会。因此，在客家家规家训中，对择友的意义和原则进行了详细阐述。如：

余姚泗门《谢氏家训》载：“交友，所以辅德也。须亲直谅、多闻者，远便僻、柔佞者。”

永定《江氏祠规》“择交游”条目载：“交友贵于慎择，不特儒者有燕僻之害，即农工商贾，何独不然？朋友列于五伦，关系非小。交得其人，则终身之受益不浅；倘所交不慎，其渐染而为不肖者，固不待言，安知后此之不受其害哉！君子择交，所以必防微而谨始也。”

信丰《谢氏家训》“慎交游”条目载：“交友以信，夫子之教，无如今人外结口头，内生荆棘。甚至凶终陈未，原其始交之际，未经审慎故也。殊不知，友以义合，必交品概端方之人。才得劝善规过，肝胆相照，缓急有益。若口是心非，则误人不浅。交际往来，一入坏人圈套，为所引诱，则败名丧节，倾家荡产，慎之戒之。”

---

① 张燕婴译注：《论语》，中华书局，2006，第 5 页。

② 王长今：《传统家训思想通论》，吉林人民出版社，2006，第 277 页。

③ 庄辉明、章义和撰：《颜氏家训译注》，上海古籍出版社，1999，第 94 页。

客家人的处世哲学多源于客家先辈们的人生阅历，也有不少汲取自传统的儒家思想。这些处世哲学不仅切合当时的礼教需要，在今天其中的“谨慎”“谦恭”“宽厚”等精神仍对我们面对社会、面对人生有着很大的启迪。

四、为人之道

中国古代家训的创作初衷是，家长用自己的社会阅历，教导子女如何做人。因此，教导子女如何做人，就成为中国古代家训的核心内容。[①]

子曰：“其身正，不令而行；其身不正，虽令不从。”[②] 一个人只有正身做人，才能得到别人的尊重。一个人只有学会如何做人，才能学会如何做事。

在客家人的家规家训中，为人之道是其重要内容。

（一）严以修身

曾子曰：“吾日三省吾身：为人谋而不忠乎？与朋友交而不信乎？传不习乎？”[③] 人非圣贤，不可能尽善尽美，要想提高和完善自己，就必须严以修身，不断磨砺自己。故《论语》中就有“修己以敬”“修己以安人”“修己以安百姓”[④] 的教导。

客家人在教育子弟时，极为看重品行修养。他们在家规家训中，对子弟的言行举止作出详细规定。如待人笃敬、行为合礼、自省自律，等等。客家人普遍拥有良好的人格品貌，正是源于重视德育的家庭风气。在修身洁己方面，客家人十分重视言传身教。如：

信丰《袁氏家训》“端品行”条目载：“品行宜端，立身之要道也。律条正己，斯足取信于人。族邻亲友，皆宜以礼相接，以义相持，毋矜才以傲物，毋利己以损人。庶醇良之风可致而休美之俗堪嘉也。”

潮汕《黄氏家训》载：“端士品，戒犯讳，戒非为，戒异端。”

赣县《戴氏家训》“戒子弟”条目载：“族中子弟宜务正业，凡洋烟赌博，不但浪费并且荒业，败产倾家皆由于此，甚则穿窬为盗无所不为。至于饮酒，除宗祀宴宾外，亦不宜纵饮，以免使酒行凶，一切戏局概行禁止，族中其共凛之。”

---

① 王若：《中国古代家训》，辽海出版社，2012，第 130 页。

② 张燕婴译注：《论语》，中华书局，2006，第 189 页。

③ 张燕婴译注：《论语》，中华书局，2006，第 1 页。

④ 张燕婴译注：《论语》，中华书局，2006，第 227 页。

《周氏祠规四则》“端品行”条目载：“品行不端者，尽系匪僻无赖之徒，既宗祠巍然虽不尽阀阅名第，亦系故家巨族则，凡我族人，各宜明理知义，立品砥行，勿图非分之财，勿狃好胜之习，风水当积德以求，毋诡计图占，致福未得而祸先临，词讼每宜忍耐，毋刀笔称雄致气意坏而天良丧，赌则近盗勿执迷而甘人下流，奸则近杀勿纵欲而罹不测。”

客家人认为，做人应顶天立地，做一个有修养的人，做一个坦荡的人。因此，在客家人的家规家训中，十分重视严以修身，强调“品学兼优”。正是客家人的严以修身，滋养了客家家风，家风必正，国风也必清。

（二）立志高远

“将相本无种，男儿当志强”。“志”是一个人树立的目标，也是一种激人向上的精神力量。纵观古今圣贤，能成大业者，皆是立志发奋者，而那些懈怠玩忽者，多终生一事无成。

自强不息、奋发进取是客家人的精神品格。客家人要求子弟立志高远，有大气魄，能成大事。因此，客家人的家规家训不仅告诫子弟要立大志，也教子弟如何立大志。如：

上杭《吕氏家训》“要立志”条目载:“欲求身富贵，须下苦功夫。吃得苦中苦，方为人上人。”

河源《朱氏家训》载:“读书志在圣贤，非图科第；为官心存君国，岂计身家。”

河源《严氏家训》载：“有志之士，须以济世立业为务，不宜溺于文饰，玩物丧志，又薄身后之名。”

邵武《黄氏家训》载：“六诫我儿莫腐儒，腐儒安得上享衢，坚心锐志寻高第，努力抽身出下愚。”

“有志者，事竟成”。从客家人的家规家训中可以看出，客家人将立志视为成人成事的根本，教导子弟应自强自立，要树立远大的理想和抱负，要做一个有志气的人。因此，客家才涌现了无数杰出人才。

“教家立范，品行为先”。在子弟咿呀学语阶段，客家人就开始教他们做人之道。“见贤思齐焉，见不贤而内自省也”。[①] 孔子这句话，正是客家人修身养德的真实写照。每一代客家子弟都在先辈的谆谆教导下成长成才，建功立业。

---

① 张燕婴译注：《论语》，中华书局，2006，第 47 页。

传统家训中既包含着许多有价值的道德观念和伦理思想，但受特定历史条件的制约和地主阶级局限性的影响，也存在着不少糟粕。[①]客家家规家训也不例外，并非“篇篇药石，言言龟鉴”，其中也有不少封建礼教色彩浓厚的内容，如宣扬男尊女卑、愚忠愚孝、鼓吹封建迷信等。因此，我们应该秉持“舍其糟粕，取其精华”的原则，对传统的客家家规家训进行系统整理，深度挖掘。我们需要传承的是客家家规家训中的优良传统，它们是客家人在数千年的生产劳动中总结出来的思想精华，是客家人集体智慧的结晶，是客家人凝聚力和向心力的发源点和根本所在，是推动客家人不断走向文明进步的力量源泉和精神动力。[②]

在客家人的家规家训中传承下来的传统美德和精神，不仅仅影响着客家人的过去和今天，而且对我们当今社会的发展和建设也有着极大的现实意义。

五、结语

国有国法，家有家规。家国同构早就植根于中国人的骨髓中。家庭是社会最基本的单位，可以说，有什么样的家风，就有什么样的国风。而家风的树立，源于家规家训的规导。

客家人的家规家训是客家人流传了数千年的传统，客家人通过家规家训对子弟进行教导，塑造他们的人格，陶冶他们的情操。客家人把优秀的传统文化渗透在他们的家庭教育当中，把他们的勤劳和智慧传承给每一代子弟。因此，客家人的家规家训不仅是客家人家教的载体，也是客家人传承发扬中华优秀传统文化的载体。

客家人通过自己的家规家训，树立了良好的家风门风，优秀的客家文化也滋养了一代又一代客家人。家风正，国风清。客家家规家训是一个思想宝库，亟待我们进一步去挖掘其文化内涵、优良传统和精神力量。

---

① 陈延斌、徐少锦：《中国家训史》，陕西人民出版社，2003，第 23 页。

② 刘加洪：《社会主义核心价值体系视阈下的客家优良传统》，中国社会科学出版社，2015，第 1 页。

“忠孝”与“爱敬”：黄道周家训的文化内涵

郑晨寅　汤云珠*

内容摘要： 明末大儒黄道周平生以文章风节高天下，由于身处明清交替这一特殊的历史情境，其家训的形式与内容亦堪称独具一格。“天地知我，家人无忧”，乃其家国一体、移孝作忠思想的体现，可谓既是绝命之辞，又是临终之家训；身处狱中仍告诫其子应“读书识道理，不昧忠孝大义”，折射出其生平节操与志向;《诲子》诗强调“爱敬”二字，勉励诸子成为圣贤。黄道周家训蕴含着“一代完人”的价值追求与文化传承的期望，于今读之，仍然具有震撼人心的力量与难以磨灭的价值。

关键词： 黄道周；家训；忠孝；爱敬

黄道周，字幼玄、幼平、螭若、细遵等，人称“石斋先生”。明神宗万历十三年（1585）出生于福建漳州漳浦县铜山深井村（今属东山县）。天启二年（1622）进士，天启朝、崇祯朝历任翰林院编修、詹事府少詹事等职，南明弘光朝任吏部左侍郎、礼部尚书，后又拥立唐王朱聿键于福州，位居首辅，以隆武朝武英殿大学士兼吏、兵二部尚书的身份率师抗清，兵败被俘，于隆武二年（清顺治三年，1646年）殉节于金陵。

黄道周一生致力于讲学传道，其学术思想大体以朱子学为宗，又融通理学、心学，由格致入手，归止于至善，与刘宗周并称为“明末两大儒”；同时，他力倡回归“周孔”之道，以五经为一体，探索治心之学向经世之学的转向。其好友徐霞客给予他极高的评价：“至人惟一石斋。其字画为馆阁第一，文章为国朝第一，人品

* 郑晨寅，漳州城市职业学院闽学与闽南文化研究中心主任、教授；汤云珠，漳州城市职业学院思政教研室主任、副教授。

为海宇第一，其学问直接周孔，为古今第一。”[①] 可谓一代“文化巨子”。黄道周生有四子一女，其家训主要见载于不同时期的家书及诗文上。由于明清交替这一特殊的历史情境及其彰显文章气节、慷慨舍生取义的人生经历，黄道周家训的形式与内容堪称独具一格。本文拟由其正命之前的家书入手，次及其狱中书简，再联系其训子诗，诠释黄道周家训的文化内涵。

一、狱中家书：“读书识道理，不昧忠孝大义足矣”

存世的黄道周家训，主要以家书的形式见载于清代闽地学者陈寿祺所编的诗文集《明漳浦黄忠端公全集》（又称《黄道周集》[②]），包括两部分，一为黄道周于崇祯十三、十四年被诬为“结党营私”而逮入诏狱期间所作，一为其抗清北伐兵败被俘后所作。

《朱子家训》称：“诗书不可不读，礼义不可不知。”而黄道周在诏狱中饱受酷刑之余，仍不忘教育其子读书做人之理。《杖后示儿书》云：“读古人书，当晓其道理……汝唯读书，以圣贤为师，吾愿足矣！”[③] 黄道周认为，读书是为了明理笃行、师法圣贤，而不是为了做官，其《与内书》亦云：“吾疮百十日尚未愈。二十一日子渊到，知家中平安，儿子俱入漳，方先生宣官全年束脩不可少也。刻成《儒行》一本作故事，命两儿读之。其已读《诗》《书》，都逐日温习，讲说大意。读书不作官，作名贤，可传可法，足矣！”[④]《儒行》为《礼记》之一篇，其中论及儒者“上不臣天子，下不事诸侯”之气节，黄道周著有《儒行集传》以阐发之；而从天启朝以至于崇祯朝，黄道周深切体会到当时官场之险恶，故要求其子不涉仕途，而是通过勤学苦读，争取成为可传、可法之名贤。《寄家书》载：“麑、麖、麞子读书进益何如？恨身不能蹴至，观其哦诵。当时令知伊父劳苦，勿著采色，勿作戏语，勿轻跳与小人交处，时时读经典，令知道理也。吾最不喜人读注子，无益于事，反多一倍工夫，切宜省之。如心事稍通，可从丛书中，取刘向《说苑》《新序》，并《韩诗外传》读之，可知故事，又有文气。并读《左传》《国语》，可通于《春秋》，亦不

① [明]徐霞客著，卫建强等校注：《徐霞客游记》，河北人民出版社，1998，第867—868页。
② 翟奎凤、郑晨寅、蔡杰整理：《黄道周集》，中华书局，2017。
③ 翟奎凤、郑晨寅、蔡杰整理：《黄道周集》卷十九，中华书局，2017，第788页。
④ 翟奎凤、郑晨寅、蔡杰整理：《黄道周集》卷十九，中华书局，2017，第785页。

至腐俗也。”[①] 此处亦指出，“读经典”是为了“知道理”。由此两封书信中所指点的读书内容与次第可知，在强调诵读四书五经的基础上，黄道周亦考虑到青少年的认知规律，注重循序渐进与教材的可读性。

黄道周一生与《孝经》渊源极深，自其父去世后，他营墓不辍，居官时刻不忘故坟；又事母至孝，悌于兄长，从而移孝为忠，为国殚精竭虑，故洪思称“其行皆可以为《孝经》”。[②] 其《家书》则称：“自去腊过北司，今又六个月，备尝诸苦。念桑梓坟墓，邈如天上……麑子、麔子、麖子，大爷看管，读书识道理，不昧忠孝大义足矣！”[③] “大爷”即其兄黄道琛，兄弟二人情深义重，其时黄道周三子尚幼，托附黄道琛看管，而道琛之子黄子渊则到狱中照顾黄道周。虽然受小人诬陷入狱受刑，但黄道周仍不忘告诫诸子应“读书识道理，不昧忠孝大义”，这正是笃守信仰、坚持道义的体现，也是黄道周“身教”与“言教”的有机结合。

甲申之变后，弘光朝成立于南京。弘光元年（1645）五月，南京又陷，历时仅一年，南明弘光朝已灰飞烟灭。当黄道周于浙江桐庐遇到志在恢复大业的唐王朱聿键时，有鱼水相得之感，同声相应，共图大业。随后唐王在福州称帝，年号隆武，任命黄道周为首辅。但当时手握实权的郑芝龙并非真心抗清复明，而是投机观望，处处掣肘，隆武帝亦无可奈何。黄道周不愿苟全于东南一隅，于是自请募兵，出师北伐。终因寡不敌众，加上孤军深入，黄道周于十二月二十五日在江西婺源兵败被俘，并于次年三月在南京英勇就义。

在北伐失败被俘身陷清狱之后，黄道周作《在徽州寄家书》：“三朝颠覆矣！事弘光而弘光蒙尘，奉潞藩而潞藩衔璧，栖迟此身，即老死牖下，有何颜面？生平耻为一节之士，从此遂志，亦无所恨，但恐为曾、闵所笑耳。为子当孝，为臣当忠，无所愧而已。”[④] 曾参、闵子骞在孔门弟子中以孝著称，被黄道周树为孝悌楷模。《文明夫人行状》载其家书言：“麑、麔、麖、麎但令哦诗书，守礼义，为臣当忠，为子当孝，余不足忧也！”[⑤] 二者可相参看，皆体现了黄道周以忠孝传家的思想。

黄道周身历明清之狱，其遭遇可谓罕见。监狱是一种特殊的环境，极可反映出一个人的生平节操与志向。不论身处何处，黄道周皆不忘记忠孝大义，后人以“一

① 翟奎凤、郑晨寅、蔡杰整理：《黄道周集》卷十七，中华书局，2017，第711页。
② 翟奎凤、郑晨寅、蔡杰整理：《黄道周集》卷首洪思《收文序》，中华书局，2017，第28页。
③ 翟奎凤、郑晨寅、蔡杰整理：《黄道周集》卷十七，中华书局，2017，第713页。
④ 翟奎凤、郑晨寅、蔡杰整理：《黄道周集》卷十七，中华书局，2017，第711页。
⑤ 翟奎凤、郑晨寅、蔡杰整理：《黄道周集》卷首，中华书局，2017，第63—64页。

代完人"称之，信不为过。

二、《诲子》之诗："吾今所诲尔，亦惟爱与敬"

在临近就义、羁押于南京尚膳监期间，黄道周作有《诲子》一诗，诗云：

> 生子不苦晚，贤子不苦贫。吾年近五十，始与儿子亲。今有四男儿，庸福谁与伦？麑儿年志学，雅好似醇笃。不器不可雕，而当秉渊穆。麚儿亦清洒，每不离膝下。与吾命小同，但恐读书寡。麖儿有隽气，颇已知文字。已识吾艰危，谅不慕声势。麎儿在褓襁，吾犹未得见。但能读吾书，即是展吾面。明侯诲诸儿，澹泊与宁静。吾今所诲尔，亦惟爱与敬。爱敬与天通，一室侔元穹。出为四海归，入为邻里宗。吾生未能驯，勿复谈父风。[①]

黄道周有四子，分别名为麑、麚、麖、麎，其名甚为罕见。据黄道周弟子李世熊《寒支集》载："忆向在会城，始侍石斋先生……后见其长公，方十四岁，既通名后，因知兄弟四人，曰麑、曰麚、曰麖、曰麎，咸相讶异，无敢请问者。久之，某请曰：'世兄之名，各冠以鹿，他日联翩为明王嘉宾乎？'先生正容曰：'不然。与鹿游耳！'"[②] 李世熊以为，黄道周为四子之名皆已"鹿"为偏旁，当含有《诗经·小雅·鹿鸣》"王者宴群臣嘉宾"之意，而黄道周的回答是"与鹿游耳"。《孟子·尽心上》载："孟子曰：舜之居深山之中，与木石居，与鹿豕游。其所以异于深山之野人者几希。及其闻一善言，见一善行，若决江河，沛然莫之能御也。"此当为黄道周为诸子取名之典实。黄道周已预见到乱世将至，其子孙将"居深山之中，与木石居，与鹿豕游"，其感时忧世与先见之明由此可略窥一斑。其后蔡玉卿果然承其遗志，率家人隐居远遁，成为"深山之野人"。

而在此诗中，黄道周于就义之际，历数四子气质性格，舐犊情深，令人感慨，体现了儒者坚贞不屈之外亦有深情绵邈之一面。更重要的是，黄道周此诗意在勉励诸子志学不息、不慕声势，努力成为四海所归、邻里所宗的圣贤。在黄道周看来，圣贤乃忠孝之人；而忠孝之人，不离爱敬。故黄道周强调"爱敬"二字："吾

---

① 翟奎凤、郑晨寅、蔡杰整理：《黄道周集》卷三十七，中华书局，2017，第1850—1851页。

② [清]李世熊：《寒支二集》卷二，清刻本。

今所诲尔，亦惟爱与敬。爱敬与天通，一室侔元穹。”“爱敬”是《孝经》的核心思想。《礼记·祭义》载：“子曰：立爱自亲始，教民睦也；立敬自长始，教民顺也。”《孝经》中此二字亦往往并提，《天子章》云：“爱敬尽于事亲。”《士章》云：“故母取其爱，而君取其敬，兼之者父也。”《圣治章》云：“圣人因严以教敬，因亲以教爱……故不爱其亲而爱他人者，谓之悖德。不敬其亲而敬他人者，谓之悖礼。”《丧亲章》云：“生事爱敬，死事哀戚。”黄道周《孝经集传》“士章”云：“为士爱敬其坟墓，则灾害不生而祸乱不作矣。”[①] 而“爱敬与天通”的另一个思想资源当来自包括朱、陆在内的宋儒，张载《西铭》称：“圣，其合德；贤，其秀也……于时保之，子之翼也；乐且不忧，纯乎孝者也。”[②] 朱熹《西铭解》疏曰：“圣人与天地合其德，是兄弟之合德乎父母者也；贤者才德过于常人，是兄弟之秀出乎等夷者也：是皆以天地之子言之……畏天以自保者，犹其敬亲之至也；乐天而不忧者，犹其爱亲之纯也。”[③] 朱熹所论，即将爱敬之情与圣贤、天地并称。而黄道周又云：“子静说圣贤渊源止在‘爱敬’二字，体贴分明，用之不尽，知之为致知，格之为格物，此处岂有病痛？”[④] 陆九渊所言“圣贤渊源止在‘爱敬’”，可参见其“语录”：“人无不知爱亲敬兄……此是唐虞三代实学”。[⑤] 而所谓“知之为致知，格之为格物”，当出自其《武陵县学记》：“彝伦在人，维天所命。良知之端，形于爱敬，扩而充之，圣哲之所以为圣哲也……所谓格物致知者，格此物、致此知也。”[⑥] 爱敬为良知之发用、圣贤之渊源，亦为天命之所在。在这种天人合一的思维背景下，爱敬既具有日常伦理性，又具有天赋神圣性。

儒家主张爱有差等，又讲究推己及人。《朱子家训》曰：“事师长贵乎礼也，交朋友贵乎信也……子孙不可不教，童仆不可不恤，斯文不可不敬，患难不可不扶。”黄道周《杖后示儿书》亦云：“事亲当孝，事君当忠，事长当顺，处友当信，接人待物当诚敬有礼……家僮仆子，不可出声骂詈，伊亦人子，欲有体面，其理一

---

① [明]黄道周：《孝经集传》卷一，《影印文渊阁四库全书》本。

② [宋]张载著，章锡琛点校：《张载集》，中华书局，1978，第 62 页。

③ [宋]朱熹：《朱子全书》第十三册《西铭解》，第 142—143 页。

④ 翟奎凤、郑晨寅、蔡杰整理：《黄道周集》卷三十《朱陆刊疑》，中华书局，2017，第 1420 页。黄道周《子静直指》言：“可惜当时晦翁强护濂溪一面，使子静知爱知敬之说不甚昌明。”参见翟奎凤、郑晨寅、蔡杰整理：《黄道周集》卷三十，中华书局，2017，第 1421 页。同样强调陆氏爱敬之说。

⑤ [宋]陆九渊著，钟哲点校：《陆九渊集》卷三十五，中华书局，1980，第 455—456 页。

⑥ [宋]陆九渊著，钟哲点校：《陆九渊集》卷十九，中华书局，1980，第 238 页。

也。”[①]《与内书》云：“遇诸贫子可稍稍赈给。”[②] 凡此亦皆由《孟子·离娄下》“爱敬”之心所推而致之，亦合于“仁者爱人，有礼者敬人”之旨。

黄道周四子之行为亦颇有其父之遗风。长子黄麑（字子中）于顺治七年北上金陵，访得黄道周遗骸归葬漳浦，并于北山守墓，大类于黄道周对其父母之坟墓的苦心经营与守护。后来蔡玉卿携家人入深山，黄麑与仲弟黄麛（字子成）“夷犹漳上，弗忍离去”，[③] 遂死于兵难，与《二十四孝》之“闻雷泣坟”的王裒相似。[④] 三子黄麖（字子和）早逝，四子黄麠（字子平）委托并协助洪思搜集黄道周遗作，编成《石斋十二书》，也是承先人之志、扬其父令名的一种孝举。蔡玉卿临终时，郑重地以其所临写的黄道周《孝经》一卷授以黄子平，这一富有仪式感的举动，蕴含着忠孝传家、矢志不渝的文化信念。

三、绝命之辞："天地知我，家人无忧"

除了《黄道周集》中的家书之外，黄道周的绝命之辞亦可作为难得一见的家训来看。朋霍费尔说：“通往自由的道路，不仅有行动，而且有受难。”[⑤] 人终有一死，在死亡面前，人生的价值与意义得到最大限度的凸显。据洪思所作《黄子年谱》载，黄道周被俘之后，“适继谨附书回家，请以兄子为嗣，子不复为书，第题其后曰：‘蹈仁不死，履险如夷，有陨自天，舍命不渝’”。[⑥] 如前所述，黄道周深于《易》学，此十六字家书亦深含《易》理。《易经》有《履卦》，下泽上天，尊卑位明，其卦辞云“履虎尾，不咥人，亨”，象征小心循礼而行，必无咎害，“履险如夷”当即暗用此意，当仁不让，虽死无憾，表达了黄道周对生与死的辩证认识。而“有陨自天”则出自《姤卦》九五爻辞“含章，有陨自天”，其《象》云：“九五含章，中正

① 翟奎凤、郑晨寅、蔡杰整理：《黄道周集》卷十九，中华书局，2017，第 788 页。

② 翟奎凤、郑晨寅、蔡杰整理：《黄道周集》卷十七，中华书局，2017，第 712 页。

③ 翟奎凤、郑晨寅、蔡杰整理：《黄道周集》卷首洪思《文明夫人行状》，中华书局，2017，第 68 页。

④ 晋时洛阳倾覆之际，王裒之亲族皆移渡江东，裒犹对母亲之坟恋恋不舍，最终为贼所害，可参见《晋书·孝友·王裒传》。

⑤ ［德］迪特里希·朋霍费尔著：《狱中书简》，高师宁、范艾译，四川人民出版社，1992，第 187 页。

⑥ ［明］洪思等撰，侯真平、娄曾泉校点：《黄道周年谱·附传记》，福建人民出版社，1999，第 37 页。“继谨”即黄道周弟子赖继谨。

也；有陨自天，志不舍命也。”[①] 黄道周借此表达了求仁得仁、舍生取义的精神。

然而，此附于弟子赖继谨家书中的十六字，在洪思《文明夫人行状》中又有另一个版本：“不食十有二日，不死，闻门人赖生为书别家人，而父但振笔书其上曰：‘纲常百世，性命千秋，天地知我，家人何忧。’”[②] 此两处记载文字各异，有可能皆附于赖继谨家书上，题完复题，与古人“复恐匆匆说不尽，行人临发又开封”之意相通。《孟子·尽心上》云：“尽其道而死者，正命也！”《周易·说卦传》称“穷理尽性以至于命”，《中庸》言“天命之谓性”，《春秋繁露》则提出“三纲五常”之说，“纲常百世，性命千秋”之言，可见黄道周坚信尽其一生去维系的纲常大义、性命之理，必将比短暂的生命更为长久；而“天地知我，家人何忧”一语，表面上看是指其心昭昭于天地，希望家人勿以其生死为虑，然《易经》亦有《家人卦》，其《彖》云：“家人，女正位乎内，男正位乎外，男女正，天地之大义也。家人有严君焉，父母之谓也。父父，子子，兄兄，弟弟，夫夫，妇妇，而家道正。正家而天下定矣。”此“天地之大义”既与伦理纲常有关，又与《大学》所谓“修身、齐家、治国、平天下”的思想有相通之处，也是黄道周家国一体、移孝作忠思想的体现，可谓既是绝命之辞，又是临终之家训，具有特殊的内涵与意义。《朱子家训》有“守我之分者，礼也；听我之命者，天也。人能如是，天必相之”之语，可相参看。

黄道周的家训还散见于其他数篇家书中，各有所侧重。如《京师与女书》之“和顺”、《京师答婿书》之“以德化人”、《京师与侄书》之“日新”“谦谨”，[③] 等等。但以上所述最能体现其坚持忠孝大义、不忘爱敬宗旨之教诲。古人一向认为，治国平天下，乃始于修身齐家。我国家训文化源远流长，从孔子庭训到武侯诫子，从《颜氏家训》到《朱子家训》，诸多家规、家训非只囿传于一家一族，更具有普世价值，对世人颇多启迪。而黄道周家训皆作于特殊的历史情境下，蕴含着“一代完人”的价值追求与文化传承的殷殷期望，于今读之，仍然具有震撼人心的力量与难以磨灭的价值，而此亦为我中华君子文化之“自强不息”“厚德载物”的典型体现。

---

① 《诗经·郑风·羔裘》亦有“彼其之子，舍命不渝”之语。

② 翟奎凤、郑晨寅、蔡杰整理：《黄道周集》卷首，中华书局，2017，第63页。

③ 翟奎凤、郑晨寅、蔡杰整理：《黄道周集》卷十九，中华书局，2017，第788、791、792页。

君子文化的历史内涵

《大学》君子论 *

韩　星 **

内容摘要：本文依据古本《大学》文本，对涉及君子的内容，结合历代重要注释和相关典籍进行疏解，挖掘其君子思想，以明君子之道，弘扬君子文化。君子日新其德，尽心竭力，追求至善；“慎独”是君子实践“诚意”的修养功夫，是君子与小人的根本区别；君子诚意，内外一致，心广体胖；以竹子喻君子，切磋琢磨，进学修身，道盛德至善；君子身臧恕道，齐家而后治国；君子以絜矩之道，上行下效，推己度人；君子以己化民，从民所欲，为民父母；君子忠信得大道，生财有大道，以财发身。《大学》君子论为人们提供了学为君子的基本方法和途径，目标是希贤希圣，走上成圣之路。

关键词：《大学》；君子；小人；大道

笔者曾梳理了《中庸》君子之道，写成《〈中庸〉君子论》，发表于《中原文化研究》2018 年第 6 期。本文依据古本《大学》文本，对涉及君子的内容，结合历代重要注释和相关典籍进行疏解，挖掘其君子思想，以明君子之道，弘扬君子文化。

---

* 本文为国家社科基金重大项目“董仲舒传世文献考辨与历代注疏研究”（项目编号：19ZDA027）的阶段性成果。

** 韩星，西北大学历史学博士，中国人民大学国学院教授、博士生导师。主要研究领域为中国思想史、中国文化史、儒学思想史、儒家经典诠释学、儒（孔）教问题。

一、君子无所不用其极

《大学》引汤之《盘铭》曰："苟日新，日日新，又日新。"《康诰》曰："作新民。"《诗》曰："周虽旧邦，其命维新。"强调"君子无所不用其极"，说明第一节"新民"的意思。郑玄注："极，犹尽也。君子日新其德，常尽心力不有余也。"孔颖达疏分别解释汤之《盘铭》表达了"日新"之意，"非唯洗沐自新"，"诚使道德日益新也"。"非唯一日之新，当使日日益新"。"非唯日日益新，又须常恒日新"，是强调"精诚其意，脩德无已"。《康诰》"作新民"是说明康叔受封建立卫国，要"化纣恶俗，使之变改为新人"。"周虽旧邦，其命惟新"的本意是"言周虽旧是诸侯之邦，其受天之命，唯为天子而更新也。此《记》之意，其所施教命，唯能念德而自新也"。"君子无所不用其极"是"言君子欲日新其德，无处不用其心尽力也。言自新之道，唯在尽其心力，更无余行也"。中心思想归结为君子日新其德，尽心竭力，凡事都追求做到至善之境。

朱熹《大学集注》："盘，沐浴之盘也。铭，名其器以自警之辞也。苟，诚也。汤以人之洗濯其心以去恶，如沐浴其身以去垢。故铭其盘，言诚能一日有以涤其旧染之污而自新，则当因其已新者，而日日新之，又日新之，不可略有间断也。""鼓之舞之之谓作，言振起其自新之民也"。"《诗·大雅·文王之什》言，周国虽旧，至于文王，能新其德以及于民，而始受天命也"。并注解"君子无所不用其极"为"自新新民，皆欲止于至善也"。朱熹在《大学或问》中还说："盖《盘铭》言自新也，《康诰》言新民也。文王之诗，自新、新民之极也。故曰'君子无所不用其极'，极即至善之云也，用其极者，求其止于是而已矣。"这是对《大学集注》的深化。朱熹在孔颖达使道德日益新的基础上，更强调涤其旧染之污而自新的不可间断，鼓舞振起自新之民，新民德而受天命，以止于至善之境。可见，朱熹脱离了孔颖达回归历史语境的诠释理路，而从君子个人道德修养去旧自新、新民，止于至善的理路来诠释。在《大学或问》中，朱熹对"日新"有更细致的解释："人之有是德，犹其有是身也。德之本明，犹其身之本洁也，德之明而利欲昏之，犹身之洁而尘垢污之也。一旦存养省察之功，真有以去其前日利欲之昏而日新焉，则亦犹其疏瀹澡雪，而有以去其前日尘垢之污也。然既新矣，而所以新之之功不继，则利欲之交，将复有如前日之昏；犹既洁矣，而所以洁之之功不继，则尘垢之集，将复有如前日之污也。故必因其已新而日日新之又日新之，使其存养省察之功，无少间断，则明德常明，而不复为利欲之昏；亦如人之一日沐浴而日日沐浴，又无日而不沐浴，使其疏瀹澡雪之功，无少间断，则身常洁清，而不复为旧染之污也。”（《四书或问》卷二《大学》传十章）人本有明德而为利欲污染，就像身体本来纯洁而为尘垢污染。人每天都得洗脸洗澡，对心灵的污垢也应像洗澡一样每天洗剂，明德常明，无少间断。其中“疏瀹澡雪”见于《庄子·知北游》：“汝齐戒，疏瀹而心，澡雪而精神。”你先得斋戒静心，再洗剂心灵，清扫精神，朱熹在这里“疏瀹澡雪”比喻为洗剂心灵，清扫精神的修养功夫。也就是《礼记·儒行》所说的“澡身而浴德”，澡身就是洁身，浴德就是沐浴于德。洁身自好，沐浴在道德中。比喻人加强品行修养，使身心保持纯洁。

“周虽旧邦，其命维新”一语，蕴涵丰富的哲理，面凸显了周既有悠久辉煌的“旧命”的历史传统，又有更新发展的“新命”的历史底蕴。其意义有如下几点：首先，它强调了以修德为基础的“维新”。郑玄笺此句曰：“文王初为西伯，有功于民，其德著见于天，故天命之以为王，使君天下也。”就是说，文王之所以能以“旧邦”而受天命“维新”，是由于文王的修德，文王之德泽广被，周族的发展有了光明的前途，承受天命也就适得其时。其次，强调了“更新”的思想。毛传：“乃新在文王也。”陈奂传疏：“维，犹乃也；维新，乃新也……言周至文王而始新之。”是说周到了文王时代乃始更新，后因称改变旧制推行新政为维新。这句话引起了历代先哲、学人的高度重视。冯友兰将“周虽旧邦，其命维新”这两句诗简化为“旧邦新命”，并认为“这四个字，中国历史发展的新阶段足以当之。……阐旧邦以辅新命，余平生志事盖在斯矣。”[①] 冯先生能欣赏并深刻体会到其精华，高度凝练为“旧邦新命”四个字，使其“文约义丰”，其目的是以之诲己诲人，予己予人都有巨大的启迪。由三千年前“周虽旧邦，其命维新”一语引申、发展而来的“旧邦新命”，代表着中国文化的基本精神，成为激励中华民族不断创新、不断前进的思想动力与精神源泉。

① 冯友兰：《康有为“公车上书”书后》，载氏著：《冯友兰学术精华录》，北京师范大学出版社，1988，第9—10页。

二、君子必慎其独

《大学》："所谓诚其意者，毋自欺也，如恶恶臭，如好好色，此之谓自谦。故君子必慎其独也。小人闲居为不善，无所不至，见君子而后厌然，揜其不善，而著其善。人之视己，如见其肺肝，然则何益矣？此谓诚于中形于外，故君子必慎其独也。"这里出现了两个"君子必慎其独"，朱熹解释说：

> "诚意"章上云"必慎其独"者，欲其自慊也；下云"必慎其独"者，防其自欺也。盖上言"如恶恶臭，如好好色，此之谓自慊，故君子必慎其独"者，欲其察于隐微之间，必吾所发之意，好善必"如好好色"，恶恶必"如恶恶臭"，皆以实而无不自慊也。下言"小人闲居为不善"，而继以"诚于中，形于外，故君子必慎其独"者，欲其察于隐微之间，必吾所发之意，由中及外，表里如一，皆以实而无少自欺也。（《朱子语类》卷十六《大学三》）

朱熹认为，前一个"慎独"是要君子能自慊，察于隐微之间，好善恶恶，真实完满；后一个"慎独"是要君子不自欺，察于隐微之间，由中及外，表里如一。另外，《朱子语类》卷六十二《中庸一》解释《中庸》第一章，区分"戒惧"和"慎独"："戒惧一节，当分两事：'戒惧不睹，恐惧不闻'，如言'听于无声，视于无形'，是防之于未然，以全其体。'慎独'，是察之于将然，以审其几。""黄灏谓：'戒惧是统体做工夫，慎独是又于其中紧切处加工夫，犹一经一纬而成帛。'先生以为然。"朱熹认为"戒惧"和"慎独"应该分开来讲，前者是防之于未然，后者是察之于将然。二者都是工夫，前者是整体上做工夫，后者是在紧要处做工夫。

怎么理解"慎独"？郑玄注《中庸》："慎独者，慎其闲居之所为。"而没有注《大学》之"慎独"。北齐刘昼《刘子·慎独》云："人在暗密，岂以隐翳而回操？是以戒慎目所不睹，恐惧耳所不闻，居室如见宾，入虚如有人。"朱熹注："独者，人所不知而已所独知之地也。……盖有他人所不及知而已独知之者，故必谨之于此以审其几焉。""闲居，独处也。……此君子所以重以为戒，而必谨其独也。"郑玄、刘昼、朱熹以为"慎独"是人"闲居""独知""独处"之时戒慎恐惧，坚守道德操守，不自欺欺人，不阴恶阳善，做一个内外一致的真君子，而不是表里不一，阳奉阴违的伪君子。小人独自一人的时候，常常干出不好的事情来。然而，从他见到君子后试图掩盖自己恶行来看，说明他并非不知道应该为善去恶，只是一到一人独处，无人监督时，便故态萌发，做不到这一点。既然伪装并不能真正掩盖自己，那么就应当引以为戒，“慎其独”，过好独处这一关，就是说人们在个人独自居处的时候，也能自觉地严于律己，谨慎地对待自己的所思所行，防止有违道德的欲念和行为发生。郑玄、刘昼、朱熹的注解就是传统的普遍理解，是社会上广为接受的一种解释，于是就有柳下惠坐怀不乱，杨震“天知、地知、你知、我知”的“四知”箴言，慎独拒贿。不过，“朱熹对于慎独理解的最大不同，是他扩大了‘独’的内涵，使其包含了精神性、内在性的含义”。[①] 宋元之际黎立武所说：“独者，非止闲居屋漏之谓，意之初萌，人不知己独觉之时也。”（《大学本旨》）就是说，独不仅仅指外在独处、独居，还有内在的意识初始，外人不知自己可以觉察的欲念等。

总之，这里两次强调“君子慎其独”，意在说明“慎独”是君子实践“诚意”的一种道德修养功夫，是君子与小人的根本区别。正如刘宗周注云：“君子小人之用心，只在一敬一肆间。小人好闲，故其于不善也，便无所不至。君子慎独，则其于善也，亦无所不至。”（《大学古文参疑》）

三、君子必诚其意

《大学》：“曾子曰：‘十目所视，十手所指，其严乎！’富润屋，德润身，心广体胖，故君子必诚其意。”孔颖达疏：“‘曾子曰：十目所视’者，此经明君子脩身，外人所视，不可不诚其意。”是讲君子修身要内外一致，外面有监督和审判，所以要诚其意。并举“德润身，心广体胖”来说明“以有内见于外，必须精诚其意，在内心不可虚也”，君子内外一致，阐发必诚其意的意思。蓝田吕氏《大学解》说：“诚于中形于外，充实而有光辉，非诚不至也。故君子必诚其意。”（卫湜《礼记集说》卷一百五十）朱熹《大学集注》亦云：“善之实于中而形于外者如此。”内在修养如何，不但“人之视己，如见其肺肝然”，还会众目所视，众手所指，所以要有敬畏，以善充实内心，自然就会光华外显。要做到就必须诚其意。

“富润屋，德润身，心广体胖”。为什么道德修养会使人“心广体胖”？孔颖达疏：“‘德润身’者，谓德能霑润其身，使身有光荣见于外也。‘心广体胖’者，言

① 梁涛：《朱熹论“慎独”》，《哲学研究》2004 年第 3 期。

内心宽广，则外体胖大，言为之于中，必形见于外也。”《礼记·儒行》：“儒有澡身而浴德。”澡身即沐浴，浴德为斋戒。古代儒者在主持礼仪前都必须浴身斋戒，所以这里说“儒有澡身而浴德”。据徐中舒《甲骨文中所见的儒》一文考证，商代已有“儒”了，甲骨文中的“儒”作“需”字，从“大”（而）从“水”（雨），整个字形象以水冲洗沐浴濡身之形。孔颖达疏曰：“澡身，谓能澡洁其身不染浊也；浴德，谓沐浴于德以德自清也。”修养身心，使之高洁。朱熹《大学集注》：“富则能润屋矣，德则能润身矣，故心无愧怍，则广大宽平，而体常舒泰，德之润身者然也。”修身自清，仰不愧，俯不怍，心胸宽广，心态平和，身体舒泰安康，是以德润身的结果。财富只能把外面装饰的富丽堂皇，而道德才能使内心高洁。内在的道德修养必然反映到外在的身体上来，也就是《易传·文言》所说的：“君子黄中通理，正位居体，美在其中，而畅于四支，发于事业，美之至也。”也就是《论语·述而》的“君子坦荡荡”。现代新儒家把这看成是儒家德性修养与西方伦理学迥然不同的特性：“德性能透过身体之内部而表现出来，则德性兼能润泽人之自然身体之生命，此之所谓‘德润身’‘心宽体胖’。在西方伦理学上谈道德，多谈道德规则、道德行为、道德之社会价值及宗教价值，但很少有人特别着重道德之彻底变化我们自然生命存在之气质，以使此自然的身体之态度气象，都表现我们之德性，同时使德性能润泽此身体之价值，而中国之儒家传统思想中，则自来即重视此点。”[①]

四、有斐君子

《大学》云：

> 《诗》云：“瞻彼淇澳，菉竹猗猗。有斐君子，如切如磋，如琢如磨。瑟兮僩兮，赫兮喧兮。有斐君子，终不可喧兮！”“如切如磋”者，道学也。“如琢如磨”者，自修也。“瑟兮僩兮”者，恂栗也。“赫兮喧兮”者，威仪也。“有斐君子，终不可喧兮”者，道盛德至善，民之不能忘也。

这一节引《诗经·卫风·淇澳》诗句赞美君子。关于《淇奥》，《毛诗序》说：

① 唐君毅、牟宗三、徐复观、张君劢：《为中国的文化敬告世界人士宣言》，载张君劢：《新儒家思想史》，中国人民大学出版社，2009，第 573 页。

“《淇奥》，美武公之德也。有文章，又能听其规谏，以礼自防，故能入相于周，美而作是诗也。”孔颖达《毛诗注疏》曰：“作《淇奥》诗者，美武公之德也。既有文章，又能听臣友之规谏，以礼法自防闲，故能入相于周为卿士，由此故美之而作是诗也。”就是赞美武公德行才华的诗。这个武公，就是卫国的武和，生于西周末年，曾经担任过周平王的卿士。史传记载，武和有文才，守礼法，谨慎廉洁从政，宽容别人的批评，接受别人的劝谏，因此很受人们的尊敬，人们作了这首诗来赞美他。“如切如磋”，是指君子为学的态度；“如琢如磨”是指君子自我修身的功夫；“瑟兮僩兮”是指他内心充满敬畏；“赫兮喧兮”是指他仪表堂堂，使人尊敬；“有斐君子，终不可喧兮”是指他的道德崇高，臻于至善，所以让人难以忘怀。接着分六个层次展开慎独功夫的内容和层次：道学、自修、恂栗、威仪、盛德、至善，说明君子要不断进学修身，常知常行，抑抑威仪，提高道德品质，达到至善的境界。又引《诗经·周颂·烈文》赞扬前代君王周文王、周武王让人难忘，后代的君子应以前王为榜样，尊敬前王所尊敬的贤人，亲近前王所亲近的亲人，而后代的庶民、百姓也蒙受前王的恩泽，享受安乐，获取福利。这样，即使去世之后，人们还是记得他们。通过歌颂前王功德，激励君子努力进取，希贤希圣，达到圣人境界，与《孟子·尽心下》“可欲之谓善，有诸己之谓信，充实之谓美，充实而有光辉之谓大，大而化之之谓圣，圣而不可知之之谓神”的进德修业的人格提升进程可以相互发明。

孔颖达疏：“此一经广明诚意之事，故引《诗》言学问自新、颜色威仪之事，以证诚意之道也。”这种自我修炼，是克己复礼，是修道立德，是修己安人，是修己安百姓，是正己化人，可以作为诚意之道的证明。孔颖达又说：“‘有斐君子’者，有斐然文章之君子，学问之益矣。‘如切如磋’者，如骨之切，如象之磋，又能自脩也。‘如琢如磨’者，如玉之琢，如石之磨也。‘瑟兮僩兮，赫兮喧兮。有斐君子，终不可喧兮’者，又瑟兮颜色矜庄，僩然性行宽大，赫然颜色盛美，喧然威仪宣美，斐然文章之君子，民皆爱念之，终久不可忘也。”朱熹《诗集传》注：“匪，斐通，文章著见之貌也。君子，指武公也。治骨角者，既切以刀斧，而复磋以炉钖。治玉石者，既琢以槌錖，而复磨以沙石。言其德之修饬，有进而无已也。瑟，矜庄貌。僩，威严貌。咺，宣著貌。谖，忘也。卫人美武公之德，而以绿竹始生之美盛，兴其学问自修之进益也。”朱熹《大学集注》云：“引诗而释之，以明明明德者之止于至善。道学、自修，言其所以得之之由；恂栗、威仪，言其德容表里之盛；卒乃指其实而叹美之也。”就是说，这里用道学、自修、恂栗、威仪等几个层面诠释了“明明德”“亲民”“止于至善”。君子之所以是君子，是因为他内在自我修炼，外在显赫光华，德行盛大，尽善尽美，所以百姓不能忘记他。

五、君子齐家而后治国

《大学》云：“所谓治国必先齐其家者，其家不可教而能教人者，无之。故君子不出家而成教于国。孝者，所以事君也；悌者，所以事长也；慈者，所以使众也。《康诰》曰：‘如保赤子。’心诚求之，虽不中不远矣。未有学养子而后嫁者也。一家仁，一国兴仁；一家让，一国兴让；一人贪戾，一国作乱：其机如此。此谓一言偾事，一人定国。尧、舜帅天下以仁，而民从之。桀、纣帅天下以暴，而民从之。其所令反其所好，而民不从。是故君子有诸己而后求诸人，无诸己而后非诸人。所藏乎身不恕，而能喻诸人者，未之有也。故治国在齐其家。”此节说明君子（国君）如何“治其国者，先齐其家”。就齐家与治国的关系而言，齐家是治国的前提条件。因为，中国古代社会是以血缘关系为基础的宗法制社会，家国同构是其主要特点。所谓“家国同构”，是指家庭、家族和国家在组织结构方面具有共同性，均以血亲—宗法关系来统领，存在着严格的父权家长制。家族是家庭的扩大，国家则是家族的扩大和延伸。在家国同构的格局下，家是小国，国是大家。在家庭、家族内，父家长地位至尊，权力至大；在国内，君王地位至尊，权力至大。父家长因其血统上的宗主地位，理所当然地统率其家人族众。父家长在家庭内是主宰，君王是国家的主宰，是全国子民的严父。

“孝者所以事君也，弟者所以事长也，慈者所以使众也。”朱熹《大学集注》曰：“身修，则家可教矣；孝、弟、慈，所以修身而教于家者也；然而国之所以事君事长使众之道不外乎此。此所以家齐于上，而教成于下也。”修身是教于家的前提，而教于家无非孝、弟、慈三者，而这三者也可以推衍到治国。就是说，事君的忠源于事父的孝，事长的敬源于事兄的悌，帅众的仁源于爱子之慈。正如《孝经》所说：“君子之事亲孝，故忠可移于君；事兄悌，故顺可移于长；居家理，故治可移于官。”这就是“君子不出家而成教于国”的道理之所在。这表明了，在齐家的过程中，治国的道理已经寓含其中了，“一家仁，一国兴仁；一家让，一国兴让；一人贪戾，一国作乱”，孔颖达疏：“言人君行善于家，则外人化之，故一家、一国，皆仁让也”；“谓人君一人贪戾恶事，则一国学之作乱。”也正因为如此，我们才能理解“治国必先齐其家”的道理。

还有其他儒家经典有类似的思想，如《论语·为政》载，或谓孔子曰：“子奚不为政？”子曰：“《书》云：‘孝乎惟孝，友于兄弟，施于有政。’是亦为政，奚其为为政？”孝悌之道即为政之道。只要一个人做到了孝悌，以孝悌的美德与精神运用到政治上去，即使不入仕，其实也就是参与了政治吗。《论语·学而》载有子说：“其为人也孝悌，而好犯上者，鲜矣。不好犯上而好作乱者，未之有也。”《孝经》引孔子的话说：“夫孝，始于事亲，中于事君，终于立身。”忠君是孝父的扩大，家与国相通，君与父相代，故形成了以忠孝治天下的政治文化传统。宋吕本中撰《官箴》说得好：“事亲孝，故忠可移于君；事兄悌，故顺可移于长；居家理，故治可移于官。岂有二理哉！”

“尧舜率天下以仁，而民从之。桀纣率天下以暴，而民从之。其所令反其所好，而民不从”。郑玄注：“言民化君行也。君若好货而禁民淫与财利，不能正也。”从治家推到治国，以尧舜和桀纣相反的事例来说明，君王的仁心仁政对老百姓起到的是团结友爱的积极作用，君王残忍暴虐对老百姓起到的是互相伤害的消极作用。仁君与良民、暴君与刁民是相应相成。

“是故君子有诸己，而后求诸人。无诸己，而后非诸人。所藏乎身不恕，而能喻诸人者，未之有也”。孔颖达疏曰：“君子有善行于己，而后可以求于人，使行善行也。谓于己有仁让，而后可求于人之仁让也。”“无恶行于己，而后可以非责于人为恶行也。谓无贪利之事于己，而后非责于人也。”“所藏积于身既不恕实，而能晓喻于人，使从己者，未之有也。言无善行于身，欲晓喻于人为善行，不可得也。”朱熹注曰：“有善于己，然后可以责人之善；无恶于己，然后可以正人之恶。皆推己以及人，所谓恕也，不如是，则所令反其所好，而民不从矣。”这几句是讲“恕道”，有修养的君子自己先有善行（如仁让），而后才要求别人做到；自己先没有恶行（如贪利），然后才可以责难别人的恶行。自己身体里藏着“不恕”，不行这种推己及人的恕道，却能教育别人，让别人明白这个道理，那是不可能的。

六、君子有絜矩之道

《大学》云：“所谓平天下在治其国者，上老老而民兴孝，上长长而民兴悌，上恤孤而民不倍，是以君子有絜矩之道也。所恶于上，毋以使下；所恶于下，毋以事上；所恶于前，毋以先后；所恶于后，毋以从前；所恶于右，毋以交于左；所恶于左，毋以交于右。此之谓‘絜矩之道’。”从治国引出平天下，作者就“絜矩之道”通过两层意思来阐明“絜矩之道”：

第一层，“上老老而民兴孝，上长长而民兴弟，上恤孤而民不倍”。国君如果能做到老老、长长、恤孤，百姓就能做到孝、悌、慈。即是说在上者以自身的榜样力量影响民众，上行下效，就叫“絜矩之道”，重在强调以身作则的示范作用方面。郑玄注：“絜，犹结也，挈也；矩，法也。君子有挈法之道，谓当执而行之，动作不失之。”孔颖达疏：“絜，犹结也；矩，法也。言君子有执结持矩法之道，动而无失，以此加物，物皆从之也。”孔颖达基本上延续了郑玄的解释，君子有挈法之道以为人处世，就可以整躬率物。朱熹《大学集注》曰：“絜，度也。矩，所以为方也。言此三者，上行下效，捷于影响，所谓家齐而国治也。”《朱子语类·大学三》曰：“老老兴孝，长长兴弟，恤孤不倍，这三句是说上行下效底道理。‘是以君子有絜矩之道’，这却是说到政事上。‘是以’二字，是结上文，犹言君子为是之故，所以有絜矩之道。”重在强调君子以身作则，上行下效的示范作用。类似的思想见于《论语》季康子问政于孔子。孔子对曰：“政者，正也。子帅以正，孰敢不正？”孔子认为，为政的首要前提正己，正己才能正人。他说：“其身正，不令而行；其身不正，虽令不从。”（《论语·子路》）是说当为政者自身端正，德高望重、身体力行，不用下命令，臣民就会跟着行动起来；相反，如果为政者自身不端正，而要求臣民端正，那末，纵然三令五申，臣民也不会服从的。孔子又说：“子欲善而民善矣。君子之德风，人小之德草。草上之风，必偃。”（《论语·颜渊》）孔子是说只要国君想行善，民众也会跟着行善。强调为政者的德行很重要，对下面的民众有决定性的影响。反之，上梁不正下梁歪，领导者的德行不好，上行下效，老百姓就不可能一心向善，整个社会就会道德滑坡。孟子也同样继承了孔子的思想。《孟子·藤文公上》说：“上有好者，下必有甚焉者矣。君子之德风也。小人之德草也。草尚之风，必偃。”由此可见，以身作则，上行下效是孔子、孟子都非常重视的政治领导原则。世道人心，上行下效，关键是看你是什么样的人，你说什么，做什么，提倡什么。所以，当政治国的人必须要有“絜矩之道”。

第二层，从上下左右人际关系的网络中进一步说明什么是“絜矩之道”，这就呈现上、下、前、后、左、右六个纬度，是相同结构，构成共同的环境空间，通过推己度人来正确处理复杂的人际关系。总的意思可用一句话概括，自己所厌恶的事，就不要强加给别人，这其实就是“己所不欲，勿施于人”的“恕道”。郑玄注：“‘絜矩之道’，善持其所有，以恕于人耳。治国之要尽与此。”孔颖达疏：“能持其所有，以待于人，恕己接物，即‘絜矩之道’也。”朱熹《大学集注》发挥说：“如不欲上之无礼于我，则必以此度下之心，而亦不敢以此无礼使之。不欲下之不忠于我，则必以此度上之心，而亦不敢以此不忠事之。至于前后左右，无不皆然，则身之所处，上下、四旁、长短、广狭，彼此如一，而无不方矣。彼同有是心而兴起焉者，又岂有一夫之不获哉。所操者约，而所及者广，此平天下之要道也。”“君子必当因其所同，推以度物，使彼我之间各得分愿，则上下四方均齐方正，而天下平矣。”“絜矩之道”是治国要道，对国君来说，推己度人，甚至推己度物，处理好上下四方各种人际关系、人物关系的“絜矩之道”，就是使天下太平的至要之道。絜矩之道原本主要对为政者而言，朱熹扩大了其范围，具有更广泛的社会教化意义。

《大学》的“絜矩之道”是对孔子“恕道”的具体化。《论语·卫灵公》载，子贡问曰：“有一言而可以终身行之者乎？”子曰：“其恕乎！己所不欲，勿施于人。”所谓“恕”就是宽以待人，谅解他人的过错，自己不愿意的也不强加于人。尤其是为政者，对待臣民更应这样。《论语·公冶长》载，子贡说：“我不欲人之加诸我也，吾亦欲无加诸人。”马融注曰：“加，陵也。”陵是居高临下之象，有在上者强人所不欲之意。《朱子语类》卷十六《大学三》载：

> 德元问：“‘我不欲人加诸我，吾亦欲无加诸人’，与絜矩同否？”曰：“然。但子贡所问，是对彼我说，只是两人；絜矩则是三人尔。后世不复知絜矩之义，惟务竭民财以自丰利，自一孔以上，官皆取之，故上愈富而下愈贫。夫以四海而奉一人，不为不厚矣。使在上者常有厚民之心而推与共之，犹虑有不获者，况皆不恤，而惟自丰殖，则民安得不困极乎！《易》‘损上益下’曰益，‘损下益上’曰损。所以然者，盖邦本厚则邦宁而君安，乃所以益也。否则反是。”

朱熹从治国角度批评后世君主不复知絜矩之义，一味竭民财以自丰利，造成国富民贫。“民惟邦本，本固邦宁”（《尚书·五子之歌》），本不固则邦不宁，君难安，甚至天下大乱。忠恕之道是儒家一贯之道。《论语·里仁》载，孔子说：“吾道一以贯之。”曾子释曰：“夫子之道，忠恕而已矣。”《中庸》说：“忠恕违道不远，施诸己而不愿，亦勿施于人。”“施诸己而不愿，亦勿施于人”，就是“己所不欲，勿施于人”的“恕道”。

七、君子为民之父母

《大学》：“《诗》云：‘乐只君子，民之父母。’民之所好好之，民之所恶恶之，此之谓民之父母。”郑玄注：“言治民之道无他，取于己而已。”孔颖达疏：“《诗》云：‘乐只君子，民之父母’，此记者引之，又申明‘絜矩之道’。若能以己化民，从民所欲，则可谓民之父母。此《小雅·南山有台》之篇，美成王之诗也。只，辞也。言能以己化民，从民所欲，则可为民父母矣。‘民之所好好之’者，谓善政恩惠，是民之原好，己亦好之，以施于民，若发仓廪、赐贫穷、赈乏绝是也。‘民之所恶恶之’者，谓苛政重赋，是人之所恶，己亦恶之而不行也。”这里的“君子”是指国君。接着上面进一步阐明絜矩之道，提出了君子如果能够以己化民，从民所欲，就可为民父母。老百姓喜爱的他也喜欢，他的心和老百姓能够想到一起，好恶与老百姓一致，这样才称得上老百姓的父母。

君子为民父母的主题常见于儒家典籍，《尚书·洪范》篇：“天子作民父母，以为天下王。”《礼记·孔子闲居》载：

> 孔子闲居，子夏侍。子夏曰：“敢问《诗》云‘凯弟君子，民之父母’何如斯可谓民之父母矣？”孔子曰：“夫民之父母乎！必达于礼乐之原，以致五至，而行三无，以横于天下，四方有败，必先知之。此之谓民之父母矣。”
>
> 子夏曰：“民之父母，既得而闻之矣，敢问何谓五至？”孔子曰：“志之所至，诗亦至焉。诗之所至，礼亦至焉。礼之所至，乐亦至焉。乐之所至，哀亦至焉。哀乐相生。是故，正明目而视之，不可得而见也；倾耳而听之，不可得而闻也；志气塞乎天地，此之谓五至。”
>
> 子夏曰：“五至既得而闻之矣，敢问何谓三无？”孔子曰：“无声之乐，无体之礼，无服之丧，此之谓三无。”

孔子在这里给子夏解释君子怎么才能成为民之父母，引《诗经·大雅·泂酌》

“凯弟君子，民之父母”，告诉子夏必须通达礼乐的本原，致五至而行三无，即使志、诗、礼、乐、哀五者并至，乐、礼、丧三者超越于具体的声音、形式和服装。对于《诗经·大雅·泂酌》原诗“岂弟君子，民之父母。岂弟君子，民之攸归。岂弟君子，民之攸塈”，方玉润发挥说：“此等诗总是欲在上之人当以父母斯民为心，盖必在上者有慈祥岂弟之念，而后在下者有亲附来归之诚。曰‘攸归’者，为民所归往也；曰‘攸塈’者，为民所安息也。使君子不以‘父母’自居，外视其赤子，则小民又岂如赤子相依，乐从夫‘父母’？故词若褒美而意实劝戒。”（《诗经原始》卷十四）

君子为民父母正是《大学》三纲“亲民”的体现。君子亲民，民亦亲之。这也就是孔子说的“君民者，子以爱之，则民亲之”。（《礼记·缁衣》）作为领导百姓的国君，应当像爱护子女一样爱护百姓，百姓就会亲近他。孔子主张“为政以德”，认为执政者的前提条件应该是有德者，而所谓有德就是指有仁德。《大戴礼记·小辨》载，孔子曰：“政善则民说，民说则归之如流水，亲之如父母。”为政者有仁德才能行善政，行善政老百姓才能心悦诚服，心悦诚服才能像流水归大海一样归顺你，像儿女对父母一样亲爱你。

孟子从正反两个方面论证为民父母，《孟子·梁惠王下》讲了什么样的国君才可以为民父母：“国君进贤，如不得已，将使卑逾尊，疏逾戚，可不慎与？左右皆曰贤，未可也；诸大夫皆曰贤，未可也；国人皆曰贤，然后察之。见贤焉，然后用之。左右皆曰不可，勿听；诸大夫皆曰不可，勿听；国人皆曰不可，然后察之。见不可焉，然后去之。左右皆曰可杀，勿听；诸大夫皆曰可杀，勿听；国人皆曰可杀，然后察之。见可杀焉，然后杀之。故曰国人杀之也。如此，然后可以为民父母。”在孟子看来，国君的为政要广泛地听取社会不同阶层的意见，“左右”“诸大夫”“国人”都可以达成一致的意见，“皆曰贤”“皆曰不可”“皆曰可杀”，而只有“国人”的意见才应该是最后决策的根据。这样的国君才可以为民父母，故“为民父母”其实具有民主含义。《孟子·梁惠王上》载：

> 梁惠王曰：“寡人愿安承教。”孟子对曰：“杀人以梃与刃，有以异乎？”曰：“无以异也。”“以刃与政，有以异乎？”曰：“无以异也。”曰：“庖有肥肉，厩有肥马，民有饥色，野有饿莩，此率兽而食人也。兽相食，且人恶之；为民父母，行政，不免于率兽而食人，恶在其为民父母也？仲尼曰：‘始作俑者，

其无后乎！’为其象人而用之也。如之何其使斯民饥而死也？”

这是当面批评时君世主没有仁心，不能以民为本，为了争夺土地和财物，不管人民死活，轻易发动战争，造成率兽食人的悲惨景象，根本称不上为民父母。《孟子·滕文公上》载：

> 滕文公问为国。孟子曰：“民事不可缓也。《诗》云：‘昼尔于茅，宵尔索绹；亟其乘屋，其始播百谷。’民之为道也，有恒产者有恒心，无恒产者无恒心。苟无恒心，放辟邪侈，无不为已。及陷乎罪，然后从而刑之，是罔民也。焉有仁人在位罔民而可为也？是故贤君必恭俭礼下，取于民有制。……为民父母，使民盻盻然，将终岁勤动，不得以养其父母，又称贷而益之，使老稚转乎沟壑，恶在其为民父母也？”

孟子认为，君子仁人在位要恭俭礼下，以道德礼义教化民众，如果不教而杀，剥削压榨，怎么称得上为民父母？

八、君子有大道

《大学》：“是故君子有大道，必忠信以得之，骄泰以失之。生财有大道，生之者众，食之者寡，为之者疾，用之者舒，则财恒足矣。仁者以财发身，不仁者以身发财。未有上好仁而下不好义者也，未有好义其事不终者也，未有府库财非其财者也。”

孔颖达疏“是故君子有大道”一句说：“大道，谓所由行孝悌仁义之大道也。”君子欲行孝悌仁义的大道，必先由行忠信才能获得，如果自身骄泰就会丧失。朱熹注：“君子，以位言之。道，谓居其位而修己治人之术。发己自尽为忠，循物无违谓信。骄者矜高，泰者侈肆。”有位的君子居其位，行修己治人之道，必须以忠信才能实现，因骄泰会丧失。孔颖达就一般的君子而言，朱熹特就有位的君子而言。

“生财有大道，生之者众，食之者寡，为之者疾，用之者舒，则财恒足矣”。有位的君子治国，要重视发展生产，节省用度，藏富于民。《论语·学而》载：“节用而爱人，使民以时。”把“节用”放在第一位。荀子提出“强本节用”。《荀子·天论》载："强本而节用，则天不能贫"；"本荒而用侈，则天不能使之富"。荀况的"强本"指发展农业生产，"节用"是提倡在消费上尽量节约，注意积累和储藏粮食。北宋李觏《富国策第一》："圣贤之君，经济之士，必先富其国焉。所谓富国者，非曰巧筹算，析毫末，厚取于民以媒怨也，在乎强本节用，下无不足而上则有余也。"只有大力发展生产，节省用度，才能富国裕民。其实，传统西方包括欧美与中国文化都是以勤劳节省理念为主。但在当代中国乃至全世界都受凯恩斯为代表的西方经济学理论的影响，提倡以消费刺激生产，将生存生活的理念彻底引到奢侈消费的方向，使大众感到生活代价高，活得很累，烦恼很重，对物质的浪费，对环境的破坏，造成了基本生存的危机。也许短期看来，消费真的能刺激生产，只是从人类发展的长远来看，这无异于饮鸩止渴，结果就是：地球资源过多消耗，人类对自然资源的掠夺和破坏已经接近极限。

"仁者以财发身，不仁者以身发财"。郑玄注曰："发，起也。言仁人有财，则务于施与，以起身成其令名。不仁之人，有身贪与聚敛，以起财务成富。"朱熹注曰："发，犹起也。仁者散财以得民，不仁者亡身以殖货。"仁者、仁人与君子的意思接近，时有通用。仁人有了财富则务于施与他人，以此来立身立名；不仁之人则将身心投入敛财之中，以追求财富的积累，只知聚敛，吝啬其财，劳役其身。就是说，有仁德的人以自身、社会的发展为目的，以生财为手段，修身养性，实现立功、立言、立德的不朽境界。不仁德的人则是以自身的生命、人格、尊严为手段，以发财赚钱为目的，为富不仁，挥霍享受，遭人侧目。

孔颖达疏引《正义》诠释"未有上好仁而下不好义者也，未有好义其事不终者也，未有府库财非其财者也"曰："言君行仁道，则臣必为义。臣既行义，事必终成。以至诚相感，必有实报，如己有府库之财，为己所有也。其为诚实而然，言不虚也。"朱熹注曰："上好仁以爱其下，则下好义以忠其上；所以事必有终，而府库之财无悖出之患也。"

九、结语

《大学》中的君子既指有位的天子、国君，也泛指有道德修养的士君子。《大学》本来是大人之学。大人即圣人，大学即教人学为圣人之道。圣人是儒家的最高人格境界，儒家超凡入圣的修养之道，是从凡人到士君子到贤人到圣人的人格提升，“君子是儒家众趋人格的目标所在，而众趋人格是一个社会全体成员共同的基本人格……为儒家理想人格中的枢纽层面”。[①]《大学》通过多层面对君子人格的展开，为人们提供了学为君子的基本方法和途径，目标是希贤希圣，走上成圣之路。

① 朱义禄：《儒家理想人格与中国文化》，复旦大学出版社，2006，第39—40页。

从“君”之名到“君子”之德

——董仲舒名号理论视域下的“君”义考*

张靖杰**

内容摘要：在《春秋繁露·深察名号》篇中，董仲舒通过对天子以至于庶人之名的考察，试图将“正名”作为确定礼制与政治秩序的重要手段。本文即以“名”为视角，把握董仲舒如何经由对于“君”之名的考察，来表达对于为“君”者的政治主张。在董仲舒看来，“君”作为天人关系的枢纽，是现实政治与教化的承担者。在现实的政治运作中，为君者既要承天志，尊民意，也要在君臣的互动中推行教化与治理。而所有对于为君者的政治要求，都可以在董仲舒对于“君”之名的考察中找到根据。并且经由深察名号提出的对“君”的政治要求，逐渐与对“君子”的德性要求相融合。可见循名责实的名学方法，无论在董仲舒的《春秋》诠释中，还是在其政治伦理思想中，都占据核心的位置。以“君”之名为例，《深察名号》篇中的“君号”“五科”可以视作为为君者的总纲，而围绕“君”所展开的《春秋》诠释则是具体内容。

关键词：名；名号；君；公羊学

儒家历来有重视“名”的传统，孔子提出“正名”，荀子有《正名》篇，及至

---

* 本文为国家社科基金重大项目“董仲舒传世文献考辨与历代注疏研究”（项目编号：19ZDA027）的阶段性成果。

** 张靖杰，上海交通大学人文学院中国古典文献学方向博士研究生，上海交通大学中华君子文化研究中心助理研究员，研究方向为董仲舒传世文献与思想文化、中国哲学。

董仲舒《春秋繁露》则独辟专章讨论“名号”。[①] 并且，“《春秋》以道名分”（《庄子·天下》）[②]，《春秋》褒贬进退皆赖于“名”，以诠释《春秋》为核心的《春秋繁露》势必将“名”视为《春秋》学的核心要义。[③] 在《深察名号》篇（以下简称“名号篇”）中，董仲舒逐一考察天子以至于庶民之“名”。其中，比之于天子、诸侯以至于民之“名”的稽定，董仲舒对于“王号”与“君号”的考察尤费笔墨。因此，本文试图以先秦名辩思潮中的“名学”研究为基础，[④] 以循名责实为方法，探讨挖

① 对于《春秋繁露》中《深察名号》篇的内容与真伪问题，至今未有定论。桂思卓则将《深察名号》篇归于较为可信的“解经编”，并指出“第三十五篇《深察名号》是对《春秋》之‘正名’功能的长篇论述……尽管这两篇可能是董仲舒的论著，但在其他篇章中，一部分很可能是其后学的作品，另一部分的来源则更为模糊难辨。”鲁惟一则持怀疑的态度，指出：“本篇部分论点是以问答的方式提出的。《春秋繁露》只在本文和《实性》第三十六、《循天之道》第七十引用到《孟子》……本篇可能是白虎观奏议的会议记录。”不过，就内容来看，《深察名号》篇即便不全为董仲舒所作，仍然可以归于董仲舒，其中所论及的“正名”，既是儒家思想一以贯之的观点，更是公羊学的题中应有之义。参见［美］桂思卓著：《从编年史到经典——董仲舒的春秋诠释学》，朱腾译，中国政法大学出版社，2010，第 92 页。［美］鲁惟一著：《董仲舒：“儒家”遗产与〈春秋繁露〉》，陈颢铭、王珏、戚轩铭译，香港中华书局，2017，第 258 页。

② 李巍在《春秋大义与黄老思潮》一文中指出：《庄子·天下》篇所谓“《春秋》以道名分”，是从“以法为分，以名为表”的黄老秩序来谈《春秋》学，是对孔子《春秋》要旨的“原教旨想象”。这一说法切中了公羊学的某些内涵，甚至以此为视角解读董仲舒的《春秋》诠释，能够把握到某些文字背后的黄老渊源。然而，值得反思的是：第一，是否存在一个所谓“早期《春秋》学”的概念。作者反对对孔子《春秋》要旨的原教旨想象，然而是否却落入另一个“早期《春秋》学”的“原教旨”窠臼呢；第二，从“名”到“名分”的演变。作者试图以《左传》的文本来证成“早期春秋学”关注“名”，而后在引入黄老思潮中“分”的概念后，才转向关注“名分”。这一说法部分成立。然而，从“名”到“名分”的转变，是否如作者所言是“分”的引入所致？或者换言之，“名分”是否为“名”的题中应有之义？《左传》所谓“唯器与名，不可以假人。”孔子认为多赏赐土地无碍于政治稳定，然而授之以“名”则会乱政。这难道不是“名分”体现吗？第三，如果将“名分”视作为“名”的题中应有之义，那么从“名”到“名分”，实则是“名”的概念从模糊到具体。《春秋》三传的核心要旨固然有所差异，但并非道义与秩序的取舍。参见李巍：《春秋大义与黄老思潮——“〈春秋〉以道名分”说探析》，《社会科学战线》2019 年第 4 期。

③ 马一浮指出：“约而言之，《春秋》之大用在于夷夏、进退、文质、损益、刑德、贵贱、经权、予夺，而其要则正名而已矣。‘必也正名’一语，实《春秋》之要义。‘君君，臣臣，父父，子子’，即庄生所谓道名分也。”参见马一浮：《复性书院讲录》，山东人民出版社，1998，第 89 页。

④ 曹峰在《中国古代“名”的政治思想研究》中侧重于对先秦名辩思潮中“名”的政治性进行考察，并认为汉代名学是先秦名学的“延长线”。就此而言，董仲舒作为汉代儒学的奠基性人物（“儒者宗”“群儒首”），其名学思想的重要性不言而喻。参见曹峰：《中国古代“名”的政治思想研究》，上海古籍出版社，2017，第 21 页。

掘董仲舒对于“君”之名不同侧面的考察,及其与《春秋》诠释之间的内在关联。[①]以名为视角，可以发现：无论是“尊君”还是“屈君”，董仲舒均将对“君”的德性要求内嵌在对“君”之名的稽定之中。其中，名号篇对“君号”与“君名”的论述不妨视作为总纲，而对《春秋》所记不同事例的诠释则是围绕总纲的详细展开。“君”在董仲舒的视域中，既是天人关系的枢纽，也是现实政教的承担者，在《春秋》所体现的政治架构中，君臣关系构成最为重要的政治关系。以“名”为核心，就势必要求“君君臣臣”，即为“君”者必须如“君”之名所规定的那样去行事，否则便会招致灾祸。

一、“君”字训释与“君号”“五科”

董仲舒对于名号理论的重视，核心在于对《春秋》之辞的关注：“《春秋》辨物之理，以正其名。名物如其真，不失秋毫之末。故名陨石，则后其五，言退鹢，则先其六。圣人之谨于正名如此。君子于其言，无所苟而已，五石、六鹢之辞是也。”[②]从《春秋》诠释出发，董仲舒不仅关注到名以辨物的基本功能，同时经由对《春秋》记事与褒贬的阐发，将“名”的作用贯穿于现实的政治秩序中，所谓“治天下之大端，在审辨大。辨大之端，在深察名号”。(《深察名号》)名号篇中对于天子以至于庶民之名的考订中即是对于这一理念的实践。本文即以“君”为例，试述一二。

首先，董仲舒对于“君”之名的讨论，离不开以往典籍中对于“君”字的训释。《仪礼·丧服》曰：“君至尊也。”《说文解字》采用此说：“君，尊也。发号，故从口。”《正字通》解“君”字为“上也，临也。”处上位而临下，与“尊”义相近。“君”有一个异体字更能形象地表达“君”的尊义：“㞋，古文象君坐形。”为君者

---

① 本文选取“君”作为考察对象，而非“王”，其理由在于：在《春秋》记述，以鲁国十二君为断代，且所记之事大多为各诸侯国及其君主、卿大夫之间的事。“君”构成了《春秋》记事中的一重具有普遍性的政治身份。甚至“君”在《春秋》的语境中，也可以指称“王”，例如鲁侯是君，但《春秋》书法又“托王于鲁”。与之相应，“王”的称呼在《春秋》中则具有特定的含义，即指周王，而“王正月”所象征的“大一统”，在公羊学的视域中意味着“政教之始”（何休语）。因此，考察董仲舒政治理论中对于在位者、统治者的一般观点，选取“君”则更具有代表性。

② 本文所引《春秋繁露》，均以卢文绍所校的聚珍本（上海古籍出版社，1989 年影印本）为准。后文所引，即随文标注篇目。此外，正文出现《春秋繁露》书名，均简称《繁露》。特此说明。

南面而坐，以示其地位尊崇。[①] 就字形而言，君从尹，从口。如许慎所说“口”为“发号”之意，即发出呼号，可以引申为君主发号施令。“尹”字段玉裁注曰“治也”，可见“君”有治理之意。与被治者相比，治人者显然处于较为尊贵的位置。“君”在某些使用中，表示至高无上的天子，如《尚书·大禹谟》：“皇天眷命，奄有四海，为天下君。”在此，“君”即是指唯一的君主。不过，如《诗经·大雅·假乐》：“穆穆皇皇，宜君宜王。”孔颖达注曰：“君则诸侯也。”[②] 郑玄注《仪礼·丧服》时指出：“天子诸侯及卿大夫有地者，皆曰君。”[③] 可见，只要有土地者，都可以称之为“君”。此外，如“储君”为君之嗣子，“小君”为君夫人，得称“君”者，均因其与“君”本身相关。

“君”之为“尊”意味着受人尊敬、尊崇，因此，必须将“君”置于与民的互动关系中才得以成立。况且，仅仅有土地尚不能成为“君”，还需要有人民。因此，“君”之为治理，不仅是治理土地，也是治理人民。这就引申出“君”的另一层含义，即“群”。梅膺祚所撰《字汇》侧重于“君”之“群”义：“君，规云切，音钧。《说文》：‘尊也。’《白虎通》：‘君者，群也。群下归心也。’《荀子》：‘君道能群。’又《谥法》：‘赏庆刑威曰君，从之成群曰君。’”可见，为“君”者不仅要享有民众（“从之成群”），更要治理民众（“赏庆刑威”）。

以上述对于“君”字的训释观之，董仲舒对于“君号”有“五科”的解释，既包含了上述内容，也融入了自己的新解。名号篇云：“深察君号之大意，其中亦有五科：元科、原科、权科、温科、群科。”[④] 苏舆注曰：“号其凡也，科其目也。君王各科，并依声起，可以识文字声义相生之旨。”[⑤] 可知，所谓“科”，即“科条”（凌曙注）、条目之意。董子用以诠释“君”的五个条目，恰恰与“君”号只是一音之

---

① “君”之为“尊”，不过，“尊”之上还有“至尊”。《荀子·正论》：“天子者，執位至尊，无敌于天下，夫有谁与让矣？”“敌”即是匹敌，对等。作为“天子”履至尊之位，自然无敌于天下。又贾谊《新书·等齐》则强调天子与诸侯要做出区分，“天子”是“至尊”而“诸侯”虽然尊，却不可“齐等”。《白虎通·号》篇：“或称天子，或称帝王何？以为接上称天子者，明以爵事天也；接下称帝王者，得号天下至尊言称，以号令臣下也。”上承天意故称天子，下命百姓故称帝王。又蔡邕《独断》：“皇帝、皇、王后、帝皆君也……王者至尊，四号之别名……天子，正号之别名。”如果按照董仲舒“号凡而略，名详而目”的说法，那么“君”可以视作为“号”，而天子的各种不同称呼则是“名”。

② ［汉］毛亨传，［汉］郑玄笺，［唐］孔颖达疏：《毛诗正义》，北京大学出版社，1999，第 1107 页。

③ ［汉］郑玄注，［唐］贾公彦疏：《仪礼注疏》，北京大学出版社，1999，第 553 页。

④ 余治平指出，君号的“五科”是“五个最为基本的因素，即臣民之首、政事之源、威权陈列、温润怀柔、凝聚亲和。这些才是一国之君所应该做的分内职责”。可备为一说。参见余治平：《唯天为大：建基于信念本体的董仲舒哲学研究》，商务印书馆，2003，第 336 页。

⑤ ［清］苏舆：《春秋繁露义证》，中华书局，1992，第 282 页。

转，同音甚至音近之字可以相训，董子以“五科”训一“君”字，即运用了上文所言以“声”达“义”的训释方法。

“五科”的排序显然遵从一定之则：“是故君意不比于元，则动而失本；动而失本，则所为不立；所为不立，则不效于原，不效于原，则自委舍；自委舍，则化不行。用权于变，则失中适之宜；失中适之宜，则道不平，德不温；道不平，德不温，则众不亲安；众不亲安，则离散不群；离散不群，则不全于君。”（《深察名号》）其中，“元”“原”两科具有两个方面的含义：一、一国之首。《立元神》篇有言：“君人者国之元，发言动作，万物之枢机。”又：“君人者国之本也。”张之纯注曰：“‘元’如‘勇士不忘丧其元’之元，首也。《书》曰：‘元首明哉！’”[①]在此，“君”之为“元”，指的即是一国之首；二、政教之始。对于“元”字，《王道》篇有所解释：“《春秋》何贵乎元而言之？元者，始也，言本正也。道，王道也。王者，人之始也。”“君者元也”之“元”，意为上承天意，下启政教之始，《春秋》“贵元”而“重始”，实则把握了人道政治的根本。及至何休注《公羊》，更是将“元年、春、王、正月、公即位”归纳为“五始”之说。至于“原”的含义，依苏舆注曰：“本书《玉英篇》：‘元犹原也，其义以随天地终始也。’案：原、元一义，而分别言之者，元是正本之义，原是不息之义，故下云‘自委舍’。”可见，“原”与“元”并不存在实质性的区别，只是所指不同而已。后文“是故君意不比于元，则动而失本；动而失本，则所为不立；所为不立，则不效于原。”作为“本”的“元”，根源在于“天”，而需要效法的“原”，仍然可以在“天”处寻找根据。两者只是从不同的角度来指称这个“本”或“始”而已。苏舆引《天人三策》的话指出：“《春秋》谓一为元者，视大始而欲正本也。”天不仅是为君之“始”，更是为君之“本”，“天”与“君”的关系构成一个闭环。

为君者承天意、施政教，自然需要深入具体的政治运作中，承担为君者的政治义务。董仲舒显然将对“天”的效法视作君的责任，故“不效于原”即“委舍”，卢文绍注“委舍”为“委卸”，[②]即推卸责任之意。为君者不承担责任，则难以施行教化，因此政治运作失去一定之则，“权”由此显露。此处，“权”既是为君者的权力，也指在具体政治运作中的权变，两者内在相关。如果政治运作能够遵循一定之

① [清]张之纯：《春秋繁露评注》，载钟肇鹏主编：《春秋繁露校释（校补本）》，河北人民出版社，2005，第377页。

② [汉]董仲舒撰，卢文绍点校：《春秋繁露（聚珍本）》，上海古籍出版社，1989，第60页。

则，为君者上承天意，下施教化，则权力必施之于无形。相反，如若政事缺乏规律，妄加人力，则权力难免成为“看得见的手”，四处进行干预。在《立元神》篇中，董仲舒充分采取黄老家说，指出：“故为人君者，谨本详始，敬小慎微，志如死灰，形如委衣，安精养神，寂寞无为。休形无见影，揜声无出响。虚心下士，观来察往。谋于众贤，考求众人。得其心遍见其情，察其好恶，以参忠佞，考其往行，验之于今，计其蓄积，受于先贤。释其雠怨，视其所争，差其党族，所依为臬，据位治人，用何为名，累日积久，何功不成。”显然，这里董仲舒深谙黄老思想中的为君之道，强调人主无为而治。[①] 在此意义上，“用权于变”的表述，即体现出权力的面向，也体现出权变的功能。就其权力的面向而言，“君”由其政令实现对国家的治理，所谓“君也者，掌令者也，令行而禁止也。”（《尧舜不擅移汤武不专杀》）不过，如若政治运作能偏离经常之义，一般的政令便难以收效，权力随即衍生出权变。苏舆解释说：“经所不及，则以权平之，是权亦中也。若以行权为济变，则必至于失中。”[②]“权”应该是“经”的补充，而不是政治运作的常态。政治时常变动，对于为君者而言绝非善事。而“温”与“群”两科则涉及为君者与民众的关系。“温”指“道德泽及百姓，温暖人心”。[③]“德温”则可以来民，故“群”即聚拢民心，使“君”万众归心。所谓：“王者，民之所往。君者，不失其群者也。故能使万民往之，而得天下之群者，无敌于天下。”（《灭国上》）若非如此，则民心离散，君弑国亡。《春秋》记载梁国“鱼烂而亡”（《公羊传·僖公十九年》），即是明证。

比较古籍中对于“君”字的使用，以及董仲舒用“五科”来定位的“君”之名，可以发现：董仲舒所言各科，均可以在义理上找到根据，也大体上都说得通。不过，如若细究起来，将“五科”以一定的线索关联起来，却并非概念间的严格逻辑推论，而是义理上的枝蔓与演绎。董仲舒之所以用“五科”来训释“君”，并按照一定的顺序排序，其背后的用意在于：将现实的政治秩序系之于“君”，将“君”之名系之于“天”。用他总结“《春秋》之法”的话来说，则是“以人随君，以君随天”。

---

① 徐复观指出：“董氏把君权提得这样高，于是他不知不觉地，接受了一部分战国末期的道家思想及法家思想，将人君加以神秘化。”参见徐复观：《两汉思想史》第 2 卷，九州出版社，2014，第 386 页。

② [清] 苏舆：《春秋繁露义证》，中华书局，1992，第 283 页。

③ 钟肇鹏主编：《春秋繁露校释（校补本）》，河北人民出版社，2005，第 658 页。

二、“以人随君，以君随天”

“以人随君，以君随天”的命题，并非抽象的观念建构，而是建基于《公羊传》对《春秋》的诠释加上董仲舒自己对于天人关系的理解：“《春秋》之法，以人随君，以君随天。一日不可无君，而犹三年称子者，为君心之未当立也。此非以人随君耶？孝子之心，三年不当。三年不当而逾年即位者，与天数俱终始也。此非以君随天邪？故屈民而伸君，屈君而伸天，《春秋》之大义也。”（《玉杯》）围绕“即位”这件事，董仲舒大加阐发他对于天人关系的理解。“君”作为一国之元首，政教之本始，自然不能缺位，否则政必息、国必乱。不过在父死子继的过渡阶段，却存在人情与民心之间的抵牾，一面是孝子需守“三年之丧”，且从孝子之情考量也不忍立刻当父之位，另一面则是臣民希望有一个君主来稳定政局，推行政教。那么，如何处理这样一种两难？

《公羊传·文公九年》对此有所解释：“九年春，毛伯来求金。毛伯者何？天子之大夫也。何以不称使？当丧未君也。逾年矣，何以谓之未君？即位矣，而未称王也。未称王，何以知其即位？以诸侯之逾年即位，亦知天子之逾年即位也。以天子三年然后称王，亦知诸侯于其封内三年称子也。逾年称公矣，则曷为于其封内三年称子？缘民臣之心，不可一日无君；缘终始之义，一年不二君，不可旷年无君；缘孝子之心，则三年不忍当也。”毛伯作为天子的使者，来鲁国求金以助葬，按照《春秋》惯例，天子之使应当称“使”。不过此处却没有遵从惯例，《公羊传》的解释从人情的角度提出一种折中方案：一方面，继位者可以逾年即位，因为一年无二君；另一方面，三年后方可称王，以示哀戚（“不忍当”）。[①] 对于这一父子权力交接过程中的名称转换，《庄公二十三年》的传文有更明确的记载：“君存称世子，君薨称子某，既葬称子，逾年称公。”这一两难的矛盾，经由“君”之名的转换得以解决。不过在“名”的背后，仍然是“孝子之心”“民臣之心”与“天数”相互“博弈”的结果。“臣民之心”服从于继位之君的“孝子之心”，是“以人随君”。“孝子之心”服从于“天数”，是“以君随天”。在“名”的转换背后，均有相应的“实”作为内在根据，或本于人情、或本于天数。

① 何休注曰：“孝子三年志在思慕，不忍当父位，故虽即位，尤于其封内三年称‘子’。”参见 [汉] 何休注，[唐] 徐彦疏：《春秋公羊传注疏》，上海古籍出版社，2014，第 546—547 页。

以此为基础，董仲舒继而提出“屈民而伸君，屈君而申天”的命题，并将之视作为“《春秋》之大义”。苏舆解释说：“屈民以防下之畔，屈君以警上之肆。夫天生民而立之君，此万古不敝之法也。圣人教民尊君至矣，然而盛箴谏以纠之，设灾异以警之，赏曰天命，刑曰天讨，使之罔敢私也。视自民听，使之知所畏也。”[①] 对于民众而言，君的存在本身即一种制约与引导，政教的施行往往是上对下、君对臣民而言，甚至君有所好，民亦效之，如“楚王好细腰，宫中多饿死”之类，董仲舒对此有着十分明确的认识：“君者，民之心也；民者，君之体也。心之所好，体必安之；君之所好，民必从之。故君民者，贵孝弟而好礼义，重仁廉而轻财利，躬亲职此于上，而万民听，故曰：‘先王见教之可以化民也。’此之谓也。”（《为人者天》）《玉英》篇中，董仲舒发挥《公羊传·隐公五年》所载“公观鱼于棠”一事，认为这不仅是讥刺隐公，更是“讳大恶之辞”。其背后的原因，正在于为君者“处位动风化者”，言利尚且不妥，何况亲自求利。求利已是大恶，何况与民争利。为君者如此行径，必使民众闻风而向、趋之若鹜。甚至，民众是否顺从于君，也取决于君是否顺于天子、天命：“传曰：唯天子受命于天，天下受命于天子，一国则受命于君。君命顺，则民有顺命；君命逆，则民有逆命。故曰：‘一人有庆，兆民赖之。’此之谓也。”（《为人者天》）可见，为君者不仅治理民众，更要成为民众在行为与道德上的楷模。

与君对民的制约、影响相对，民对君的制约则由“屈君而申天”来实现。在“天”“君”与“民”的关系上，董仲舒试图建构的是一个相互制约的闭环。在“以人随君，以君随天”之外，董仲舒对于“天”与“民”关系的论述则补足了这个闭环：“天之生民，非为王也，而天立王以为民也。故其德足以安乐民者，天予之；其恶足以贼害民者，天夺之。”（《尧舜不擅移、汤武不专杀》）天意随民心而转变，用以制约君主的“天”，归根结底是“民心”而已。在此，董仲舒对于“民”的态度内嵌着一对矛盾：既希望“民心”可以经由“天意”制约君主的权力，同时又对没有判断能力（“瞑”）的“民”缺乏信任。可以由此推断，无论如何制约君权，君在民上、以君屈民，才是现实政治秩序的关键。

此外，在君民关系上，董仲舒对于黄老法家思想的汲取，使得他往往将民众视作权力展布的场域：“民无所好，君无以权也。民无所恶，君无以畏也。无以

① ［清］苏舆：《春秋繁露义证》，中华书局，1992，第30页。

权，无以畏，则君无以禁制也……故圣人之制民，使之有欲，不得过节；使之敦朴，不得无欲。无欲有欲，各得以足，而君道得矣。”（《保位权》）董天工对本篇中君、臣、民的关系加以考量后指出：“篇分三段，由君而民，由民而臣，民附臣从，而君无为，则位权保矣。”[①] 此处对于如何保住“位权”的论述，可与“五科”中的“权科”比而观之。“权”作为“君”的题中应有之义，内嵌于为君之道中，无论是合法性的确立、政权的维护，还是现实政治的运作，“权”都体现出为“君”者所必备的一种手段。权力实则存在于人心，如若民无所好恶，君的权力也就无处展布。董仲舒汲取黄老思想所提出的为君之道，显然关注到了君权的这一面向，并将之内嵌于“君”之名中。

三、“国君一体”

为“君”者不仅享有土地、人民，更为重要的是，“君”在外交、政事方面直接代表国家，有鉴于此，《公羊传》提出“国君一体”的观念。《公羊传·庄公四年》记载齐襄公为九世之祖复仇，灭了纪国的事情。按照《春秋》的惯例，“君死于位曰灭，生得曰获，大夫生死皆曰获。”（《公羊传·昭公二十三年》）但在齐灭纪这件事上，《春秋》的记载却是“纪侯大去其国”，《公羊传》认为，齐襄公为九世祖复仇，兴的是正义之师，因此不书“灭”，乃是“为襄公讳”。《公羊传》的作者借题发挥：“国君一体也；先君之耻犹今君之耻也，今君之耻犹先君之耻也。国君何以为一体？国君以国为体，诸侯世，故国君为一体也。”此处，《公羊传》对于复仇的范围有一个严格的分判，即国仇“虽百世可复”，家仇则不可。[②] 之所以如此，则是因为“国君一体”，一国之君代表一个国家，杀害国君无异于灭人之国。

“国君一体”的观念在《春秋繁露》中虽然没有明确提出，不过下面两点可以证明董仲舒也同样认可“国君一体”的说法。第一，“国灭君死之，正也”。这一表述见于《公羊传·襄公六年》所记齐国灭莱之事。《春秋繁露》中的《竹林》与《玉

① [清]董天工笺注，黄江军整理：《春秋繁露笺注》，华东师范大学出版社，2017，第99页。

② 《公羊传》里有“荣复仇”的大义，然而对于谁来复仇、如何复仇，以及复仇的范围都有十分严格的限定。其中最为重要的一条，即是家仇不可复。《公羊传·庄公四年》记载“纪侯大去其国”一事时，就“复仇”问题展开讨论，特别指出：国仇百世可复，而家仇则不可。这是因为“国君一体”，而（大夫）家则不世袭，为远祖复仇缺乏正当性。不过，正如《礼记·曲礼上》所记载：“父之仇弗与共戴天，兄弟之仇不反兵，交游之仇不同国。”可见，普遍意义上的复仇正当性，似乎在儒家看来局限于自己所在的亲缘关系内。

英》两篇则引用这句话，不过针对的却是齐国灭纪与齐顷公不能死位之事。在齐灭纪一事上，《公羊传》赞许齐襄公复仇，对于纪侯的行为却没有过多提及。董仲舒将《春秋》的文字“比而观之”，发现《公羊传》实则是经由“托贤于纪季”来达到“贤纪侯”的目的。其理由在于：如果纪季是贤者，不会做出“用地”“去国”与“避外难”三件不义之事。但纪季确实又这么做了，而《公羊传》仍然认为纪季是贤者，那只能认为纪季是受君命而为之。对于纪侯的态度，董仲舒认为：尽管“国灭君死之”是为君之正道，但是纪侯能够“率一国之众，以卫九世之主。襄公逐之不去，求之弗予，上下同心而俱死之，故谓之大去。《春秋》贤死义，且得众心也，故为讳灭。”（《玉英》）董仲舒的解读将“讳灭”的对象从襄公转到纪侯的身上，可见对纪侯得众死位，且惦念宗庙祭祀的行为十分推重。

第二，君不可见辱失尊。《公羊传·成公二年》记载逄丑父代齐顷公被执，被晋国处决一事。[①] 按照人之常情，为臣者能以一己之身代君赴死，足见其忠义。[②] 然而，董仲舒仍然不许其义，究其原因，则在于“丑父措其君于人所甚贱以生其君”（《竹林》），使至尊之君至于至贱之位，辱宗庙、羞社稷，虽得其生，却是奇耻大辱。因此，董仲舒评价说：“大辱莫甚于去南面之位而束获为虏也。曾子曰：‘辱若可避，避之而已。及其不可避，君子视死如归。’谓如顷公者也。”（《竹林》）颇堪玩味的是：董仲舒将逄丑父与祭仲两相比较，论述何者为“权”，最终许祭仲而不许丑父。此处所论之“权”当然是权变，但由此也可以发现权变与权力之间的微妙关联：权变仍然需要以权力的挺立为前提，如果为君者见辱失尊，权力即失去了合法性的来源，权变也就无从谈起了。

上述两个例子旨在说明：为君者实则与国为一体，所谓“一国之君，其犹一体之心也”。（《天地之行》）又“国之大柄，君之重任也”。（《俞序》）为君者作为国家

---

① 《左传·成公二年》与《史记·齐太公世家》对此事的记载与《公羊传》颇有出入，两者都提到逄丑父最终被郤克赦免，并未就戮。由此推断，在《公羊传》的视域中，事以明义，实则是“义”先行。

② 刘向对此事有完全不同的看法：“夫福生于隐约，而祸生于得意，齐顷公是也。齐顷公、桓公之子孙也，地广民众，兵强国富，又得霸者之余尊，骄蹇怠傲，未尝肯出会同诸侯，乃兴师伐鲁，反败卫师于新筑，轻小嫚大之行甚。俄而晋鲁往聘，以使者戏，二国怒，归求党与助，得卫及曹，四国相辅期战于鞍，大败齐师，获齐顷公，斩逄丑父，于是懼然大恐，赖逄丑父之欺，奔逃得归。吊死问疾，七年不饮酒，不食肉，外金石丝竹之声，远妇女之色，出会与盟，卑下诸侯，国家内得行义，声问震乎诸侯，所亡之地弗求而自为来，尊宠不武而得之，可谓能诎免变化以致之，故福生于隐约，而祸生于得意，此得失之效也。”（《说苑·敬慎》）在刘向看来，齐顷公之所以能因祸得福，振兴家国，端赖丑父之义。

的首脑，不仅承担政教的任务，更是国家的尊严。维护一国之君的政治尊严，不仅关乎为君者个人，更是关乎一国的政治信誉与地位。通过强调"国君一体"，为君者与国家之间的关联进一步强化，旨在强调为君者的政治责任。

四、君臣之义

除了在君与民、君与国的关系之外，君与臣的关系也是定义为君者的一个重要面向。臣也是民，但与民不同的是，臣可以直接参与国家的政治活动。君有赖于臣治理国家，臣则需要得君才能行道。如果说在君民关系中，被要求与苛责的一方往往是君，那么，在君臣关系里，君臣之间往往存在互动与制约，君臣相须成体，构成了为君者（与为臣者）的德性要求。

首先，就一般情况来看，君臣各安其分，且以君为主、以臣为从，所谓"立义定尊卑之序，而后君臣之职明矣。"（《正贯》）。董仲舒在不同的语境下再三强调"君臣之分"，虽然是各有其"分"，但本末、高下却一目了然。如"强干弱枝，大本小末，则君臣之分明矣"。（《十指》）此处所谓本末、大小，实则针对汉初诸侯尾大不掉的情况所发之议论。又"四时之行，父子之道也；天地之志，君臣之义也；阴阳之理，圣人之法也"。（《王道通三》）父子、君臣、阴阳摆在一道，何者为主、何种为从，站在董仲舒尊阳而抑阴的观点来看可谓一目了然。

站在儒家一贯的立场，君臣关系以君为主、以臣为从并没有任何问题，"君使臣以礼，臣事君以忠"。（《论语·八佾》）"使"与"事"的区别，必然是使人者为主，事人者为从。不过，董仲舒站在维护君权的立场上，对于臣的行为也提出某些不近人情的要求。例如："《春秋》君不名恶，臣不名善，善皆归于君，恶皆归于臣。臣之义比于地，故为人臣者，视地之事天也。"（《阳尊阴卑》）经由比附天地来安排君臣关系的序列，并且主张在现实的政治运作中，将美名归之于君。与之相关，董仲舒还主张为臣者不显谏："且《春秋》之义，臣有恶，擅名美。故忠臣不谏，欲其由君出也。《书》曰：'尔有嘉谋嘉猷，入告尔君于内，尔乃顺之于外，曰：此谋此猷，惟我君之德。'此为人臣之法也。古之良大夫，其事君皆若是。"（《竹林》）经由私下将谏言告知君主，既体现出君的睿智，更维护了君的善名。

按照董子以前儒家的见解，君臣关系中的为臣之道，一方面固然在于维护君权的至高无上，但另一方面，为臣者仍然要保全其身，如若遇到不纳谏的君主，为臣者亦有去君之义。《礼记·曲礼下》："为人臣之礼：不显谏。三谏而不听，则逃之。子之事亲也：三谏而不听，则号泣而随之。"《公羊传·庄公二十四年》也记载曹羁三谏不从而毅然出奔的事。孔子许之为贤，并认为能够"得君臣之义"。董子显然也继承了这一观点："人受命于天，有善善恶恶之性，可养而不可改，可豫而不可去，若形体之可肥，而不可得革也。是故虽有至贤，能为君亲含容其恶，不能为君亲令无恶。事亲亦然，皆忠孝之极也。非至贤，安能如是？父不父则子不子，君不君则臣不臣耳。"（《楚庄王》）显然离所谓"君为臣纲"的提法还有一段可观的距离。[①] 从《春秋》诠释的角度出发，董仲舒甚至反复以弑君、亡国的例子警戒为君者要善待臣子："君明，臣蒙其功，若心之神，体得以全；臣贤，君蒙其恩，若形体之静而心得以安。"（《天地之行》）反之："上乱下被其患，若耳目不聪明而手足为伤也；臣不忠而君灭亡，若形体妄动而心为之丧。是故君臣之礼，若心之与体，心不可以不坚，君不可以不贤；体不可以不顺，臣不可以不忠。心所以全者，体之力也；君所以安者，臣之功也。"（《天地之行》）君能安于其位，为臣者功不可没。因此，为君者必须任用贤臣。《公羊传·庄公三十二年》曰："庄公病将死，以病召季子，季子至，而授之以国政。"又《公羊传·桓公二年》曰："督将弑殇公，孔父生而存，则殇公不可得而弑也，故于是先攻孔父之家。殇公知孔父死，已必死，趋而救之，皆死焉。"董仲舒通过这两则故事说明，为君者知贤、任贤，不仅可以免于被戮，更能兴国家。（《精华》）相反，不知贤，甚或知而不任贤，则会给为君者招来灾祸。

此外，为臣者虽然需要领君命而行，但在一定限度内仍然享有行事的自由。董仲舒经由诠释司马子反违反君命，与敌军讲和的例子，说明了"仁"大于"君"，君命也不能违反人情的道理。《竹林》篇载："司马子反为其君使。废君命，与敌情，从其所请，与宋平。是内专政而外擅名也。专政则轻君，擅名则不臣，而《春秋》大之，奚由哉？曰：为其有惨怛之恩，不忍饿一国之民，使之相食。推恩者远之而大，为仁者自然而美。今子反出己之心，矜宋之民，无计其闲，故大之也。"为人

---

① 儒家思想的专制主义，莫如"三纲"。然而，董仲舒虽然对于君臣、父子、夫妇之义多有讨论，甚至认为"王道之三纲，可求于天。"（《基义》）但是，董仲舒并未将之作为"教条""信条"固定下来。徐复观即敏锐地捕捉到这一点："《深察名号》与《基义》有提到'三纲'，指的是君臣夫妇父子各尽其分，到此为止，还是双向性的相对伦理。但后来者别有用心加以发挥，则成了'君为臣纲，父为子纲，夫为妻纲'，出于纬书《含文嘉》。"以君臣关系为例，董仲舒虽然对于臣子之忠的要求是近乎绝对化的，但对于君的德性要求仍然内嵌于对君名的考订之中。就此来看，君臣关系仍然是双向的。参见徐复观：《两汉思想史》第2卷，九州出版社，2014，第381页。

臣者，违反君命、专政于内、擅权于外，实则犯了君主的大忌。不过，董仲舒试图从人情角度为司马子反开脱：“今子反往视宋，闻人相食，大惊而哀之，不意之至于此也，是以心骇目动而违常礼。”子反见路有饿殍，触目惊心，违反常礼，也情有可原。在此，受到惊吓的人情背后，实则是孟子所谓“不忍人之心”。因此，即便知道违反君命可能给自己带来祸患，仍然于彼时出于本能而这样去做。董子接着说：“礼者，庶于仁，文、质而成体者也。”如周桂钿所指出的：“仁为礼之本，仁为质，礼为文，文质结合而成体。”① 在这里，君臣之义屈从于生民之命，君臣之礼服从于仁爱之心。

结语：从“君”之名到“君子”之德

以“名”观之，董仲舒以循名责实为方法，将《深察名号》篇的君号有“五科”视为总纲，落实于《繁露》中的《春秋》诠释，构建起一套充实的“君”名理论。不难发现，“五科”不仅用以命名“君”，更为重要的是限定“君”。“名”本身即内在包含了对所命之对象的德性要求。任何对于“名”的偏离，即是对其德性的偏离。董子经由对《春秋》中所见“君”的种种品行的评价、概括，所要实现的正是以“君”之名，责“君”之实。所谓的“君”之实，即是为君者的德性与德行。《白虎通·号》篇：“或称君子何？道德之称也。君之为言群也；子者，丈夫之通称也。”“君”之“尊”义、“群”义，乃至董子所论之“五科”，均可以从政治领域渗透到道德领域。从“君”到“君子”，其根据在于“君”之名本身内在包含着对“君”之德的要求。

① 钟肇鹏：《春秋繁露校释（校补本）》，河北人民出版社，2005，第95页。

试论“君子”的诞生

胡发贵*

内容摘要：“君子”本意，其一为“官长”，其二泛指风雅男子。古代中国，君子最为流行的含意是有德。有德的标准包含四层，即君子文质彬彬、君子坦荡荡、君子不伐善与君子怀德。作为君子应超越普通人的一般要求，应体现出更多的精神性追求和价值关怀，即君子应“喻于义、志于道”。“君子”是个合成词，君的权力使其甫问世即含有庄重与威严意涵；而子的生命与生生不息意象，则使之隐含一种令人期待的积极意界。合而观之，“君子”概念逻辑上表达的应是：像君一样的男子、丈夫。“君子”一词，实为转借，先人将“贵且贤”、含权力与德性于一身的君王之称，进行了创新性的发展，取其德性而隐其权力，称为“君子”，不言贵与尊，而专意于“怀德”的模范。经此历史性的转喻，政治化为伦理，权力蝶变为德性，于是“君子”诞生。

关键词：君子；文；质；君子坦荡荡；不伐善

中国文化中，辨识人格、称颂偶像的词语很多，如圣人、善人、士、真人、儒士等，但就影响的广泛和长远来看，君子可能是首屈一指的，也可以说是妇孺皆耳熟能详的一个词。我们的文化常常将那些令人景仰、令人喜爱的人，称之为君子。本文并不企图从历史的角度钩沉索微，而是拟从思想逻辑的视域，解析为何“君子”被追慕为一种典范人格。

* 胡发贵，江苏省社会科学院哲学与文化研究所所长，江苏省君子文化研究中心主任。

一、君子释辞

先秦文献中，“君子”出现的频率很高。据统计，《诗经》一百八十三次，《春秋经传》中“君子”一词共出现二百一十九次，《论语》一百零七次，《孟子》七十九次，《荀子》二百七十一次。

（一）君

从字的结构上看，“君”从尹从口。尹，治也，口，号令也。“尹”是“君”的本字，甲骨文手执权杖，表示握权执政，管理事务。后来甲骨文加（口，命令），另造“君”代替。造字本义是发号施令，执政治国，即“君能制命为义”（《左传·宣公十五年）》。文献中，君亦指有地者：“天子诸侯及卿大夫有地者皆曰君”（《仪礼丧服》郑玄注）；继位者：“旧君死，新君立，当年称子，逾年称君。”（杨伯峻：《春秋左传注·桓公十三年》）；有生杀予夺之权者：“故丧祭、朝聘、师旅一也。贵贱、杀生、与夺一也。”（《荀子·王制》）

（二）子

造字初意，甲骨文象形一幼儿，有脑袋、头发、两脚。有的甲骨文简化为字形，像幼儿两脚被裹在襁褓里，露出脑袋，挥动两臂。造字本义：包裹在襁褓中的幼儿，引申有生生之意，如《说文解字》曰：“子，十一月，阳气动，万物滋，人以为偁。”

（三）“君子”本意

其一是为“官长”。从存世文献来看，“君子”首见于《尚书》：“越庶伯君子，其尔典听朕教。”（《书·酒诰》）其意指有权力、有位者。孔安国《传》注称：“众伯君子，长官大夫统庶士有正者。”又如：“周公曰：呜呼！君子所其无逸。先知稼穑之艰难，乃逸，则知小人之依。”（《书·无逸》），孔《疏》引郑玄云：“君子，止谓在官长者。”清人孙星衍《尚书今古文注疏》引郑玄注《礼器》说：“君子，谓大夫以上。”又如《诗》“岂弟君子，民之父母”之“君子”，也是指官长，属于“劳心”的国家治理者。

其二是泛指风雅男子。这里的“风雅”包含有风仪、品格、修养以及多情、浪漫等意。如《诗经》名句：“关关雎鸠，在河之洲。窈窕淑女，君子好逑。”（《国风·周南·关雎》）。旧注诗中“君子”指青年男子、丈夫的敬称，其实诗中的“君子”，不无多情、倜傥之意，亦有赞美的嘉赏之许。下面两句诗的“君子”，或也有此类意涵：

未见君子，我心伤悲。（《召南草虫》）
既见君子，云胡不喜。（《郑风风雨》）

后来君子（君）成为风雅男子的代称。如1974—1978年间出土于湖南长沙铜官窑一件瓷器上的题诗：

君生我未生，我生君已老。君恨我生迟，我恨君生早。（《铜官窑瓷器题诗》）

又如宋李之仪《卜算子·我住长江头》诗：

我住长江头，君住长江尾。
日日思君不见君，共饮长江水。
此水几时休，此恨何时已。
只愿君心似我心，定不负相思意。

二、“天下有德通谓之君子”

古代中国，君子最为流行的含意是有德。汉班固曰：“或称君子何？道德之称也。君之为言群也；子者，丈夫之通称也。”（《白虎通义・号》）又如宋王安石所论：“天子诸侯谓之君，卿大夫谓之子，古之为此名也，所以命天下之有德，故天下之有德通谓之君子。”（君子斋记）那么，何谓有德？

其一，君子文质彬彬。从孔子的论述来看，“君子”不是单一、片面的人格，而是多种杰出禀赋的集成。于此，孔子有句经典的话：“质胜文则野，文胜质则史。文质彬彬，然后君子。”（《雍也》）这句话中的“质”与“文”，大致指称人的两种素养：质朴和文采。“彬彬”，为文与质兼具又圆融溢彩的典雅状态。显然，在孔子看来，单一的“质”或独具的“史”都难称“君子”。换言之，君子是文、质合美之境。

孔子再三强调君子集众美于一身。孔子曰：“君子义以为质，礼以行之，孙以出之，信以成之。君子哉！”（《卫灵公》）这句话中的义、礼、孙、信，分别喻指操行、教养、谦逊和诚信四类品德，兼具此四德，孔子方许称“君子哉”，可见其内蕴的多样品性。又如孔子对“成人”的理解，也鲜明体现了这一点：“若臧武仲之知，公绰之不欲，卞庄子之勇，冉求之艺，文之以礼乐，亦可以为成人矣。”（《宪问》）在孔子的人伦序列中，“成人”可谓是一种道德完美之人，当然也预示着一种不易企及的境界，孔子就曾不无遗憾地说：“今之成人者何必然。见利思义，见危授命，久要不忘平生之言，亦可以为成人矣。”（《宪问》）这句话的意思是说，本来理想的“成人”应是兼具知、不欲、勇、艺、礼乐诸品性，但实际上只要能做到见利思义、敢于担当、信守承诺，也可算作“成人”了。可见，即便退一步的“成人”标准，也是如此之高峻。

因此，就德性的极致和品格的圆融意义上，可以说“成人”也就是“君子”。而要做到“成人”，即“君子”，则必须兼具“臧武仲之知，公绰之不欲，卞庄子之勇，冉求之艺”，还要再经“礼乐”的熏陶，可见成为“君子”不仅难，而且还必须集聚多种美德。前引所谓“仁者不忧，知者不惑，勇者不惧”的“君子道三”，郑子产的“有君子之道四”等，也表明孔子的“君子”是一种复合性的、兼综并蓄的人格。正因为君子的多面性，孔子侧重全方位地教育学生。“子以四教：文、行、忠、信。”（《述而》）并倡导“志于道，据于德，依于仁，游于艺”的全面发展（《述而》）。事实上，孔子自己就是多面手，而且也颇为自得这一点：“太宰问于子贡曰：夫子圣者与？何其多能也？子贡曰：固天纵之将圣，又多能也。子闻之，曰：太宰知我乎？吾少也贱，故多能鄙事。君子多乎哉？不多也。”（《子罕》）显然在孔子眼中，作为君子，集聚众美之德是必须的，而且也是多多益善的。

其二，君子坦荡荡。坦荡是孔子非常推崇的君子品格。孔子曰：“君子坦荡荡，小人长戚戚。”（《述而》）显然在孔子看来，“坦荡荡”是君子区别于“小人”、是君子之为君子的一大特质。对文中的“坦荡荡”，过去注家多以“宽广”作解，以对照“戚戚”的局促多忧。不过，如果综观《论语》来理解，则孔子所谓“坦荡荡”，更具有真诚、磊落之意涵。

有一点值得注意的是，孔子特别鄙视虚伪造作。孔子曰：“巧言、令色、足恭，左丘明耻之，丘亦耻之。匿怨而友其人，左丘明耻之，丘亦耻之。”所谓“巧言”，就是故作善言美语，所谓“令色”，就是故作和颜悦色，所谓“足恭”，就是善作谦逊之姿态，所谓“匿怨”，就是掩藏内心的怨恨而表面装作亲切。一句话，这些表现的共同本质就是作假、作秀和有意的欺骗。“丘亦耻之”一语，足显孔子对这类伪善的蔑视与唾弃。

孔子以为君子是绝不应当“令色”伪善的。孔子曰：“论笃是与，君子者乎？色庄者乎？”（《先进》）旧注以为“色庄者，以远小人，不恶而严”，杨伯峻先生解“色庄”为“神情上伪装庄重的人”。此句话固然过简，无充分的语境来帮助分析，但总观文意，我们以为杨解较妥。“论笃是与”，或许是君子的真诚，或许是小人的“色庄”、即假扮的“是与”，而这种作秀是可能发生的，因为孔子就指责过“匿怨”的社会现实；另一方面，“君子者乎？色庄者乎”的对比句式，显然流露出对“色庄”的不屑，而这一鄙夷也是吻合夫子对“令色”的态度的。孔子择友首选“友直”，就显示了对君子真诚正直的嘉许。孔子曰：“益者三友，损者三友。友直，友谅，友多闻，益矣。友便辟，友善柔，友便佞，损矣。”（《季氏》）这句话中的“便辟”“善柔”“便佞”，既有“巧言令色”之意，又有“匿怨”之蕴，指那种富有心术，工于钻营，擅于容媚的玩世不恭者，孔子主张远离、弃绝这类人，亲近“友直，友谅，友多闻”，实际上正是强调君子既应富有真才实学，更应是表里如一的纯贞之士。

从《论语》来看，孔子还似乎对君子坦荡有一种绝对化的追求趋向。鲁国有一位名人微生高，大概人们一直视他为正直之士。一次有人找微生高借点醋（醯），碰巧他也没有，但他未明说，而是向邻居借醋来满足人家。这本是一件很平常的事，但孔子却以为其间有异常之处，就是微生高没有如实的回应乞醯者，而是采取了一种曲线迂回的做法，显得用意委曲。孔子以为这种委曲，非为磊落诚实，亦难言正直之人。孔子曰：“孰谓微生高直？或乞醯焉，乞诸其邻而与之。”（公冶长）

可能基于这种追求“直人”的情怀，孔子反复强调君子应不护短，不掩过。孔子曰：“君子于其所不知，盖阙如也。”（《子路》）所谓“阙如”，大概就是反对强不知为知，实质就是反对虚骄和虚佞。孔子坚决拒绝那种“死要面子”的虚伪态度。孔子曰：“由，诲女知之乎？知之为知之，不知为不知，是知也。”（《为政》）孔子不仅这样教子路（由），他自己就坦称有“不知”之处。孔子曰：“夏礼，吾能言之。殷礼，吾能言之。宋不足征也，文献不足故也，足，则吾能征之矣。”（《八佾》）

坦荡不仅体现在不护短，还表现在不掩过。有一次，陈国大夫陈司败问孔子，鲁昭公知不知礼？孔子曰：“知礼。”孔子退。揖巫马期而进之，曰：“吾闻君子不党，君子亦党乎？君取于吴，为同姓，谓之吴孟子。君而知礼，孰不知礼？”（《述而》）原来，鲁昭公曾娶吴国女子，吴国与鲁国同姓，俱姬姓，而按同姓不婚的礼则，鲁昭公此举是违礼的。故陈大夫对孔子“知礼”的回答甚为不满，以为孔子虽然为著名“君子”，但仍囿于朋党之见，为尊者讳。他将此批评意见告诉了孔子弟子巫马期，后者转告了孔子。孔子曰：“丘也幸，苟有过，人必知之。”孔子的表白或许有些无奈，但在弟子面前，他还是诚恳接受了这一批评。其实，孔子并不讳称自己的过失。孔子曰：“加我数年，五十以学《易》，可以无大过矣。”（《述而》）言下之意，他是有过不少过错的人。可能受先生的影响，弟子都认为坦荡是君子的风范，只有小人会文过饰非。子夏曰：“小人之过也必文。”（《子张》）但君子绝不遮掩过错。子贡曰：“君子之过也，如日月之食焉。过也，人皆见之；更也，人皆仰之。”（《子张》）不难看出，为人真诚质朴，光明磊落，是孔子所主张的君子的底色。

其三，君子不伐善。孔子所心仪的君子品质中，谦虚低调也是重要的一项。孔子甚为厌恶骄横狂妄。孔子曰：“如有周公之才美，使骄且吝，其余不足观也。”（《泰伯》）众所周知，周公为一代名相，不仅辅佐周成王渡过“兄弟阋墙”的危机，而且建章立制，极大丰富和发展了周代礼乐文明，因此孔子很崇敬他，甚至一段时间做梦没有梦到周公都深感失落。孔子曰：“甚矣，吾衰也。久矣，吾不复梦见周公。”（《述而》）但在孔子看来，如果为人“骄且吝”，即使有周公那样的“才美”，那也是不值一提的。由此可见，孔子是多么排斥自大虚狂。

与“骄”相对，孔子则极为赞赏虚己谦下。孔子曰：“孟之反不伐。奔而殿，将入门，策其马，曰：‘非敢后也，马不进也。’”（《雍也》）这里的“伐”，指自夸。这段话的大意是说，鲁哀公十一年，齐师侵鲁，鲁军溃败，鲁将孟之反贤而有勇，独在后为殿军掩护撤退。将入国门时，不欲表功，对众人说，并非我敢在后面拒敌，是马跑不快。据此可见，孔子称“孟之反不伐”，显然是赞扬他不居功自傲，能够谦逊自持。相类于此，对于弟子的谦虚言行，孔子也都予以首肯。子使漆彫开仕。对曰：“吾斯之未能信。子说。”（《公冶长》）旧注“吾斯之未能信”为“不欲仕进”，“不汲汲于荣禄”，故孔子闻之喜悦。其实，孔子是主张“学而优则仕”的，也不反对“取之有道”的财富。旧注过于道德化的解读，不仅误解原意，而且还遮蔽了其间孔子对谦逊的嘉许。引文中所谓的“吾斯之未能信”，应是指漆彫开对老师的提携，感觉自己还未学好本领，对出仕还不怎么自信。这里弟子透露的其实是一种不自足、不自满的谦谦心态，对于嘉许“不自伐”的孔子来说，闻之自然很高兴。与此类似，一次师徒闲聊，孔子让弟子各言其志。子路曰：“愿车马衣轻裘，与朋友共，敝之而无憾。”颜渊曰：“愿无伐善，无施劳。”（《公冶长》）子路的志愿显然有博爱之趣，基调也是高雅的；而颜子“无伐善”显示了一种虚怀若谷的境界，深得孔子的赞许。

在孔子看来，君子不伐善的另一层意思是不争。孔子曰：“君子矜而不争，群而不党。”所谓“矜”，字面的意思是端庄持重，这里的内涵大概有二层：一是克己守礼，勇于放弃利益和机会，不急不躁，先人后己；二是摈弃好勇斗狠，贪婪咾利，损人利己。故而所谓“矜而不争”，即是主张放下身段，礼让他人。如果实在免不了争，孔子也认为应行君子之争。孔子曰：“君子无所争。必也射乎！揖让而升，下而饮。其争也君子。”（《八佾》）这句话中的“揖让而升，下而饮”的古时射礼，自有其一套礼仪之规，但更重要的恐怕是其中的谦下精神。“揖让而升”显现了一种“谦卑自牧，无所竞争”的君子之风，故孔子称引之为“君子之争”。

不争的另一面当然是让。故推崇不伐善的孔子，也深为赞赏让为一大君子美德。史称周太王长子泰伯为让王位，与其弟南奔荆蛮。孔子于此极其叹赏，赞誉之为天底下无以复加的美德。孔子曰：“泰伯，其可谓至德也已矣。三以天下让，民无得而称焉。”（《泰伯》）“至德”一说，实生动体现了孔子对“让”的价值肯定和人格表扬。孔子甚至还认为让也是治国理政的要津。孔子曰：“能以礼让为国乎？何有？不能以礼让为国，如礼何？”（《里仁》）这段话的大意是说，以礼让治国，不难实现政通人和，相反，如忽视礼让，那礼仪就更难施行了。孔子曾多次表达过这一观点。一次，众多弟子聚谈，孔子问他们的政治理想。子路率尔而对。曰：“千乘之国，摄乎大国之间，加之以师旅，因之以饥馑，由也为之，比及三年，可使有勇，且知方也。”夫子哂之。（《先进》）事后，弟子曾皙问孔子，为何听了子路的话觉得好笑？孔子曰：“为国以礼，其言不让，是故哂之。”（《先进》）

在价值取向上，不伐善、不争、让是一致的，都是屈己伸人，主动放弃甚至让渡自己的权利，故在本质上都是一种谦卑的低调哲学。诚如老子所形容：“万物作焉而不为始，生而不有，为而不恃，功成而弗居。”孔子推崇君子的不伐善品格，或是受到老子退让思想的影响。史称，孔子曾问礼于老子，老子教导他：“君子盛德容，貌若愚。去子之骄气与多欲，态色与淫志，是皆无益于子之身。吾所以告子，若是而已。”不过，更直接的原因可能是受到“当今争以气力”这一社会风气的刺激。春秋时期，礼崩乐坏，人欲横流，彼此杀伐，子弑父，臣弑君，人情不美，相互倾轧，以致孔子浩叹：“不有祝鮀之佞，而有宋朝之美，难乎免于今之世矣。”当然，孔子并不想逃避此世，因为他一辈子知其不可而为之的，正是要改变这一虚骄暴戾、尔虞我诈的乱世，他宣扬“不伐善”的君子人格，可谓正是欲疗治这一骄横世风的。

其四，君子怀德。在孔子对君子的理解中，还有一项颇具理想情怀的重要内容，那就是“君子怀德，小人怀土”。（《里仁》）这里的“德”，内涵丰富，近指仁礼，远喻天下道义，而“土”，实指田地物产，意指种种物欲以及安逸的生活。“君子怀德”，是强调君子应更多地思虑、关切和追求仁义道德，即应“闻道”，而不应沉湎于物欲，耽于眼前的安逸。孔子认为，为了“乐道”，君子应咬得菜根。孔子曰：“士志于道，而耻恶衣恶食者，未足与议也。”（《里仁》）孔子坚信，淡泊方可明君子之志。孔子曰：“君子食无求饱，居无求安，敏于事而慎于言，就有道而正焉。”（《学而》）正是基于此意，孔子赞许他常批评的子路。孔子曰：“衣敝缊袍，与衣狐貉者立，而不耻者，其由也与！”（《子罕》）并且深夸居陋巷而“箪食瓢饮”的颜子：“贤哉回也！一箪食，一瓢饮，在陋巷，人不堪其忧，回也不改其乐．贤哉回也。”（《雍也》）由此衍生出的所谓“孔颜乐处”，折射了“君子怀德”的不惧穷困的“安贫”精神。

毫无疑问，超越对物欲和利益的迷恋，是“君子怀德”的要义。但众所周知，孔子并不是一概否定“富与贵”的，而是认为它们是人的固有追求。孔子曰：“富与贵是人之所欲也。”（《里仁》）孔子还说：“富而可求也，虽执鞭之士，吾亦为之。”（《述而》）需要特别强调的是，孔子之求富与贵是有前置条件的，那就是“可求”，即须合礼合义，否则，“如不可求，从吾所好”。（《述而》）孔子还有一个形象的比喻：“不义而富且贵，于我如浮云。”（《述而》）当然，孔子也承认，人不是“匏瓜”，人是要生活的，但“浮云”之喻表明，人间烟火固然不可或缺，但作为君子，不应止于更不应囿于这一烟火，理应倾心并深谙于道义，即“君子喻于义，小人喻于利”。（《里仁》）而且理应有更为高远的、求仁求义的精神追求。孔子曰：“富与贵是人之所欲也，不以其道得之，不去也。君子去仁，恶乎成名？君子无终食之间违仁，造次必于是，颠沛必于是。”（《里仁》）从“怀德”价值的视角来理解孔子的义利观，就可发现孔子存利扬义的道德立场。应该说，孔子是位务实的思想家，他一方面认可富贵之欲，同情谋利之求，但另一方面认为，作为君子应超越普通人的一般要求，应体现出更多的精神性追求和价值关怀，即君子应“喻于义、志于道”。（《述而》）

君子应“志于道”，可说是孔子赋予君子饱含激情和使命意识的内涵。对于何谓“道”，孔子未有确解，古往今来，也一直众说纷纭，但从孔子“郁郁乎文哉，吾从周”来分析，孔子所求之“道”，大致是“祖述尧舜，宪章文武”，即弘扬三代以来的文明成就，彰显以仁爱为本质的社会正义。作为一种终极性的理念，“志于道”实表现出孔子思想中的一种超越性的理想主义，一种远大的政治抱负和坚定的人生追求。曾子曰：“士不可以不弘毅，任重而道远．仁以为己任，不亦重乎？死而后已，不亦远乎？”（《泰伯》）此话虽是孔子弟子之言，但无疑映现了孔子的精神，因为孔子曾说过一句更为决绝的话：“朝闻道，夕死可矣。”（《里仁》）旧注解释为：“设若早朝闻世有道，暮夕而死，可无恨矣。言将至死不闻世之有道也。”此解过于拘泥文字。虽然也表达出孔子“闻道无恨”之意，但忽视了其间问道不止、死而无恨的深意。因为在孔子看来，相较于个人有限的生命，“道”有着更为普遍和永恒的价值，为追求和弘扬这一价值，哪怕是朝闻夕死也是值得的。因此，孔子虽然四处碰壁，如“丧家之犬”一样，但他仍知其不可而为之，“发愤忘食，乐以忘忧，不知老之将至而尔”。（《述而》）孔子的立身行事，生动而深刻地诠释了何谓“君子怀德”，那就是“君子无终食之间违仁，造次必于是，颠沛必于是”（《里仁》）

的“志于道”。可以说，志道、闻道，就是孔子思想中君子之为君子的终极之义。

要之，君子为德知行皆优的楷模。庄子曰：“以仁为恩，以义为理，以礼为行，以乐为和，熏然慈仁，谓之君子。”（《庄子·天下》）董仲舒的定义更为详细：“明于天性，知自贵于物；知自贵于物，然后知仁谊；知仁谊，然后重礼节；重礼节，然后安处善；安处善，然后乐循理；乐循理，然后谓之君子。故孔子曰不知命，亡以为君子，此之谓也。”（《汉书·董仲舒传》）

三、为什么用“君子”来指称一种理想人格

“君子”是一个合成词，君的权力使其甫问世即含有庄重与威严意涵；而子的生命与生生不息意象，则使之隐含一种令人期待的积极意界。合而观之，“君子”概念逻辑上表达的应是：像君一样的男子、丈夫。

像君一样的男子，有何特别之处呢？何以两者的组合“君子”，就成为如此令人心仪的人格楷模呢？

历史的偶然中总是隐含有某种内在的必然。或许最初是在某种不经意的情况下，君与子被联称合用，这固然已不可考，但是，如果初始是偶发的，为什么“君子”后来成为一个固定的词组，且成为一种典型的人格理想？换句话说，为什么像“君一样的男子、丈夫”，是道德上的期许，是人格上的追慕？这其间实隐含了上古史中一段重要的人文故事，这就是凡为君者必具杰出的品性。

（一）“贵且贤者”为首领

远古时代的氏族首领或邦国领袖，多为杰出者担任。借用王国维先生的话说，即“贵且贤为者”：“商人无嫡庶之制，故不能有宗法。藉曰有之，不过合一族之人奉其族贵且贤者而宗之。”（《殷周制度论》）宋大儒朱熹，则揭示远古圣王，无不是异禀“聪明睿智”的：“盖自天降生民，则既莫不与之以仁义礼智之性矣。然其气质之禀或不能齐，是以不能皆有以知其性之所有而全之也。一有聪明睿智能尽其性者出于其间，则天必命之以为亿兆之君师，使之治而教之，以复其性。此伏羲、神农、黄帝、尧、舜，所以继天立极，而司徒之职、典乐之官所由设也。”（《大学章句序》）王国维的“贵且贤者”，显然与朱子的“聪明睿智”说，有本质上的一致性。即早先的首领，无不是优异者。

史料显示，古人认为，首领若不优秀，则有覆族之忧。《尚书· 益稷》曰：“元首丛脞哉！股肱惰哉！万事堕哉！”这句话中的“丛脞”，孔颖达疏解为：“细碎无大略。君如此，则臣懈惰，万事堕废，其功不成。”（孔颖达等《尚书正义·益稷第五》）其意显然是强调，元首贤达则族兴，元首昏庸则堕毁。臧文仲曰：“宋其兴乎，禹、汤罪己，其兴也悖焉，桀、纣罪人，其亡也忽焉。”（《国语·周语中》卷二）禹、汤贤明，故彼时夏、商兴旺；而桀、纣昏暴，导致夏亡商灭。存、亡霄壤之别，顿显元首品质和能力对一族成员所具有的生死攸关意义。

（二）优胜者胜出为统领

中国古代思想家想象，部族的首领总是选拔的，方法虽然多样，但宗旨是让优秀者在位。柳宗元认为，远古氏族首领往往是“强有力者”和“德绍者”胜出：

> 孰称古初，朴蒙空侗而无争，厥流以讹，越乃奋敚，斗怒振动，专肆为淫威。曰：是不知道。惟人之初，总总而生，林林而群。雪霜风雨雷雹暴其外，于是乃知架巢空穴，挽草木，取皮革；饥渴牝牡之欲驱其内，于是乃知噬禽兽，咀果谷，合偶而居。交焉而争，睽焉而斗。力大者搏，齿利者齧，爪刚者决，群众者轧，兵良者杀。披披藉藉，草野涂血。（《柳宗元集·贞符》）
>
> 后强有力者出而治之。往往为曹于险阻，用号令起，而君臣什伍之法立。德绍者嗣，道怠者夺（《柳宗元集·贞符》）

也有观点认为，是通过比选、考察、试错等，让脱颖而出的优异者出任氏族或部落首领的。如《史记》载，尧传位于舜之事：

> 尧曰：“咨，四岳！朕在位七十载，汝能庸命，践朕位？”岳应曰：“鄙箪忝帝位。”尧曰：“悉举贵戚及疏远隐匿者。”觿皆言于尧曰：“有矜在民闲，曰虞舜。”尧曰：“然，朕闻之。其何如？”岳曰：“盲者子。父顽，母嚚，弟傲，能和以孝，烝烝治，不至奸。”尧曰：“吾其试哉。”于是尧妻之二女，观其德于二女。舜饬下二女于妫汭，如妇礼。尧善之，乃使舜慎和五典，五典能从。乃篃入百官，百官时序。宾于四门，四门穆穆，诸侯远方宾客皆敬。尧使舜入山林川泽，暴风雷雨，舜行不迷。尧以为圣，召舜曰：“女谋事至而言可绩，

三年矣。女登帝位。”舜让于德不怿。正月上日，舜受终于文祖。文祖者，尧大祖也。(《史记·五帝本纪》)

又如《孟子》阐述的，获人民爱戴、得民心者胜出：

万章曰:“尧以天下与舜，有诸？”孟子曰:“否。天子不能以天下与人。”“然则舜有天下也，孰与之？”曰:“天与之。”“天与之者，谆谆然命之乎？”曰:“否。天不言，以行与事示之而已矣。”曰:“以行与事示之者，如之何？”曰:“天子能荐人于天，不能使天与之天下；诸侯能荐人于天子，不能使天子与之诸侯；大夫能荐人于诸侯，不能使诸侯与之大夫。昔者，尧荐舜于天而天受之，暴之于民而民受之。故曰，天不言，以行与事示之而已矣。”曰:“敢问:‘荐之于天而天受之，暴之于民而民受之’，如何？”曰:“使之主祭而百神享之，是天受之；使之主事而事治，百姓安之，是民受之也。天与之，人与之，故曰，天子不能以天下与人。舜相尧二十有八载，非人之所能为也，天也。尧崩，三年之丧毕，舜避尧之子于南河之南。天下诸侯进觐者不之尧之子而之舜，讼狱者不之尧之子而之舜，讴歌者不讴歌尧之子而讴歌舜，故曰天也。夫然后之中国，践天子位焉。而居尧之宫，逼尧之子，是篡也，非天与也。《泰誓》曰:‘天视自我民视，天听自我民听。’此之谓也。”(《孟子·万章上》)

不论是以力还是以德，荣任元首之位的，在古代先哲看来，无不是杰出者。

（三）王必为德性优异者

在商周之际，古代天命观念出现了人文化的转向，即人的努力越来成为天命中的重要内容。所谓“天命有德”，就显示了人自身行为如何，是决定自己命运的关键因素。在此历史性的时代大变迁中，天子和诸侯王的德性，普遍受到关注。先哲认为，天生民而立之君，君理应获得民心，即获得人民的认同与拥戴，必须具备“替天行道”的“天子”德性。

其一，君对民负有绝对而神圣的责任与担当。君承载着族人的信仰，代表着人民的希望，“夫君，神之主而民之望也。”(《左传·襄公十四年》）君应无条件为人民担责，暗示君应成为一切苦难的担当者和牺牲者。如《尚书》的“朕躬有罪，无以万方；万方有罪，罪在朕躬”。“万方有罪，在于一人”，“百姓有过，在于一人”。《论语》的“万方有罪，罪在朕躬”。（《论语·尧曰》）由此担当，必然滋生出一种绝对的责任伦理意识，此意识如孟子所宣扬的：“禹思天下有溺者，由己溺之也，稷思天下有饥者，由己饥之也，是以如是其急也。”（《孟子·离娄下》）因此，孟子呼吁“王无罪岁”，应包揽、承担所有的责任。徐复观先生将此责任解释为“由最高道德自觉而来的罪恶感”。（《徐复观文集》第一卷《文化与人生》），并认为它折射了中国政治文化中的“无限责任”意识：“近代西方民主的统治意识，好像是有限公司的性质，而中国的倒像是无限公司。”

其二，君富有牺牲精神。君所担负的绝对责任，其实也就包含了一种牺牲的义务。大禹治水，除了体现其智慧外，更表现出其为民奉献一切的精神。墨子称道曰：“昔禹之湮洪水，决江河而通四夷九州也。名山三百，支川三千，小者无数。禹亲自操橐耜而九杂天下之川。腓无胈，胫无毛，沐甚雨，栉疾风，置万国。禹大圣也，而形劳天下也如此。”（《庄子·天下》）“形劳如此”，生动显示了大禹之牺牲。他之所以能成为殷商之君，这是最关键的德性。

其三，君“为民父母”。中国古代历史上，政治领袖常被赋予宗法血缘的体认，即“为民父母”说。如《尚书· 盘庚》曰：“天子作民父母，以为天下王。”孔颖达疏曰：“言天子布德惠之教，为兆民之父母，是为天下所归往，不可不务。”（孔颖达等撰《尚书正义》卷九《盘庚上第九》）天子既然为民父母，自然应对人民怀有深深的温情。孟子对此有生动的描述：“文王视民如伤，望道而未之见”（《孟子·离娄下》）“老而无妻曰鳏，老而无夫曰寡，老而无子曰独，幼而无父曰孤。此四者，天下之穷民而无告者。文王发政施仁，必先斯四者”。（《孟子·梁惠王下》）所谓“视民如伤”，即无微不至地关怀、呵护所统治的人民，在此理念下，人民甚至不是统治的对象，而是如父母爱子女一样，是保护与怜爱的群体。

其四，君应厚德载物。君权力巨大，与此同时其涵养也须极为深厚，在中国古代史上这也被视为君之为君的必备素质。《左传》曰：“国君含垢，天之道也，君其待之。”（《宣公十五年》）如《老子》主张“受国之垢，是谓社稷主”。所谓“受垢”，杜氏解为“忍垢耻”。杨伯峻先生进一步解释为：“国君宜以社稷之长远利益为重，不宜小不忍而危害社稷。”显然，因为君有极大的权力和威严，同时负有极大的责任，故必须有超绝的涵养，如大地一样，能厚德载物，能“含垢”“受垢”，能承受磨难与苦难。

（四）王“为天下所归往”

正如上述，据传世文献可知，远古的首领，无不是才华卓越、德性优异的人，故称之为圣王；他们虽斧钺在手，操生杀大权，有至上权位和权威，但也必须同时具备德性和德行，如此，方可承应“天命有德”。尽管事实并非绝对如此，但在历史传统上，在人们的心理预期上，有权力者必理应是有德者，此正如前引宋王安石所论：“天子诸侯谓之君，卿大夫谓之子，古之为此名也，所以命天下之有德，故天下有德通谓之君子。”换句话说，首领之成为首领，君之成为君，正因其德性和贤明，不是优秀的人难以成为权力执掌者；“天命有德”，担大使命的人，必然堪为社会典范，成为人们仰慕的偶像，恰如《白虎通》所揭：“王者，往也，天下所归往。”（《白虎通德·论号》）所谓“归往”，即指追随、迷恋和向往。又如《诗经》所咏：“未见君子，忧心奕奕。既见君子，庶几说怿。未见君子，忧心怲怲。既见君子，庶几有臧。”（《诗· 小雅· 頍弁》）

“君子”之所以会成为一种杰出德性的称谓，是因为“君”甫一出场，就历史性地禀赋有“贵且贤”的品质，“天命有德”更强化了这种德性，使君不仅有权力使人畏服，更让人悦服其德性和贤能，化为高山仰止的英雄：“故君子在位可畏，施舍可爱，进退可度，周旋可则，容止可观，作事可法，德行可象，声气可乐，动作有文，言语有章，以临其下，谓之有威仪也。”（《左传· 哀公三十一年》）

要之，“君子”一词实为转借，先人将“贵且贤”、集权力与德性于一身的君王之称，进行了创新性的发展，取其德性而隐其权力，称为“君子”，不言贵与尊，而专意于“怀德”的模范。经此历史性的转喻，政治化为伦理，权力蝶变为德性，于是“君子”诞生。

《论语·宪问》篇“欲寡其过而未能也”说辨证
——兼论“君子道者三”章“我无能焉”的释读

廖名春*

内容摘要:《论语·宪问》篇使者所谓“夫子欲寡其过而未能也”，既非谦辞，说蘧伯玉“想减少过错却还没能做到”；也非其对蘧伯玉的非议，言其过多而无能。而是说蘧伯玉“喜欢舍弃他的过错”，在喜欢改过，勇于改过上，无人能及，没有谁赶得上。“君子道者三，我无能焉”，亦非谦辞，孔子是说“仁者不忧，知者不惑，勇者不惧”这三件事“我无能焉”，没有人比得上我。

关键词：孔子；论语；未能；无能

蘧伯玉（公元前585—公元前484以后），春秋时期卫国的贤大夫，是孔子（公元前551—公元前479）最为尊敬的当代政治家之一。[1][1]《论语》一书关于蘧伯玉的记载有两处。一是《论语·卫灵公》篇，孔子赞其为“君子”：“邦有道，则仕；邦无道，则可卷而怀之。”[2][2]政治清明时出来做官，“兼济天下”；政治黑暗时把自己的本领收藏起来，“独善其身”。为政既坚持原则，又识时务，懂得进退。这里的释读，并无问题。但另一处《宪问》篇的记载，却颇值得讨论。

> 蘧伯玉使人于孔子。孔子与之坐而问焉，曰：“夫子何为？”对曰：“夫子欲寡其过而未能也。”使者出。子曰：“使乎！使乎！”[3]

---

* 廖名春，湖南武冈人，历史学博士，清华大学历史系教授。

① [汉]司马迁：《史记·仲尼弟子列传》曰：“孔子之所严事……于卫，蘧伯玉。”

② 朱汉民整理：《论语注疏》，北京大学出版社，2000，第238页上。

③ 朱汉民整理：《论语注疏》，北京大学出版社，2000，第222页上。

20世纪70年代，河北定州八角廊出土的汉简本《论语》中，有此章的残简。释文作：“……人使于孔子391……使者出。子曰：使392……”整理者指出，“人使”，今本作“使人”。[①]

案：“使人”，如果不是书手误倒的话，则简文与今本有别。今本的“蘧伯玉使人于孔子”，简文则有可能是作：“[蘧伯玉遣]人使于孔子。”可惜第392号简和第393号简的前半部分都有残损，不然，文献价值就更大了。

《宪问》篇“夫子欲寡其过而未能也”章，自注疏以来的主流意见都认为是“使者”的谦辞，明明蘧伯玉“求进甚急，善于改过”，却故意说“他老人家想减少过错却还没能做到”。[②] 如何晏（？—249）《集解》就说：“言夫子欲寡其过而未能无过。”[③] 邢昺（932—1010）《疏》亦谓：“言夫子常自修省，欲寡少其过，而未能无过也。”[④] 朱熹（1130—1200）《集注》云：“言其但欲寡过而犹未能，则其省身克己，常若不及之意可见矣。”[⑤] 钱穆（1895—1990）《新解》译为：“我们先生只想要少些过失，但总觉还未能呀！”[⑥]

下文“子曰：‘使乎！使乎’”，认为是孔子对蘧伯玉“使者”善于辞令的称赞。如魏人陈群（？—237）就说：“再言‘使乎’者，善之也。言使得其人。”[⑦] 邢昺《疏》亦谓：“孔子善其使得其人，故言‘使乎’。所以善之者，颜回尚未能无过，况伯玉乎？而使者云‘未能’，是伯玉之心不见欺也。”[⑧] 朱熹《集注》云：“使者之言愈自卑约，而其主之贤益彰，亦可谓深知君子之心而善于辞令者矣。故夫子再言‘使乎’以重美之。”[⑨] 杨伯峻（1909—1992）《译注》曰：“使者之言既得其实，又不卑不亢，所以孔子连声称赞。”[⑩] 钱穆《新解》总结道：“不曰‘欲无过’，而曰‘欲寡过’，又曰‘未能焉’，使者言愈卑，而其主之贤愈益彰，故孔子重言叹美之，

---

① 河北省文物研究所、定州汉墓竹简整理小组编：《定州汉墓竹简〈论语〉》，文物出版社，1997，第69页。

② 杨伯峻：《论语译注》，中华书局，1980，第163页。

③ 朱汉民整理：《论语注疏》，北京大学出版社，2000，第222页上。

④ 朱汉民整理：《论语注疏》，北京大学出版社，2000，第222页上。

⑤ 朱熹：《论语集注》卷七，载氏著：《四书章句集注》，中华书局，1983，第155—156页。

⑥ 钱穆：《论语新解》，三联书店，2002, 第375页。

⑦ 朱汉民整理：《论语注疏》，北京大学出版社，2000，第222页上。

⑧ 朱汉民整理：《论语注疏》，北京大学出版社，2000，第222页下。

⑨ [宋]朱熹：《论语集注》卷七，载氏著：《四书章句集注》，中华书局，1983，第156页。

⑩ 杨伯峻：《论语译注》，中华书局，1980，第154页。

曰：‘使乎！使乎！’”[①]

但东汉王充（27—97）对此却有不同的理解。其《论衡·问孔》篇云：“蘧伯玉使人于孔子，孔子曰：‘夫子何为乎？’对曰：‘夫子欲寡其过而未能也。’使者出，孔子曰：‘使乎！使乎！’非之也。说《论语》者，曰：‘非之者，非其代人谦也。’”[②]认为“孔子曰：‘使乎！使乎’”是“非之也”，是责备使者“代人谦也”，其越俎代庖，擅自替蘧伯玉做主，过分谦虚，有损于主人的名誉。

王充又接着说：“夫孔子之问使者曰‘夫子何为’，问所治为，非问操行也。如孔子之问也，使者宜对曰‘夫子为某事，治某政’，今反言‘欲寡其过而未能也’。”[③]是说孔子问使者说“他老先生在干什么”，问的是在政治上的所作所为，不是问他的操行。按照孔子的问话，使者应该回答说“他老先生在干某件事，治理某项政务”，如今使者反而说“他想减少自己过错还没有做到”。这是指责使者答非所问，非常不得体，进一步坐实了“孔子曰：‘使乎！使乎’”是“非之也”，是对使者的批评指责。

《三国志·蜀志·伊籍传》记：伊籍“使于吴，孙权闻其才辩，欲逆折以辞。籍适入拜，权曰：‘劳事无道之君乎？’籍即对曰：‘一拜一起，未足为劳。’”[④]刘知几（661—721）《史通·杂说中》评论道：“伊以敏辞辨对，可免‘使乎’之辱。”黄晖（1909—1974）认为，这也是“以‘使乎’为‘非之’之辞”。[⑤]当属可信。

友人黄怀信教授也持同样的看法，其大著《论语新校释》云：“《论衡·问孔》引‘使乎使乎’后有‘非之也’三字，当是。增之惊俗，今依旧。”“此章批评蘧伯玉之使，言‘欲寡其过而未能’，一则见其过多，一则见其无能，可见是揭主人之短，非议主人。孔子非之甚，故重言‘使乎’。使不能扬主之长反揭其短，何得为使？旧以为赞其使，谬也。”[⑥]其《论语汇校集释》也说：“使者云‘夫子欲寡其过而未能也’，明有非议其主之嫌，故孔子不以其为使，而以为是‘非之’，言这还算使者吗？重言之，不满之甚也。”[⑦]如此说来，传统的解释大谬，使者与蘧伯玉不是赞而是非，孔子与使者不是褒而是贬。

---

① 钱穆：《论语新解》，三联书店，2002，第 375 页。
② 黄晖：《论衡校释》，中华书局，1990，第 423 页。
③ 黄晖：《论衡校释》，中华书局，1990，第 424 页。
④ 陈寿：《三国志》卷三十八，《蜀书》八，百衲本景宋绍熙刊本。
⑤ 黄晖：《论衡校释》，中华书局，1990，第 424 页。
⑥ 黄怀信：《论语新校释》，三秦出版社，2000，第 353—354 页。
⑦ 黄怀信等：《论语汇校集释》，上海古籍出版社，2008，第 1303 页。

这两种水火不同的理解，谁是谁非，值得一辩。

首先应该肯定，蘧伯玉之使当着孔子之面非议其主人蘧伯玉“过多”而“无能”是不可能的。因为这不但有违使命，也不合礼节。如果真的是这样的话，只能说蘧伯玉有眼无珠，派出这样的使者，太无识人之明了！所谓“非之也”三字，应非“经”而当为“注”，是传《论语》之人的注解。“说《论语》者，曰：‘非之者，非其代人谦也’”，当属解“注”之语，相当于后世之“疏”。今传《论语》各种版本，皆无“非之也”三字，当属明证。[①] 所以，将《论衡·问孔》的“非之也”三字当成《论语》原文，疑不可从。

以注疏为代表的谦辞说、褒词说，是不是就一定能成立呢？我看未必。所谓的谦虚，是以多为少，以贵为贱，而不是彻底否认，黑白颠倒。如果蘧伯玉使者说“夫子欲寡其过而未能也”，是“他老人家想减少过错却还没能做到”的话，就是说蘧伯玉尽管“欲寡其过”，主观上想减少过错，但“未能也”，客观上却未能做到。所谓的“寡过”，只是放了一个空炮而已。这就彻底否定了蘧伯玉的“寡过”之“为”，完全有悖于文献的记载。

《淮南子·原道》云：“蘧伯玉年五十而知四十九年非。”[②] 是说蘧伯玉活了五十岁，觉得前四十九年都做得不对。这是蘧伯玉不但有“寡过”的主观愿望，而事实上做到了“寡过”的证明。

《庄子·则阳》篇的记载稍有不同：“蘧伯玉行年六十而六十化，未尝不始于是之，而卒诎之以非也；或未知今之所谓是之非五十九非也。”[③] 是说蘧伯玉活了六十岁而六十年来随年变化与日俱新，何尝不是年初时认为是对的而年终时又转过来认为是错的，不知道现今所认为是对的又不是五十九岁时认为是错的。这里尽管“五十”变成了“六十”，但蘧伯玉是一位求进甚急而又善于改过的人确定无疑。也就是说，蘧伯玉“寡过”不仅有主观愿望，更是将“寡过”付之于实践。所以，蘧伯玉是公认的勇于改过的标兵，蘧伯玉使者再客气、再谦虚也不能颠倒黑白，说他的主人“未能”“寡其过”，“想减少过错却还没能做到”。

笔者认为，“夫子欲寡其过而未能也”一句，从王充到何晏、邢昺、朱熹以来的解释都是错误的，这里“欲”“寡”“未能”三处的理解都有问题。

---

① 至于最近海昏侯汉墓出土的《论语》，有没有此 3 字，还有待证明。
② 何宁：《淮南子浅注（修订本）》，中华书局，1998，第 51 页。
③ 曹础基：《庄子集释》，中华书局，2000，第 396 页。

这里的“欲”字，大家都训为“想”，以为表达的只是一种愿望、一种企图，大谬。这里的“欲”，其实当训为喜好、喜欢，是对蘧伯玉做事行为倾向的归纳。如果是“想”的话，蘧伯玉“寡过”只是一种想法，并没有变成事实。而训为喜好、喜欢，则想法已经成为了事实，主观已经付之于实践。“欲”字的这种训诂，文献屡见。《左传·成公二年》：“余虽欲于巩伯，其敢废旧典以忝叔父？”王引之（1766—1834）《经义述闻·左传中》：“欲，犹好也。言余虽爱好巩伯，不敢废旧典而以献捷之礼相待也。古者‘欲’与‘好’同义。”[①]《孟子·梁惠王上》：“天下之欲疾其君者，皆欲赴愬于王。”俞樾（1821—1907）《群经平议·孟子一》：“上‘欲’字犹好也……此文‘好’‘疾’二字平列，欲其君者，谓好其君者也；疾其君者，谓恶其君者也。天下之好恶其君者莫不来告，故曰皆欲赴愬于王。”[②]王引之、俞樾之说，信而有征，其他的例子就不用多举了。

此章的“寡”字，邢昺、钱穆等训为“少”，杨伯峻、黄怀信等译为“减少”，也都是有问题的。这里的“寡”，其实当训为舍弃。《论衡·书解》：“称干将之利，刺则不能击，击则不能刺。非刃不利，不能一旦二也。蝟弹雀则失鶡，射鹊则失雁……使干将寡刺而更击，蝟舍鹊而射雁，则下射无失矣。”[③]此是说，称赞干将的锋利，但它能刺就不能砍，能砍就不能刺。不是剑刃不锋利，而是同时不能起两种作用。用蝟弹雀就不能同时弹鶡，用弓射鹊就不能同时射雁。如果干将舍弃刺而改为砍，蝟舍弃射鹊而专门射雁，就会砍成、射中，而不会失误了。这里“寡”与“舍”对举，“寡”义非减少而为舍弃无疑。《诗·小雅·鸿雁》：“之子于征，劬劳于野。爰及矜人，哀此鳏寡。”毛传：“老无妻曰鳏，偏丧曰寡。”[④]《左传·襄公二十七年》：“齐崔杼生成及强而寡，娶东郭姜生明。”杜预（222—285）注：“偏丧曰寡。”[⑤]“寡”有“丧”义，引申之，自然就有了舍弃义。将“夫子欲寡其过”理解成“他老人家喜欢舍弃他的过错”，意思就是他老人家喜欢改过，这与《庄子·则阳》的“蘧伯玉行年六十而六十化”，《淮南子·原道》的“蘧伯玉年五十而知四十九年非”说的精神非常一致，都肯定蘧伯玉是一个勇于改过的人。而将“夫子欲寡

① 王引之：《经义述闻》第十八，清道光刻本。

② [清]俞樾：《群经平议》卷三十二，清光绪《春在堂全书》本。

③ 黄晖：《论衡校释》，中华书局，1990，第1152页。

④ 龚抗云等整理：《毛诗正义》，《十三经注疏》繁体标点本，北京大学出版社，2000，第773页。

⑤ 浦卫忠等整理：《春秋左传正义》，《十三经注疏》繁体标点本，北京大学出版社，2000，第1226页。

其过”说成“他老人家想减少过错”，与《庄子·则阳》《淮南子·原道》的记载明显相悖。因为想少犯错误与勇于改正错误，两者毕竟不是一回事，含义显然不同。怎能把喜欢舍弃过错、勇于改过混同于“想减少过错”、想少犯错误呢?

此章的“未能”，大家都以为是“未能做到”“没能做到”的意思，以为这里的“能”是一个普通的助动词，大错特错。其实这里的“能”当读为“耐”。《礼记·礼运》:“故圣人耐以天下为一家。”郑玄（127—200）注:“耐，古能字。”《孔子家语·礼运》“耐”就作“能”。《礼记·乐记》:“故人不耐无乐，乐不耐无形，形而不为道不耐无乱。”郑玄注:“耐，古书能字也。”《唐石经》释“耐”作“能”，《荀子·乐论》《史记·乐书》同。《谷梁传·成公七年》:“非人之所能也。”陆德明（550—630）《经典释文》:“能，一作耐。”《大戴礼·易本命》:“食水者善游能寒。”《孔子家语·执辔》“能”作“耐”。《汉书·食货志上》:“能风与旱。”颜师古（581—645）注:“能读曰耐。”[①]

而“耐”与“忍”“堪”“任”互训。如《吕氏春秋·审时》:“得时者忍饥。”高诱注:“忍犹能也，能，耐也。”[②]《急就篇》:“完坚耐事逾比伦。”颜师古注:“耐，堪任也。”[③]

湖北荆门郭店一号墓出土的楚简本《五行》篇“不仁，思不能清”章，亦见于马王堆帛书《五行》篇。[④]其中,“忧心不能惙惙”“心不能悦”“忧心不能忡忡”“心不能降”四句的“不能”，按照“不会”“不能够”解，扞格不通。其实《五行》篇此章的“不仁不智，未见君子，忧心不能惙惙”，是说“不仁不智”，犹如未能见到君子一样，“心”“忧”，禁不住“惙惙”不安。“既见君子，心不能悦”，是说“有仁有智”，犹如见到了君子一样，“心”禁不住喜悦。“不仁不智，未见君子，忧心不能忡忡”，是说“不仁不智”，犹如“未见君子”一样，“心”“忧”，禁不住“忡忡”不安。“既见君子，心不能降（愉)”，是说“有仁有智”，犹如“既见君子”一样，“心”禁不住高兴。《五行》篇此章的四个“能”字，都不是助动词，都不是

① 以上例证皆见高亨纂著、董治安整理:《古字通假会典》，齐鲁书社，1989，第 34 页。

② 王利器:《吕氏春秋注疏》，巴蜀书社，2002，第 3171 页。

③ 史游:《急就篇》，《四部丛刊（续编)》景明钞本。

④ 荆门市博物馆编:《郭店楚墓竹简》，文物出版社，1998，第 149 页。案：释文已经过笔者处理，假借字、异体字都直接写出本字和通行字，以便讨论。参见国家文物局古文献研究室编:《马王堆汉墓帛书〔壹〕》，文物出版社，1980，第 17 页。

“能够”“会”的意思，而应读为“耐”，训为受得住，禁得起。[①]

而“未”犹“不”。《仪礼·乡射礼》：“众宾未拾取矢，皆袒、决、遂。”郑玄注：“未，犹不也。”[②]《墨子·亲士》：“缓贤忘事，而能以其国存者，未曾有也。”[③]“未曾”即“不曾”。《孟子·滕文公下》：“[仲子]所食之粟，伯夷之所树与？抑亦盗跖之所树与？是未可知也。”[④]“未可知”即“不可知”。又《孟子·离娄下》：“舜，人也；我，亦人也。舜为法于天下，可传于后世；我由未免为乡人也。是则可忧也。”[⑤]“未免”即“不免”“免不了”。

“未”又相当于“尚未”“不曾”“没有”。《尚书·金縢》：“秋，大熟，未获，天大雷电以风，禾尽偃。”[⑥]“未获”即“尚未获”。《孟子·滕文公上》：“吾闻出于幽谷迁于乔木者，未闻下乔木而入于幽谷者。”[⑦]“未闻”即“不曾闻”。《仪礼·士冠礼》：“孔子曰：‘吾未之闻也，冠而敝之，可也。’”[⑧]“未之闻”即“没有听说过”。

这里的“未能”与简、帛《五行》篇的“不能”意义相同，也就是“不耐”“无奈”，即没有赶得上，没有比得过。

所以，蘧伯玉使者所谓“夫子欲寡其过而未能也”，既非谦辞，说他的主人“想减少过错却还没能做到”；也非其对蘧伯玉的非议，言其过多而无能。而是说蘧伯玉“他老人家喜欢舍弃他的过错”，在喜欢改过，勇于改过上，无人能及，没有谁赶得上。

明白了这一点，将下文的“子曰‘使乎！使乎！’”理解为孔子对使者的贬斥，明显就站不住脚了。应该说，孔子高度肯定了使者对蘧伯玉勇于改过的评价，表扬他不负使命。

---

① 魏启鹏：《马王堆汉墓帛书〈德行〉校释》，巴蜀书社，1991，第5—8页；廖名春：《简帛〈五行〉篇“不仁思不能清”章补释》，载中国文化遗产研究院编：《出土文献研究》第9辑，中华书局，2010，第109—118页。

② 彭林整理：《仪礼注疏》，《十三经注疏》繁体标点本，北京大学出版社，2000，第238页上。

③ 孙诒让撰、孙启治点校：《墨子闲诂》，中华书局，2001，第1页。

④ 廖名春、刘佑平整理：《孟子注疏》，《十三经注疏》繁体标点本，北京大学出版社，2000，第214页下。

⑤ 廖名春、刘佑平整理：《孟子注疏》，《十三经注疏》繁体标点本，北京大学出版社，2000，第275页下。

⑥ 廖名春、陈明整理：《尚书正义》，《十三经注疏》繁体标点本，北京大学出版社，2000，第400页下。

⑦ 廖名春、刘佑平整理：《孟子注疏》，《十三经注疏》繁体标点本，北京大学出版社，2000，第177页上。

⑧ 彭林整理：《仪礼注疏》，《十三经注疏》繁体标点本，北京大学出版社，2000，第61页上。

孔子为何要高度肯定使者对蘧伯玉的评价呢？我们从《论语》一书中可以找到答案。

《学而》篇有："子曰：君子不重则不威，学则不固；主忠信，无友不如己者；过则勿惮改。"[①]"主忠信"三句，又见于《子罕》篇"子曰"，[②]可见这是孔子经常说的话。"过则勿惮改"，就是说要勇于改过，不要害怕改正错误。

《卫灵公》篇又载："子曰：过而不改，是谓过矣！"[③]对于"过"，孔子主张的是"改"，反对的是"不改"。

《述而》篇还说："子曰：德之不修，学之不讲，闻义不能徙，不善不能改，是吾忧也。""子曰：三人行，必有我师焉！择其善者而从之，其不善者而改之。"[④]"不善者"也是"过"，也是错误，孔子强调的是"改之"，其担"忧"的是"不能改"。《学而》篇孔子所说的"就有道而正焉"[⑤]，"正"是"匡正"，是用"有道"匡正自己的"不善"，其意与"择其善者而从之，其不善者而改之"同。

《子罕》篇也记："子曰：法语之言，能无从乎？改之为贵。"[⑥]强调要从善如流，改正错误才可贵。

《论语》这些记载，说明孔子一贯主张改过，也勇于改过，与蘧伯玉正可谓心心相印、志同道合。如果"欲寡其过而未能也"，只是蘧伯玉主观上想减少过错，客观上却未能做到，孔子予以激赏是不可能的。那么，孔子高度肯定使者对蘧伯玉的评价实质上是出于其与蘧伯玉道德理念、政治理念的相同，他们都是提倡改过的贤人、勇于改过的政治家。

笔者对"欲寡其过而未能也"的这一解读在《宪问》本篇的"君子道者三"章也能得到印证。

> 子曰："君子道者三，我无能焉：仁者不忧，知者不惑，勇者不惧。"子贡曰："夫子自道也。"

---

① 杨伯峻：《论语译注》，中华书局，1980，第 6 页。
② 杨伯峻：《论语译注》，中华书局，1980，第 94 页。
③ 杨伯峻：《论语译注》，中华书局，1980，第 168 页。
④ 杨伯峻：《论语译注》，中华书局，1980，第 67、72 页。
⑤ 杨伯峻：《论语译注》，中华书局，1980，第 9 页。
⑥ 杨伯峻：《论语译注》，中华书局，1980，第 94 页。

邢昺疏："言君子之道有三，我皆不能也。""夫子言我皆不能此三者"。"'子贡曰：夫子自道也'者，子贡言夫子实有仁、知及勇，而谦称我无，故曰夫子自道说也。所谓'谦尊而光'。"[①] 认为就像子贡所云，孔子"夫子自道"，本来"实有仁、知及勇"，却"谦称我无"。这正是《周易·谦·彖传》"谦尊而光"，推崇谦虚之道，就会事业光大的精神。朱熹《集注》也说孔子这是"自责勉人也"，"自道，犹云谦辞"。[②] 钱穆《新解》本之，云："圣人自视常欿然，故曰：'我无能焉。'此其所以日进不止也。"[③] 杨伯峻《译注》将此章译为："孔子说：'君子所行的三件事，我一件也没能做到：仁德的人不忧虑，智慧的人不迷惑，勇敢的人不惧怕。'子贡道：'这正是他老人家对自己的叙述哩。'"[④] 都是把"我无能焉"说成是孔子的"谦称"，说是孔子"自责勉人"。

其实，这样的理解大成问题。"仁者不忧，知（智）者不惑，勇者不惧"三者，是孔子所服膺而身体力行的"君子之道"，是他大力提倡的为人准则。他说他"一件也没能做到"，即使是"谦辞"，对别人、对子贡一样的弟子，又有什么意义？老师都做不到"仁者不忧，知（智）者不惑，勇者不惧"，其弟子乃至一般的"涂之人"更是望尘莫及，望洋兴叹！这样的现身说法、"夫子自道"，不能催人上进，为人师表只能说是匪夷所思！

特别值得注意的是《论语·为政》篇的记载："子曰：'吾十有五而志于学，三十而立，四十而不惑，五十而知天命，六十而耳顺，七十而从心，所欲不逾矩。'"[⑤] 孔子既然自陈"四十"岁就已经"不惑"，又怎能说作为"君子道"之一的"知（智）者不惑"他"无能焉"，做不到呢？由此看来，《为政》篇孔子"四十而不惑"说与《宪问》篇"君子道者三"章的"知（智）者不惑""无能焉"的通行解释是相互矛盾的。相信《为政》篇孔子的"四十而不惑"说，就一定得否定《宪问》篇"知（智）者不惑""我无能焉"的"谦称"说、"自责勉人"说；承认《宪问》篇"知（智）者不惑""我无能焉"的"谦称"说、"自责勉人"说，就一定得否定《为政》篇孔子的"四十而不惑"说：二者必居其一。

笔者认为，《宪问》篇"君子道者三"章的"无能"与上"蘧伯玉使人"章的

① 朱汉民整理：《论语注疏》，北京大学出版社，2000，第 223 页上。
② ［宋］朱熹：《论语集注》卷七，载氏著：《四书章句集注》，中华书局，1983，第 156 页。
③ 钱穆：《论语新解》，三联书店，2002，第 377 页。
④ 杨伯峻：《论语译注》，中华书局，1980，第 155 页。
⑤ 杨伯峻：《论语译注》，中华书局，1980，第 12 页。

“未能”含义相同，“能”也非能愿动词，也当读为“耐”。定州八角廊汉简本《论语》此章的残简，“能”正作“耐”①，黄怀信等《汇校》以为“耐”为“能”之借字②，刚好说反了。“耐”通“奈”，又作“柰”。张相（1877—1945）《诗词曲语辞汇释》卷二：“耐，即奈也。”③因此“无耐”，又作“无奈”或“无柰”，谓无可奈何。《韩非子·难三》：“王曰：‘孟常、芒卯率强韩、魏，犹无奈寡人何也！’左右对曰：‘甚然！’”④《战国策·秦策二》：“楚惧而不进，韩必孤，无奈秦何矣！”⑤“我无能焉”即“我无耐焉”，也就是“无奈我焉”，无可奈何我，没有人比得上我。

由《为政》篇“夫子自道”的“四十而不惑”说可知，孔子年四十时已经达到“知（智）者不惑”的境界。所谓“五十而知天命，六十而耳顺，七十而从心，所欲不逾矩”与《宪问》篇的“仁者不忧”“勇者不惧”是否存在对应关系，尚待讨论。笔者认为“勇者不惧”可对应“五十而知天命”，“知天命”故能有“勇”而“不惧”。“仁者不忧”可对应“七十而从心，所欲不逾矩”，达到了“仁”的境界，就是放纵情性也不会有违礼之忧。这样的推论如果能成立的话，那《宪问》篇“君子道者三”章的“子曰”，很可能就是孔子晚年最后几年，即七十岁之后所说。

从《宪问》篇“君子道者三”章可知，孔子晚年回顾自己的一生，不是遗憾，不是故作谦虚状，而是非常自信，充满自豪：君子之道有三，“仁者不忧，知（智）者不惑，勇者不惧”，这三件事“我无能焉”，没有人比得上我。这样的“夫子自道”，表面上是肯定自己，称道自己，实质是言传身教，以自己为榜样，勉励自己的学生，在“仁”“知（智）”“勇”的修养上苦下功夫，砥砺前行。

《宪问》篇“未能”“无能”“能”字的确诂，是我们读懂《论语》这两章的关键。清人王念孙（1744—1832）云：“小学明而经学明。”⑥张之洞（1837—1909）谓：“由小学入经学者，其经学可信。”⑦良有以矣。

---

① 河北省文物研究所、定州汉墓竹简整理小组编：《定州汉墓竹简〈论语〉》，文物出版社，1997，第66页。

② 黄怀信等：《论语汇校集释》，上海古籍出版社，2008，第1307页。

③ 张相：《诗词曲语辞汇释》，中华书局，1953，第202页。

④ 张觉：《韩非子校疏》，上海古籍出版社，2010，1006页。

⑤ 诸祖耿：《战国策集注汇考》，江苏古籍出版社，1985，第240页。

⑥ 王念孙：《说文解字注序》，载段玉裁：《说文解字注》，上海古籍出版社，1981。

⑦ [清]张之洞：《书目答问》四，载苑书义等主编：《张之洞全集》卷二百二十七，河北人民出版社，1998，第9976页。

君子之德与君子之操

郑　开*

内容摘要：早期文献中，“君子”往往指“有德之人”，西周以来盛言的“德”具有复杂的涵义。常见的“有德”“有德者”之语，虽然包含了道德的涵义，却更多指向血统尊贵的意思。换言之，“有德者”就是“有位”“有禄”的代名词，“德”必须从“世官世禄”的世族政治社会模式中予以理解与阐释。春秋战国之交以降，君子观念随之发生了改变，哲人们逐渐趋向于通过人性概念及其理论重塑君子观念。从实践（社会政治行动）角度来看，具体社会语境下人的操行和操守就成为每个时代精神所聚焦的重要问题。换言之，在讨论君子之德之余，有必要继续讨论君子之操。魏晋以来，人们对于自我生命价值和生活意义的追寻和对于人性的自觉展露更呈多元化，圣贤形象、君子人格的观念也发生较大的变化。除了儒家思想传统的影响之外，道家和佛学的渗透与支配也相当重要。

关键词：君子；德；位；操

古人从来都不缺乏哲学思考的力度、优雅生活的品位以及艺术创造的活力；他们创造、分享了丰富多样的文化传统，且浸淫于其中，形成了独特的君子文化，又进一步拓展出了追寻圣贤的价值之路，使思想世界更加深邃，生活状态更加生动。本文试图围绕“德性”（人性概念及其理论）与“操行”（社会生活之实践层面）两个方面进行讨论。也就是说，从“君子之德”和“君子之操”两个方面，略述古代君子观念涉及的若干问题，以期抛砖引玉，引发进一步的思考。

* 郑开，安徽合肥人，北京大学宗教学系教授、博士生导师。

一、君子之德

早期文献（尤其是《左传》）中记载了许多士君子的言行德操，“恭宽信敏惠”“温良恭俭让”等，当然还有“仁智勇”“义礼信”等。总之，春秋时期的“君子”都属于贵族阶层，都是“有德之人”。一言以蔽之，“德”是衡量是否为君子的绝对标准。庶民、奴仆和老百姓之所以不能称为“君子”，正因为他们“缺德”。拙著《德礼之间》曾经把“德”置于早期姓氏制度语境中予以讨论，指出“姓”“氏”都是贵族阶层的“标配”，而那些沉默的大多数却是没有“姓”，也没有“氏”，只有“名”而已。《墨经》提到的“臧”，只是一个称呼或标记罢了。西周以来创设完善的封建宗法制度，从某种意义上说就是一种名分体系，即基于身份配置政治社会资源、分享经济利益和文化权力的制度设施。也就是说：“无论是作为标明氏族的‘姓’（例如夏之姒姓、殷之子姓、周之姬姓），还是表示宗族的‘氏’（包括以国为氏、以官为氏、以爵为氏），以及贵族阶层独享的‘谥’，都镶嵌于这种宗法社会政治结构中，是身份、名分制度的一部分。”[①]

《大学》开篇那句话，人们已经耳熟能详了：

> 大学之道，在明明德，在亲民，在止于至善。（《礼记·大学》）

朱熹解释说：“明德者，人之所得乎天，而虚灵不昧，以具众理而应万事者也。”（《四书集注·大学章句》）朱子的解释自有他的道理，但不适合推敲“明德”这个语词的古义，原因是他的理解太抽象了，太过于新儒家化了。“明德”一词屡见于彝铭（比如说“丕显祖先之德”云云）、《诗》《书》和其他儒家经典。例如：

> 帝迁明德，串夷载路，天立厥配，受命既固。……帝谓文王，予怀明德。（《诗·大雅·皇矣》）
>
> 克明俊德，以亲九族，九族既睦。（《尚书·尧典》）
>
> 惟公明德，光于上下。（《尚书·召诰》）
>
> 克明德慎罚。（《尚书·康诰》）

---

① 郑开：《德礼之间：前诸子时期的思想史》，三联书店，2009，第235页。

自成汤至于帝乙，罔不明德恤祀。（《尚书·多士》）

以至于帝乙，罔不明德慎罚。（《尚书·多方》）

我们从两个方面展开讨论。首先，“明德”出现于建构于其中的封建宗法制度语境之中，与“封建”——包括“分族”“分民”“分物”“胙土”“赐姓”“命氏”等方面——息息相关。其次，它（“明德”）脱胎于原始宗教，乃原始宗教意识形态的转写与升华。[①]姜亮夫认为，早期文献中的“明德”源于原始社会的光明崇拜，它最初是帝王独具的品质，乃帝王配天的德行（或者说是“天德”在帝王身上的体现），后来经过漫长的演化，春秋时期蜕变为贵族阶级的道德品行，诸子时代的“明德”已逐渐普世化，成为伦理道德的最高标准了。他说：

明德者，天德也，亦即大德。这说法在《商书》《诗经》中很常见。在殷商时代，帝王才能用明德。根据《尚书》的记载，到西周时，诸侯也可以用明德。春秋以后，大夫也可以称明德了。到汉以后，老百姓也能用。[②]

明德一词，《诗》《书》、金文中常见，《诗》多见于《雅》《颂》中。这个词源于上古幽昧，人们因为惧于黑暗而有光明崇拜。人们所崇拜的日、月、火、光既具有超人智慧，可主宰人间一切的“神”的作用。到社会组织产生以后，这种人间社会的、掌握统治的力量，就有一部分转到了天子、君主的手中，于是将光明的含义增加到政治、道德、哲学的范畴中去了，而在中国封建社会、儒家政治、哲学中起着极为重要的作用，使这个宗教性的术语延长了寿命，扩大了作用，而成为统治阶级之天子、诸侯受之于天的完全无暇，既能与天神相协调，又能显见于民意的一个政治术语。……而明德正是这种最高的宗教崇拜意识及人间社会政治、哲学最高标准结合的一个词。[③]

姜亮夫上述论断堪称精辟洞见，值得注意；同时也有助于我们摆脱朱熹旧注的局限性。据此，姜昆吾进一步明确指出，“明德”一词浸淫于原始宗教，西周以降，“不断黏敷以政治、道德、哲学等多方面内容而延长其生命，扩大其作用，此词遂

① 即便是《大学》所说的“明德”，亦不掩其宗教意味的深刻背景。例，如王阳明对《古本大学》的刻意阐释。

② 姜亮夫：《楚辞今绎讲录》，北京出版社，1983，第59—60页。

③ 姜亮夫：《楚辞今绎讲录》，北京出版社，1983，第120页。

由宗教术语过渡为政治术语”。[①] 实际上，“明德”包含了复杂的意义，既有天命意味，也有种族意味，而且还有美德含义。值得注意的有两点：第一，早期的“明德”所包含的“道德”意味并不完全是指个人道德，而应该从贵族集团甚至氏族团体的意义上的予以理解（因为贵族和氏族当时也是王国维所说的那种“道德共同体”）；第二，应该从政治、社会层面来理解“明德”的“道德”意义，倘若我们承认这种道德意义脱胎于政治、社会行动的“合道德性”，那么也应承认“合道德性”又是历史过程的（人文）理性化之必然趋势。可见，“明德”既关系到社会政治的制度层面，又关系到精神信仰的观念层面。“明德”既是残存了原始宗教的余绪，同时也是人文理性和文化精神的载体。

尼采在《论道德的谱系》中区分了“主人的道德”和“奴隶的道德”，然而从古史传说、文化人类学和民族志材料角度看，奴隶和庶民根本上都是“缺德”的，毕竟他们什么都缺失。古希腊所推崇的“德性”（aretē），原初也是仅限于贵族阶层，与老百姓没有什么关系；“贵族”一词的希腊文（aristocratia）是 aretē 的最高级形容词 aristos 和 cratos（力量）的复合。“按照希腊古老的观念，各人和每个家族的 aretē 有程度高低的差别。拥有最高最强有力的 aretē 的人叫 aristocratia，原义就是最高尚的人。……他们的好才能和好品德是祖宗世代传下来的，类似中国古代的‘好门风’”。[②] 那么，所谓“贵族”就是指“神的后裔”，他们生来就具有高贵的血统、尊荣的地位、杰出的才能、得体的仪态，亦即 aretē 之出类拔萃。这样的人（贵族）才能称得上“有德之人”呢！总之，西周以来盛言的“德”具有复杂的涵义。早期文献中常见的“有德”“有德者”之语，如果仅仅是简单地理解为“有道德”“有道德的人”，就未免望文生义了。其实，“有德”虽然包含了道德高尚的涵义在内，却主要表示血统尊贵的意思。换言之，“有德者”就是“有位”“有禄”的代名词，因为这里所说的“德”必须从“世官世禄”的世族政治社会模式中予以理解与阐释。例如，《楚辞·天问》中的“该秉季德”“恒秉季德”。按：“恒”“该”都是季（上甲微）的儿子，那么，“季德”表示血胤（父子）关系，表示“位”（王位）以及相应的贵族权力的关系。《谷梁传·僖公十五年》曰：“德厚者流光，德薄者流卑。”据分析，“德”即“位”，“德厚”即“位高”，“德薄”即

① 姜昆吾：《诗书成词考释》，齐鲁书社，1989，第 181 页。

② 汪子嵩等：《希腊哲学史》第 2 卷，人民出版社，1993，第 172 页。

“位卑”。[①]

如此看来，春秋时期人们推崇的“君子”“士君子”首先应从“德礼之间”的角度予以分析和把握。然而从长时段演进过程审视，“德”以及“君子”范围逐渐下及，由贵族普及到平民百姓。这是思想史的规律。“德”的观念与君子形象交互为用。当礼乐文明（亦即德礼体系）崩坏之时，贵族阶层亦渐趋瓦解，战国游士的出现足以表明“从身份到契约的转变”，社会阶层之间的流动性增强了，社会精英和知识分子不再被束缚于王官体系之内。而伦理规范也与时俱进，庶民（例如墨翟）可以进阶为“士”（君子），贵族（例如孔丘）也可以沦落为“士”，“德”随即成为社会精英和普罗大众的一致追求和共同标准。

更有可说者，“君子之德”的早期观念酝酿并触发了人的自我认识；特别是进入哲学时代以后，早期德的理论和君子观念都成为哲人们思考人性的历史文化背景。傅斯年指出，人的普遍概念的形成当在人的类别概念出现之后，也就是说，最初根本没有关于“人”的普遍概念，而只有部落之“类名”，《左传》《国语》的时代乃是“类别的人性论”流行的时代。[②]这是一个重要而了不起的洞见，《潜夫论》就有“以族举德”之说。毫无疑问，前轴心时期表述“类别概念”的“族”“类”“姓”“氏”“德”诸语词，就是轴心时期诸子哲学热衷讨论的“性”的概念的萌芽或雏形。

《诗》《书》中的“德”虽然含有“道德”（morals）的意味，却常常不能简单归结为“道德”，正如我们曾经论证过的那样，“合道德性”并不意味着“道德”本身。从某种意义上说，《诗》《书》中的“德”，应首先从民族和政治两方面予以分析与理解，因为西周和春秋时期的民族政治的合法性论证必须诉诸“德”，反过来说，“德”表述了神学政治论（Theocracy）和民族政治论（Ethnocracy）的精髓和本质。《诗·大雅·韩奕》在谈及赐命韩侯（重新确认其诸侯资格）时说，韩侯乃“以先祖受命”“缵戎祖考”。也就是说，韩侯“受命”的根据在于“缵续先祖之德”。郑《笺》曰：“韩侯先祖有功德者，受先王之命，封为韩侯。”得失参半。因为“先祖之德”虽然具有政治意义上的“功德”含义，却也不乏子孙不辍、祭祀不绝的含义。《诗·鲁颂·閟宫》所说的“奄有下土，缵禹之绪”，金文中常见的“丕显祖考之德”“昭皇祖明德”，都应该首先从氏族血统的绵延方面进行理解。《尚

① 参见郑开：《道家形而上学研究（增订版）》，中国人民大学出版社，2018。

② 傅斯年：《性命古训辨证》，台湾联经出版事业股份有限公司，1980，第310—314页。

书》所说的“天命”与“德”，具有很强的神学政治论（Theocracy）和民族政治论（Ethnocracy）意味，它们的确切含义就是指某一氏族的“命”与“德”，因为“先祖”是氏族的标志符号，所以也是“先祖之命”与“先祖之德”。[①]

总之，早期文献中的“明德”具有那种神学政治论（Theocracy）和民族神学论（Ethnocracy）的意味。下面两条文献很能说明问题：

> 陈，颛顼之族也，岁在鹑火，是以卒灭。陈将如之。今在析木之津，犹将复由。且陈氏得政于齐而后陈卒亡。自幕至于瞽瞍无违命，舜重之以明德，寘德于遂。遂世守之。及胡公不淫，故周赐之姓，使祀虞帝。臣闻盛德必百世祀。虞之世数未也，继守将在齐，其兆既存矣。(《左传·昭公八年》)
>
> 有神降于莘。何故？答：国之将兴，其君齐明衷正精洁惠和，其德足以昭其馨香，其惠足以同其民人。神飨而民听，民神无怨，故明神降之，观其政德而均布福焉。(《国语·周语上》)

第一段话讲了一个反面的例子。陈国倾覆，引起了“陈国灭亡还是没有灭亡”的讨论，其中提到的“明德”很值得注意。参照《国语·郑语》里记载的史伯之言，[②]可以明确“明德”既源于氏族先祖的本质属性，也是氏族政治在天命、宗教上的依据。第二段话中的“其德足以昭其馨香”，其实就是“昭明德于上帝”的意思，近乎《尚书·酒诰》“惟德馨香，祀登闻于天”。早期文献中的“德”涉及政治社会、民族、宗教和文化语境，往往就是“族”“类”“姓”“氏”“鬼神”“神力”（神圣感）的另一种表述。

春秋战国之交以降，中国思想史进入了哲学时代。君子观念随之发生了重要嬗变。其中最值得注意的是，哲人们逐渐趋向于通过人性概念及其理论重塑君子观念，或者说予传统观念以创造性转化。之前“德礼体系”出现的“士君子”也被“仁者”（孔子）“圣人”（孔子、老子）“大人”（易传）“大丈夫”（孟子）“至

---

① 郑开：《德礼之间》，三联书店，2009，第220—221页。

② 其略云：“王室将卑，戎、狄必昌。”而南蛮之荆、楚民族，由于系“重黎之后”，所以可能成为代周而兴的邦国。具体地说，荆熊“且重黎之后也，夫黎为高辛氏火正，以淳耀敦大，天明地德，故命之曰祝融，其功大矣”。“夫成天地之大功者，其子孙未尝不章”，如夏商周诸王朝的世祀；然而，“祝融亦能昭显天地之光明（按：即明德），以生柔嘉材者也，其后八姓于周未有侯伯。……蛮芈蛮矣，唯荆实有昭德（按：即明德），若周衰，其必兴矣。姜、嬴、荆、芈，实与诸姬代相干也”。

人”“神人”“真人”（庄子）等，赋予更丰富的思想意义和价值内涵。

诸子百家所讨论的“性”，源于“生”“命”“德”等多元多样的思想资源，然而无论如何，“德”与“性”之间的亲缘关系不容忽视，所以我们不必拘泥于傅斯年先生《性命古训辨证》的结论。《老子》里虽然找不到“性”这个字眼儿，然而其中的“素”“朴”就相当于“性”（苏辙《老子解》），甚至可以说就是原初的“性”，而其中的“德”或“玄德”也具有明确的“性”的意味。（高亨《重订老子正诂》）当《庄子·内篇》将“德”“形”对举时（《人间世》《德充符》），“德”颇有那种内在人性或抽象人性的意味。其实儒家著作也不乏“以德为性”的例证，《论语》里“天生德于予”“骥不称力而称德”的“德”,《中庸》“性之德”的“德”，都有根本之“性”的意思。要之，诸子百家（尤其是儒道）都试图通过人性论（基于“德”的观念）抽绎和规定君子和圣人，并以之垂范天下。比如说，在孟子看来，圣人之所以出类拔萃，原因就是他们先天完具且自然流露的纯善之性。庄子哲学之人性论具有从自然人性论深化为无为人性论的理论进深结构，旨在揭示“真人”“真性”的价值与意义。[①]

战国中期，以孟子、庄子为代表的人性论思想已深入掘进到了心性论层面，从而奠定了人性论思想（包括圣人概念和君子文化等方面）的基本格局与理论范式，塑造了古代思想世界的基本图景，左右了中国文化的走向。当然，宋明理学关于人性、圣人和君子的议论日趋精微深邃，渐入佳境。

二、君子之操

无论儒家还是道家，其伦理学就属“德性伦理学”，这一点毋庸置疑。[②] 倘若我们从另一个角度——实践（社会政治行动）角度加以审视的话，那么具体社会语境下人的操行和操守就成为每个时代精神所聚焦的重要问题了。换言之，我们有必要在讨论君子之德之余，继续讨论君子之操。这个问题千头万绪，我们不可能也没必要面面俱到，但有两个问题值得在此讨论。

第一，君子意识的产生和君子文化的流布，始于“德的时代”，[③] 所以我们仍从

① 郑开：《庄子哲学讲记》，广西人民出版社，2016，第 174—194 页。

② 详见郑开：《道家政治哲学发微》第四章的相关论述，北京大学出版社，2019。

③ 郑开：《前哲学时期是“德的时代”》，《中国社会科学报》2018 年 1 月 28 日。

追溯“德”的源流上进行分析。其实，《诗》《书》时代的“德”更多地指向合理的、好的政治行动原则，具有明显而强烈的“行”（尤其是政治和宗教两方面的实践活动）的意味；西周春秋以来，“德”经历了一个旷日持久、逐渐深入的内面化过程，这一点我们似乎能够从“礼”“仪”分离趋向中见出一斑。[①] 进入哲学时代以来，诸子百家又沿着内外、本末、天人诸方面继续展开讨论，不断深化了人性概念及其理论，因而“德”这个语词或概念叠置了多重含义。如果哲学的目的之一是使人富于智慧而避免盲动，那么基于人性和人心的反思、澄清、内省和觉悟，足以为人的社会政治实践活动提供一个内在基础，从而使合理的实践活动、道德行动和伦理生活成为必然，超然于物理世界的因果律（必然性）之外。

第二，更重要而且特别希望讨论的问题则是：古代思想世界里关于人性和理想人格（圣贤君子等）的思考，从某种意义上说，反映了古代文化的特质；或者说，历史语境呈现出来的人格和人性，无论是光辉还是幽暗，都折射了文化模式。还有另外一点，就是先秦时期的道家哲学思潮虽然深邃复杂且影响广泛，然而却由于其抽象思辨、微妙玄通而不容易被更多的人所了解和接受。如果从更广阔的文化史角度看，道家思想对于人性表达和文化人格的显著影响可能延迟到汉末魏晋时期。这是由魏晋时期特殊的历史机缘、政治生态和社会形态决定的，并非空穴来风。下面，我试图将这两个问题扭结在一起予以论述。

文化体现在人的一切方面，在某种意义上，我们可以说人格是文化的内化，或者说文化是人格的外在表现。从文化史角度分析汉末魏晋时期整体的社会风尚和时代精神（Ethos），“儒道互补”最能概括其人格理想和文化特征。何（晏）王（弼）玄学当然是儒道兼综的产物，体现了“儒道互补”的文化模式。诗人陶渊明也是如此，他是诗人中的庄子，却又是骨子里的儒家。

如果说文化铸就体现文化的人格的话，那么，魏晋时期的思想学术和文化形态所略具的“儒道互补”特点究竟意味什么？追问这一问题绝不能脱离当时风雨如晦、万马齐喑的残酷现实，那是一个经学传统夕阳西下、儒学苍白虚伪的时代。拿什么治愈那个时代的疾患、拯救那个时代孤苦无告的孱弱灵魂呢？应该说，道家哲学、大乘佛教和充满激情的艺术创造支撑了那个时代不肯苟且、不愿自甘堕落的心灵。试详论之。

---

① 郑开：《德礼之间》，三联书店，2009，第 183—185 页。

它（儒道互补）意味着社会中的某些人坚持儒家伦理的操守，努力实践儒家的价值观念和政治、社会理想，而另外一些人（群）则信奉道家理论，自然在生活和行动上体现道家文化的特点。其次，就是在同一个人身上，往往也体现出两种文化的影响。让我们举几个大家耳熟能详的例子吧。高卧隆中的诸葛亮：布衣，高逸，散淡，结庐闲居，啸傲林泉……谁能说他不是一个隐居世外的道家高士呢？然而，运筹帷幄、顾命辅国、鞠躬尽瘁死而后已的孔明，又何尝不是闪烁着儒家人格光华的诸葛亮呢？当诸葛亮挥泪斩马谡的时候，他的身上似乎还有法家的影子；而他竭力主张联合孙吴抗衡曹魏，又显示了纵横家的风范。这么说，诸葛亮体现了文化意义上的多重人格——主要体现了儒家人格和道家人格：前者是“出师未捷身先死，长使英雄泪满襟”的诸葛亮，后者是隐逸山林、苟全性命于乱世的诸葛亮。在人生的不同境遇当中，诸葛亮面目常能“变脸”，足以证明“儒道互补”的文化结构塑造了一种文化意义上的双重人格。同样，“采菊东篱下”的陶渊明是道家的陶渊明，而写下“猛志固常在”诗句的陶渊明又是儒家形象的陶渊明；身为百姓父母官的陶渊明，岂不是儒家“兼善天下”思想驱动的陶令么？五柳堂前，与耕夫樵子“共话桑麻”的陶渊明，却是一个以精神逍遥为人格特征的陶渊明！儒家学者常说，“天下有道则见，无道则隐”。（《论语·泰伯》）“道不行，乘桴浮于海”。（《论语·公冶长》）“穷则独善其身；达则兼济天下”。（《孟子·尽心上》）在不同的生活境遇展现出不同文化面相和人格形式是古代中国的士大夫的普遍特点：他们总是以天下为怀，希望在社会实践中实现自己的政治社会理想和人生价值，并为此颠沛造次必于是，甚至杀身成仁、舍生取义；但是，“人生不如意事常八九”（曹魏时期羊祜语），这是因为：①从宏观的社会境况而言，“天下无道”的时代贯穿着整个中国历史过程（约占整个历史时期的一半时间），儒家理想无由实现，甚至遭到深刻的怀疑（如魏晋时期），这时候道家思想就会不期然地蔚为潮流，实际上，道家思想从来就是解剖现实、批判社会的重要源泉。②其次，就微观的个人的遭际和命运而言，失意、挫折、不幸、悲怆、愤懑、落魄、潦倒等痛苦经验与人生感喟也会促使人们反思、批判儒家的政治社会的说教，从而遁入道家思想，以寻求排遣和解脱。现实世界过于纷乱复杂，充满了阴谋诡计、尔虞我诈，“良心”值多少钱几乎就是灵魂拷问。只有心中拥有一个世界，才能真正面对一个世界。道家哲学（尤其是作为其核心部分的形上学理论）由于创造了一个精神世界，生命本质和生活意义因此得到了新的提示和阐明，人们寄托于此，聊以自慰，缓解哀痛，并直面惨淡的人生。实际上，道家思想常常是生活意义的源头活水和人格重塑的原动力，宦海沉浮中的苏东坡就是这样一个著例。换个角度看，儒家精神滋养了他们慷慨赴国、以天下为己任的道德情操，道家却为他们高霞孤映、初衷不了的失落提供了一个痛定思痛、宣泄孤郁的避难所，使他们的思想和情感有所寄托。所以说，旨在追求生命的高远意义的道家道德形而上学，由于在古代中国的道德观念、人格理想、人生态度和伦理实践诸方面留下了不可磨灭的印迹，深刻地影响甚至在特定境遇下左右了古代士人的价值观和人生观，因而与儒家学说一起，构成古代道德系谱的重要一脉。舍此，我们将不能理解他们的伦理生活和精神境界。

道家哲学展开了对“道的真理”的追寻，其现实意义就是为人们提示了某种“可能生活”，使得他们能够仰望星空、正视生活的挑战。哲学所提示的“可能生活”是理想的，不一定就是现实的。然而，作为政治理念和文化价值之理想，“道的真理”有可能开辟、创构某种新的伦理学，建构某种新的政治社会理论。道家的道德形而上学从本质上说是某种“反伦理学”。贺昌群曾说，文化思想的兴替盛衰过程呈现为“虚则实之，实则虚之”的反复推移。[①] 如果把注重伦理规范的儒家伦理学看作是“实的伦理学”，那么，道家非规范的道德形而上学也就算得上是“虚的伦理学”了。当然，我们这里所说的虚实不仅仅是比喻，更有实质性意义，那就是儒家以忠孝为本的伦理规范属于制度伦理，而制度及其意识形态就是“实”，就是“有”，就是“名”；与儒家刻板于制度规范相反，道家伦理学的出发点与归宿则不离人性（自然人性和无为心性），反对制度规范对人性的扭曲，更反对包括道德观念在内的意识形态对人心的宰制，从而以虚无的精神境界瓦解了制度伦理。[②]

由此可见，道家哲学的深邃玄理已经体现于魏晋时代的人格风范上，甚至可以说，道家思想乃是魏晋风度的思想支撑。我想强调的是，魏晋以来，人们对于自我生命价值和生活意义的追寻和对于人性的自觉展露，更呈多元化，人们对圣贤形象、君子人格的观念也发生较大的变化：除了儒家思想传统的影响之外，道家和佛学的渗透与支配也相当重要，不容忽视。这一切变化发生的契机就是中古时期的政治社会转折，自此而后，古代思想文化的世界更为复杂多元，人们对隐逸高僧和魏晋风度的向往，表明了操行典范的漂移，也与传统意义上的君子观念交涉在一起，而且深刻改变了君子观念和君子文化。

---

① 贺昌群：《魏晋清谈思想初论》，商务印书馆，1947，第 58—59 页。

② 郑开：《道家形而上学研究（增订版）》，中国人民大学出版社，2018，第 279—281 页。

以上从君子之德和君子之操两方面，扼要讨论了早期哲学思想史进程中的君子观念隐含的理论问题，以及魏晋时代以来君子观念及其文化的多样化发展。一点儿拙见，敬希诸方家教正。

“君子喻于义、小人喻于利”别解

郭晓东　于超艺*

内容摘要：《论语》“君子喻于义，小人喻于利”一语，历来有两种解法。一种以“德”分君子、小人，宋儒多如此解；另一种以“位”分君子、小人，秦汉儒者多如此解。以“德”分君子、小人，则“君子喻于义，小人喻于利”一语宣说的是一条道德原则；以“位”分，则可视为一政治原则。作为道德原则来讲，以义利之辨分君子小人，可视为一种修己之学，然修己本身不足以平天下。作为政治原则来讲，“君子喻于义，小人喻于利”一语有两层内含：一者有“位”之“君子”不当与民争利；二则有“位”之“君子”当以“义”化民，此不仅合孔孟先富后教之义，且孔子“为政以德”的思想亦得以充分体现。就此而言，以“位”分君子、小人，似更合乎“君子喻于义，小人喻于利”一语的本旨。

关键词：君子；小人；义；利

一

《论语·里仁》曰：“君子喻于义，小人喻于利。”从字面上看，这句话晓畅明白，似乎没有必要做过多的训释，所以何晏在《论语集解》中仅引孔安国之注曰：“喻，晓也。”邢昺《疏》则曰：“此章明君子小人所晓不同。君子则晓于仁义，小人则晓于财利。”[①] 也就是说，君子是知道仁义的，而小人则只知道财利。然而，邢《疏》之意恐怕有未尽之处，我们事实上可以进一步追问，这里提到的“君子”与“小人”，到底是在“德”的意义上说，还是在“位”的意义上说？

---

* 郭晓东，复旦大学哲学学院教授，博士生导师；于超艺，复旦大学哲学学院博士研究生。

① [宋]邢昺撰，朱汉民整理：《论语注疏》，北京大学出版社，1999，第51页。

“君子”一词，是西周、春秋时期贵族的通称。《尚书·无逸》：“呜呼，君子所其无逸。”孙星衍《尚书今古文注疏》引郑注曰：“君子，止谓在官长者。”[①]又引郑注《礼器》云：“君子，谓大夫以上。”[②]《左传·成公十三年》载，刘康公云：“君子勤礼，小人尽力。”《襄公九年》载，知武子曰：“君子劳心，小人劳力。”也就是说，作为贵族之“君子”，惟“勤礼”“劳心”而已，而“小人”的特点，则在于“劳力”与“尽力”。由此可见，就其古义而言，“君子”“小人”之别，正由其“位”之不同所决定。

到春秋晚期，我们开始看到有以“德”言君子的文献。《论语》中大量提及“君子”“小人”，“君子”凡106见，“小人”有24见。其中一些明显是以德行来区分“君子”与“小人”，如“君子成人之美，不成人之恶。小人反是”。（《论语·颜渊》）但是，我们同样发现，《论语》中一些论“君子”与“小人”的用法只能以“位”言，如“君子学道则爱人，小人学道则易使也”。（《论语·阳货》）

然而，就《里仁》“君子喻于义，小人喻于利”一语来说，从表面上看，就“德”与“位”两方面说似乎都可以解释得通。事实上，古今学者在解《论语》的这句话时，就存在两解。不过，或以“德”言，或以“位”言，不同的诠释不仅使得《论语》此章的章旨完全不同，而且其背后思想史的意义也相去甚远。

二

杨伯峻先生的《论语译注》中说：

> 这里的君子、小人是指在位者，还是指有德者，还是两者兼指，孔子原意不得而知。《汉书·杨恽传·报孙会宗书》曾引董仲舒的话说：“明明求仁义，常恐不能化民者，卿大夫之意也；明明求财利，常恐困乏者，庶人之事也。”只能看作这一语的汉代经师的注解，不必过信。[③]

无独有偶，钱穆先生在《论语新解》中亦曰：

---

① ［清］孙星衍撰，陈抗、盛冬铃点校：《尚书今古文注疏》，中华书局，1986，第433页。
② ［清］孙星衍撰，陈抗、盛冬铃点校：《尚书今古文注疏》，中华书局，1986，第434页。
③ 杨伯峻：《论语译注》，中华书局，1980，第39页。

> 董仲舒有言："明明求仁义，常恐不能化民者，卿大夫之意也；明明求财利，常恐困乏者，庶人之事也。"今按：董氏之说，亦谓在上位者当喻于仁义，在下位者常喻于财利耳。非谓在下位者必当喻于财利，在上位者必自喻于仁义也。然则在下位而喻于义者，非君子乎？在上位而喻于利者，非小人乎。本章自有通义，而又何必拘守董氏之言以为解。①

钱、杨两先生都引用董仲舒之语，承认汉代经师有从"位"上理解此章之"君子"与"小人"，不过，杨先生称"不必过信"，而钱先生则强调不必拘守董氏之言。很显然，对于两先生来说，此章"君子""小人"之别，应在"德"上说，不当在"位"上说。

钱、杨两先生以"德"分"君子""小人"，并无不可。皇侃《论语义疏》即保存了晋代范宁的解释："弃货利而晓仁义，则为君子；晓货利而弃仁义，则为小人。"② 此多少有以德行来区别"君子""小人"的意味。后宋学兴起，以"德"区分"君子""小人"，遂成为主流的诠释。朱子在《四书章句集注》中说：

> 义者，天理之所宜；利者，人情之所欲。程子曰："君子之于义，犹小人之于利也。唯其深喻，是以笃好。"③

朱子于此以"天理""人欲"来分判"义""利"，《朱子语类》卷二十七进一步引申此说曰：

> "君子喻于义，小人喻于利"，君子只知得个当做与不当做，当做处便是合当如此。小人则只计较利害，如此则利，如此则害。君子则更不顾利害，只看天理当如何。"宜"字与"利"字不同，子细看！④

在朱子看来，"君子""小人"的差别，只体现在道理上一件事情是否可做。朱子举例说："且如有白金遗道中，君子过之，曰：'此他人物，不可妄取。'小人过

---

① 钱穆：《论语新解》，三联书店，2002，第 100 页。

② [. 梁] 皇侃撰，高尚榘点校：《论语义疏》，中华书局，2013，第 91 页。

③ [宋] 朱熹撰，中华书局编辑部点校：《四书章句集注》，中华书局，1983，第 73 页。

④ [宋] 黎靖德编，王星贤点校：《朱子语类》，中华书局，1994，第 701 页。

之，则便以为利而取之矣。”[①] 见到别人遗金于道上，“君子”以为是他人之物而不可取，“小人”则贪此利益而取之。也就是说，事情之当做不当做，“君子”考虑的是道德上的正当性，而“小人”只顾及眼前一己之私利，只计较个人的利害得失，这就是“义”与“利”的不同。在这里，朱子显然是以道德的标准来分判“君子”与“小人”的。

以道德标准来分判“君子”与“小人”，更重要的是强调做事的动机。朱子又举例说，同样是做官之清廉与勤勉，“君子”以为是应该如此，而“小人”不过是为了博得他人的称赞而已。[②] 在朱子看来，虽然同样都是廉勤的官员，但动机之不同，则“君子”“小人”判然。陆象山解“君子喻于义”一章的角度也是如此。淳熙八年（1181），朱子邀请陆九渊到白鹿洞书院讲学，象山遂以《论语》的“君子喻于义，小人喻于利”为题作了演讲，他说：

> 此章以义、利判君子、小人，辞旨晓白。然读之者苟不切己观省，亦恐未能有益也。某平日读此，不无所感。窃谓学者于此当辨其志。人之所喻，由其所习，所习由其所志。志乎义，则所习者必在于义，所习在义，斯喻于义矣；志乎利则所习者必在于利，所习在利，斯喻于利矣。[③]

在象山看来，这章是以义、利判分君子、小人，而义、利之辨的关键在于其“志”，“志”即道德之志向与动机。由“志”决定了人之所“习”，有所“习”则有所“喻”，故志在义则喻于义，志在利则喻于利。因此，对象山而言，“君子”“小人”之别在于“志”，即由其志向与动机所决定。如象山以科举考试为例说，如果学者沉迷科举考试而不能自拔，读的虽然是圣贤之书，但其志向却“惟官资崇卑、禄廪厚薄是计”，这显然与圣贤背道而驰；反之，如果学者专志于“义”，以这种心志参加科举考试，就不会有逆于圣人，“由是而仕，必皆供其职，勤其事，心乎国，心乎民，而不为身计”。[④] 这才是象山心目中所谓的“君子”。

在宋儒那里，作为德行意义上之“君子”与“小人”的分判又表现在公、私之别上。比如，谢良佐说：

---

① ［宋］黎靖德编，王星贤点校：《朱子语类》，中华书局，1994，第 702 页。

② ［宋］黎靖德编，王星贤点校：《朱子语类》，中华书局，1994，第 703 页。

③ ［宋］陆九渊著，钟哲点校：《陆九渊集》，中华书局，1980，第 275—276 页。

④ ［宋］陆九渊著，钟哲点校：《陆九渊集》，中华书局，1980，第 276 页。

君子小人之分，义与利之间而已。然所谓利者，岂必殖货财之谓，以私灭公，适己自便，凡可以害天理者皆利也。[①]

又如袁燮说：

夫君子、小人之分，义与利而已，故曰“君子喻于义，小人喻于利”。义者天下之公，利者一己之私也。[②]

概言之，宋儒之释“君子喻于义，小人喻于利”，基本上是从道德的标准来区别君子、小人，从而义、利之辨也就成为宋儒最基本的道德原则之一。从某种意义上说，以道德的标准来区别君子、小人，在义理上似乎显得格局更为宏大，境界更为高远，是以陆象山在白鹿洞讲这句时，朱子称其“皆有以切中其隐微深痼之病”，从而使得“听者莫不悚然动心焉”。[③] 或许正是在这一意义上讲，钱穆、杨伯峻两先生解《论语》的这一章时，皆理所当然地将“君子喻于义，小人喻于利”作为一条道德法则来看待。

三

然而，正如前面提到，“君子喻于义，小人喻于利”之“君子”“小人”，还可以从“位”上解。俞樾在《群经平议》中说：

古书言“君子”“小人”大都以“位”而言。上文“君子之于天下也，无适也，无莫也，义之与比”，《白虎通·号篇》曰：“君之与臣，无适无莫，义之与比。”是汉世师说如此。后儒专以人品言“君子”“小人”，非古义矣。《汉书·杨恽传》引董生之言曰：“明明求仁义，常恐不能化民者，卿大夫之意也；明明求财利，常恐困乏者，庶人之事也。”数语乃此章之确解。《尔雅·释训》：“明明，察也。”明明求仁义，即所谓喻于义也；明明求财利，即所谓喻

① [宋]朱熹撰，中华书局编辑部点校：《四书章句集注》，中华书局，1983，第88页。
② [宋]袁燮：《跋相山正论》，载氏著：《絜斋集》卷八，《武英殿聚珍版丛书》本，1776，第11页。
③ [宋]陆九渊著，钟哲点校：《陆九渊集》，中华书局，1980，第276页。

于利也。此殆七十子相传之绪论，而董子述之耳。[①]

俞樾认为，以人品言“君子”“小人”，非古义所在。他同样引用了《汉书·杨恽传》的董仲舒之语，认为这正是汉代师说固有的见解，应该是“君子喻于义，小人喻于利”一章的确解。从一定意义上讲，董仲舒的说法，是我们目前看到就“君子喻于义、小人喻于利”一语最早作出发挥的文本，汉人去古未远，其说当为我们重视，恐怕不能简单地如杨伯峻先生所说的“不必过信”，或如钱穆先生所说的“何必拘守董氏之言以为解”。

《汉书·杨恽传》的文字，出于董仲舒的《举贤良对策》，现保存在《汉书·董仲舒传》中。其文曰：

夫天亦有所分予，予之齿者去其角，傅其翼者两其足，是所受大者不得取小也。古之所予禄者，不食于力，不动于末，是亦受大者不得取小，与天同意者也。夫已受大，又取小，天不能足，而况人乎！此民之所以嚣嚣苦不足也。身宠而载高位，家温而食厚禄，因乘富贵之资力，以与民争利于下，民安能如之哉！是故众其奴婢，多其牛羊，广其田宅，博其产业，畜其积委，务此而亡已，以迫蹴民，民日削月浸，浸以大穷。富者奢侈羡溢，贫者穷急愁苦；穷急愁苦而不上救，则民不乐生；民不乐生，尚不避死，安能避罪！此刑罚之所以蕃而奸邪不可胜者也。故受禄之家，食禄而已，不与民争业，然后利可均布，而民可家足。天子之所宜法以为制，大夫之所当循以为行也。故公仪子相鲁，之其家见织帛，怒而出其妻，食于舍而茹葵，愠而拔其葵，曰：“吾已食禄，又夺园夫、红女利乎！”古之贤人君子在列位者皆如是，是故下高其行而从其教，民化其廉而不贪鄙。及至周室之衰，其卿大夫缓于谊而急于利，亡推让之风而有争田之讼。故诗人疾而刺之，曰：“节彼南山，惟石岩岩，赫赫师尹，民具尔瞻。”尔好谊，则民乡仁而俗善；尔好利，则民好邪而俗败。由是观之，天子大夫者，下民之所视效，远方之所四面而内望也。近者视而放之，远者望而效之，岂可以居贤人之位而为庶人行哉！夫皇皇求财利常恐乏匮者，庶人之意也；皇皇求仁义常恐不能化民者，大夫之意也。《易》曰：“负且乘，致寇

① [清]俞樾：《群经平议》卷三十，载[清]阮元等编：《清经解 清经解续编》，凤凰出版社，2005，第6979页。

至。”乘车者君子之位也，负担者小人之事也，此言居君子之位而为庶人之行者，其患祸必至也。若居君子之位，当君子之行，则舍公仪休之相鲁，亡可为者矣。①

在董仲舒看来，正如上天赋予某种动物，给予坚牙利齿，则不使之有锐利的头角；给予双翼者，则只使有双足而不具备四足，这就是所谓“所受大者不得取小”。与之相似，作为国家的官员，享有政府的俸禄，那就不应该从事生产劳动（力）或商业活动（末）。享有政府的俸禄，是“受大”者，而食于力、动于末，则是“取小”。既然“受大”，又去“取小”，则被视为是与民争利，从而导致老百姓“嚣嚣苦不足”“穷急愁苦”而不能“乐生”。老百姓既不“乐生”，故不“避死”，那更不会“避罪”，从而刑法虽繁，却无法减少犯罪的产生。因此，作为享有国家俸禄的官员，就不应该与民争利。董仲舒又以鲁国的公仪休为例说，公仪休在家见其妻织帛，怒而出妻；见其家人种葵，愠而拔葵。因为在公仪休看来，既然作为食禄者，又和园夫、工女争夺利益，这就是与民争利。因此，对于在位之君子而言，不当“喻于利”，即不应与民争利。不与民争利，是儒家重要的政治原则。《荀子·大略》曰：“有国之君不息牛羊，错质之臣不息鸡豚，冢卿不修币，大夫不为场园，从士以上皆羞利而不与民争业。”杨倞注曰：“谓若公仪子不夺园夫、工女之利也。”②《大学》终章借孟献子的话说：“畜马乘，不察于鸡豚。伐冰之家不畜牛羊，百乘之家不畜聚敛之臣。与其有聚敛之臣，宁有盗臣。”郑玄注说：“鸡豚、牛羊，民之所畜养以为财利者。”③孔疏曰：“士初试为大夫，不窥察于鸡豚之小利。卿大夫为伐冰之家，不畜牛羊为财利，以食禄不与人争利也。”④《诗经·大雅·瞻卬》“如贾三倍，君子是讥”，郑玄笺曰：“贾物而有三倍之利者，小人所宜知也。君子知之，非其宜也。孔子曰：‘君子喻于义，小人喻于利’。”包慎言进而评论说：“按：如郑氏说，则《论语》此章盖为卿大夫之专利而发，君子、小人以位言。”⑤因此，君子喻于义而不喻于利，作为一政治原则来说，首要的要求即不能与下民争利。

① [汉]班固等撰，中华书局编辑部点校：《汉书》，中华书局，1962，第2521页。

② [清]王先谦撰，沈啸寰、王星贤点校：《荀子集解》，中华书局，1997，第502页。

③ [唐]孔颖达等撰，吕友仁点校：《礼记正义》，上海古籍出版社，2008，第2254页。

④ [唐]孔颖达等撰，吕友仁点校：《礼记正义》，上海古籍出版社，2008，第2265页。

⑤ [清]包慎言撰：《论语温故录》，载程树德撰，程俊英、蒋见元点校：《论语集释》，中华书局，1990，第267页。

“君子喻于义”，在董仲舒看来，不仅不能与百姓争利，而且还要在“义”上为百姓做出表率。在儒家看来，在上位之君子，有导民化民的职责，而人民的善恶趋向，则惟天子大夫是从，这正如孔子所说的：“君子之德风，小人之德草。草上之风必偃。”（《论语·颜渊》）因此，君子之化民，关键在于以什么来引导人民。《大学》说：“尧舜帅天下以仁，而民从之；桀纣帅天下之暴，而民从之。”董仲舒亦曰：“故尧、舜行德则民仁寿，桀、纣行暴则民鄙夭。未上之化下，下之从上，犹泥之在钧，唯甄者之所为，犹金之在镕，唯冶者之所铸。”[①] 也就是说，以义引导人民，则民俗向善；以利引导人民，则民邪俗败。因此董仲舒才说：“尔好谊，则民乡仁而俗善；尔好利，则民好邪而俗败”。[②]

因此，董仲舒在《举贤良对策》中对于“君子喻于义”所作的发挥，即所谓“皇皇求仁义常恐不能化民者，大夫之意也”，实际上是从正反两面对一个有“位”之“君子”在政治上提出了其应有的要求，一则是追求仁义而不与民争利，二则努力做到以仁义导民，二者皆从有“位”之“君子”的角度来说。从某种意义上说，这两者是一递进的关系，作为在“位”之“君子”而言，首先的任务是使庶民有“利”，故不与民争利，这可以说是在消极意义上的“喻于义”，即以不“喻于利”的方式体现出的“喻于义”；在此基础上，进一步的要求才是正面的以“义”导民，故有“常恐不能化民”之说，这是积极意义上的“喻于义”。若反过来，君子如果“皇皇求财利，常恐乏匮者”，在董仲舒看来，就是“居君子之位而为庶人之行”。[③]

四

在《举贤良对策》中，董仲舒称“皇皇求仁义，常恐不能化民者，大夫之意也”，与之对举的是，“明明求财利，常恐困乏者，庶人之事也”，前文提及的俞樾、钱穆、杨伯峻等人均认为这是董生对“小人喻于利”的理解。庶民何以只能“喻以利”呢？

庶民所以只能“喻于利”，从某种意义上说，与先秦两汉儒家对庶民之定位有着密切的关系。对先秦两汉的儒家而言，事实上存在着某种道德精英主义的倾向，

① ［汉］班固等撰，中华书局编辑部点校：《汉书》，中华书局，1962，第2521页。
② ［汉］班固等撰，中华书局编辑部点校：《汉书》，中华书局，1962，第2521页。
③ ［汉］班固等撰，中华书局编辑部点校：《汉书》，中华书局，1962，第2521页。

对庶民并没有太高的道德期许，孔子称“民可使由之，不可使知之”，何晏注曰：“可使用而不可使知者，百姓能日用而不能知。”① 何以百姓不能知？我们可以拿董仲舒所举的例子来说明。董仲舒举例说，拿一个枣子与一块金子给一个婴儿，婴儿必取枣而不取金；拿一斤之金与一颗价值千万的珍珠给野人，野人必取金而不取珠。所以如此者，董仲舒说：“故物之于人，小者易知也，其于大者难见也。今利之于人小，而义之于人大。无怪民之皆趋利而不趋义也。”② 清代苏舆注曰：

> 孔子曰：“君子喻于义，小人喻于利。”以其所见之大小异也。君子谓士夫，小人谓民。士夫而民行，则小矣。《潜夫论·遏利篇》：“知利之可娱己也，不知其积而必有祸也。前人以病，后人以竞。庶民之愚，而衰闇之至也。”③

苏舆直接就以“君子喻于义，小人喻于利”一语，来释董仲舒的小大义利之辨，其引《潜夫论》“庶民之愚，而衰闇之至”一语，大体代表了汉儒对庶民的看法。贾谊说，“夫民之为言也，暝也”。④ 董仲舒也说：“民者，瞑也。”⑤ 就是说，在汉儒看来，百姓是暝而不觉者，因此，百姓如同婴儿、野人一般，不仅不能权物品之价值轻重，反而被事物的表面现象所迷惑，取其易知的“小者”，而弃其难见之“大者”。因此，普通的老百姓在“义”与“利”的取舍之间，就会更倾向于取“利”而舍“义”。所以董仲舒才说，“无怪民之皆趋利而不趋义”；“民不能知而常反之，皆忘义而殉利”；⑥ “夫万民之从利也，如水之走下”。⑦ 诸如此类的说法，在汉儒那里并不鲜见。

然而，庶民所以从“利”而忘“义”，从某种意义上讲，也是由他们的生存状况所决定。对于这一点，先秦两汉的儒者看得很清楚。于庶民而言，惟有先满足基本的生存条件，才可能有进一步的道德诉求，正如管子所说的：“仓廪足而知礼节，衣食足而知荣辱。”⑧ 孔子亦有先富后教之说，而孟子关于“恒产”与“恒心”的说

① [唐]孔颖达等撰，吕友仁点校：《礼记正义》，上海古籍出版社，2008，第104页。
② 苏舆撰，钟哲点校：《春秋繁露义证》，中华书局，1998，第264—265页。
③ 苏舆撰，钟哲点校：《春秋繁露义证》，中华书局，1998，第265页。
④ [汉]贾谊撰，阎振益、钟夏校注：《新书校注》，中华书局，2000，第349页。
⑤ 苏舆撰，钟哲点校：《春秋繁露义证》，中华书局，1998，第286页。
⑥ 苏舆撰，钟哲点校：《春秋繁露义证》，中华书局，1998，第265页。
⑦ [汉]班固等撰，中华书局编辑部点校：《汉书》，中华书局，1962，第2503页。
⑧ 黎翔凤撰，梁运华点校：《管子校注》，中华书局，2004，第2页。

法，则说得更加清楚明白：

> 无恒产而有恒心者，惟士为能。若民，则无恒产，因无恒心。苟无恒心，放辟邪侈，无不为已。及陷于罪，然后从而刑之，是罔民也。焉有仁人在位罔民而可为也？是故明君制民之产，必使仰足以事父母，俯足以畜妻子，乐岁终身饱，凶年免于死亡。然后驱而之善，故民之从之也轻。今也制民之产，仰不足以事父母，俯不足以畜妻子，乐岁终身苦，凶年不免于死亡。此惟救死而恐不赡，奚暇治礼义哉？（《孟子·梁惠王下》）

孟子将人分为“士”与“民”两类，大略相当于“君子”与“小人”。“君子”有道德之自觉，可以做到忧道不忧贫，所以他们即使没有“恒产”，也不至于无“恒心”。但是，对于“民”或“小人”而言则不然。普通百姓因没有“恒产”，故不能有“恒心”，以其未能满足基本的生存条件，所谓“仰不足以事父母，俯不足以畜妻子，乐岁终身苦，凶年不免于死亡”，“奚暇治礼义哉”？清代的焦循进一步发挥此义曰：

> “无恒产而有恒心者，惟士为能”，君子喻于义也；“若民，则无恒产，因无恒心”，小人喻于利也。惟小人喻于利，则治小人者必因民之所利而利之，故《易》以君子孚于小人为利。君子能孚于小人，而后小人乃化为君子。此教必本于富，驱而之善，必使仰足事父母，俯足畜妻子。[①]

我们从这些论述中可以看到，对于普通的老百姓而言，仓廪足、衣食足才是他们生存的根本条件。因此，治国者首先的任务，就是要让老百姓衣食无忧。因此，董仲舒才会说：“穷急愁苦而上不救，则民不乐生，民不乐生，尚不避死，安能避罪。”此说与孟子“此惟救死而恐不赡，奚暇治礼义哉”之意正遥相呼应。也正因为如此，在“义”与“利”的选择上，普通的百姓不得不趋“利”而舍“义”，甚至可以说，好“利”之心，对于普通老百姓而言，实所难免。孟子见齐宣王，齐宣王称“寡人有疾，寡人好货”，而孟子教以“王如好货，与百姓同之”。（《孟子·梁

---

① [清]焦循：《君子喻于义小人喻于利解》，载氏著：《雕菰集》卷九，岭南节署刻本，1824，第14—15页。

惠王下》）孟子与齐宣王的对话，至少透露出一个信息，即仁政的实质是让老百姓都能满足其好利之心。同样，《大学》之终章讲"絜矩之道"，称"民之所好好之，民之所恶恶之"，而"民之所好"者，又具体落实在"财"之一字上，此正如朱子《大学章句》所说的，"财者人之所同欲"。[①] 其用意显然是在告诫为政者，好"利"之心，常人所不免，在"位"之"君子"须以絜矩之道推之，从而能让天下百姓皆能利其所利，故朱子称"此章之意，务在与民同好恶而不专其利，能如是，则亲贤乐利各得其所，而天下平矣"。[②] 就此而言，"君子喻于义"与"小人喻于利"实一体之两面，正是因为为政者要让百姓之利各得其所，故君子不能与民争利，而须"喻于义"。

五

事实上，对于先秦两汉的儒家来说，"义"与"利"并不是截然对立的。孔子虽说过"君子义以为上"（《论语·阳货》），但也说"富与贵，是人之所欲也"。（《论语·里仁》）也就是说，孔子并不否认人可以"欲"富贵，但从另一方面来讲，孔子又说，"不以其道得之，不处也"。就此而言，孔子既承认人之所同欲的"富与贵"，即承认"利"之于人的合理性；但同时孔子强调要以其道得之，此显然是认为，人虽然可以求"利"，但却不能唯利是图，当以"义"限制"利"。其后儒家多承孔子之说，认为人之一身，既有好"利"的一面，又有好"义"的一面，荀子明确指出：

> "义"与"利"者，人之所两有也。虽尧舜不能去民之欲利，然而能使其欲利不克其好义也。虽桀纣亦不能去民之好义，然而能使其好义不胜其欲利也。故义胜利者为治世，利克义者为乱世。上重义则义克利，上重利则利克义。[③]

汉儒萧望之亦发挥荀子之说曰：

---

① ［宋］朱熹撰，中华书局编辑部点校：《四书章句集注》，中华书局，1983，第 11 页。

② ［宋］朱熹撰，中华书局编辑部点校：《四书章句集注》，中华书局，1983，第 13 页。

③ ［清］王先谦撰，沈啸寰、王星贤点校：《荀子集解》，中华书局，1997，第 502 页。

民函阴阳之气，有好义欲利之心，在教化之所助。尧在上，不能去民欲利之心，而能令其欲利不胜好义也。虽桀在下，不能去民好义之心，而能令其好义不胜其欲利也。故尧、桀之分，在于义利而已。道民不可不慎也。[①]

董仲舒也说：

天之生人也，使人生义与利。利以养其体，义以养其心。义者心之养也，利者体之养也。天之生人也，使人生义与利。利以养其体，义以养其心。义者心之养也，利者体之养也。体莫贵于心，故养莫重于义。义之养生人大于利。[②]

诸如此类的说法，一方面认为人生来俱有好“义”欲“利”之心，“利”是维持生存所必需（“养体”），所以即便是尧舜也不能使百姓不好“利”；但从另一方面来说，人之所以为人而不同于禽兽，则必须以“义”养心，因此，人生不能无“义”。在“义”与“利”的选择上，儒家在承认“利”存在的合理性的前提下，素来认为“义”重于“利”，故孔子有“不以其道得之，不处也”之说，孟子有鱼与熊掌之喻，称“二者不可得兼，舍鱼而取熊掌”，荀子有“义胜利则治世”的说法，董仲舒则主张“义之养生人大于利”。

就“君子喻于义、小人喻于利”一语的诠释来说，如果仅就“德”上论“君子”与“小人”，固然是继承了儒家传统“义”重于“利”的看法，但同时却必然将“义”与“利”分为截然对立的两个面向，推其极致，则不免完全取消了普通人欲“利”的合法性，这显然不符合先儒的看法。

反之，如果就“位”上论“君子”与“小人”，则一方面承认“小人”即普通人的“欲利”之心，如前所述，这是普通人的生存状况所决定的，就此而言，有“位”之“君子”的首要任务就是要满足“小人”的生存条件，使之如孟子所说的，“仰足以事父母，俯足以畜妻子，乐岁终身饱，凶年免于死亡”，故“君子喻于义”，首先要做的就是不能与民争利。从另一个方面来讲，儒家的道德精英主义立场使得早期儒家对庶民没有太高的道德期许，故“小人喻于利”之说，事实上是对普通庶民道德状况的一般性描述，正如董仲舒所说的，庶民常“殉利而忘义”。但是，承

① [汉]班固等撰，中华书局编辑部点校：《汉书》，中华书局，1962，第3275页。

② 苏舆撰，钟哲点校：《春秋繁露义证》，中华书局，1998，第263页。

认"小人喻于利"的这一现状，并不意味着放任庶民之"殉利而忘义"。对儒家而言，正因为"小人"常常"喻于利"，因此，君子才有责任与义务引导"小人"，使之趋"义"而忘"利"，此董仲舒所谓"圣人明事义，以照耀其所闇，故民不陷"，[①]即使人民不因其愚闇而陷于罪。故董子又说："皇皇求仁义常恐不能化民者，大夫之意也。"

因此，"君子喻于义，小人喻于利"一语，从某种意义上讲，与其说是孔子宣说的一条道德原则，毋宁说是孔子教导我们的一条政治原则。就道德原则来讲，固然可以指导我们如何成为一名有德行的"君子"，但对于儒家而言，事实上并不满足于"成己"，同时还要"成物"。此正如焦循所说的：

> 儒者知义利之辨，可以守己，而不可以治天下。天下不能皆为君子，则舍利不可以治天下之小人。小人利而后可义。君子以利天下为义。是故利在己，虽义亦利也；利在天下，即利即义也。孔子言此，正欲君子之治小人者，知小人喻于利。[②]

将"义"与"利"截然两分，固然可以成就有德之"君子"，即焦循所说的可以"守己"，但儒家的使命，除了修身之外，更要紧的是要治国平天下。对有"位"之"君子"而言，治国平天下首先意味着如何面对普通庶民。如前所述，庶民首先要能生存，故治国必使百姓有"利"得以养生送死，从而儒家视"养民"为治国之首务，[③]并视"与民争利"为大恶。[④]其次，如焦循所说，就现实的社会来说，并不是人人都是有德之"君子"，欲天下之人皆舍"利"不谈，事实上并不可能。因此，

---

① 苏舆撰，钟哲点校：《春秋繁露义证》，中华书局，1998，第265页。

② ［清］焦循：《君子喻于义小人喻于利解》，载氏著：《雕菰集》卷九，岭南节署刻本，1824，第15页。

③ 《论语》记载，子适卫，冉有仆。子曰："庶矣哉！"冉有曰："既庶矣，又何加焉？"曰："富之。"曰："既富矣，又何加焉？"曰："教之。"（《论语·子路》）孟子则进一步提出正经界、裕民生、薄赋税等养民的措施。荀子则认为，"王者富民，霸者富士，仅存之国富大夫，亡国富筐箧，实府库"。（《荀子·王制》）如果国家府库已实而百姓仍然贫穷，就是"上溢而下漏"，（《王制》）国家的危亡也就指日可待了。诸如此类的说法，都可看出，养民富民利民，乃治国第一要务。

④ 《春秋·隐公五年》"公观鱼于棠"，何休注《公羊传》此条说："实讥张鱼而言观讥远者，耻公去南面之位，下与百姓争利，匹夫无异，故讳使若以远观为讥也。"意谓鲁隐公到棠地捕鱼，是与民争利，被《春秋》视为"大恶"，所以要为鲁隐公讳。《春秋》书"公观鱼于棠"，显得鲁隐公的所作所为，仅仅不合于礼。

“君子”之治天下，必因天下之情，在承认“利”之合法性的前提下，因“利”而导之成“义”，孔子主张富之、庶之然后教之，孟子提出“制民之产”，其精义即在于此。再者，对儒家而言，行教化者是“君子”，被教化者是“小人”，“君子喻于义，小人喻于利”，故严格之道德要求仅针对“君子”而言，所谓“躬自厚而薄责于人”（《论语·卫灵公》）。这样才可能有孔子所说的，“君子之德风，小人之德草，草上之风必偃”。（《论语·颜渊》）也惟有这样，政治的实质，才可能如孔子所说的，“政者正也，子帅以正，孰敢不正”。（《论语·颜渊》）然而“君子”为政，以化民成俗为务，则道德之诉求，亦自然是其应有的题中之义。就此而言，以“位”分君子、小人，似更合乎“君子喻于义，小人喻于利”一语的本旨。

董仲舒论君子
——以《春秋繁露》为中心 *

魏彦红 **

内容摘要：君子是儒家思想中一个重要的关键词，是儒家思想倡导的人的努力方向和标准形象，随着儒家思想的发展，不同时代的儒者和思想家可能会对君子的认识有着时代性和个人认识的倾向性，这对当时社会的君子观会有一定的导向作用，并对君子行为规范的形成产生潜移默化的影响。本文即试图以《春秋繁露》为中心，管窥董仲舒的君子观。董仲舒在《春秋繁露》中并没有给“君子”一个明确的界定，但他多次提及“君子”一词，结合社会现实和《春秋》之辞对君子进行了阐明和客观论述，我们从中不难理解董仲舒眼中君子的形象。

关键词：君子；董仲舒；《春秋繁露》；《春秋》

一、君子观当合《春秋》之辞旨：移其辞以从其事

（一）董仲舒君子观的原则

董仲舒认为，君子的行为规范应该与《春秋》所倡导的旨意保持一致性，即以《春秋》文辞中表达出的意向作为君子行为的出发点和行为规范。“问者曰：‘晋恶而不可亲，公往而不敢至，乃人情耳。君子何耻而称公有疾也？’曰：‘恶无故

* 本文为国家社科基金重大项目“董仲舒传世文献考辨与历代注疏研究”（项目编号：19ZDA027）的阶段性成果。另：本文所采《春秋繁露》版本，为张世亮、钟肇鹏、周桂钿译注，中华书局于 2012 年出版。

** 魏彦红，衡水学院教授、衡水学院董子学院执行院长、《衡水学院学报》主编。

自来，君子不耻，内省不疚，何忧何惧是已矣。今《春秋》耻之者，昭公有以取之也。'"（《春秋繁露·楚庄王》）这句话具有典型的代表性。当时晋国名声很臭，到晋国去会有被杀头的危险，不敢去晋国是人之常情，所以鲁昭公有顾虑而没有去晋国。没有去是事实，怕遇到危险也是可以理解的，为什么《春秋》却不进行真实描述，说君子以赴晋为耻辱，而称昭公有病而没有去呢？这里就反映了《春秋》之意在于表达这样一种观点，鲁昭公赴晋是有求于晋国，是当时他遇到的困境导致的，鲁昭公因为自己没有正确的谋划管理鲁国，而且犯了娶同姓的违礼的错误，导致"季孙专其位""而大国莫之正"，致使自己流亡八年以致终老国外。董仲舒引用《春秋》之辞表达了自己的看法，即如果鲁昭公没有犯以上错误，用儒者的智慧指导国家的管理，就不会出现亡国之困境。恶果如果不是自己的错误导致的，作为君子是不应该有愧疚感的，心里是坦荡的。董仲舒又进一步进行了总结说明："君子不耻其困，而耻其所以穷。昭公虽逢此时，苟不取同姓，讵至于是。"（《春秋繁露·楚庄王》）作为国君，作为君子，采取的治理策略和行动的出发点及动机意向是最重要的，这是评价是否为君子的重要标准。

那么，依《春秋》之辞，如何评价执政者才称得上君子之为呢？董仲舒作出了具体答复："春秋分十二世以为三等：有见，有闻，有传闻；有见三世，有闻四世，有传闻五世。故哀、定、昭，君子之所见也；襄、成、文、宣，君子之所闻也；僖、闵、庄、桓、隐，君子之所传闻也。所见六十一年，所闻八十五年，所传闻九十六年。于所见微其辞，于所闻痛其祸，于传闻杀其恩，与情俱也。"（《春秋繁露·楚庄王》）根据对国君的了解程度以及国君离自己时间的久远程度来进行评判，是一个易于为人接受的原则。这里，君子指《春秋》作者孔子，孔子经历了鲁哀公14年、鲁定公15年、鲁昭公32年，共三代61年，没有包含孔子十岁前的鲁襄公时代，他切实目睹并感受了鲁国三代君主的政绩表现，所以，在《春秋》中进行表述时应该"微其辞"，即用隐晦的手法进行表述，不用明显的言辞进行批评，既是为了表示为尊者讳，也是为了明哲保身。随着时间的推移，离自己生活的年代越久远，就越可以进行大胆真实的表述了。因为时间久远了，与君主的恩情就淡漠了，可以按照自己的观念和真实感受去记录。这是孔子之为，也是君子之为。

"《春秋》之常辞也，不予夷狄而予中国为礼，至邲之战，偏然反之，何也？曰：'《春秋》无通辞，从变而移，今晋变而为夷狄，楚变而为君子，故移其辞以从其事'。"（《春秋繁露·竹林》）在董仲舒看来，《春秋》所秉持的君子观，其依据是

“移其辞以从其事”。楚庄王围攻郑国，郑国求和，庄王于是放弃攻打郑国，其手下不解，庄王解释说：“古者杅不穿、皮不蠹，则不出于四方。是以君子笃于礼而薄于利，要其人而不要其土，告从，不赦不详，吾以不详道民，灾及吾身，何日之有？”（《春秋公羊传·宣公十二年》）庄王的意愿和行为是善意的，故称之为君子，楚国则被《春秋》称为君子国。作为君子应秉持的战争观也是要与《春秋》保持一致的，“春秋爱人而战者杀人，君子奚说善杀其所爱哉”。（《春秋繁露·竹林》）《春秋》珍惜人的存在，君子就应反对杀害他所珍惜的人的行为，即反对战争。

“经曰：宋督弑其君与夷，传言庄公冯杀之。不可及于经，何也？”（《春秋繁露·玉英》）谦让是《春秋》提倡的一种美德。《春秋》之所以不记载真实情况，是为了避讳。“不书其往而有避也。今此传而言庄公冯而于经不书，亦以有避也。是以不书聘乎齐，避所羞也，不书庄公冯杀，避所善也。”（《春秋繁露·玉英》）对此，董仲舒做了进一步的类比说明。比如，宣公没有把君主之位传给儿子却传给弟弟，弟弟没有把君主之位传给自己的儿子而传给哥哥的儿子，这虽然不符合常规常礼，却是一种谦让的美德。“是故让者春秋之所善，宣公不与其子而与其弟，其弟亦不与子而反之兄子，虽不中法，皆有让高，不可弃也。故君子为之讳不居正之谓避，其后也乱移之宋督以存善志，此亦春秋之义，善无遗也”。（《春秋繁露·玉英》）所以《春秋》为了避讳这种违背继承王位法则的事实，在记述时采用了避讳手法，目的就是宣扬美德。这是君子之为。

《春秋》笔法多有同例。“难纪季曰：春秋之法，大夫不得用地。又曰：公子无去国之义。又曰：君子不避外难。纪季犯此三者，何以为贤？”（《春秋繁露·玉英》）纪季违反了三条规定，《春秋》仍称其为君子和贤者，其原因在于不是他自己要这样做的，是君主让他这样做的。

（二）董仲舒君子价值观

那么，作为君子应该有怎样的价值观？君子应该以何为贵？以何为贱？董仲舒在《春秋繁露·竹林》篇中以逢丑父、齐顷公与祭仲、鲁隐公为例，对《春秋》之君子价值观进行了详尽的解读：“夫去位而避兄弟者，君子之所甚贵；获虏逃遁者，君子之所甚贱。祭仲措其君于人所甚贵以生其君，故《春秋》以为知权而贤之；丑父措其君于人所甚贱以生其君，《春秋》以为不知权而简之。其俱枉正以存君，相似也。其使君荣之与使君辱，不同理。”（《春秋繁露·竹林》）逢丑父和祭仲都救了自己的君主，但《春秋》的评价不同，其原因在于是否属于知权变。逢丑父救君而致君遭受了被俘虏而逃生的经历，被人谴责，遭受耻辱，是属于不知权变，被《春秋》贬低；而祭仲救君而使君处于被人赞颂和荣耀的地位，是知权变，故被《春秋》赞颂。所以君子不仅应有以上的认识，还应知晓什么是权变。董仲舒对此进行了深入的阐发："故凡人之有为也，前枉而后义者，谓之中权，虽不能成，春秋善之，鲁隐公、郑祭仲是也。前正而后有枉者，谓之邪道，虽能成之，春秋不爱，齐顷公、逢丑父是也。"(《春秋繁露·竹林》）即逢丑父和祭仲最初的行为都是违背义的，是否知权变主要看结果，结果是"义"的就是知权变。在董仲舒眼里，知权变是《春秋》所倡导的，是君子之为。董仲舒就此对君子所应具有的生死荣辱观进行了深入挖掘："虽陷其身，尚有廉名，当此之时，死贤于生，故君子生以辱，不如死以荣。"(《春秋繁露·竹林》）即当人遭受奇耻大辱时，生不如死！因为憎恶耻辱、喜爱荣耀是天赋予的，"今善善恶恶，好荣憎辱，非人能自生，此天施之在人者也，君子以天施之在人者听之"。(《春秋繁露·竹林》）董仲舒引用曾子的话说："辱若可避，避之而已；及其不可避，君子视死如归。"(《春秋繁露·竹林》）

二、君子知礼守礼，礼之所重在其志

儒家重礼，《春秋》亦重礼，作为儒家眼中的君子必定要重礼。《春秋繁露》对此进行了详尽解读。董仲舒引用孔子之言，明确强调礼对于君子的重要性："故君子非礼而不言，非礼而不动。好色而无礼则流，饮食而无礼则争，流争则乱，夫礼，体情而防乱者也。"董仲舒还进一步论述了无视礼带来的严重后果。(《春秋繁露·天道施》）董仲舒在《玉杯》篇以鲁文公丧娶为例，对礼的观念进行了阐释。按照当时规定，丧期为三年（二十五个月)，期间不能有任何娱乐活动，娶亲更是不可以的。鲁文公娶亲时虽然已经过了其父鲁僖公去世后的二十五个月，但仍然定性为丧娶。为何呢？因为纳币（送彩礼、聘金）的时间却在守丧期内，所以仍然定性为丧娶。由此例说明一个问题，提前纳币就反映出了鲁文公在丧期内就存有娶亲动机，礼之不守，在于其志，动机是很重要的。由此，董仲舒概括道："礼之所重者，在其志，志敬而节具，则君子予之知礼；志和而音雅，则君子予之知乐；志哀而居约，则君子予之知丧。"(《春秋繁露·玉杯》）作为君子非常看重是否尊礼、守礼，尊礼、守礼的前提是对礼的认识，即思想和动机。所以，在董仲舒看来，君子知礼、守礼有两个重要条件，缺一不可，即“志敬而节具”。不仅思想动机要纯正，还要有周全的礼节。表里要一致。董仲舒进一步对君子应持有的礼的观念做了阐发，即如何称之为君子“知乐”“知丧”。心志平和，乐音高雅，君子所知乐也；心志悲哀，生活简约，君子所知丧也。作为真正的君子，或评价一个君子，或作为君子评价他人，所应有的理念应该是不仅观其行，更要视其志。外在的表现只是一方面，内在的心志与动机才是更加重要的。董仲舒对此作了高度概括：“志为质，物为文，文着于质，质不居文，文安施质；质文两备，然后其礼成；文质偏行，不得有我尔之名；俱不能备，而偏行之，宁有质而无文”。（《春秋繁露·玉杯》）这是君子应有的关于礼的认识。观念、动机是礼之行为的本质，外在表现是形式，形式依从本质，本质包容形式。二者缺一不可，方为礼成。如果对二者的重要性进行比较一下的话，本质比形式更加重要。故董仲舒认为，君子之行必礼成，礼之所重在其志。不仅要有对君子与礼的高度认识，更要有切实的行为表现。

《春秋》重礼，君子需知礼守礼。但是不是在任何时候都必须坚持守礼的原则，才可称为君子呢？不是的。董仲舒引《春秋》一例进行了解释：“今子反往视宋，闻人相食，大惊而哀之，不意之至于此也，是以心骇目动而违常礼。礼者，庶于仁、文，质而成体者也。今使人相食，大失其仁，安著其礼，方救其质，奚恤其文。故曰：‘当仁不让。’此之谓也。《春秋》之辞，有所谓贱者，有贱乎贱者，夫有贱乎贱者，则亦有贵乎贵者矣。今让者，《春秋》之所贵。虽然，见人相食，惊人相爨，救之忘其让，君子之道有贵于让者也。故说《春秋》者，无以平定之常义，疑变故之大义，则几可谕矣。”（《春秋繁露·竹林》）该例很具代表性和说服力。司马子反受命讨伐宋国，但发现宋国已经到了人吃人、烧人骨头做饭的悲惨境地，他动了恻隐之心，没有和国君商议，便自作主张，与宋国媾和，这是违法常礼之事，按说应该遭到《春秋》的贬低，但是却没有，反而予以表扬，认为他的做法是正义之举，这说明了有比守礼更重要的事情，就是“仁”与“义”！礼与仁义的形式相结合，其本质还是以仁义为本体，只有做到了仁义，才是礼之根本，礼之大成！看来，《春秋》叙事法则为“移其辞以从其事”。

三、君子修身之要：简六艺以赡养之

（一）“六艺”之于君子养成的重要意义

成就一位君子，首先要修身养智。关于修身之要，董仲舒给予了明确而具体的说明：

> 君子知在位者不能以恶服人也，是故简六艺以赡养之。《诗》《书》序其志，《礼》《乐》纯其美，《易》《春秋》明其知。六学皆大，而各有所长。《诗》道志，故长于质；《礼》制节，故长于文；《乐》咏德，故长于风；《书》著功，故长于事；《易》本天地，故长于数；《春秋》正是非，故长于治人；能兼得其所长，而不能遍举其详也。故人主大节则知闇，大博则业厌，二者异失同贬，其伤必至，不可不察也。（《春秋繁露·玉杯》）

该文虽然是针对如何做君主而言的，实为针对君子的见解和主张。君主不能以恶服人，不能以恶服百姓，必须加强自身修养，提升自身综合素质，以便更顺畅地管理国家，以身之养而服其众，则国泰民安。所谓“简六艺”，即选择六艺。那么六艺对涵养人性具有怎样的作用呢？董仲舒对六艺给予了高度评价：《诗经》《尚书》能抒发人的心志，让人变得有思想、有志向，并保持良好的心境和积极的情绪；《礼经》《乐经》能够净化人的心灵，陶冶人的情操；《易经》探索的是万物的变化规律，《春秋》讲的是社会及人事的是非原则。通晓《易经》和《春秋》，可使人认识自然界和人类社会的运行规律，增长智慧。

六经的学问博大精深，各有所长。董仲舒又进一步总结、强调了各经内容的精髓，使人们认识到六经对于人成长、修养的非凡意义。他认为，《诗经》的本质是培养君子的志向；《礼经》注重的是规范人的行为，节制人的欲望；乐经是在歌功颂德，传播良好的社会风尚；《尚书》记载了历代的史事和功绩，让人有所借鉴；《周易》探索自然奥秘，教会人做事的方法；《春秋》明确历史是非，教人如何管理国家。董仲舒一再重申六经的内容与重要性，是想进一步阐明它对君子、君主成长的重要意义。君主、君子是重要的社会角色，承担着重要的社会责任，他们能否尽职尽责，能否代表天的意志行事，直接影响到国家的兴衰。六经是儒家思想的重要代表，体现了儒家思想的价值观，在一定程度上，六经代表了儒家的天道，故修六经必然成为君子成长、涵养身心之要务。董仲舒还进一步说明，作为君子、君主，学习的内容及爱好的范畴不应太少，也不宜太多。学六经不仅不会太劳累，反而还能得到最大的收获。董仲舒把这样的修养方法称为“圣化”：“是故善为师者，既美其道，有慎其行，齐时蚤晚，任多少，适疾徐，造而勿趋，稽而勿苦，省其所为，而成其所湛，故力不劳，而身大成，此之谓圣化，吾取之。”(《春秋繁露·玉杯》)

（二）君子明《春秋》之智，得国之存亡之道

在六艺当中，董仲舒重点阐述了《春秋》对于君子和君主的特殊而重要的价值。董仲舒认为，君子欲得志，人欲喜事临门，必读《春秋》，因为《春秋》蕴含大智慧。“《春秋》记天下之得失，而见所以然之故，甚幽而明，无传而著，不可不察也。夫泰山之为大，弗察弗见，而况微眇者乎？故按春秋而适往事，穷其端而视其故，得志之君子，有喜之人，不可不慎也”。(《春秋繁露·竹林》)

《春秋》记载的主要是鲁国历史，经孔子删定，取其推崇的史实与事件，期望使人从中获得执政与为人之智。作为国之君主，作为君子，汲取《春秋》之智，可得国之存亡之道。“《春秋》明此，存亡道可观也”。(《春秋繁露·王道》)那么，到底能获得怎样的治国理政的智慧呢？董仲舒举出了系列例证，从正反两面入手，从不同角度切入，可使研读《春秋》者获得多层次的认识和体悟。

观乎蒲社，知骄溢之罚；观乎许田，知诸侯不得专封；观乎齐桓、晋文、宋襄、楚庄，知任贤奉上之功；观乎鲁隐、祭仲、叔武、孔父、荀息、仇牧、吴季子、公子目夷，知忠臣之效；观乎楚公子比，知臣子之道，效死之义；观乎潞子，知无辅自诅之败；观乎公在楚，知臣子之恩；观乎漏言，知忠道之绝；观乎献六羽，知上下之差；观乎宋伯姬，知贞妇之信；观乎吴王夫差，知强凌弱；观乎晋献公，知逆理近色之过；观乎楚昭王之伐蔡，知无义之反；观乎晋厉之妄杀无罪，知行暴之报；观乎陈佗、宋闵，知妒淫之祸；观乎虞公、梁亡，知贪财枉法之穷；观乎楚灵，知苦民之壤；观乎鲁庄之起台，知骄奢淫逸之失；观乎卫侯朔，知不即召之罪；观乎执凡伯，知犯上之法；观乎晋郤缺之伐邾娄，知臣下作福之诛；观乎公子翚，知臣窥君之意；观乎世卿，知移权

之败。(《春秋繁露·王道》)

这里集中体现了《春秋》的王道思想。从中我们可以看出君主、君子应有的个人品行，应知晓的治国之策、君臣之道、礼仪规范以及获得的启示和教训。具体的事例还涉及了违反伦理、荒淫奢侈、贪图财货、恃强弄权等带来的严重后果。这里以鲜明的例证、具体的史实总结了“国之存亡之道”。这些都是君子应该注意吸取的。“故君子慎之”。(《春秋繁露·王道》)

四、君子应言不及利，不与民争利

董仲舒明确指出：“仁人者，正其道不谋其利，修其理不急其功。”(《春秋繁露·对胶西王越大夫不得为仁》) 在这里董仲舒提出了一个很重要的命题，也是作为仁人君子的重要人生观。谈到董仲舒的义利观，人们多以为董仲舒强调君子要义不要利，其实这是误解，董仲舒提出了义以养心、利以养身的观点，义和利对于君子都非常重要，只不过相对而言，义更重要。董仲舒借鲁庄公捕鱼一事表达了君子以言利为耻的观点：“公观鱼于棠，何恶也？”为什么《春秋》对鲁庄公“观鱼”持讨厌的态度呢？是因为鲁庄公不仅派人去，自己还亲自前往鱼塘捕鱼，这是贪利的表现，是君子所不齿的，《春秋》对他进行了讥讽，以此表达了君子“言不及利”的观点。“凡人之性，莫不善义，然而不能义者，利败之也。故君子终日言不及利，欲以勿言愧之而已，愧之以塞其源也。夫处位动风化者，徒言利之名尔，犹恶之，况求利乎？故天王使人求赙、求金，皆为大恶而书。今直使人也，亲自求之，是为甚恶，讥何故言观鱼？犹言观社也，皆讳大恶之辞也。”(《春秋繁露·玉英》)

在董仲舒看来，作为君主、作为政府官员，已经享有了国家俸禄，就不能再和百姓争利了，否则会造成贫富悬殊，社会动荡不安。他明确指出：“不与民争业。”(《汉书·董仲舒传》) 他从孔子的“不患贫而患不均”的重要论述出发，进一步对贫富悬殊的后果做了阐释：“故有所积重，则有所空虚矣。大富则骄，大贫则忧。忧则为盗，骄则为暴，此众人之情也。”(《春秋繁露·度制》) 如此严重的后果，应该怎样规避呢？董仲舒提出了著名的“调均”主张：“圣者则于众人之情，见乱之所从生。故其制人道而差上下也，使富者足以示贵而不至于骄，贫者足以养生而不至于忧。以此为度，而调均之，是以财不匮而上下相安，故易治也。”(《春秋繁露·度制》）作为国君官吏，应做君子仁人，把“不与民争利”作为自己为官为人的准则。董仲舒本人也做出了典范，他一生没有置家产，晚年在家著述讲学。他曾大力提倡官员们要效仿“拔葵去织”的做法：“故公仪子相鲁，之其家见织帛，怒而出其妻，食于舍而茹葵，愠而拔其葵，曰：‘吾已食禄，又夺园夫、红女利乎！’”《汉书·董仲舒传》在董仲舒看来，有了俸禄，家里就不应该再种菜，就不应该再织布，否则就是侵占了菜农和女织工的利益。

董仲舒非常推崇孔子的“君子不争利”思想。他首先引用了孔子之言：“孔子曰：君子不尽利以遗民。”（《春秋繁露·度制》）他又引用《诗经》的内容进一步强调了“君子不尽利以遗民”的观点：“彼其遗秉，此有不敛穧，伊寡妇之利。”（《春秋繁露·度制》）收割庄稼时要给孤寡者留一点。对于君子来说，这是仁，是义。为此，董仲舒认为，君子一定要持有的观念是“不与民争利”：“故君子仕则不稼，田则不渔，食时不力珍，大夫不坐羊，士不坐犬。”（《春秋繁露·度制》）你是官员就不能再去种田，你种田就不能再去打鱼，如此等等。为什么不能与民争利呢？董仲舒从他的天人哲学出发，找出了根本原因：“天不重与，有角不得有上齿。故已有大者，不得有小者，天数也。夫已有大者又兼小者，天不能足之，况人乎？故明圣者象天所为为制度，使诸有大奉禄亦皆不得兼小利与民争利业，乃天理也。”（《春秋繁露·度制》）在董仲舒看来，官员不与民争利是天道，天不能给你双重的利益，让你长了角就不能再让你长齿，上天是公平的。天道如此，人道亦应如此。

五、君子之责，以天下为忧

在董仲舒看来，《春秋》强调为人君者必须要以天下为重：“圣人者贵除天下之患。贵除天下之患，故《春秋》重。”（《春秋繁露·盟会要》）他引用的《公羊传》内容，进一步阐述了君子的责任所在：“传曰：诸侯相聚而盟。”诸侯为什么要聚会结盟呢？“君子修国，曰：‘此将率为也哉！’是以君子以天下为忧也，患乃至于弑君三十六，亡国五十二，细恶不绝之所致也。”（《春秋繁露·盟会要》）诸侯相聚会盟，订立盟约，带头修治国家，《春秋》予以称赞。这是君子之为、君主之责。君子要把天下事视作自己的忧虑，君子的责任在天下、在百姓。为了使国家平安，百姓安居，必须要提前做好准备，防患于未然。没有远虑必有近忧。君子要以此为大任。董仲舒引用《春秋》记载的因祸患导致杀死君主的三十六件事例、导致国家灭亡的五十二件事例进行了强调说明。由此看来，防止祸患的发生多么重要，君主、君子的责任多么重大！

君主之责还在于为百姓生活着想，董仲舒引用孔子之言进行了说明："孔子曰：'君子为国，必有三年之积，一年不熟，乃请籴，失君之职也。'"（《春秋繁露·王道》）作为君子的国君，囤积粮食必须保证百姓三年之用，否则就是失职。

六、君子承教化之责

作为一国之君，管理国家必须重视教化。为什么要实施教化？"传曰：政有三端：父子不亲，则致其爱慈；大臣不和，则敬顺其礼；百姓不安，则力其孝弟。孝弟者，所以安百姓也。力者，勉行之身以化之。天地之数，不能独以寒暑成岁，必有春夏秋冬。圣人之道，不能独以威势成政，必有教化。"（《春秋繁露·为人者天》）董仲舒通过类别的方法，由"天地之数，不能独以寒暑成岁，必有春夏秋冬"之理，引出"圣人之道，不能独以威势成政，必有教化"。可见，董仲舒认为教化之因源于天道。对百姓教化应实施哪些内容呢？"故曰：先之以博爱，教之以仁也。难得者，君子不贵，教以义也。虽天子必有尊也，教以孝也；必有先也，教以弟也。此威势之不足独恃，而教化之功不大乎。"（《春秋繁露·为人者天》）由此可以看出，仁、义、孝、悌为教化的重要内容。

董仲舒还认为，教化之道源于《春秋》之理。董仲舒以《春秋》"听狱"为例入手，说明了人的行为动机的重要性。动机源于对"理"的认识，对"理"的认识源于教化："春秋之听狱也，必本其事而原其志。志邪者不待成，首恶者罪特重，本直者其论轻。是故逢丑父当斮，而辕涛涂不宜执，鲁季子追庆父，而吴季子释阖庐，此四者罪同异论，其本殊也。俱欺三军，或死或不死；俱弑君，或诛或不诛。听讼折狱，可无审耶！故折狱而是也，理益明，教益行；折狱而非也，闇理迷众，与教相妨。"（《春秋繁露·精华》）由此，董仲舒总结出："教，政之本也；狱，政之末也，其事异域，其用一也，不可不以相顺，故君子重之也。"（《春秋繁露·精华》）这里提及的"君子"，宜为"君主"。

那么，君子应如何实施教化呢？"能说鸟兽之类者，非圣人所欲说也。圣人所欲说，在于说仁义而理之，知其分科条别，贯所附，明其义之所审，勿使嫌疑，是乃圣人所贵而已矣。不然，传于众辞，观于众物，说不急之言而以惑后进者，君子之所甚恶也。”（《春秋繁露·重政》）在这里，董仲舒讲述了教化的内容和方法。他认为，圣人、君子教化百姓以“仁义”之理为重，要对仁义之理进行分类以区分，并条分缕析，联系实际讲明道理，让人豁然开朗。作为君子，为人之师是很不容易的，首先必须自己要刻苦研读经传，仁义之理出自经书。有的人一生刻苦研读，仍觉得自己没有成为合格的老师。这说明掌握仁义之理是不容易的，教化工作是有难度的，也是非常重要的。“奚以为哉？圣人思虑不厌，昼日继之以夜，然后万物察者，仁义矣。由此言之，尚自为得之哉。故曰：于乎，为人师者，可无慎耶！夫义出于经，经传，大本也。弃营劳心也，苦志尽情，头白齿落，尚不合自录也哉。”（《春秋繁露·重政》）

七、君子重形象：容服为上

董仲舒非常强调君子形象的重要性。容貌和服饰是人重要的外在表现，一个君子要有好的形象，就必须要重视容貌服饰，即以容服为上。董仲舒认为，容服在礼之所兴中发挥了重要意义：“天地之生万物也以养人，故其可食者以养身体；其可威者以为容服，礼之所为兴也。”（《春秋繁露·服制像》）一个君子应该具有怎样的仪容和服饰呢？“剑之在左，青龙之象也；刀之在右，白虎之象也；钩之在前，赤鸟之象也；冠之在首，玄武之象也。四者人之盛饰也。夫能通古今，别然不然，乃能服此也。”（《春秋繁露·服制像》）此处“能通古今，别然不然”者当为君子，即只有能博通古今、分别是非的人，才能穿戴这样的服饰。

“夫执介胄而后能拒敌者，故非圣人之所贵也。君子显之于服，而勇武者消其志于貌也矣。故文德为贵，而威武为下，此天下之所以永全也”。（《春秋繁露·服制像》）威武的军人形象不是圣人所倡导的，在服饰上表现出来的君子气质可以消弭凶狠的形象。由此可见，仪容服饰多么重要！董仲舒又进一步以孔父义、宫之奇、晋厉公、周武王为例，说明了容服的重要性：“于《春秋》何以言之？孔父义形于色，而奸臣不敢容邪；虞有宫之奇，而献公为之不寐；晋厉之强，中国以寝尸流血不已。故武王克殷，裨冕而搢笏，虎贲之士说剑，安在勇猛必在武杀然后威，是以君子所服为上矣，故望之俨然者，亦已至哉，岂可不察乎！”（《春秋繁露·服制像》）

为什么美好的容服会带来如此的效果呢？从人的心理需求的角度看，漂亮的衣服容貌可以使人赏心悦目。衣服得体，合乎礼制，容貌恭敬，让人美在眼里，悦在心中。因此，董仲舒进一步提倡“行意可乐，容止可观”：“衣服容貌者，所以说目也；声音应对者，所以说耳也；好恶去就者，所以说心也。故君子衣服中而容貌恭，则目说矣；言理应对逊，则耳说矣；好仁厚而恶浅薄，就善人而远僻鄙，则心说矣。故曰：行意可乐，容止可观，此之谓也。”（《春秋繁露·为人者天》）

八、君子德行：恕，仁，义，敬

董仲舒曾明确提出：“夫仁谊礼知信五常之道，王者所当修饬也。”（《汉书·董仲舒传》）这里提出了王者应努力的方向及品质的要求。董仲舒对于王者形象的塑造首先是做君子，那么，君子的形象包含在王者形象之内。在董仲舒的表述中，君子与君主时同时异。但无论如何，首先是要做君子，君子的品质更多地在个人品行中表现出来。董仲舒多次或正面或侧面论述了君子之德，概括起来基本包含恕、仁、义、敬等方面的品行。

仁，是儒家思想的核心价值观。董仲舒把君子应具有的仁的品质放在重要位置：“《春秋》之道，大得之则以王，小得之则以霸。故曾子、子石盛美齐侯，安诸侯，尊天子，霸王之道，皆本于仁。仁，天心，故次以天心。”在董仲舒看来，成王成霸乃国家发展的高境界高追求，必由之路是实施仁政。仁是天心，国君是天子，仁是对国之君个人品行的要求，这是循天之道。（《春秋繁露·俞序》）如君主无仁爱之心，不实施仁政，其结果如下：“不爱民之渐乃至于死亡，故言楚灵王、晋厉公生弑于位，不仁之所致也。”（《春秋繁露·俞序》）董仲舒又举例进行了说明：“故子池言鲁庄筑台，丹楹刻桷，晋厉之刑刻意者，皆不得以寿终。上奢侈，刑又急，皆不内恕，求备于人，故次以春秋缘人情，赦小过，而传明之曰：君子辞也。”鲁庄公、晋厉公“皆不内恕”的做法导致他们不得好死，这里从反面说明了君主仁恕之心的重要性和必要性。（《春秋繁露·俞序》）

“孔子明得失，见成败，疾时世之不仁，失王道之体，故因行事，赦小过，传又明之曰：君子辞也。”这里也说明了如果“世之不仁”则“失王道之体”。仁是王道之体，王道之本。仁自然也是君主人品之本。此为“君子辞也”。（《春秋繁露·俞序》）

董仲舒非常强调而且多次阐述“义”的涵义以及对于个人修养的重要意义，

"义云者，非谓正人，谓正我"。(《春秋繁露·仁义法》)"义在正我，不在正人，此其法也"。(《春秋繁露·仁义法》)"义者，谓宜在我者。宜在我者，而后可以称义。故言义者，合我与宜以为一言，以此操之，义之为言我也。故曰：有为而得义者，谓之自得，有为而失义者，谓之自失。人好义者，谓之自好；人不好义者，谓之不自好；以此参之，义我也明矣"。(《春秋繁露·仁义法》)

仁、义的涵义相近，也很容易被人误读，分清二者的区别，对于仁义品德的养成具有至关重要的作用。故此，董仲舒对仁义进行了区分和解读。"以仁安人，以义正我"。(《春秋繁露·仁义法》)"是故春秋为仁义法，仁之法在爱人，不在爱我；义之法在正我，不在正人；我不自正，虽能正人，弗予为义；人不被其爱，虽厚自爱，不予为仁"。(《春秋繁露·仁义法》)"是义与仁殊。仁谓往，义谓来，仁大远，义大近。爱在人，谓之仁，义在我，谓之义。仁主人，义主我也。故曰：仁者人也，义者我也，此之谓也"。(《春秋繁露·仁义法》)"君子求仁义之别，以纪人我之间，然后辨乎内外之分，而著于顺逆之处也。是故内治反理以正身，据礼以劝福。外治推恩以广施，宽制以容众"。(《春秋繁露·仁义法》)上述论述集中反映了董仲舒对仁义及二者的区别所持有的观点，仁是对别人的爱，义是对自己的正。正，就是按照礼的规定端正自身的行为。

董仲舒对仁义之法进行了详尽的阐述，对于君子来说，不仅要懂得何为仁，何为义，还要懂得二者的不同，更要知道自己应该怎样做，如何贯彻仁义之法。他多次反复进行论述，从不同的角度进行了解读，把道理讲得很透彻。董仲舒对仁义之法的阐述既有广义的普遍指导意义，也有具体的有针对性的指导价值。"以仁治人，义治我，躬自厚而薄责于人，此之谓也。且《论》已见之，而人不察，曰：君子攻其恶，不攻人之恶。不攻人之恶，非仁之宽与？自攻其恶，非义之全与"？(《春秋繁露·仁义法》)董仲舒认为，君子行仁义应遵循的原则为"躬自厚而薄责于人"，责备自身的过错，不责备他人的过错！其重要意义在于，不责备他人的过错，这是广泛地实行仁；责备自身的过错，这是全面地实行义！

胶西王不知道春秋五霸算不算仁人，他认为越王勾践、大夫范蠡、大夫文种是仁人，因为他们洗雪了被困会稽山的耻辱，并打败吴国成为新霸主。对此，他咨询了董仲舒的看法。董仲舒反驳道："仁人者，正其道不谋其利；修其理，不急其功；致无为，而习俗大化。可谓仁圣矣。三王是也。《春秋》之义，贵信而贱诈。诈人而胜之，虽有功，君子弗为也。是以仲尼之门，五尺童子，言羞称五伯。为其诈以成功，苟为而已矣。故不足称于大君子之门。五伯者，比于他诸侯为贤者；比于仁贤，何贤之有？”（《春秋繁露·对胶西王越大夫不得为仁》）董仲舒认为，所谓的仁人，应是遵循正道行事而不只追求利益，按照道理做事而不急于求功效。这样一来，即使不做什么事情也能使民风美好，就像夏商周三王的做法，这是仁圣之人。董仲舒还认为，《春秋》提倡守信用而反对欺诈行为，春秋五霸是通过欺诈行为成为霸主的，当然不是仁人。越国同样如此，所以勾践、范蠡、文种都不是仁人。以上这些人的做法都是君子引以为耻的。这也从侧面表达的董仲舒关于君子“贵信而贱诈”的主张。

董仲舒通过对比玉和君子，表达了君子应有的仁、义品质：“玉有似君子。子曰：‘人而不曰如之何、如之何者，吾末如之何也矣。’故匿病者不得良医，羞问者圣人去之，以为远功而近有灾，是则不有。玉至清而不蔽其恶，内有瑕秽，必见之于外，故君子不隐其短。不知则问，不能则学，取之玉也。君子比之玉，玉润而不污，是仁而至清洁也；廉而不杀，是义而不害也；坚而不磬，过而不濡。视之如庸，展之如石，状如石，搔而不可从绕，洁白如素，而不受污，玉类备者，故公侯以为贽。”（《春秋繁露·执贽》）董仲舒在这里把君子和玉的品质进行类比，表达了“玉似君子”“君子似玉”的看法。玉润泽不污秽，玉极其清洁但毫不掩盖自己的瑕疵。君子如玉，君子品行端正，也不隐藏自己的短处，这就是仁的品德。玉有棱角但不伤害别人，玉坚硬而不会被磨灭，温润而不柔弱，可以折断但不可以弯曲。玉的这些美德正如君子之“义”的品德。

董仲舒还表达了“君子之德如山”的观点：“山则巃嵸畾崔，摧嵬𡾰巍，久不崩阤，似仁人志士。孔子曰：‘山川神祇立，宝藏殖，器用资，曲直合，大者可以为宫室台榭，小者可以为舟舆桴楫。大者无不中，小者无不入，持斧则斫，折镰则艾。生人立，禽兽伏，死人入，多其功而不言，是以君子取譬也。’且积土成山，无损也；成其高，无害也；成其大，无亏也。小其上，泰其下，久长安，后世无有去就，俨然独处，惟山之意。”（《春秋繁露·山川颂》）巍峨高耸的山，坚定而久远，如仁人志士。董仲舒又借用孔子之言，说明大山奉献了一切山，具有博爱之情。但大山从不自夸，从不把功劳揽于一身。董仲舒借山喻君，除应该具有山的“坚定”的品质外，君子还应该具有博爱的品质。在这里，表现为仁与义。

敬，也是董仲舒极力提倡的一种品行。君子之敬，源于天道。敬主要是敬天、敬先人、敬宗庙等，即“贵天赐且尊宗庙”。“五谷，食物之性也，天之所以为人赐也。宗庙上四时之所成。受赐而荐之宗庙，敬之性也，于祭之而宜矣”。(《春秋繁露·祭义》）董仲舒首先阐明了敬的本性，因天赐五谷，荐之宗庙成为必然。这是遵循天道。董仲舒对此进行了深入的解读：“奉四时所受于天者而上之，为上祭，贵天赐且尊宗庙也。孔子受君赐则以祭，况受天赐乎。一年之中，天赐四至，至则上之，此宗庙所以岁四祭也。故君子未尝不食新，新天赐至，必先荐之，乃敢食之，尊天敬宗庙之心也。”(《春秋繁露·祭义》）君子应以天赐、君赐为贵，敬之宗庙，以四季之天赐，行宗庙之四祭，此为“上祭”。为什么要有“尊天敬宗庙之心”呢？董仲舒从君子应具有的品质方面进行了总结：“尊天，美义也；敬宗庙，大礼也。”(《春秋繁露·祭义》）这是义与礼的要求。那么，君子在敬宗庙时应如何做，才能体现敬之意呢？“圣人之所谨也。不多而欲洁清，不贪数而欲恭敬。君子之祭也，恭亲之，致其中心之诚。”(《春秋繁露·祭义》）董仲舒认为，欲恭敬，必恭亲，亲自前往宗庙祭拜，才能表达心中的诚意和敬意。是不是亲自去拜祭了就是做到敬了呢？还不是，还必须把敬放在心中，要做到心中有敬。要做到心中有敬，就必须“知天命鬼神”“祭神如神在”：“知天命鬼神，然后明祭之意。明祭之意，乃知重祭事。孔子曰：‘吾不与祭。祭神如神在。’重祭事，如事生。”(《春秋繁露·祭义》）

九、君子之道，效法天道

董仲舒提倡的君子之道，是循天之道。君子品行，一切源于天。“反天之道，无成者”。(《春秋繁露·天道无二》）董仲舒依据天道规律，强调君子做事一定要一心一意，不可三心二意：“是以目不能二视，耳不能二听，一手不能二事。一手画方，一手画圆，莫能成。人为小易之物，而终不能成，反天之不可行如是。是故古之人物而书文，心止于一中者，谓之忠；持二中者，谓之患。患，人之中不一者也。不一者，故患之所由生也。是故君子贱二而贵一。”(《春秋繁露·天道无二》）人生来的各个器官，其功能也是天定的，目不二视，耳不二听，这是天赋予人的表现，所以君子做事一定要尊重天意，“贱二而贵一”。这里的“二”，是三心二意的意思；“一”，是专心致志的意思。

董仲舒认为，君子要敬天，敬天会多福。他推崇孔子圣言：“孔子曰：‘君子有三畏：畏天命，畏大人，畏圣人之言。’”(《春秋繁露·郊语》）君子有三种敬畏，排在首位的就是敬天，遵循天命是君子做事的根本法则和不二法则。因为“天者，百神之大君也”，(《春秋繁露·郊语》）何况君子呢！敬畏上天。遵循天道者是君子，上天会给他的国家或个人带来很多福报：“多福者，非谓人也，事功也，谓天之所福也。传曰：周国子多贤，蕃至于骈孕男者四，四产而得八男，皆君子俊雄也。此天之所以兴周国也，非周国之所能为也。”（《春秋繁露·郊语》）

董仲舒认为，新君主受天命而为王，必须依据天道要求，改变前代的制度、国号，重新确定正月：“古之王者受命而王，改制称号正月，服色定，然后郊告天地及群神，远追祖祢，然后布天下。”（《春秋繁露·三代改制质文》）即通过举行郊祭告知天地和诸神，告知历代祖庙，以布告天下。让大家接受新的正朔，祭告土、谷之神及历代祖先，神、人交互，执行新的历法。“其谓统三正者，曰：正者、正也，统致其气，万物皆应，而正统正，其余皆正，凡岁之要，在正月也。法正之道，正本而末应，正内而外应，动作举措，靡不变化随从，可谓法正也。故君子曰：‘武王其似正月矣。’”（《春秋繁露·三代改制质文》）在他看来，君子要有敬天的观念。在这里，他借“君子”之口，对武王改制予以赞赏，其实要表达的就是新王要改制的重要意义。

董仲舒认为，选才任职要符合天道。天有四季，人有四选：“人之材固有四选，如天之时固有四变也。圣人为一选，君子为一选，善人为一选，正人为一选，由此而下者，不足选也。四选之中，各有节也。”“先王因人之气，而分其变以为四选，是故三公之位，圣人之选也；三卿之位，君子之选也，三大夫之位，善人之选也；三士之位，正直之选也。”（《春秋繁露·官制像天》）君子之选为第二选，也是依天道而定的。

董仲舒用较长篇幅强调，君子的日常生活和养生必须循天之道。“是故惟天地之气而精，出入无形，而物莫不应，实之至，君子法乎其所贵”。(《春秋繁露·循天之道》）董仲舒认为，“男女之法，法阴与阳”。根据天地阴阳运行规律，建议“男子不坚牡，不家室；阴不极盛，不相接”。即男女生理必须达到完全成熟之后，才能成家。(《春秋繁露·循天之道》）

董仲舒认为，君子要保持健康的身体，必须要达至中和的状态。他总结一年的变化表现为春生、夏长、秋收、冬藏，这一定要符合中。中是天地的最高境界，中的作为一定要归于和。他认为，和是天道的核心，和气是最美好的，万物的生长是重视气并接受了气的涵养的。他引用公孙尼子《养气》说的十种身体状态（内脏太实、内脏太虚、热太盛、寒太盛、太劳累、太安逸、发怒、高兴、忧愁、恐惧）来说明君子保持中的重要性。“凡此十者，气之害也，而皆生于不中和。故君子怒则反中，而自说以和。喜则反中，而收之以正，忧则反中，而舒之以意，惧则反中，而实之以精。夫中和之不可不反如此”。(《春秋繁露·循天之道》）以上十种身体状态都不符合中和之道，会损伤身体，所以必须要回到中的状态。

董仲舒指出，气对于君子养生也非常重要：“民皆知爱其衣食，而不爱其天气。天气之于人，重于衣食，衣食尽，尚犹有闲，气尽而立终。故养生之大者，乃在爱气，气从神而成，神从意而出。心之所之谓意，意劳者神扰，神扰者气少，气少者难久矣。故君子闲欲止恶以平意，平意以静神，静神以养气。气多而治，则养身之大者得矣。”(《春秋繁露·循天之道》）他对百姓的错误观念进行了纠正，让人对气的重要价值有了新的认识。

“故君子道至，气则华而上。凡气从心，心，气之君也，何为而气不随也。是以天下之道者，皆言内心其本也。故仁人之所以多寿者，外无贪而内清净，心和平而不失中正，取天地之美，以养其身，是其且多且治”。(《春秋繁露·循天之道》)如果君子修养有道，他的气就会升华，这是气最好的表现。气要保持上升之态，就要有一个好的心态，心态要平和，保持中正，加之食用时令物品来保养身体，就会使气充沛有条理。他以鹤和猿为例进行了说明：“鹤之所以寿者，无宛气于中，是故食冰。猿之所以寿者，好引其末，是故气四越。天气常下施于地，是故道者亦引气于足，天之气常动而不滞，是故道者亦不宛气。”(《春秋繁露·循天之道》）鹤和猿之所以长寿是，因为它们都爱运动。由此，董仲舒做出总结并提出了具体的建议：“是故君子养而和之，节而法之，去其群泰，取其众和。高台多阳，广室多阴，远天地之和也，故圣人弗为，适中而已矣。”(《春秋繁露·循天之道》）因此，君子要保养体内之气，并使之通畅、和顺、有条理、有法度。去掉多余的，保留和谐中正的。为此，他建议房子不要建得过高、过大。建得过高、过大，就会失去阴阳平衡、中正和谐。

对于男女婚姻和房事，董仲舒根据天道建议道：“法天者，乃法人之辨。天之道，向秋冬而阴来，向春夏而阴去。是故古之人霜降而迎女，在泮而杀内。与阴俱近，与阳远也，天地之气，不致盛满，不交阴阳。是故君子甚爱气而游于房，以体天也。”(《春秋繁露·循天之道》）人道要效法天道。董仲舒借用古人做法，说明娶亲要符合阴阳运行的规律，如，秋冬季为阴盛，适合娶妻；春夏季则不适合。君子行房事也要体贴天道，考虑年龄，以保护精气：“君子治身不敢违天。是故新牡十日而一游于房，中年者倍新牡，始衰者倍中年，中衰者倍始衰，大衰者以月当新牡之日。而上与天地同节矣，此其大略也。然而其要皆期于不极盛不相遇。疏春而旷夏，谓不远天地之数。”（《春秋繁露·循天之道》）

对于养生，君子要注意日常保养，不以事小而不为，日积月累进行调理，就会有好的身体。“君子慎小物而无大败也。行中正，声向荣，气意和平，居处虞乐，可谓养生矣”。（《春秋繁露·循天之道》）君子要做有心人，常观察不同季节生长什么食物，以体贴天的意愿。食用时令食品，才能得天地之美，健康长寿。“四时不同气，气各有所宜，宜之所在，其物代美。视代美而代养之，同时美者杂食之，是皆其所宜也”。（《春秋繁露·循天之道》）“君子察物而成告谨，是以至荠不可食之时，而尽远甘物，至荼成就也。天所独代之成者，君子独代之，是冬夏之所宜也。春秋杂物其和，而冬夏代服其宜，则当得天地之美，四时和矣”。（《春秋繁露·循天之道》）“君子察物之异，以求天意，大可见矣。是故男女体其盛，臭味取其胜，居处就其和，劳佚居其中，寒暖无失适，饥饱无过平，欲恶度礼，动静顺性，喜怒止于中，忧惧反之正，此中和常在乎其身，谓之得天地泰。大得天地泰者，其寿引而长，不得天地泰者，其寿伤而短。短长之质，人之所由受于天也”。（《春秋繁露·循天之道》）

董仲舒在此总结道，君子要通过观察事物的不同，来体悟天道之奥妙。劳逸要适中，寒暖要适度，喜怒、忧惧的心态要归中。此为大得天道，得天道即长寿。人的寿命是由天决定的。

十、君子做学问要严谨

君子之所以为君子，必须要做好学问，“强勉学问，则见闻博而知益明；强勉其道，则德日起而大有功”。（《汉书·董仲舒传》）君子做学问要有虚心的态度，“君子不隐其短，不知则问，不能则学”。（《春秋繁露·执贽》）做学问要有严谨的治学态度。董仲舒对此也有所强调，在《深察名号》篇中，以“名号”为例进行了说明：“名生于真，非其真，非以为名。名者，圣人之所以真物也，名之为言真也。”（《春秋繁露·深察名号》）“名”产生于客观存在，不是真实的客观存在就不能命名。“名”是圣人用来表述真实情况的，所以，不真实的现实或事物，绝对不能命名。这是做学问的一种态度。“春秋辨物之理，以正其名，名物如其真，不失秋毫之末，故名霣石，则后其五，言退鹢，则先其六。圣人之谨于正名如此。君子于其言，无所苟而已，五石、六鹢之辞是也”。(《春秋繁露·深察名号》）董仲舒认为,《春秋》在命名事物时非常严谨，是通过辩明事理来正确命名的，在命名事物时不能有一点差错，他以“霣石”和“退鹢”为例进行了说明。同时引用《论语》中“君子于其言，无所苟而已”是想强调君子对于自己的言行必须认真对待，决不能苟且，不能有一丝一毫的马虎。

董仲舒还进一步阐明了君子应有的严谨治学态度:“天生民性有善质而未能善，于是为之立王以善之，此天意也。民受未能善之性于天，而退受成性之教于王，王承天意以成民之性为任者也；今案其真质而谓民性已善者，是失天意而去王任也。万民之性苟已善，则王者受命尚何任也？其设名不正，故弃重任而违大命，非法言也。《春秋》之辞，内事之待外者，从外言之。今万民之性，待外教然后能善，善当与教，不当与性，与性则多累而不精，自成功而无贤圣，此世长者之所误出也，非《春秋》为辞之术也。不法之言，无验之说，君子之所外，何以为哉！”(《春秋繁露·深察名号》）董仲舒在《深察名号》篇中对孟子的性善论进行了批评，并提出了“性三品”说。在这里，他结合《春秋》的论述，通过对“善”与“教化”和“性”的关系的分析，认为老先生们（主要指孟子）在命名上产生了很多错误，是不符合《春秋》撰写原则的。由此，董仲舒建议，作为君子，做学问一定要吸取教训，对不正确的言论，经不起验证的说法，一定要排斥远离。

君子有德必有位？
——以王充的“逢遇论”为例

朱　承*

内容摘要：王充在传统“德位是否相称”的问题意识下，提出自己的“逢遇”论，将君子、士人的政治际遇诉诸偶然性，批评了时人“贤人可遇，不遇，亦其自咎也”的狭隘观点，并以此来为自己政治上的“不遇”做些安慰。王充对当时的政治现实进行了一定的揭示，并反映了传统士人在政治命运上的被动性和不确定性，具有积极的思想史意义。但王充将君子、士人的政治际遇归结为偶然性，忽略了人的主观能动性以及实际政治中的谋略等因素，对于政治人物的分析来说，有过于简单之嫌。另外，王充也没有提出对于君主专制及用人体制的反思，反映了他自己对君主抱有幻想和期待的一面。

关键词：王充；逢遇；德位相称

在儒家传统中，“有德必有位”的理想与“德位不称”的现实之间的张力长期存在。儒家甚至认为，正是“德位不称”的现象，才导致了儒家王道理想的不能实现，如朱熹曾对三代之后的政治感叹道：“千五百年之间，正坐为此，所以只是架漏牵补过了时日。”[①②] 当然，在朱熹心目中，王道理想的实现与否主要是与帝王道德品质关联的。就一般而言，“德位相称”的问题，更普遍地存在于两种情况中，一是自认有德有能的士人、君子能否获得权位，以便施展其才华和抱负；二是是否具有符合某种职位的品德与能力。关于后者，荀子曾说：“德不称位，能不称官，

* 朱承，华东师范大学哲学博士，上海大学社会科学学院哲学系教授。

① [宋]朱熹：《答陈同甫》之四，载氏著：《朱子全书（修订本）》第21册，上海古籍出版社、安徽教育出版社，2010，第1583页。

赏不当功，罚不当罪，不祥莫大焉。”（《荀子·正论》）如果人们没有一定的品德和能力，就不能胜任某种职位，否则就会招致祸患。而关于前者，则更多地体现为人们对于政治际遇的抱怨。儒家认为，一个人如果具有很高的德性与能力，就应该在现实生活中拥有一定的权位，否则就是“怀才（德）不遇”的“德位不称”。关于“怀才（德）不遇”的“德位不称”，汉代哲学家王充在其《论衡》首篇《逢遇》中表达了较为独特的观点，值得关注。

由于王充对于自己生存际遇的诸多牢骚，徐复观先生将其视为“矜才负气”的“乡曲之士”，[①]文辞之间颇有不屑之感。事实上，在中国传统的士大夫和读书人中，能有几人真正能够“蒙圣眷”“通中枢”呢？绝大多数的“乡曲之士”，都是籍籍无名的。王充能够以文辞思想显于当时，并以《论衡》大著传于后世，自然有其过人之处。按照章太炎先生所言：“汉得一人焉，足以振耻。”[②]就“疾虚妄”之批判精神而言，王充对汉代思想有着巨大贡献，今天我们对其思想展开解读仍有一定的思想史意义。王充的思想非常丰富，学界已多有论述，特别是在唯物唯心两军对垒的哲学史叙事时代，王充以其挑战“天人感应”的“唯物论”思想，多为学者研究并赞誉，即使徐复观先生也不得不要“承认他的思想家的地位”。[③]王充思想体大精深，在很多方面有着独到的见解，但在“德位相称”的问题上，王充却表现出某种怀才不遇的孤愤与沮丧，其中折射出传统社会士君子在政治际遇上的尴尬处境，当然也体现了他对传统士君子人生际遇的透彻认识，引人深思。本文试图围绕“德位相称”的儒家命题，对其《论衡》中特别是首篇《逢遇》中，关于传统“士君子”的政治际遇问题作一述论。

一、品德与际遇

传统儒学往往认为，个人的品德与其政治际遇有所关联，如尧舜禹汤、文武周公等先王先圣，都是德位相配的。在这一理想的主导下，几千年来，儒者都希望有德之君子、圣人担任政治职务、掌握政治资源，以推行儒家之道。王充鉴于自身的处境和对历史的认识，对于德位相配的必然性提出了质疑。

① 徐复观：《王充论考》，载氏著：《两汉思想史》第 2 卷，九州出版社，2014，第 525 页。

② 章太炎著，沈延国等点校：《訄书·学变》，载氏著：《章太炎全集》第 3 卷，上海人民出版社，1984，第 144 页。

③ 徐复观：《王充论考》，载氏著：《两汉思想史》第 2 卷，九州出版社，2014，第 585 页。

在《逢遇》篇里，王充首先将人以品德能力为标准大致分为两类，一种是“才高行洁”，另外一种是“能薄操浊”，两种品行都不必然地与其现实处境关联，“才高行洁，不可保以必尊贵；能薄操浊，不可保必卑贱”。（《论衡·逢遇》）关于“才高行洁”和“能薄操浊”的差别，既有先天禀赋的原因，也有后天修养的原因，在哲学史上，围绕品德能力的问题，哲学家们更多关注的是其形上根源或者修养工夫的问题。如，董仲舒提出“性三品”说来回应这种差异，而王充关注的却是“品德能力是否与政治际遇具有正相关关系”的问题。换言之，王充感兴趣的问题是：具有较高品德能力的士人、君子是否一定能够获得较尊显的政治地位？

关于这一现实人生问题，王充的答案是：“进在遇，退在不遇。处尊居显，未必贤，遇也；位卑在下，未必愚，不遇也。”（《论衡·逢遇》）一个人的品德能力与政治际遇之间不具有必然性的关联，而是一种偶然性的关联。这种偶然性的关联就是“遇”，也就是人们不得不将自己的命运交给他人（主要是君主），君主的喜好决定了士人能否得“遇”，这是一种可“遇”而不可求的事务。在传统强调差等的主从对峙体制下，君主的好恶往往决定了处于从属地位的臣民的政治命运。因此，这里的“遇”是单向度的，不是两个对象互相“相遇”，是一方完全被动地等待另一方的选拔、青睐、奖赏。王充对这种情况的描述，应该是代表了传统中国士人的尴尬处境，这种尴尬性表现在：第一，个体的德性、才能只有为君主所欣赏、使用，才能实现其价值和意义。非如此，人生的价值和意义都将大打折扣。故而，“学成文武艺，货与帝王家”就成了人生得意的唯一路径，成功了就是“达”，就可以“出仕”；失败了就是“穷”，就只能成为“处士”。正如徐复观先生对王充的批评：“皇帝、朝廷，是王充精神中的理想国，是他千方百计所追求的。”[①]将个体的命运同君主的赏识关联在一起，这是传统士人的无奈；第二，个体德性、才能能否被君主欣赏，在王充的时代（科举尚未举行），对于士人来说几乎完全是被动的，因为个人能否“逢遇”，要依赖君主的好恶，而和真正的德性才能水平没有直接的必然关系。换句话说，基本靠运气。实际上，即使是后来的科举时代，士人的政治成功，除了士子的个人努力之外，运气、高级官吏和君主的赏识等，都是不可或缺的因素。

在《逢遇》篇里，王充将传统士人的尴尬被动处境较为清晰地呈现出来，也展

① 徐复观：《王充论考》，载氏著：《两汉思想史》第2卷，九州出版社，2014，第569页。

现出君主专制时代士人的无奈。当然，在君主专制时代，也有高迈之士对于现实际遇不以为然。比如，比王充稍晚的张衡就提出："君子不患位之不尊，而患德之不崇；不耻禄之不夥，而耻智之不博。"（《汉书·张衡传》）这其实是孔子以来儒家"忧道不忧贫"以及"不患人之不己知，患其不能也"之传统的延续。换言之，王充对于政治际遇的怨言，并不能完全代表中国传统士君子。

二、逢遇之偶然

作为一个判断，"有德者必有位"呈现的是一种充分条件假言命题，这是儒家对于德性的充分自信。然而在历史上，往往有位者未必有德，这就是王充的质疑之所在。王充认为："凡人遇偶既遭累害，皆由命也。有死生夭寿之命，亦有贵贱贫富之命。"（《论衡·命禄》）王充将个人的人生际遇与命运的偶然性关联，而排斥了德性、品质、能力等因素，呈现了某种宿命论的倾向。

为了论证逢遇的偶然性，王充采用了历史归纳法来论证士人的尴尬处境。也就是通过历史上的具体事例之罗列，来说明其观点的恰当。在《逢遇》篇里，王充一再强调士人政治上"逢遇"的偶然性，通过不同历史事例来说明之。为了说明这种偶然性，王充首先依据德性能力和君主两个核心要素划分出两种情况，一是"异操同主"型，指的是同一个君主用不同的方式对待具有不同品德能力的人；二是"操同主异"型，指的是不同的君主用不同的方式对待具有同一品德能力的人。接着，王充又进一步具体的依据才能、君主等要素来论证"逢遇"的偶然性，列举了伊尹、箕子、孔子、孟轲、禹、稷、皋陶、虞舜、许由、太公、伯夷、商鞅、籍孺、邓通、嫫母、无盐等一系列历史人物及其事迹，来说明人生政治际遇的偶然性，并总结道："人主好恶无常，人臣所进无豫，偶合为是，适可为上。合幸得进，不幸失之。"（《论衡·逢遇》）通过对于历史人物命运的归纳，王充更加确证了他所认为的命运偶然性，强调个人政治际遇和品德、能力无关。

王充从大量历史事例中归纳出来的历史认识，即君主好恶具有不确定性，士人无法为自己的"逢遇"做好有效的准备，只能"偶合"，依靠运气来获得这种偶然性的机会。这种观点，从一般士人的角度来看挺悲观，但其实这里面蕴含了这样的想法，正如王充自己说，"进者未必贤，退者未必愚"，政治地位上的进退、升沉不能作为评判贤愚的标准。因此，当士人"不遇"的时候，实际上与自己有无才能无关，可能只是运气的问题。徐志摩在讨论爱情的时候说的“得之我幸，不得我命”，大概也是这种意思，将这种人生际遇完全付诸不确定性的“命运”。当然，这可能也是王充对自己政治上失意的一种安慰，因为政治失意和德性才能并没有关系，即使政治失意，也还有德性才能足以自持并聊以自慰。换言之，即使没有显赫的地位，也还可以以品德、才能作为自己人生的安慰。

按照王充自己的说法，他的这一论断是针对世俗之议而发的：“世俗之议曰：贤人可遇，不遇，亦其自咎也。”（《论衡·逢遇》）他认为，世俗的这种说法是站不住脚的：“世主好文，己为文则遇；主好武，己则不遇。主好辩，有口则遇；主不好辩，己则不遇。”（《论衡·逢遇》）当一个人学文时，君主喜武，而当学武时，可能君主又喜文了；当一个人具有辩才时，君主喜欢行动之士，而当成为行动之士，君主又有可能喜欢善辩之才。君主的好恶，完全不是士人们所能决定的，故而“遇”与“不遇”完全成了一个被动性、偶然性的命题。士人具备什么样的才能与君主喜欢什么样的才能，“偶合”的概率很高，历史上还是有很多有才干的人在政治上脱颖而出。王充之论，其意似不在此，而是在为那些“不遇”之士进行辩解，因为人们毕竟不能自主的操控那些被动性、偶然性的情况，所以如果“不遇”也不能归咎于没有才能、品德低下。反过来，那些“逢遇”的人，也未必一定品行端正、能力出众。

在上述分析的基础上，王充得出关于“遇”的结论：“求物得物，作事事成，不名为‘遇’。不求自至，不作自成，是名为‘遇’。”（《论衡·逢遇》）而且，他进一步认为，世俗之人对于人才的评价，完全是看功利结果，而不是看品德才能：“因不遇而毁之，是据成效、案成事，不能量操审才能也。”（《论衡·逢遇》）由此可见，王充撰写《逢遇》大概有两个目的，一是分析概括“遇”的偶然性和不可预测性；二是批评时人的功利主义眼光，只看现实的结果，而不是看人们是否真的有才能。这也是为自己“抱才而屈”所进行的辩护。

三、有德何必有位

王充的《逢遇》篇，是具有立论、论证、结论的完整结构、逻辑严密的一篇论文，以描述现象开始，以分析原因承接，继而以历史论据予以论证，最终得出结论。通过对王充逢遇论的分析，我们大概可以得出如下几点认识：

第一，王充的确揭示了中国古代政治史上“德位不称”的现象，有德有才的人不一定能得到恰当的展现，个人的品德能力与实际所被认可的政治地位不相匹配。应该说，自古以来，这是自古以来人类政治生活中一个现象。正统儒家往往也抱怨历史上的“德位不称”，即使孔子这样的圣贤，也没有得到应有的政治地位，后人不甘，还是给孔子封了个“素王”。到了雍正年间，曾静还宣称：“皇帝合该是吾学中儒者做，不该把世路上英雄做。周末局变，在位多不知学，尽是世路上英雄，甚者老奸巨猾，即谚所谓光棍也。若论正位，春秋时皇帝该孔子做；战国时皇帝该孟子做；秦以后皇帝该程、朱做。明季皇帝该吕留良做。如今却被豪强占据去了。”（《大义觉迷录》卷二）曾静的这段狂话，其实也还是传统儒学“德位相称”的翻版，是对儒家所耿耿于怀的“德位不称”问题的极端表述。实际上，如果人们能排除权力本位的思想，从思想影响力等角度来认知儒者的社会政治意义，或许就没有如此怨怼了。儒者对于社会的贡献，不仅仅只能通过拥有一定的政治权力才能发挥，还能通过更为广泛的途径和方式来展现，如思想上的引领、生活上的典范、风俗上的教化等。

第二，王充解释了“德位不称”的现实原因在于士人“逢遇”的偶然性。因为在君臣关系中，君主完全占据主导性，臣民处于从属地位，只能靠运气来获得政治地位。从历史上来看，虽然隋唐以后，科举考试在很大程度上解决了这一问题，但在专制体制下，这种偶然性的因素依然很大。就“逢遇”的偶然性来说，王充这里将个人的发展诉诸命运，这与他总体上“疾虚妄”的理论品格是不相融洽的。冯契先生曾指出：“就社会历史观来说，虽然王充否定了董仲舒的神学目的论的天命论，却用另一种方式来讲命运不可抗拒，这就不能不是缺陷了。”[①] 王充的逢遇论恰好体现了冯契先生所指出的这一缺陷，即将个体在现实生活中的际遇完全归之于命运的偶然，展现了王充思想的内在矛盾。

第三，王充此文批判的矛头存在着一定意义上的对象偏差问题。王充撰写此篇的目的之一，是批判时人对士人的评价不是“量操审才能”，而只是看在现实的官场上是否成功，这是对于“才高行洁”而不“得位”之贤士的误解，这个批评显然是能成立的。然而，从思想史的角度来看，这种对时人的批评是远远不够的，或没有涉及问题的本质。就对于士人命运的不可把捉之批评而言，除应批评时人的短视

① 冯契：《中国古代哲学的逻辑发展（中）》，载氏著：《冯契文集》第5卷，华东师范大学出版社，2016，第78页。

外，还应批评士人只通过求官这条道路来为自己正名，士人只能被动地接受君主的挑选和宠幸而完全失去自主性，而这一切都是君主专制社会对士人最大的残害。士人上升空间的狭窄与士人命运的不可自主，才是问题的实质。而这一问题的背后，是君主专制的政治体制。当然，王充是认识不到这一点的，不仅是王充，古代读书人能有几个认识到君主专制对于士人命运的深刻影响呢？在这一点上，我们也不能苛求古人。

四、结论

总体来看，王充的《逢遇》篇在传统“德位是否相称”的问题意识下，提出自己的“逢遇”论，将士人政治际遇诉诸偶然性，批评了时人“贤人可遇，不遇，亦其自咎也”的狭隘观点，认为不遇并不是自我的问题，而是政治环境所造成的问题。王充以此来为自己政治上的“不遇”提供安慰，对当时的政治现实进行了一定的揭示，并反映了传统士人在政治命运上的被动性和不确定性，具有积极的思想史意义。然而，在《逢遇》这篇讨论“品德能力是否与政治际遇具有正相关关系”的短文里，王充将士人的政治际遇归结为偶然性，忽略了人的主观能动性以及实际政治中的谋略等因素，对于政治人物的分析来说，有过于简单之嫌。另外，王充在《逢遇》篇里没有提出对于君主及用人体制的反思，也反映了他自己对君主抱有幻想和期待的一面。

无论是从历史还是从现实的角度而言，拥有政治权位或者占据行政官职，只是一种单向度的人生际遇，对于真正的儒者来说，“居处”并不能构成对于践行儒家理念的影响。《礼记》说：“儒有忠信以为甲胄，礼义以为干橹；戴仁而行，抱义而处；虽有暴政，不更其所，其自立有如此者……儒有上不臣天子，下不事诸侯；慎静而尚宽，强毅以与人，博学以知服；近文章，砥砺廉隅；虽分国，如锱铢；不臣，不仕。其规为有如此者。”（《礼记·儒行》）真正的儒者，真正的君子，不应简单地以政治上的权位来表明自己乃至儒家的价值，而应以仁义、忠信、刚毅、博学等品质自立于世，以其独立的人格品质参与到家国天下的公共生活中。

墨家的“君子之道”

武　云*

内容摘要： 本文通过考察《墨子》文本中的“君子”概念，指出墨家那里特别突出了对当时“天下之士君子”的批判，并明确在应然层面提出了“君子之道”。墨家对真正合格的“君子”的规范性要求具有其独特之处。这体现在，墨家对君子的要求超越了家国的视角，而突出体现了贯彻公义原则的天下主义立场，并且将公义原则作为对家国的特殊义务的先决条件。不仅如此，墨家还以彻底的“尚贤”主张提供机制保障，以确保为政者都是贯彻其“君子之道”的人，并由此彻底打破了传统的“君子”与“小人”之间基于出身等与贤能无关的因素的既有区分。

关键词： 墨子；君子；天下主义；公义；尚贤

一、对“天下之士君子”的批判

从《墨子》文本看，“君子”常以“天下之士君子”这一称谓出现，有时候也与“王公大人”并提出现，如“天下之王公大人士君子”（《尚贤下》）。它首先并主要是一个政治概念，指的是“掌握并运用政治权力的人”[①]，或者说为政者，并在这种意义上与并不拥有政治权力和影响力的“庶人”“贱人”“小人”“百姓”等

* 武云，清华大学哲学博士，上海交通大学哲学系副教授，研究领域为伦理学、政治哲学、中西比较哲学。

相对。[①]

在墨家看来，为政者作为政治权力的运用者，足以对国计民生、天下和平产生重大影响，因此应当遵循相应的行为规范。墨家认为，当时的“天下之士君子”未能合格履行其职责，故从尚贤、尚同、兼爱、非攻、天志、明鬼、节葬、节用、非乐等方面对他们进行了批判。如他们认为，当时的君子虽然表面上主张尚贤，却并没有真正贯彻尚贤，而是根据非贤能的因素（如王公大人骨肉之亲、无故富贵、面目美好者）选拔任用人才（《尚贤下》）；不懂得尚同于天，一同天下之义的原则（《尚同》）；未能践行兼爱，彼此之间常常乱国、乱家，并且认为兼爱是不切实际的（《兼爱中》）；攻战是正义的（《非攻上》《非攻下》）；不以天志——“天欲义而恶不义”“天欲人相爱相利，而不欲人相恶相贼”——为行为准则（《天志下》《法仪》）；不相信鬼神必然赏贤罚暴的角色和功能（《明鬼》）；笃信有命论，将是否能实现天下大治归结为命定的，不思进取，沉湎于享乐（《非命》）；为满足自己的欲望，夺民衣食之用。（《节用》）

实际上，正如方克涛指出的那样，《墨子》许多章节都以对“天下之士君子”“王公大人”的呼吁作为开头或结尾，以这些有政治影响力的君子作为宣扬其学说的重要听众。[②] 墨家的这些主张共同构成了在其看来合格的君子所应当遵循的“君子之道”。或者说，墨家的核心主张首先是特别针对君子应当如何履行其作为统治者的义务的要求。当然，诸子百家在当时大多都对其看来理想的君子提出了各自的要求，多少也都在一定程度上体现了对当时为政者的立场作为的批判性反思。但是，墨家在应然层面提出的“君子之道”相比而言仍然具有其独特之处，这突出体现在墨家所认为的合格的君子应当贯彻公义原则的天下主义立场，并将此作为优先于对家国义务的第一原则；还有墨家对“尚贤”的彻底贯彻打破了传统的“君子”“小人”之别。下文将分述论证这两个要点。

---

① “君子”“庶人”相对：“君子庶人”（《非攻下》）；“君子”“贱人”相对：“其说将必与贱人不与君子。与君子听之，废君子听治；与贱人听之，废贱人之从事。”（《非乐上》）“君子”“小人”相对：“舟用之水，车用之陆，君子息其足焉，小人休其肩背焉。”（《非乐上》）“君子”“百姓”相对：“今天下之王公大人士君子，中实将欲为仁义，求为上士，上欲中圣王之道，下欲中国家百姓之利，故尚贤之为说，而不可不察此者也。”（《尚贤下》）

② Chris Fraser, *The Philosophy of the Mozi: The First Consequentialists*, Columbia University Press, 2016.

二、贯彻公义原则的天下主义立场

墨家在论及真正合格的为政者的为政目标时，鲜明体现了一种着眼于全天下的政治格局和视野，不只局限于一家一国之利，而以兴全天下之利作为目标：“仁人之所以为事者，必兴天下之利，除去天下之害”。(《墨子·兼爱中》)“仁人之事者，必务求兴天下利，除天下害”。(《墨子·兼爱下》)

不仅如此，墨家对君子的天下主义要求深刻体现在，自始至终贯彻“不亏害人”的公义原则，将其作为为政者应当奉行的第一原则，将不亏害他人作为优先于包括某一国或某一家的荣誉、富足在内的诸种善的先决条件，明确反对为了某一家、某一国的利益而亏害他人。墨家对公义原则的阐释集中体现在下段文字中：

> 今有一人，入人园圃，窃其桃李，众闻则非之，上为政者得则罚之。此何也？以亏人自利也。……至杀不辜人也，拖其衣裘，取戈剑者，其不义又甚入人栏厩取人马牛。此何故也？以其亏人愈多。苟亏人愈多，其不仁兹甚矣，罪益厚。当此，天下之君子皆知而非之，谓之不义。(《墨子·非攻上》)

在墨家看来，通过亏害人——侵夺他人财物、伤害无辜者的身体甚至生命——来追逐包括“利”在内的价值都是不义的，这是人们普遍的道德共识（“众闻则非之”“天下之君子皆知而非之”）。因此，对任何价值的追求都必须首先以不亏害人为先决条件，否则就是不义。换句话说，相较于包括“利”在内的善好和价值而言，不亏害人是具有优先性的第一原则。这一立场在“杀一人谓之不义，必有一死罪矣”（《墨子·非攻上》）命题中得到了进一步强化。它强调了亏害人与“不义”之间的必然关联。在墨家看来，谋杀一个无辜者是不义的，是应当被禁止的，哪怕这在其他方面能够产生某种可欲的结果。后期墨家延续了这一立场：“杀一人以存天下，非杀一人以利天下也。”（《大取》）在“杀一人”和“利天下”的抉择中，强调了不亏害人这一公义原则的不可妥协性。

墨家以公义原则为参照，对许多以亏害他人为代价的行为进行了谴责。如墨家认为，盗“窃异室以利其室”、贼“贼人以利其身”是不义的。不仅如此，墨家将大夫“乱异家以利其家”、诸侯“攻异国以利其国”与盗贼的行为进行类比，并加以谴责。（《兼爱上》）也就是说，在墨家看来，这些大夫和诸侯的做法与盗贼在本质上一致，都是不义的。究其原因在于，他们的行为都以亏害他人为代价。

墨家所谴责的这些“大夫”和“诸侯”，如果从当时传统的立场和视角来看，正是那些践行了家族精神或国家主义的为政者，才发动了不义的攻战。正如戴卡琳分析指出的那样，对于当时的很多人来说，这些为了自己的家族或国家而攻战的人，并不一定喜欢战争本身，而是“为祖先、父母和君主获得荣誉和财富，而如果不这么做的话，按照传统的观点来看会对道德的基石——即家庭或家族产生威胁”，而墨家在这里则对传统所认为的为政者应当具有的美德进行了反思，认为当时的这种流行看法是有问题的，这些即使是为了自己的国家和家族攻伐他国的为政者，与那些为了自利而亏人的盗贼的做法在本质上是同样错误的，即便他们不一定出于像后者那样的利己主义动机。[①]不仅如此，在墨家看来，这些为家或国而攻伐的为政者实际上甚至比那些盗贼的做法在程度上更为不义。“苟亏人愈多，其不仁兹甚矣，罪益厚”。“杀十人十重不义，必有十死罪矣；杀百人百重不义，必有百死罪矣”。“至大为攻国”，在战争中动辄死伤成千上万，就是极大的不义。（《非攻上》）墨家进一步指出，如果人们知道窃人桃李之类的行为是不义的，那么就更应该认定侵略他国是不义的。如果将前者看作不义，将后者视为义，甚至加以赞赏，无疑混淆了义与不义的区别。“当此，天下之君子皆知而非之，谓之不义。今至大为攻国，则弗知非，从而誉之，谓之义。此可谓知义与不义之别乎”？（《非攻上》）

因此，墨家对君子的要求超越了家国的视角，超越了宗派主义、爱国主义等，体现了一种着眼于全天下的公义精神。相比较而言，有些学派虽然也对君子提出了规范性要求，即使它们并不否认“不可亏害他人”这一点的合理性，却由于并不赋予其以第一原则的意义而与墨家的“君子之道”本质不同。比如，在先秦诸子百家中，兵家和墨家都以丰富的军事思想著称，对于二者而言，军事对于一个国家的安定和富强而言都是重要的，因而军事技能是君子的重要资质之一，但是否强调以不可亏害他人作为公义原则构成了二者之间的本质区别，墨家虽然大量讨论具体军事策略，但同时以“非攻”作为基本主张，对其而言，那些不顾公义原则而攻城略地、侵略他国的军事技能——无论其多么卓越——都不能算作“贤”，不是合格的

① Carine Defoort,“The Growing Scope of Jian：Differences Between Chapters 14, 15 and 16 of the Mozi”, *Oriens Extremus*,pp.127-128.

为政者；[①] 相比而言，由于兵家并未强调公义的底线意义，而主要考虑军事策略是否有效、能否实现取胜的目的，因而难以从根本上避免其所推崇的君子会穷兵黩武、践踏无辜者的生命。[②]

墨家认为，为政者不仅不应以攻战亏害人，还应当履行维护天下的公义原则的义务。对于被侵略国家来说，防守自卫是符合公义的正当诉求。有些学者基于墨家“兼爱”“非攻”的主张将墨家理解为绝对的和平主义者（pacificist），即反对任何战争的人。如秦家懿称墨子为“一位极端的和平主义者”（an extreme pacifist）。[③] 但实际上，《墨子》的最后部分花了大量篇幅叙述军事策略和技巧。因而，葛瑞汉就认为，墨家那里体现出的矛盾之一是：“既是最和平主义的，又是最军事的。”[④] 实际上，这些误解的根源在于这些学者没有认识到，墨家虽然非攻反对侵略性的战争，但从未绝对反对一切战争，不仅如此，还主张和高度重视自卫防守。这也是为何其关于军事事务的思想集中于防守策略和技巧，而不是进攻的原因所在。有些学者虽然认识到墨家并非和平主义者，却将墨家非攻的原因归结为“强大的防守力量对于国家的生存而言是至关重要的”，[⑤] 或者解释说这样有利于维持国家间的力量均衡，可以在很大程度上消除强国发起战争的自信。[⑥] 而本文认为，这些解读忽视了墨家对公义原则的深刻承诺：对于一个国家的生存来说，防守自卫固然是重要的，但更重要的是它是正当的。忽视墨家对公义原则的深刻承诺，就不能逻辑连贯地解释为何墨家反对侵略性战争。

墨家还认为，有能力的国家的君主特别是圣王，应帮助被侵略国讨伐不义，维护全天下的公义原则。他们特别区分了维护正义的“诛”与侵犯亏害他人的“攻”的区别：“禹征有苗，汤伐桀，武王伐纣，此皆立为圣王”，“若以此三圣王者观之，则非所谓‘攻’也，所谓‘诛’也”。（《非攻下》）在他们看来，“攻”专指发动战争亏害他人，因而不正当；“诛”则是通过惩治不义者而制止其进一步亏害他人，

---

① 比如，虽然墨子和公输般的军事技巧不相上下，但由于前者讲不亏害他人的公义，而后者则不讲，因而公输般会为楚王所用、谋划攻宋，而墨子则恰恰相反，做到了止楚攻宋。可以说，对于墨家而言，即便公输般以高超的技艺著称，也不能算作贤者。（《公输》）

② 即使单就军事策略方面的讨论来看，兵、墨两家也呈现出明显差异：墨家的军事策略侧重“守”，集中讨论防守技术；而兵家则不拘于此，“攻”、“守”并谈。梁启超曾就此评论墨子“怯于攻而勇于守”的独特之处。参见梁启超：《老子、孔子、墨子及其学派》，北京出版社，2015，第 138 页。

③ Julia Ching, *Chinese Religions*, Palgrave MacMillan, 1993, p.71.

④ A. C. Graham, p.12.

⑤ Chris Fraser, *Mohism, Stanford Encyclopedia of Philosophy*,2010.

⑥ Mei Yi-pao, *Motse, the Neglected Rival of Confucius*, Arthur Probsthain,1934, pp.96-97.

所以是正当的。可以说，墨家“非攻”不“非守”、“非攻”不“非诛”的主张实际上一贯地体现了其普遍爱人观念以不亏害人作为正义的底线。这同样对应于其对“杀人”和“杀盗”的区别。①

可能有人会就此指出，墨家的天下主义立场否认了家国利益，或者说天下主义的承诺与我们对自己的家或国的特殊对待不相容。这是对墨家的一种误读，墨家从未否认家国利益以及人们对自己的家或国的特殊情感的正当性，也并未提倡家与家、国与国之间的绝对平均主义。墨家公义原则的天下主义立场在此的运用是：不应为了家或国的利益，而以违背公义、亏害他人作为代价；而如果在符合公义原则的情形下，家国利益就是正当合理的。他们并未更进一步主张取消大国和小国、大家与小家之间的力量差别，而只是要求处于强势的一方不亏害弱势的一方。“顺天意者，义政也。反天意者，力政也。然义政将奈何哉？”子墨子言曰：“处大国不攻小国，处大家不篡小家，强者不劫弱，贵者不傲贱，多诈者不欺愚。……故举天下美名加之，谓之圣王，力政者则与此异，言非此，行反此，犹幸驰也。处大国攻小国，处大家篡小家，强者劫弱，贵者傲贱，多诈欺愚。……故举天下恶名加之，谓之暴王。”（《天志上》）可见，在墨家看来，只要处于优势地位的领袖不去亏害处于劣势地位的人或国家，就可成为“圣王”了。

墨家将文王视为为政者典范的依据是，他遵循了不亏害人的原则，不以大攻小，维护了公义。“昔者文王之治西土，若日若月，乍光于四方于西土，不为大国侮小国，不为众庶侮鳏寡，不为暴势夺穑人黍、稷、狗、彘。天屑临文王慈，是以老而无子者，有所得终其寿；连独无兄弟者，有所杂于生人之间；少失其父母者，有所放依而长。此文王之事，则吾今行兼矣”。（《兼爱中》）

简言之，墨家对君子的规范性要求突出体现了将“不亏害人”的公义原则作为底线的立场，并在这种意义上体现了一种彻底的天下主义立场，即不是将某一家或某一国的利益作为先于公义的第一原则。为政者贯彻公义原则的义务具体体现在不仅有不可亏害人的消极义务（不亏害无辜者，不侵略掠夺他国等），还相应具有维护不亏害人的积极义务（自卫、对被侵略国进行援助、惩治亏害他人者从而维护国与国之间的秩序）。但这种天下主义与人们对自己的家国的特殊义务并非不兼容，

① 葛瑞汉（A.C. Graham）清楚地指出了这种区别：“‘杀人’包含着肆意杀戮或谋杀的意思”，而‘杀盗’则意味着正义的处决”。参见 A.C Graham, *Later Mohist Logic, Ethics and Science* , Hong Kong: The Chinese University Press, 1978, pp.488-489.

在墨家看来，只要在不亏害别人的家国的条件下，视自己的家国的利益比他人的家国的利益更重要，也是正当的。

三、彻底的“尚贤”作为贯彻“君子之道”的机制保障

当时的君子，特别是重权在握的为政者的政治权力主要是世袭而来，因而他们往往肩负某个团体、家族或阶层的特定利益，在很大程度上致使其为政的考虑往往不是“兴天下之利”，而是实现自己的团体、家族、阶层、国家的特定利益。如果在政治权力分配、人才选拔方式上沿用传统的世袭制，主要按照人们的出身来决定谁应当成为拥有政治权力、决定政治事务和国计民生的为政者，那么，就难以确保为政者胸怀天下、贯彻公义。

先秦诸子在当时大多提出或赞同“尚贤”主张，[①] 对人才任用和政治权力的分配提出了各自的建议。钱穆就认为，墨家的“尚贤主义”属于当时的一种普遍思潮。[②] 但实际上，各家对何谓“贤”往往有不同的规范性定义标准，对于在多大程度上以贤能作为任用君子也不尽相同。本文认为，墨家的“尚贤”因其关于“贤”的独特规范性标准[③] 和贯彻“尚贤”的彻底性而与众不同，其根本意图在于确保为政者是那些贯彻公义原则、有卓越政治治理能力的人。墨家主张，仅仅运用并彻底贯彻这种“贤”的标准来决定谁应当成为为政者，为其“君子之道”提供了制度保障，并实际上彻底打破了传统的“君子”和“小人”之分。

已有研究大多聚焦于揭示墨家关于如何运用贤才的具体策略主张，并已取得了不少积极的成果。[④] 但本文认为，还需要强调墨家在制度设计层面上贯彻“贤能”标准的彻底性。其方针可概括为：“有能则举之，无能则下之，举公义，辟私怨。”(《尚贤上》) 墨家主张，消除出身等道德上任意的因素，以贤能作为分配一切政治权力的唯一标准。具体体现为以下几个要点。

---

① 正如华兹生（Burton Waston）指出的那样，如果仅仅是在将自己学派所认可、赞赏的人视 为“贤”的意义上，也许除了道家和农家外，先秦诸子百家大都不会反对“尚贤”的主张。参见 Burton Watson (trans), *Mozi: Basic Writings*, Columbia University Press, 2003, p.7.

② 钱穆：《墨子》，商务印书馆，1929，第 34—35 页。

③ 墨家所认定的“贤”的独特性从本文上一节就可以看出，他必须首先恪守“不亏害人”的公义原则，关于”贤“的这一要求实际上使得墨家已经跳出了各家关于“贤”的门户之见，有意识地为“尚贤”确定了一条清晰的“公义”底线，强调必须在共同的公义底线基础上“尚贤”。

④ 孙中原：《墨学通论》，辽宁教育出版社，1993，第 24—27 页。

首先，以“贤”作为分配政治权力和职务的根本依据。墨家指出，要想做好任何一件事，都必须具备相应的才能。他们举例说，在处理屠宰牲畜、制作衣服、医治病马、修理弓箭等具体事务时，人们都会去寻求具有相应技能的人：“今王公大人有一牛羊之财不能杀，必索良宰；有一衣裳之财不能制，必索良工”；“有一罢马不能治，必索良医；有一危弓不能张，必索良工”。（《尚贤下》）由此推论，对于治理国家这样高度复杂的事务，也只有让具有相应政治才能的人来从事，才能达到预期的良善目的。更具体而言，政治职务的高低与贤能程度的高下之间应当具有一一对应的关系：“可使治国者使治国，可使长官者使长官，可使治邑者使治邑。凡所使治国家、官府、邑里，此皆国之贤者也。”（《尚贤中》）

以贤能作为分配政治治理权力的标准，迥然不同于依据其他标准，如“骨肉之亲”“无故富贵”“面目美好”等。其根本差异在于，“为贤之道”关键在于爱助他人的意愿，因而“贤”主要是通过后天的道德选择和自觉努力形成的；相比之下，后三者往往属于道德上任意的因素，是人们无法通过道德选择加以改变的：“王公大人骨肉之亲、无故富贵、面目美好者，此非可学而能也。”（《尚贤下》）只有“贤”，才与能否胜任政治治理实质相关，故必须“尊尚贤而任使能，不党父兄，不偏富贵，不嬖颜色”。（《尚贤中》）

其二，墨家以贤能作为分配政治权力的依据具有彻底性，不仅主张“乡长”“家君”之类的政治职务要依据贤能分配，而且“卿之宰”“诸侯”“三公”乃至于“天子”也只能依据贤能标准来分配。（《尚同下》）。梁启超指出：“墨子书中，绝无主张天子世袭之痕迹。”[①] 对于墨家而言，不存在天生的统治者和被统治者，只要有意增进天下之利，通过后天主动的道德选择和努力践行“为贤之道”，就能成为君子。

这种彻底性还清晰体现为以“公义”作为“贤能”的底线这一基本原则也直接适用于最高统治者，践行公义的是“圣王”，否则就是“暴王”，不具有统治合法性。（《尚贤中》）

其三，主张“有能则举之，无能则下之”，保证所有政治职务具有开放性和流动性。由于墨家“尚贤”排除了以出身、阶层等道德上任意的因素作为分配政治权力依据的合理性，也就是消除了除“贤”之外的种种资格障碍，这样政治职务就能够向一切人开放，哪怕是出身低微的人——农与工肆之人，只要具备了相应的贤

① 梁启超：《先秦政治思想史》，岳麓书社，2010，第163页。

能，便有资格担任所能胜任的政治职务。同理，由于政治权力的分配始终应当与相应的贤能相匹配，那么政治职务就具有流动性。一旦某个在位者的贤能退化而不足以胜任，便应以能够胜任的人取而代之，这样便会形成“官无常贵，而民无终贱”（《尚贤上》）的局面。正是在这种意义上，墨家“尚贤”体现的不是一种阶层化的精英主义，而是人人皆可以为贤的“众贤”。（《尚贤上》）

其四，“贤者举而尚之，不肖者抑而废之”。（《尚贤中》）以贤能作为实质依据建立明确的赏罚制度。对亏害他人、违背公义底线的人加以谴责和惩罚，同时对贤者“富之贵之，敬之誉之”（《尚贤上》），从而确保全社会形成“相率而为贤者”的“进贤”激励机制。（《尚贤中》）在墨家看来，明确以“尚贤”为导向的赏罚制度，能够促使人们恪守公义，增进贤能：“是以国之富贵人闻之，皆退而谋曰：‘始我所恃者，富贵也，今上举义不辟贫贱，然则我不可不为义。’亲者闻之，亦退而谋曰：‘始我所恃者，亲也，今上举义不辟远，然则我不可不为义。……逮至远鄙郊外之臣，门庭庶子，国中之众，四鄙之萌人，闻 之，皆竞为义。”（《尚贤上》）换句话说，如果所有人都竞相为贤，贤能作为整个政体的基本原则就能得到积极有效的贯彻。

简言之，在墨家看来，现有的君子、小人之别只是既有现实意义上的，而并不一定符合应然标准，即，使应当成为君子的人成为君子。而正当的政治体制正应当明确谁配为君子，谁应为君子，并在制度设计层面确保实然意义上的君子与应然意义上的君子保持一致。在这种彻底的机制保障下，原本出身低微、并不拥有政治权力的“小人”，如果符合贤能的标准，应当成为君子；而原本掌握政治权力的“君子”，如果并不符合贤能的标准，则应该让出其政治权力。这样一来，传统的君子小人之间的区分就被彻底打破了。葛瑞汉指出，“虽然墨家使用的道德术语与儒家大多相同，但儒家的君子及其相对的小人这对概念，在墨家那里显然付诸阙如”。“我们不妨把墨家视为近于或属于士阶层的新贵（arrivistes），他们带来了有别于儒家人物大都从属的旧的世袭的士阶层的新气象。”[①] 方克涛也指出，墨家的理想楷模典范并不一定是那些与平民社会地位相对的精英。[②]

---

① [英]. 葛瑞汉著：《论道者：中国古代哲学论辩》，张海晏译，中国社会科学出版社，2013，第 44—45 页。

② Chris Fraser, *The Philosophy of the Mozi*, Columbia University Press, 2016, p.9.

君子文化的当代诠释

君子之德：职业道德还是公民道德?

李畅然 *

内容摘要： 儒学倘适用于现代的市民社会，定位需要调适。儒学既然定位于君子，也即执政者暨其储备人才，那么除了技能培训外，君子在道德上的培养，其定位究竟是公务员的职业道德呢，还是公民必备之德？按：两种道德应该无冲突。君子之德作为特定的职业道德，最初即来源于公民社会；而在当今社会政治权力日趋下移的市民社会，公民需要具备或者推定原本就完具的道德，则无外乎儒家的君子之德（或曰圣贤之德）。圣贤与普通人貌似有断裂，但在人禽之辨的背景下则浮现出明确无疑的连续性。

关键词： 圣凡之辨；人禽之辨；职业道德与普遍道德；《中庸》

一、引子

儒学的圣贤崇拜近年遭到了越来越猛烈的批评和讥讽。本文不拟全面回应，仅指出一点，君子之德就是每一个公民应当具备的道德，甚至是必须推定公民先天具备的道德。

（一）

在进入正式讨论前，先预备几个讨论。首先，需要理顺圣、贤、君子诸身份的关系。大体可以认为，君子是理应有君子之德的有位者，也即执政人员，而圣贤则是君子中的典范人物。贤是其中能干的，因而也是全体执政者的榜样；由于能干隐

---

* 李畅然，北京大学中文系古典文献专业博士，北京大学《儒藏》编纂与研究中心副研究员。

含的合目的性，也就隐含了其较高的道德性。圣则是贤人的极致，是社会所有成员特别是君子的终极典范，贤人常常可以定义为君子学习圣人实际可期的结果。圣贤君子总称为士，主要是社会共同体的管理者以及相关人才储备；士与民相对，庶民包括各种其他职业，传统上粗分为农工商。

当然古代的圣人观念并不局限于政府管理层，各行各业的开创者或重大改进者，都算本行业的圣人；而且在古代传说中，往往非君即臣，世享封地。像农业的圣人后稷，就是周的始祖。而《考工记》叙也强调手工行业的诸工种皆创自圣人：

> 国有六职，百工与居一焉。或坐而论道，谓之王公；作而行之，谓之士大夫；审曲面执，以饬五材，以辨民器，谓之百工；通四方之珍异以资之，谓之商旅；饬力以长地财，谓之农夫；治丝麻以成之，谓之妇功。……
>
> 知者创物，巧者述之。守之世，谓之工。百工之事，皆圣人之作也。烁金以为刃，凝土以为器，作车以行陆，作舟以行水，此皆圣人之所作也。

《系辞下》叙述得更详细，不赘。具体的制作工艺，其他行当的从业者自然没有义务掌握，然而发明创造之智，仍然属于通行于各行各业之普遍德性。在很大程度上可以说，正是由于其特定职业上突破性的发明创造，才挣得了圣人执政临民的资本；而且从本质上说，社会组织起政府，也可以认为是当时民望最高之人的创造，这和创造农业暨耒耜，创造舟楫之利、服牛乘马没有本质的不同，这是《周礼》天官可与其他五官并列的逻辑前提。与“圣”类似，“贤”的概念也可以应用到行政以外的行当或更一般性的领域。

其次需要界定君子之德。单提仁义礼智，或者还有信，过于五行数术化，君子之德目应该多种多样，层次有高有低。但总的来说，均属于与外物特别是与人交往的德性。因此这些德目中最核心的，应该是近代康德揭示的实践理性的先天原则。孔子的“己所不欲，勿施于人”“己欲立而立人，己欲达而达人”（《论语·颜渊、雍也》），孟子的老幼及人、（执政者）与民同乐（《孟子·梁惠王上、下》），《大学》的“絜矩之道”，虽然与康德所揭绝对律令有或多或少的异同，毕竟在大方向上是一致的。① 执政者以此立心，作为施政也即代表共同体成员安排决断公共事务的心

① 基督教的黄金律仿此。更何况先验哲学理应是普遍客观，不受文化特殊性之阻挠的。

理基础；至于非执政者，他们在社会上立足乃至扩大和持久发展，同样离不开基本的同理心以及由此建立起来的诸如守信、仁爱等德性。

这里尚需着重与君子职业技能作一个区分。传统的六艺——礼乐射御书数，以及后来对六经等具体文字材料的精通，这些技能（包括相当基础性的识字）对庶民均不作要求，就像不需要所有人都会做鞋修鞋或者打铁一样；但对儒家理想的治国理政而言却是必须的，属于君子的“专业技能”。庶民并非与这些技能全无干系，最基本、最消极的关系就是对相关技能暨其掌握人员的尊重和信任，这是一个共同体得以成立、执政者可以执政或者说执政者与平民之分工得以成立的前提之一。

职业道德与职业技艺的区分，实际上可以推广到每一个参与社会分工的个体。

需要辨析普通职业与行政职业的关系。行政是一种职业，但生活中往往忽略这一本质，而单纯把行政视作对庶民的统治以及对神权的垄断。但行政管理本身的确只是一个职业，行政人员在肉体上与农夫没有本质差别；这个职业只能通过约定其神圣性从而树立其在日常生活中的权威，并且只能依靠税收和组织化拉开与平民的实质差距，从而有力量阻止任何个人违反各种契约。[①] 因为士农工商中唯农业人口基数最大，所以孟子总以工匠与农夫的关系来类比君、士与农夫的关系，[②] 这种类比是合法的。当然日常说到圣贤时，会话者会习惯性地把论域设定为政治。

（二）

近年，把儒家政治学概括为圣人依赖是不客观的、非理性的。这就如同把犹太教和基督教斥为先知依赖或耶稣依赖一样，脱离了日常生活经验，缺乏一个平和务实的心态。圣人不世出，[③] 甚或五百年乃至上千年始一见。而且即便治水之大禹，与凡人一样能力有限，无法把红海劈开；其寿命同样不过百年，在历史长河中短暂如流星；至于遗风流泽，以“君子之泽”最多“五世而斩”（《孟子·离娄下》）类推，也是有限的，大约也就是“五百年”“五百余岁”（《孟子·公孙丑下、尽心下》）。无限性是一个理念，经验中并不存在，劈开红海或任何能具体想象的能力依

① 但违约行为只有在有限的规模以内才可以阻止甚至惩罚，参考“法不责众”的通例和革命。

② 如《孟子·滕文公上》：“以粟易械器者，不为厉陶冶；陶冶亦以其械器易粟者，岂为厉农夫哉？”这里很显然以陶冶比行政。当然，当时的会话对象的确也恰好属于农家。

③ 可参犹太教先知的不世出，耶稣基督的唯一性。

然是有限的。[①]

然而学圣人有板有眼的贤人或者更一般化地说君子，的确在儒学的社会图景和论说关注中占据着核心地位。有德之君子是执政者的人才储备，有位之君子（执政者）即便于德有亏，人们仍然对其期许以君子之德。虽然与出世的佛道不同，入世的儒学对全体成员皆有安顿，但儒教的重点无疑在官（执政者）以及相关的人才储备。

这种定位谈不上依附权力或被权力所利用。从依附问题上看，首先，政府恰恰是共同体之公共事务的乙方，责无旁贷。其次，任何现世现任的官员及其雇员都是道暨先圣楷模的晚辈，何况在位时间可期。很大程度上不是儒学依附权力，而是现行权力需要依附经过世代检验的道。道统与治统虽以合一为目标，但以二者的主观区分作为前提。[②]从利用问题上看，儒学作为一种文化，必然是手段而不是作为目的的人本身，从而广义的没有褒贬色彩的利用是必然且应当的。至于贬义色彩的主观上非出真诚的狭义利用，儒学从来都是警惕的，否则区分王霸、推崇至诚、讲究慎独均落于无的放矢。

儒学倘与时俱进地现代化，适用于市民社会，需要解答甚至自我调整的一个问题，是君子之德到底是排他性的职业道德，还是公民皆应遵守甚且本身即具备的普遍道德？笔者的基本判断是，二者不存在根本矛盾；倘或二选一，则无疑属于普遍的公民道德。

二、工夫修养：从职业道德推广到公民之德

君子或者说士人的道德修养，其定位究竟是公务员特定的职业道德，还是公民必备的普遍之德？单从现代社会而言，答案大体上肯定是后者，因为现代社会的民众都享受义务教育，享受参政议政的权利，所以过去专业公务员必备的素质，自然应当延展到民众。当然，代议制尚达不到直接普遍地执政参政，公民只选举出任期

① 经验中体验到的无限也并非真的无限，而只是对纷繁万物的自如应对，包括心理应对。这种应对与其说是无限，毋宁说是由人类有限的身体和心灵以及共生的共同体所框定出的相当有限的感知和应对方式。其无限性主要来自得心应手的感觉。圣人与天地相较不是无限的，与凡人相较所感到的无限性主要表现在知和识上（属于心理应对），以及共同体内外的人的认可和支持；而且智识显然也只是相对的无限，更何况儒家强调“知不遍物”。《孟子·尽心上》（参见《荀子·解蔽》“故学也者，固学止之也”。）

② 因此其合一永远是动态的，无始无终。

较古代为短的相关代理人，以行使立法权和行政权。以至于在程树德看来，今日的代议制依然是“民可使由之”原则的体现，宋人以及今人相关的辩护都属不必：“孔子之言俟诸百世而不惑，所以为至圣，不必后人代为辩护周旋。《集注》于‘天下有道，则庶人不议’，则曰：‘非箝其口使不敢言也。’于‘民可使由之，不可使知之’下引程子曰：‘圣人设教非不欲家喻而户晓也，然不能使之知，但能使之由之尔。若曰圣人不使民知，则是后世朝四暮三之术也，岂圣人之心乎？’殊不知圣人之言绝无流弊。观于今日欧洲之国会民主政治，此二章真如日月经天，江河行地，洵万古不易之至言也，何所用其回护耶？自欧化东渐，不特疑圣，且有诬圣以为名高者矣。”[①] 不过古今之间非但存在着如程树德所强调之社会分工上的连续性，也存在着行为能力预设的一致性——当今公民选举议员、行政首脑的逻辑前提，与昔日公民服从司法和行政管理的逻辑前提一样，依然是公民自身即具备辨识、判断和尊重立法、行政代理人的素质，只不过今日又增加了对相关选择能力的信任。

至于古代社会，从君子之德到共同体每一成员之德之间，同样也不存在绝对的鸿沟。先用反证法。虽然庶民很可能没读过法律条文，但法律的基本原理——不妨用“杀人者死，伤人及盗抵罪”的约法三章作为代表（《史记·高祖本纪》），每个人都是了解而且会类推的。任何人都不会因为不了解具体的罪名而逃脱司法的追究，因为作为“最为天下贵”（《荀子·王制》《春秋繁露·天地阴阳》）的存在形式，人有天赋的能力——理性——意识到对他人乃至对共同体的伤害，从而具有避免伤害的心理意志能力暨义务。英美法系十二世纪以来的陪审团制度（临时公民审判团），具有对民众判断能力更大的信心，因为具有理性的人不再全然是法律责任的承担者，而是同样拥有本可以由专业的司法人员垄断的审判权。[②]

当然，法律强制力只是在守道德的底线，正面的德性在传统上还是在贵族、知识持有者身上有更典范的体现，从社会对个人的期许来看，也是对这些从业人员有着更高更严苛的要求。换句话说，社会的基本道德在这个特定职业上要有最完美的体现，这是在正式场合中通常由执政者、有智识者作为共同体之代表的前提。作为职业道德，君子之德与公民之德的主要差别或许在于，君子对公民之德更为坚守，更少受到情感、情绪等因素的影响。由此，我们不妨认为这是一个全体公民向执政

① 程树德：《论语集释·凡例》，中华书局，1990，第 9 页。

② 即便科学能证明人并无自由意志，政府也依然只能按习俗行事，就如同人真的如同上帝一样有自由意志似的。

者学习，执政者的职业道德向全社会扩散的历程。周敦颐说“圣希天，贤希圣，士希贤”，[①] 我们不妨补一句“民希士”或“民希圣贤”；后者在社会实践中是真实的，以至于“盗亦有道”（《庄子·胠箧》），江湖上也以仁义相标榜。

但不管怎么说，正面的积极的德性并非只在君子身上才可以找到，而是在社会成员身上或多或少地得以体现。

三、发生学：从公民道德凝结为职业道德

关于圣与凡属于连续统而无断裂，《中庸》有一段很好的说明：

> 君子之道费而隐。夫妇之愚，可以与知焉，及其至也，虽圣人亦有所不知焉；夫妇之不肖，可以能行焉，及其至也，虽圣人亦有所不能焉。……君子之道造端乎夫妇，及其至也，察乎天地。

人伦是应用于所有人的，所以普通人都可以了解和执行，圣人只是能做到更好，而且并非如天地那样没有局限。其实假如把视域扩大到万物或者起码是生物界（动物界），就更好理解。夫妇可以与知与能，而动物则多不与知，不与能；君子之道造端乎夫妇，而不始乎犬马。

前文用到的反证法，实际上就隐隐触碰到了非人生物的问题。尽管圣贤看似与凡人庶民存在着可观的断裂性，然而法律、道德基本上只向康德所谓“理知共同体”的成员特别是现存的活人追责，必然王国的多数成员并没有自由行为的能力，因而没有责任。面对同类的人，主体需要应用交互主体间的行为规则，这种交往规则与人类同无生物或者其他生物的交往均有不同。无生物和植物基本上就是客体，可以无限索取，最多考虑到人类长远利益而有所吝惜，此即孟子“亲亲仁民爱物”中的所谓“爱物”（《孟子·尽心上》）；至于发生机率较低的地震天旱等天灾，以及一年四季、斗转星移等规律性天象，因体量庞大，通常不计入“物”的范畴。动物因为知觉运动，有一定程度的较为常规的主体性，然而智力不如人，体力上也不

① ［宋］周敦颐：《通书·志学第十》，载氏著：《周敦颐集》卷二，中华书局，1990，第22页。

存在压倒性优势，[①] 所以其主体性与人类相较通常可以忽略。面对与自己一样有意志、一样经常为主体的他人，本人需要额外拿出“敬”的态度。因此子夏问孝，孔子拈出“色难”（《论语·为政》），孟子则以豕交兽畜与恭敬对比：“食而弗爱，豕交之也；爱而不敬，兽畜之也。”（《孟子·尽心上》）恭敬，是人与豕、兽等其他事物交往时原则上毋需考虑的因素，除非是对作为客体暨其合目的性之总体的天地鬼神。

因此，从发生学的角度看，是先有人与人交往的一般性道德，然后再凝结为共同体中专业执政者的职业道德。前者虽然在没有国家、没有政府以前即存在，因而不宜直接称为公民道德，但在本质上是相通的。再从个体发生学上看，个人在一生的成长过程中，在进入职业分工体系以前，已经在与他人交往，已经在建立和发展公民道德，这是他进一步培养职业道德，特别是取得特定职位（包括行政立法职位）的前提积累。

四、宋学的铺垫：对两种定位的勾连与维护

（一）

执政者职业道德与公民道德的分合纠结，至晚在宋学建立过程中就已经遇到过。像孔子所云“民可使由之，不可使知之”，郑玄和何晏都大方地援引《系辞》的“百姓日用而不知”；[②] 但到了二程讲究人人明道，就开始调和两者间潜在的矛盾。朱熹《论语集注》引程颐：“圣人设教非不欲家喻而户晓也，然不能使之知，但能使之由之尔。若曰圣人不使民知，则是后世朝四暮三之术也，岂圣人之心乎？”[③] 这是说孔子主观上想让人人距离禽兽再远一些，明白大道，有充分的社会责任感，但客观情势上做不到。事实上义务教育从十七世纪才开始出现，又迟至十九世纪七十年代始于发达国家推行。早在孔子时代就想让人人都掌握执政者的技能，达到其思想觉悟，条件尚不具备。从主观上，孔子讲究“有教无类”（《论语·卫灵公》），

① 可以与人踩死蚂蚁对比。假如人直接从猕猴乃至昆虫大小进化而来，那么人是否同样会把自己作为万物之灵，作为世界的主宰，多少还是可疑的。

② 程树德：《论语集释》卷十五《泰伯》上，中华书局，1990，第 532 页。

③ 程树德：《论语集释》卷十五《泰伯》上，中华书局，1990，第 532 页。原文见 [宋] 程颢、[宋] 程颐：《二程集·遗书》卷十八，中华书局，2004，第 220 页。

孟荀讲人人可以为尧舜禹，对任何背景、出身的学生或修习者都是不排斥的；但客观上，教育、通讯、交通条件无法支持人人参与管理。宋明理学的这些工作为儒学应用于当今的市民社会做了最晚近的理论铺垫。①

这一精神到了王阳明心学，得到了空前的贯彻。阳明本人接引的学生即有出身贩夫走卒的，阳明及其学派提出“满街人都是圣人”②“此捧茶童子却是道也”。③这并非泯灭执政与庶民的分工，而是说两类分工在道德上具有一致性，是相通的连续统一体而非截然断裂。虽然前一类的行政分工主要协调人与人之间的关系，后一类的其他分工主要协调人与自然的关系，但道德主要或至少首先涉及人与人间的关系，包括同一共同体内部社会分工不同的人群之间的关系。

（二）

下面笔者随手举一些清初士人相关的看法。施闰章显然是把人与尧舜的连续性置于与禽兽的断裂性视域下来展现的：

> 圣贤道二乎？尼父之教人也，高下偏全，兼蓄曲成，未尝揭揭焉责之以圣而圣人之道以明。且子将薄贤乎？传曰贤贤易色，见贤思齐，而逊谢圣仁为不敢，岂姑舍其最上者乎？
>
> 夫学，以学为人也，君子以人治人，改而止。今有人于此，称之以圣人，虽强者不敢当；斥之以禽兽，舂儿走卒皆怫然戟手矣。然而孟子辨其所异惟几希，盖危之也。出此入彼，间不容发。
>
> 然则有志于道者亦还其为人而已，洵为人，则其去尧舜周孔不远矣。夫侈然予圣，是自诬也；谓予弗克圣，是自弃也。……贤与圣何畛焉？④

① 可以与此粗略对应的是，先秦时知行尚不足以构成一对普遍的范畴，因为先秦主要以行道为目标，并不纠结明道与否，尽管后者属于君子的职业之德。直到唐代特别是二程以后，知行始变成严格对等的范畴，从而道不行时一定要追究道不明的责任。参见拙文：《〈中庸〉一处知行反常识对调与后世的知先行后论》，载北京大学《儒藏》编纂与研究中心编：《儒家典籍与思想研究》第10辑，北京大学出版社，2018。

② 王艮与王守仁应答，参见[明]王守仁：《传习录》下，文渊阁《四库全书》影印本。

③ [明]罗汝芳：《一贯编》，明长松馆刻本。

④ [清]施闰章：《景贤书院记》，载徐世昌等编纂，沈芝盈、梁运华点校：《清儒学案》卷二十一，中华书局，2008，第833页。

按：圣贤不二道，君子与小人亦不二道，所以地位低贱的人被斥为禽兽也均不接受，认为是羞辱。

李颙则援引明代阳明学者姚汝循辨析阳明学并非只为上根人的高明之学，而是接引社会中的所有人：

昔凤麓姚公……曰："世以圣人为天授不可学久矣。自良知之说出，乃知人人固有之，即庸夫小童，皆可反求以入道，此万世功也。子曷病？"……由斯以观，阳明之学，彻上彻下，上中下根，俱有所入，得力盖尤易，岂必天资高朗者始称易耶？①

毛奇龄则强调至高之道与基本道德——忠恕的连续性：

而以观《论语》有云："吾道一以贯之。"则道在人身，然而圣人有之，不能人人有之也。乃又云："夫子之道，忠恕而已矣。"则道虽在圣人而亦人人得有之，道在夫子，忠恕仍在人心也。②

倘论道德理想，"不能人人有之"，圣人与凡夫间存在断裂性，然而庶民之道德，依然是人类最高阶之道德的基始。《中庸》所谓"夫妇之愚，可以与知"。彻上彻下，总为一道。明清有独立思想的学者与宋儒相较，往往强调层次较低的忠恕孝弟，应该是在儒学内部持守了宋儒在三教之间所标榜的旨趣。

张履祥强调要以圣贤为师：

学必以圣贤为师，今人以为迂，予以为特未之思耳。使圣贤之道而在于此身之外，迂之可也。孰非人子，孰非人臣，孰非人弟与人友？思为人子则求所以事其亲，思为人臣则求所以事其君，思为人弟与人友则思所以事其兄与施其友。不然，尚可谓人子、人臣、人弟、人友乎？寻此说也，不至于无父无君而禽兽不已。

① [清]李颙：《答张敦庵》，载氏著：《二曲集》卷十六，中华书局，1996，第139页。明姚汝循本事，参见[清]黄宗羲：《明儒学案》卷二五，中华书局，2008，第581页。

② 徐世昌等编纂，沈芝盈、梁运华点校：《清儒学案》卷二十五，中华书局，2008，第979页。

孟子曰："规矩，方员之至也；圣人，人伦之至也。"然则舍圣贤，其何所师哉？吾人此际既看得定，便是要见贤思齐；见贤思齐，便是要见不贤而内自省。

此身在天地之间，不是上达即是下达，无有中立之理；才欲"善斯可矣"，便已是自暴自弃。《孝经》曰："天地之性，人为贵。"又曰："父母生之，续莫大焉。"其何忍于陷溺也？①

按：此论虽未必摆脱士人的特定身份，然而普通士人与圣贤的连续性，与庶人与普通士人的连续性之间，其义一也。陈廷敬则设想了全体成员都慕为君子、愧为小人的理想社会：

或言道学不可不行，而可不讲。曰：是也，然虽讲之，庸何伤？讲之所以求为君子，不为小人也。

若心慕君子之名而身冒小人之行，不愧于己，必愧于人，愧夫人之以小人目之也。既愧小人之名，将慕君子之实矣。愧于人，必愧于己，其致一也。若都不知愧，又何须讲？

且犹讲之必至于愧，愧其不为君子，则必不至于为小人矣。使天下群然愧为小人，慕为君子，此道学之所以行也。②

这说明，君子之德是通行于全社会或者说社会全体成员的。以德言的君子虽不同于以位言的君子，但君子之德本以在位君子为典型，在位君子之德成为全社会的榜样，最终使得社会更为和谐繁荣。

陈廷敬等古代儒者的理想，只是全社会有良好的道德风范暨秩序，今日的社会更直接让每一个公民有一定的机会以某种形式参与政治活动；那么，或许未来的社会足以在科技、经济等条件的支持下，使公民由人人本具的君子之德，进一步掌握君子之艺，从而更直接地承担管理社会公共事务的功能，以及相应的不可或缺的责任。不妨让我们拭目以待！

---

① ［清］张履祥：《答颜孝嘉一》，载氏著：《杨园先生全集》卷十三，中华书局，2002，第366页。

② ［清］陈廷敬：《〈困学绪言〉若干则》，载氏著：《午亭文编》卷二十四，三晋出版社，2015，第438—439页。

万物一体与开放社会

——基于柏格森哲学对宋明理学君子观的考察

邓　刚*

内容摘要：柏格森在其晚年著作《道德与宗教的两个来源》中认为，从爱家庭、爱国家无法过渡到爱人类，因为从前两种爱到爱人类是一种质的飞跃，从而无法通过量的增加来实现，而扩充方法是一种量的方法。在柏格森看来，人类在自然而然发展出来的社会，都将是某种形式的封闭社会。唯有依赖于道德英雄的人格和行动，才有可能创造出超越封闭社会的道德和价值，从而导向开放社会。柏格森所说的开放社会，与宋明理学中常讲的“仁者与天地万物为一体”相当接近。本文从柏格森的开放社会理论来考察宋明理学，积极探索柏格森哲学与宋明理学对话的可能性。

关键词：柏格森；开放社会；仁；万物一体

一、引言

在20世纪上半叶的中国学术界，柏格森、杜威、罗素曾经是最有名和最有影响力的西方哲学家。在著名的“科学与玄学之争”中，胡适等人为代表的主张科学的一派，以杜威、罗素为其依据的思想资源，而所谓的玄学派，则似乎更多地亲近柏格森。实际上，正如国内不少学者的研究所揭示的，柏格森对于20世纪中国哲学有着广泛而深入的影响，特别是对于梁漱溟等人的新儒家。在笔者看来，柏格森的哲学，从认识论到形而上学，都与中国哲学有着诸多相契合与可资会通之处。就

* 邓刚，法国巴黎第一大学哲学博士，主要研究方向为当代法国哲学、早期近代哲学、中西比较哲学。

认识论而言，柏格森认为，只有通过直观、绵延之思才有可能真正把握到生命与心灵，因此需要超越科学知识，超越概念、语言、名相等。就形而上学而言，柏格森主张，一切存在都处在不断运动和变化之中，都处在绵延之中。生命冲力是一种生生不息的创造力，源源不断地创造出新的生命形态。人作为生命的高级形态，主要在道德和宗教等人类现象中体现出生命冲力的更高形态。凡此种种，与中国哲学相较而言，皆有进一步加以探索的空间。本文试图从柏格森晚年著作《道德与宗教的两个来源》出发，借助该书所建立起的关于两种社会（封闭社会和开放社会）、两种道德（封闭道德和开放道德）、两种宗教（静态宗教和动态宗教）的区分，尝试与宋明理学展开理论上的对话。

柏格森是19世纪末、20世纪初最重要的法国哲学家，曾对整个20世纪的法国哲学乃至世界哲学产生了重大而深远的影响。法国学者维亚尔-帕隆（Jean-Louis Viellard-Baron）曾将柏格森比作法国的“黑格尔”。他提出，正如黑格尔影响和决定着19世纪的德国哲学，柏格森也影响和决定着20世纪的法国哲学。同时，柏格森对20世纪的中国哲学也有着很深的影响，新儒家代表人物梁漱溟、熊十力、方东美[①]，现代美学的奠基人朱光潜和宗白华，都曾直接或间接地受到柏格森哲学的影响和启迪。

柏格森思想之发展，可分为四个阶段，对应于他陆续发表的最有代表性的四部著作：

《论意识的直接材料》（1888年）（又名《时间与自由意志》），研究自由问题，首次提出和阐发“绵延”（durée，duration）概念；

《物质与记忆》（1896年），由身心问题入手，化解绵延与空间的对立；

《创造的进化》（1907年）（又名《创造进化论》），通过对生命科学和进化学说的探讨，阐明一种宇宙论背景的生机论；

《道德与宗教的两个来源》（1932年，下文简称《两个来源》），主要从社会哲学的角度讨论了道德、宗教、政治、技术等问题，是他多年研究的思想结晶。

柏格森在第一次世界大战期间，曾经作为法国政府的外交代表，赴美国从事外交活动，这一经历使得他有机会近距离地接触政治事务。《两个来源》一书表明，第一次世界大战后，柏格森侧重于从道德和宗教问题入手，对整个欧洲文明进行了

① 方东美的硕士论文的研究对象就是柏格森。

反省和批判。柏格森最终仍然是在欧洲既有的文化传统之中，寻找解决问题的途径，通过将天主教传统内部的神秘主义整合到其哲学之中，以一种道德英雄主义和宗教神秘主义作为其哲学的最终归宿。柏格森的每一部著作都是围绕着一个或者两个问题，与某个领域的实证科学、经验科学展开对话。《论意识的直接材料》《物质与记忆》两书涉及的科学是心理学、生理学。《创造的进化》涉及的是生物学。而《两个来源》一书中，他与之展开对话的科学，主要是人类学、宗教社会学等。在柏格森看来，只有不断地与实证的经验科学展开对话，才有可能使哲学与科学建立起亲密的关联。

在《两个来源》一书中，只有一处提到中国："例如在中国，就曾出现过一些非常高明的学说，但这些学说并不关心为人类制定种种法则；尽管这些学说并未明言，实际上却只对中国社会感兴趣。"[①] 这一判断显然并不正确。因此，注释者在《两个来源》的批判注释版中指出，柏格森之所以对于中国哲学的评价有失公允，是因为他对于中国哲学与宗教的了解主要是来源于格罗特的《中国的宗教体系》[②] 一书。在笔者看来，《两个来源》中关于扩充问题的探讨，与儒家构成了完全对立的立场。19 世纪末、20 世纪初，欧洲有些思想家（例如涂尔干）认为，通过扩充的方式，由爱家庭、爱国家不断地向外扩充爱的范围和爱的对象，就可以上升到对全人类的爱。在柏格森看来，这种扩充只能是有限的，因为家庭、国家皆是有限的对象，而全人类则已经是某种无限了，从有限无法简单地过渡到无限。从爱家庭过渡到爱祖国尚属可能，但是要由此而上升到爱人类则是不可能的。这是因为，前两种爱和后一种爱的性质完全不同。如果说对于全人类的博爱仍然是可能的，那么一定不是来源于对于家庭之爱和祖国之爱的扩展，而是有着完全不同的来源。

在儒家传统特别是自孟子以降的心性论传统中，通常都会承认心灵中有着以良知良能为代表的道德本原，通过不过地向外扩充，就可以由亲亲进而仁民爱物，最终达到仁者与天地万物为一体的境界。如朱子在《孟子集注》中，关于齐宣王见牛过堂下而生不忍之心曾作出如下诠释："盖骨肉之亲，本同一气，又非但若人之同

---

① [法] 亨利·柏格森著：《道德与宗教的两个来源》，王作虹、成穷译，贵州人民出版社，2007，第 47 页。Henri Bergson, *Les deux sources de la morale et de la religion*, PUF, 2008, p.77. 本文引用《两个来源》时所标注的页码，均指法文版。

② J.M.de Groot, *The Religious System of China,*Oriental Book Store,1982. 2018 年，花城出版社出版了该书的中译本。 Cf. Henri Bergson, *Les deux sources de la morale et de la religion*，PUF, 2008, p.404, note 184.

类而已。故古人必由亲亲推之，然后及于仁民；又推其余，然后及于爱物，皆由近以及远，自易以及难。”[①] 朱子这段话，对于扩充的工夫作了极好的概括。根据《孟子》书中“亲亲、仁民、爱物”的说法，则这种扩充所及的范围，可以说达到了比柏格森所说的爱人类更为广泛的博爱——对于天地万物的爱。正如王阳明在《大学问》中所说的：“大人者，以天地万物为一体者也。”大人正是能够体现和实施这种博爱的人。然而，如果柏格森关于扩充的有限性的说法成立，那么不仅由亲亲推扩到仁民和爱物皆不可能，而且儒家的许多观点也将受到严峻的挑战。由此观之，柏格森的说法对于儒家而言，或许构成了一个严峻的理论挑战。

二、柏格森：开放道德和英雄主义

从家国至天下的推扩，为什么在柏格森看来是无法成立的？要明白这一点，有必要理解柏格森所建立的封闭社会与开放社会之区分。

柏格森对于道德的哲学思考，方法上比较接近涂尔干。他认为，道德哲学的出发点应该是以下两个事实：①所有人都感到一种需要，即必须有一种法则（loi）；②这种法则强加给每一个人，但是对于每一个人而言，并非出于同样的理由，也不具有同样的意义。和西方思想史中传统的道德哲学不同的是，柏格森一开始着手讨论的，并不是对于每一个人而言，道德如何奠基的问题？而是从整个社会的宏观角度入手，来考察道德现象。这种切入问题的角度，毫无疑问是受到了涂尔干的社会学研究的启发。柏格森指出：“在反思社会这种东西的时候，我们可将之比作某种有机组织，这个组织的细胞（由看不见的联系结合在一起）在得到高度发展的等序中各遂其位，并且为了整体的最大益处，能自动服从要求牺牲部分的原则。”[②]

在柏格森看来，人类和蜜蜂、蚂蚁等膜翅类昆虫，分别代表着生命进化在本能和智力两个方向上达到巅峰。人作为一种社会性的动物，不论是有意还是无意，都应当作为整体中的一员而在一定程度上服从社会。但是，人类社会和蜜蜂、蚂蚁等昆虫社会的最大不同在于，人类社会的每一个成员都是智力的动物，人虽然不具备动物那么完美的本能，却能够通过自己的智力、自己制造工具来解决生活中遇到的

① ［宋］朱熹：《四书章句集注》，中华书局，1983，第221页。

② ［法］亨利·柏格森著：《道德与宗教的两个来源》，王作虹、成穷译，贵州人民出版社，2007，第2页。

难题。正是这种智力使得人有可能不断地取得科学和技术的进步，在与其他物种的竞争取得优势，认识自然、征服自然并进而成为大自然的主人。然而，这种智力也很容易形成利己主义和唯我主义，不再服从社会，甚至会做出有害社会的事情。那么，如何让个体主动地、心甘情愿地服从社会呢？在柏格森看来，主要是通过社会之中的各种风俗习惯而形成的对于个体具有某种强制作用的义务。每个人从儿童时代开始，就不断感受到社会强加给自己的种种禁忌、义务、规范。就某一个具体义务而言，无不是理智和习俗的产物，无不是偶然的。但无数个偶然的义务，就构成了一种总体义务（obligation totale），构成一个社会的某种必然性，是每个社会的自然的东西。即使最文明的社会，仍然在最自然的东西方面与原始社会相似。也就是说，无论后天的知识积累多么丰富和厚实，作为基底的仍然是某些自然的、原始的东西，构成了一个社会的原始沉淀。当然，组成一个社会的原始沉淀的，不仅包括道德风俗所构成的总体义务，也包括通过神话、巫术、宗教等流传下来的静态宗教。所有这些通过语言、文字、传说、风俗等代代相传，构成一个民族、一个社会、一种文化的最核心的、最基底的原始沉淀。

尽管总体义务非常重要，但仍有着天生的不足。在柏格森看来，在这种自然而然形成的群体之中，都会自然而然地产生一些道德规范，这些规范的总和就是总体义务。总体义务使得一个群体如同一个自治的生命体一样，能够一代接一代地持续运转下去，通过内部的分工与合作，保证内部的和谐、团结、完整，保证内部资源和信息的交换。这样的一个群体就是一个封闭社会，“城邦中的成员，互相之间就好像一个生物组织中的各个细胞”。①

在这个封闭社会之内的，就是同族、同乡、同胞，就是某种程度上的自己人；不属于这个群体的，就是群体的敌人。对于自己人，应该友爱，而对于敌人，应该排斥甚至诉诸武力。因此，古希腊人一律将非希腊人斥为野蛮人。柏格森指出，封闭社会和封闭道德作为自然的产物，虽然可使一个社会得以良好运转，但也有着局限性。封闭道德的对象总是某个自然形成的团体，无论这个团体的范围有多大，都还不是具有普遍性的人类。从爱家庭可以自然地过渡到爱家乡、爱祖国，却无法自然地过渡到爱人类。因为从家庭、国家到人类，有着有限到无限的间距。故柏格森

① [法]亨利·柏格森著：《道德与宗教的两个来源》，王作虹、成穷译，贵州人民出版社，2007，第6页。

指出："在民族与人类之间，其间隔着有限到无限、封闭到开放的整个距离。"[①] 封闭道德和开放道德之间、爱国家和爱人类之间，不是一种量的区别，而是一种质的区别。因此，无法通过渐进的方式从前者跳跃或者上升到后者。那么，人类如何才能突破封闭道德的限制，从爱家庭、爱祖国扩展到爱人类呢？在柏格森看来，借助耶稣之类的"英雄"，人类就可以在一定的时间和地点突破群体的限制，形成具有普遍性的开放道德。这样的开放道德，就是"爱"。

开放道德是某个英雄、某个先行者的产物。作为一个伟人，他以高尚的人格和行动，形成感召力。如果说封闭道德主要诉诸人的理智和习惯，那么，开放道德主要诉诸人的情感。道德先行者总是令我们感动并产生敬仰之心，从而追随之、模仿之。"任何时候都会出现体现此种道德的特殊的人"，"人们总是在他们身上寻找那种彻底的道德"。[②] 在柏格森看来，通过自然和封闭社会本身，是无法使既有道德上升到更高层次的，只有借助于某位英雄人物或者圣贤的思想、言语、行动以及卓越的人格，形成一种道德的感召力，才能创造出新的道德。斯多葛派哲学家虽然提出了"世界公民""泛爱人类"之类的哲学观念，由于这些观念始终停留在抽象层面，不足以影响社会风俗。而耶稣之所以能成为开放道德的开创者，在于他通过他的行动所呈现出来的伟大人格力量。

接下来，我们有必要进一步揭示开放道德的若干特征以及它与封闭道德的区别和联系。

（1）开放道德和封闭道德首先是两种不同的态度。在封闭道德之中，个体与社会融合为一，在每个个体之中，都不同程度地体现出社会性的力量。在必要的时候，个体会为了社会而牺牲个体的利益甚至生命。例如在功利主义的道德哲学中，设定了每个个体都追求自身利益，但个体通过反思之后，就会由利己主义走向利他主义。这就好比一只蚂蚁，突然获得了清醒的意识，但通过反思之后，这只蚂蚁会意识到个人利益和集体利益的一致性之所在，仍然会为集体献身。在柏格森看来，在个人之中体现出来的社会性、集体性的规范，是一种集体无意识，类似于一种本能。而开放道德则是一种完全不同的道德态度，它不再局限于某一范围之中，而是有可能扩展到整个人类，甚至由爱人类扩展到爱植物、爱动物、爱包括石头、泥土

① ［法］亨利·柏格森著：《道德与宗教的两个来源》，王作虹、成穷译，贵州人民出版社，2007，第 27 页。

② ［法］亨利·柏格森著：《道德与宗教的两个来源》，王作虹、成穷译，贵州人民出版社，2007，第 29 页。

等无机物在内的整个自然和整个宇宙。这有点类似于二程所说的“仁者以天地万物为一体”和张载所说的“民胞物与”的境界。

(2) 封闭道德，因是自然所要求的（voulue par la nature），故也是在自然之中被给予的，一定程度上可以说是先天的。在封闭道德中，每个人都感受到某种压力（pression），在这种无形的压力之下，不得不这样做，因此这是一种义务。然而开放道德是通过后天的创造取得的（acquise），尽管我们也可以感受到某种义务或者某种应该，但这种应该是通过某种“吸引力”（attrait）和某种呼吁（appel）来体现的，毕竟这类道德是可以选择的，即我们可以不选择这样做。也就是说，博爱众生、泛爱万物之类的道德，是一种更高的道德要求，一方面，并不是所有人都可以达到的；另一方面，对于每个个体而言可以选择不上升到这一境界。这就意味着，本来有可能完全没有开放道德，但由于某些英雄或者圣贤的出现，他们创造出一些新的感受（sensibilité）、新的情感（émotion）、新的理念、新的人格，从而使得一种新的道德得以可能。如果说封闭道德带给人们的是某种压力，那么开放道德带给人们的就是一种驱动（propulsion）。这种驱动的背后，是一种感受或者情感，当人们受到这种情感的驱动时，即使并不能达到开放道德所要求的境界，但多少会有“虽不能至，心向往之”的感受。只要心中播下开放道德的种子，只等合适的机会，种子就会发芽、成长。柏格森进一步指出，每个人都很容易被这种情感俘获，就好比音乐中，每个听者都会或多或少地被音乐感动。“正是我们，不得不把艺术家所创造的情感，与生活之中与之最相似的情感联系起来”。[①]“当音乐哭泣时，是整个人类、整个自然与之共同哭泣”。[②]

(3) 封闭道德和开放道德是两种情感（émotion），性质截然不同。与封闭道德相关的，只是一种表面的触动；而使开放道德成为可能的，乃是一种出自内心深处的激动。前者是“低于理智的”（infra-intellectuelle），后者则是超理智的（supra-intellectuelle）。前者是某种观念或者某种被表象的图像的结果，以往的心理学和道德哲学往往考虑这一类情感。后者则不能被任何表象或者观念所限定，而是可以不断地产生新的观念、新的表象。前者低于理智，可以通过知性来进行理解、反思、安排、判断、批判。后者是超理智的，是一种创造（création），一种发明

① [法]亨利·柏格森著:《道德与宗教的两个来源》，王作虹、成穷译，贵州人民出版社，2007，第37页。

② [法]亨利·柏格森著:《道德与宗教的两个来源》，王作虹、成穷译，贵州人民出版社，2007，第36页。

(invention)。前者给理智提供质料，“精神冷静地进行工作，在观念之间进行联接。这些观念由社会提供给精神并且处于固定的状态，并以词语的方式长久流传”。[①]而后者是在理智所提供的质料的基础上，不断创造出新的形式，“似乎，由理智提供的质料提前融合在一起。这些质料随后固态化，变成由精神本身所提供的新的观念”。[②]

在柏格森看来，上述两种情感就是道德的两个来源。他总结道：“这样，道德包含两个不同的部分……在前者之中，义务代表着压力，社会之中的每个要素之间通过施加这种压力，以便保持社会作为一个整体的形式……这样一种机制之中，每个片断都是一种习惯，然而习惯的整体是可以类比于本能的，这是由自然所准备的；在后者之中仍然有着义务，但义务是某种向往（aspiration）[③]或者某种冲力的产物……”[④]在实际的道德生活中，我们并不能找到两类情感的纯粹状态，因为能被我们实际把握到的，都只是原初情感的某种残留。这两种道德往往是混合的、互相渗透的。一方面，封闭道德赋予开放道德以某种规范性和强制性；另一方面，开放道德也使得封闭道德获得更宽泛、更深刻的外延。正如柏格森所说的：“这两种并列的道德，现在似乎变成一种。一方面，前者（封闭道德）借给后者（开放道德）它所具有的命令性质；另一方面，也从后者那里获得一种不那么狭隘的社会意义，获得更广泛的人类意义”。[⑤]柏格森还指出，虽然在我们面前的，只是原初情感的灰烬，但是我们可以通过摇动这些灰烬，发现其中残留的火星，从而使得情感之火重新燃烧起来。那么，到哪里去找这些残留的火星呢？答案就是那些伟人的事迹和伟人的人格。“宗教的创立者和改革者，神秘主义者、圣徒，这些在我们的道路上能够遇到的心灵生活的英雄，在我们眼中都是最伟大的。所有人都在这里，被他们的榜样所吸引，我们加入他们，如同加入一支征服者的队伍。确实，这些征服

① [法]亨利·柏格森著：《道德与宗教的两个来源》，王作虹、成穷译，贵州人民出版社，2007，第43页。

② [法]亨利·柏格森著：《道德与宗教的两个来源》，王作虹、成穷译，贵州人民出版社，2007，第43页。

③ “aspiration”指的是对于某种理想或者某种目的的追求、憧憬、向往、渴望。王作虹、成穷译为“抱负”，并不能表达此词的意义。在这里，笔者姑且译作“向往”。

④ [法]亨利·柏格森著：《道德与宗教的两个来源》，王作虹、成穷译，贵州人民出版社，2007，第53页。

⑤ [法]亨利·柏格森著：《道德与宗教的两个来源》，王作虹、成穷译，贵州人民出版社，2007，第47页。

者打碎了自然的抵抗，将人类提高至新的使命”。[①] 由这些开放心灵所构成的社会，就是开放社会。

在柏格森看来，人作为自然的产物，人的智力不过是为了满足过个体生活和社会生活的需要。因此，无论是积极地筹划还是消极地接受社会既定的规则，最终的命运都只不过是为了在一个封闭社会之中获得某种身份。从这一点来看，无论是国王还是平民百姓，都不过是社会大机器之中的一个成员，一颗螺丝钉。但人是一种具有理智的自由的存在，人群之中总会出现某个或者某些特别有天赋的人，能够突破自然的限制，开辟出一种普及人类甚至泛爱万物的新道德。这种道德上的突破和进展，一方面打破了自然所设置的既有形态，另一方面又是生命冲力在更高阶段的一种涌现和迸发。柏格森在《创造的进化》一书中明确指出，生命冲力不断地冲破物质所限制的障碍，呈现出繁杂复杂的生命形态，每一种形态都是生命冲力在前进的过程中、在物质障碍的限制下的一种暂停。每一个生物物种，都可以视作生命冲力和物质之间互相作用的一种结果。而生物从低级到高级、从简单到复杂的进化，就是生命不断打破物质所设置的路障，在更高的层次和等级表现出自身的结果。在人这里，生命进化暂时取得了极高的成就，造就了有着自由意志、清晰意识和社会生活的人类，但人类生活不应该停留于此，而是应该顺着生命冲力的方向，继续创造出更高的生命形态。从封闭社会到开放社会的过渡，从封闭道德到开放道德的迈进，正是这样一种生命创造的体现。因此，正如法国学者沃姆斯所指出的：“为道德奠基的，不是理性，也不是社会，也不是别的什么，而是生命。”[②]

有必要补充说明以下三点：第一，开放道德与封闭道德并不是对立的关系，也不是前者对后者的否定，而是在更高的层次使之得到扬弃。爱亲人、爱邻人、爱祖国，都是值得赞扬的，但这些远远不够，还应有更高的道德行为——爱人类。第二，在一个社会之中，仅凭道德自身并不能充分地构建起社会所必要的全部规范。实际上，在一个封闭社会之中，许多道德教化都是通过宗教进行的。“宗教之所以有助于道德，就在于宗教使得人们害怕受罚和希望受赏”。[③] 因此，在一个封闭社会之中，还需要静态宗教。而与开放社会对应的，则是神秘主义和动态宗教。第

① [法]亨利·柏格森著：《道德与宗教的两个来源》，王作虹、成穷译，贵州人民出版社，2007，第47页。

② Frédéric Worms, *Bergson ou les deux sens de la vie*, Paris : PUF, 2004. P.269.

③ [法]亨利·柏格森著：《道德与宗教的两个来源》，王作虹、成穷译，贵州人民出版社，2007，100页。

三，在柏格森看来，最完美的开放道德是基督教《福音书》中的道德。“福音道德本质上就是开放灵魂的道德”。[①]

和尼采一样，柏格森认为，人不能停留于当前的社会，必须继续进化，创造出新的人类，创造出超人（sur-homme）。[②]这种新的人类不再体现为身体上的进化，而是主要通过道德和精神的进步来实现的。因此，对于封闭道德而言，开放道德是一种前进，一种跳跃，一种飞升，一种扬弃。在开放道德之中，人所拥抱的不再只是家庭、国家，而是整个人类，甚至整个宇宙。柏格森一定会同意陆九渊所说的“宇宙即是我心，我心即是宇宙”。因此，这种对于全人类、全宇宙的爱，必须从宗教的角度进一步加以理解和解释。

三、道德的二重性

经过上文的梳理，我们对封闭社会与开放社会的区分有了较全面的理解。一方面，每一个封闭社会尽管都有其偶然性、特殊性、历史性，但都是自然的产物，是人类顺其自然倾向而得以形成的；开放社会则有赖于部分精英（英雄）的人为努力，而精英（英雄）是否出现以及是否被大众所接受，也有着一定的偶然性。另一方面，这种区分还在于，对于封闭社会而言，总是存在着有些人是朋友、有些人是敌人的问题，因此卡尔·施密特指出，区分敌友才是政治的第一要务。而对于开放社会而言，并不存在敌人，且有着绝对的、普遍的爱和正义。厘清了封闭社会与开放社会、封闭道德与开放道德之区分，也就可以理解柏格森所说的由爱家庭、爱祖国扩充到爱人类是不可能的了。

由此可以得到几点启发：一、存在着低阶道德和高阶道德，前者是道德特殊主义，后者是道德普遍主义。道德特殊主义和道德普遍主义是两种不同性质的东西，无法由前者过渡到后者。二、低阶道德和高阶道德之间是质的差异，而不是量的差异，因此后者并非前者的几何式增长或累加。三、要想使道德普遍主义成为可能，就需要引入新的因素。仅仅在低阶道德层面上通过逐步累加的方式来做工夫，不足以上升到高阶道德。只有介入或者出现某种新的元素，才有可能导致道德主体实现

---

① ［法］亨利·柏格森著：《道德与宗教的两个来源》，王作虹、成穷译，贵州人民出版社，2007，第 57 页。

② Henri Bergson, *L'évolution créatrice*, Paris : PUF, 2008, edition critique, éd. Par Arnaud François）,p.267.

其心灵境界的提升或者飞跃。柏格森的解决方法是，提出一种道德英雄主义，通过道德英雄的出现，创造出新的道德观念，并通过其人格和行动的影响，使得这些观念获得生命力，并且逐步成为越来越多的人所接受的价值。而对于每个道德主体而言，从特殊道德到普遍道德、从低阶道德到高阶道德，需要一个质的飞跃。这种飞跃颇有点类似于中国哲学中的顿悟。

下面由柏格森的上述区分出发，尝试重新考察儒家特别是宋明理学。在笔者看来，有必要继续探索以下三个问题：①对于理学而言，是否存在着两类道德，即一类是与封闭社会相应的低阶道德或者封闭道德，另一类是高阶的开放道德，与开放社会相应。②对于理学而言，高阶道德与低阶道德之间是量的差异，还是质的差异？③如果是质的差异，从低阶到高阶的上升或者跳跃是如何可能的？只有回答了上述三个问题之后，才有可能真正回应柏格森所提出的扩充的不可能性的问题。

关于第一个问题，是否存在两类道德，即与封闭社会相应的封闭道德，与开放社会相应的开放道德，在笔者看来，这两类道德对于理学而言都是存在的，尽管理学家未必承认这种区分。一方面，理学家会强调某种自然而然的社会秩序和政治秩序，以及维护这些秩序所需要的各种规则，强调“君君臣臣父父子子”，强调“夷夏之辩”。另一方面，理学家也强调“仁者与天地万物为一体”的最高境界。如《二程集》载：“医书言手足痿痹为不仁，此言最善名状。仁者，以天地万物为一体，莫非己也。认得为己，何种不至？若不有诸己，自不与己相干。”[①] 朱子在诠释“吾与点也”章说：“曾点之学，盖有以见夫人欲尽处，天理流行，随处充满，无少欠阙。故其动静之际，从容如此。……而其胸次悠然，直与天地万物上下同流。”[②] 冯友兰在《新原人》中，区分出四种境界，其中第三种为“道德境界”，第四种为“天地境界”，大体上可以对应于儒家所强调的两类道德。大体上，儒家所说的君子已经达到了道德境界，而圣人则可归入天地境界。

如果说理学家承认存在着两种不同的道德，那么，二者之间是质的差异呢，还是只有量的差异呢？如果仅仅是量的差异，那么，通过前者的累积是可以抵达后者的。如果二者间乃是一种质的差异，就需要一种“质的飞跃”。不过，由于受到孟子的“扩而充之”思路的影响，理学家大都相信，通过“发明本心”“求放心”“先立乎其大者”等工夫，从而返回到每个人都具有的价值意识之所在的本心，并且不

① [宋]程颐、[宋]程颢：《二程集》上，中华书局，1981，第15页。

② [宋]朱熹：《四书章句集注》，中华书局，1983，第130页。

断地扩充，从而由自身扩充到家国天下（如《大学》中的八条目“格物—致知—意诚—心正—修身—齐家—治国—平天下”），从而“己欲立而立人、己欲达而达人”，就能够“万物皆备于我，反身而诚，乐莫大焉”。因为这种至高境界，不过是每个人将其本身所具有的性善之本质发挥到极致而已，即《中庸》所说的“尽性”。（唯天下至诚，为能尽其性；能尽其性，则能尽人之性；能尽人之性，则能尽物之性。能尽物之性，则可以赞天地之化育；可以赞天地之化育，则可以与天地参矣。）正是出于对这种“诚”的道德意识的洞见，周敦颐在《通书》中对于“诚”予以特别的重视：“诚者，圣人之本。……圣，诚而已矣。”也正是因为这一洞见，他被后人追认为宋明理学的“开山鼻祖”。到了以陆象山、王阳明为代表的心学一系，更是直接从道德主体的自我体认入手，通过发明本心，从而一方面体认到天理本在吾心；另一方面亦通过心体的发明和活动，从而尽心、尽性，最终达到天人合一之至高境界。如象山言：“我治其大，而不治其小，一正则百正。……若心在道时，颠沛必于是，造次必于是。”又曰：“心之体甚大，若能尽我之心，便与天同。”如阳明言：“心即理也，此心无私欲之蔽，即是天理，不须外面添一分”；“知是心之本体，心自然会知。见父自然知孝，见兄自然知悌，见孺子入井自然知恻隐，此便是良知，不假外求。若良知之发，更无私意障碍，即所谓充其恻隐之心而仁不可胜用矣”。

但另一方面，我们也不能简单地认为，在理学家那里，高阶道德和低阶道德之间存在的仅仅是量的差异。因为对于理学家们而言，圣人与凡人、君子与小人之间的差别，显然是质的差异，而不是量的差异。但理学家们并不否认普通人成为君子和圣人的可能性，甚至从一定程度上讲，所谓理学，主要是一种圣学，即以普通人皆普遍地具有成圣的可能性的一种理论和相关的工夫实践。例如，张南轩将二程以来的道学理解为圣学，圣学方法就在于求仁。他在《孟子说》的“讲义发题”中指出，“学者潜心孔孟，必得其门而入，愚以为莫先于明义利之辩。盖圣学无所为而然也”。[①]“欲游圣门，以何为先？其惟求仁乎！仁者，圣学之枢，而人之所以为道也”。[②]“盖圣门实学，循循有序，有始有卒者，其惟圣人乎”！[③]

正因为理学同时是一种圣学，故对于理学而言，前文所提的第三个问题“从低

① [宋]张栻：《张栻集》第二册，中华书局，2015，第311页。
② [宋]张栻：《张栻集》第四册，中华书局，2015，第1149—1150页。
③ [宋]张栻：《张栻集》第四册，中华书局，2015，第1154页。

阶到高阶的上升或者跳跃是如何可能”，同样具有重要的意义。这里所涉及的就是理学中非常重要的工夫论问题了。我们不难发现，对于理学家而言，与工夫论相关的文字和论争占据了相当大的篇幅，甚至远远超出他们关于宇宙论和本体论的抽象思考。

从柏格森的观点来看，理学家似乎横跨了或者综合了柏格森所说的两种道德：与封闭社会、封闭道德相应，理学非常重视国家、民族、家族、家庭的完整性和内部秩序，一方面强调君君臣臣父父子子等内部秩序本身的形式性、普遍性，另一方面也强调对于这种秩序的遵守，并非基于功利主义的考虑，亦非对于普遍形式的几何式认知，而是基于每个人自然而然的内在情感。与开放社会、开放道德相应，理学家强调一种“天人合一”的至高境界，即仁者以天地万物为一体。这两种道德所体现的，可以称之为“仁的二重性”。这大体上可对应于冯友兰所说的两种境界，即道德境界和天地境界。

柏格森所说的开放社会，换用理学家的话来说，接近于程明道所说的“廓然而大公，物来而顺应”。在开放社会之中，每一个存在者都得到了一定程度的肯定，都受到了仁爱之光的光照。如阳明在《大学问》中说：“大人者，以天地万物为一体者也；其视天下犹一家，中国犹一人焉。若夫间形骸而分尔我者，小人矣。”这也是张载《西铭》中的重要义理之一。在笔者看来，理学家们关于这种至高境界的描述，特别是在心学一系中偏神秘体验的描述，与柏格森的开放道德以及具有神秘主义的动态宗教，可谓殊途而同归。实际上，在中、西、印诸文明系统中，至高之精神境界或者道德境界，最终都上达到一种大公无私、至大无外、物我双泯、天人合一的圆融境界之中。在此种境界之中，有着绝对的肯定（一切存在者都在某种程度上获得对自身的肯定）、绝对的爱（一切存在者皆享受到至上者的关爱）、绝对的正义（一切存在者皆获得至上者的赠予，而超越经济原则意义上的“以血还血、以牙还牙”之对待逻辑之相对正义）。而一切社会、一切国家、一切道德法则、一切法律制度、一切经济制度，皆是第二义，皆是后起者。

四、结语

然而这两种性质不同、层次各异的道德，如何被整合、统一在一起呢？二者是否互相矛盾、互相对立呢？在笔者看来，长期以来，无论是理学传统本身，还是

20 世纪初以来的理学研究乃至中国哲学研究，往往忽视了前文所说的仁的二重性，或者说封闭道德与开放道德的二重性，往往在封闭社会中谈开放道德，这一方面使得开放道德本身的超越性被贬低，另一方面又对封闭社会中的个体（普通人）造成了一种压抑感，从而导致了乡愿现象的大量出现。与此同时，忽视了开放道德本身的超越性、特殊性，妄想在封闭社会中使之普遍实现，并把人性加以人为的拔高，而忽视了人性本身的复杂性。

最后，笔者试图提出从开放社会的理论可能引出的几个问题或者推论。第一，如果说已经有一个或者多个圣人在历史中出现，圣人的形象、思想、文字已经以某种方式使得道得以显现，那么，也许接下来的问题就是，如何使得这种道转化成“术”（政术、治术、技术），从而使得这种开放社会的开放性得以保持，使得圣人的精神性得以保持，这种至高的精神性、开放性可以作为封闭社会的指导性理念、作为每个普通个体的指导性理念，发挥其作用。从这个意义上来说，一种精神哲学或者境界哲学，呼唤着一种与之对应的技术哲学。道，要求辅之以术。第二，对于每一个人世间的存在者而言，只能生活在这个或者那个国家之中，这种或者那种社会之中，因此总是生活在某种封闭社会之中，哪怕这种封闭社会已经具有了某种开放社会的特征。就目前而言，柏格森所设想的“所有人爱所有人”的开放社会，只能是作为一种理念或者理想。但是，即使开放社会的学说只能作为一种理念或者理想，也并非完全没有意义，而是可作为对于现实的规范和指引，从而让人们明白，在为时代、地域、现实而作出的种种妥协与权宜之上，永远都存在着更高的爱与正义，值得人们为之追求和努力。第三，即使开放社会只能作为一种理念或者理想，它也让人们明白，一切现实的政治、一切现实的社会最终导向的可能都只是封闭社会，因此一种指出并朝向开放社会的理论，就呈现为一种批判性的武器。如同苏格拉底所说的牛虻一样，将现实社会的封闭性与弊端暴露出来。就此而言，儒家的“万物一体”论便有着深刻的批判性。